beck'sche reihe

Nicht nur die Nationalstaaten West-, Nord- und Südeuropas, sondern auch die deutschen Territorien sind in ihrer politischen und kulturellen Entwicklung seit Beginn der Frühen Neuzeit entscheidend von der monarchischen Regierungsform bestimmt worden. Dies gilt besonders für die Geschichte Preußens, dessen Herrscher aus dem Haus Hohenzollern ihrem kontinuierlich wachsenden Staatsgebilde den Stempel aufprägten. Seit 1415 als brandenburgische Kurfürsten in der Mark ansässig, stiegen sie mit der Königserhebung am 18. Januar 1701 zu gesamteuropäischer Bedeutung empor und formten durch ihre verschiedenen Repräsentanten in den beiden folgenden Jahrhunderten die Entwicklungsrichtung der internationalen Staatenbeziehungen nachhaltig.
In insgesamt 13 Portraitskizzen beschreiben namhafte Historiker des In- und Auslandes den Lebensweg und die politische Leistung der einzelnen Hohenzollernherrscher. Gleichzeitig wird aber auch die deutsche Geschichte im gesamteuropäischen Kontext nachgezeichnet – gespiegelt in den Lebensbildern jener Männer, deren Wirken die verfassungs-, sozial- und wirtschaftsgeschichtliche Entwicklung Preußens bestimmte.

Der Herausgeber *Frank-Lothar Kroll*, geb. 1959, ist Inhaber der Professur für Europäische Geschichte des 19. und 20. Jahrhunderts an der Technischen Universität Chemnitz. Von ihm erschien zuletzt bei C. H. Beck: Sachsens Herrscher (2004).

PREUSSENS HERRSCHER

Von den ersten Hohenzollern
bis Wilhelm II.

Herausgegeben von
Frank-Lothar Kroll

Verlag C.H. Beck

Mit 20 Abbildungen im Text

Die ersten beiden Auflagen dieses Buches erschienen 2000 und 2001 in gebundener Form im Verlag C.H.Beck.

1. Auflage in der BsR. 2006

Satz: Fotosatz Otto Gutfreund GmbH, Darmstadt
Druck und Bindung: Druckerei C.H.Beck, Nördlingen
Umschlagabbildungen: Friedrich Wilhelm, Kurfürst von Brandenburg (der Große Kurfürst); Friedrich II. (der Große), König von Preußen; Wilhelm I., deutscher Kaiser und König von Preußen; Wilhelm II., deutscher Kaiser und König von Preußen (von links nach rechts). Fotos: Archiv für Kunst und Geschichte, Berlin.
Umschlaggestaltung: +malsy, Willich
Printed in Germany
ISBN 10: 3 406 54129 1
ISBN 13: 978 3406 54129 2

www.beck.de

Inhalt

Anhang

Aus dem Vorwort zur ersten Auflage

Nicht nur die Nationalstaaten West-, Nord- und Südeuropas, sondern auch die deutschen Territorien sind in ihrer politischen und kulturellen Entwicklung seit Beginn der Frühen Neuzeit entscheidend von der monarchischen Regierungsform bestimmt worden. Dies gilt besonders für die Geschichte Preußens, dessen Herrscher aus dem Haus Hohenzollern ihrem kontinuierlich wachsenden Staatsgebilde den Stempel aufprägten. Seit 1415 als brandenburgische Kurfürsten in der Mark ansässig, stiegen sie mit der Königserhebung am 18. Januar 1701 zu gesamteuropäischer Bedeutung empor, formten durch ihre verschiedenen Repräsentanten in den beiden folgenden Jahrhunderten die Entwicklungsrichtung der internationalen Staatenbeziehungen nachhaltig mit und waren ab 1871 an exponierter Stelle verantwortlich für die Geschicke des ersten deutschen Nationalstaates.

In insgesamt 13 Porträtskizzen beschreiben namhafte Fachhistoriker des In- und Auslandes den Lebensweg und die politische Leistung der einzelnen Hohenzollernherrscher. Dabei geht es nicht um eine personenzentrierte Monarchenwürdigung traditionellen Stils. Angestrebt wird vielmehr die Rekonstruktion von Großetappen preußischer und damit zugleich immer auch deutscher Geschichte im gesamteuropäischen Kontext, welcher im Falle Preußens jahrhundertelang ein primär auf den Osten bzw. Nordosten Europas bezogener gewesen ist – gespiegelt in den Lebensbildern jener Männer, deren Wirken die verfassungs-, sozial- und wirtschaftsgeschichtliche Entwicklung dieses mittel- und ostdeutschen Staates ebenso dominierte wie dessen deutschland- und europapolitisches Engagement.

Die frühen brandenburgischen Kurfürsten bis 1640 werden in drei zusammenfassenden Kapiteln abgehandelt, die jeweils ein Jahrhundert unter einem bestimmten inhaltlichen Gesichtspunkt bündeln. Mit dem Regierungsantritt des Großen Kurfürsten während des Dreißigjährigen Krieges widmen sich die dann einsetzenden Artikel den Lebens- und Schicksalswegen der einzelnen preußischen Herrscher je besonders. Der Weg führt hier von der höfischen Kultur des frühen und von der absolutistischen Regierungs- und Verwaltungspraxis des späteren 18. Jahrhunderts über die nach dem politisch-militärischen Totalzusammenbruch des preußischen Staates 1806 einsetzende Reformära, die Epoche der

Restauration, der Revolution und der deutschen Nationaleinigung bis hin zum zweiten deutschen Kaiserreich, dessen Kriegsniederlage im November 1918 auch das Ende des preußischen Königtums unter Wilhelm II. brachte.

Alle Lebensbilder stehen in ihrer formalen und inhaltlichen Komposition jeweils für sich, ergeben jedoch in ihrer Summe eine zusammenhängende Gesamtdarstellung preußisch-deutscher Geschichte vom Spätmittelalter bis ins 20. Jahrhundert, mit all ihren Spannungen und Brüchen, ihren Ambivalenzen und Widersprüchlichkeiten, ihren Möglichkeiten und ihren Grenzen.

Erlangen, im August 2000 *Frank-Lothar Kroll*

Vorwort zur Taschenbuchausgabe

Die erste Auflage dieses Buches erschien im Umfeld des 300. Jahrestages der ersten preußischen Königskrönung am 18. Januar 2001. Die nun vorgelegte Taschenbuchausgabe bringt den Textteil in der unveränderten Form der zweiten, durchgesehenen Auflage von 2001. Die kommentierte Bibliographie hingegen verzeichnet in Einzelnachträgen die seit dem erstmaligen Erscheinen des Bandes (2000) neu herausgekommene wichtigste Literatur zu den einzelnen Herrscherpersönlichkeiten je besonders. Herausgeber, Autoren und Verlag hoffen, daß der Band auf diese Weise auch weiterhin zu einer unvoreingenommenen Beschäftigung mit der Geschichte Preußens im Spiegel seiner Regenten beitragen mag.

Chemnitz, am 17. Dezember 2005 *Frank-Lothar Kroll*

Stufen und Wandlungen der Fürstenherrschaft in Brandenburg-Preussen

von Frank-Lothar Kroll

I. Hohenzollern in der Geschichte

Die Vorstellung, daß die geschichtliche Wirksamkeit der Hohenzollerndynastie primär oder gar ausschließlich an die Entwicklung Brandenburgs bzw. (seit 1618) Brandenburg-Preußens geknüpft sei, gehört ganz offensichtlich zu den langlebigsten Legenden der preußisch-deutschen Historiographie. Zwar ist richtig, daß der brandenburgisch-preußische Staat – wie die meisten frühneuzeitlichen deutschen Territorialstaaten – eine im wesentlichen *dynastische* Schöpfung gewesen ist, die ihre Gestalt nicht irgendwelchen stammesgeschichtlich-geographischen, landschaftlich-regionalen oder gar ethnisch-nationalen Triebkräften verdankte, sondern nahezu ausschließlich dem familiären Ehrgeiz und territorialen Ausdehnungsstreben des Hohenzollernhauses. Aber dieses Haus hatte mit jener nördlichen bzw. nordöstlichen Region Deutschlands, mit der sich seine spätere weltgeschichtliche Wirksamkeit verbinden sollte, herkunftsmäßig zunächst nicht das geringste zu tun. Die Ursprünge der Hohenzollern lagen auf süddeutschem Boden, in Schwaben und in Franken. Lange bevor der moderne brandenburgisch-preußische Gesamtstaat der Dynastie seinen Aufstieg verdankte, waren die Hohenzollern bereits ein prägender Faktor der deutschen und europäischen Politik. Dies galt vor allem für die Phase hohenzollernscher Expansion in die Territorien des geistlichen Deutschlands (*germania sacra*) während des 16. Jahrhunderts, in deren Gefolge Angehörige des Geschlechts hohe geistliche Reichsfürstenämter besetzten, so das Bistum Halberstadt (1513–1566), das Erzbistum Magdeburg (1513–1631) und das Erzbistum Mainz (1514–1545). Und auch lange nachdem sich das Geschick des Gesamthauses mit den Schicksalen Brandenburg-Preußens verkettet hatte, gingen entscheidende, für seine internationale Stellung maßgebliche Impulse nicht von der kurfürstlich-brandenburgischen, sondern von der markgräflich-fränkischen Linie aus – bis hin zu der kuriosen Karriere des (ansbachischen) Markgrafen

Johannes (1493–1525), der als Herrscher des Königreichs Bugia an der algerischen Küste und als Vizekönig von Valencia reüssierte.

Der Ausgangspunkt des Hauses Hohenzollern indes lag in Schwaben. 1061 wurde in den Annalen Bertholds von Reichenau erstmals über den gewaltsamen Tod zweier Angehöriger des (Hohen-)Zollernhauses nachweislich berichtet. Auch die Stammburg des Geschlechts, die Zollernburg, benannt nach dem *mons solarius*, einem Berg in der Nähe von Hechingen (*Sonnenberg*, als römische Bezeichnung in Anknüpfung an einen altgermanischen Sonnenkult) ist im 11. Jahrhundert erbaut worden; der Name *Hohenzollern* gelangte endgültig erst im Laufe des 16. Jahrhunderts zur allgemeinen Verbreitung. Mit der Ersterwähnung 1061 reiht sich die Hohenzollerndynastie ein in die Frühgeschichte fast aller späteren großen deutschen Fürstenhäuser. So sind die Welfen seit Anfang des 9. Jahrhunderts, die Wettiner und Wittelsbacher seit Beginn des 10. Jahrhunderts, die Habsburger seit Mitte des 10. Jahrhunderts und die Zähringer, wie die Hohenzollern, seit 1061 nachweislich.

Exakt 129 Jahre nach der erstmaligen quellenmäßigen Erwähnung eines (Hohen-)zollern, gelang dem Geschlecht der Ausgriff über die schwäbischen Stammlande hinaus nach Franken. In enger Anlehnung an die Staufer vermochten die (hohen-)zollernschen Grafen nicht nur ihren südwestdeutschen Territorialbesitz zu arrondieren, sondern auch, reichspolitisch überaus aktiv, das Amt des Burggrafen von Nürnberg an sich zu bringen. In dieser Stellung erschien 1192 ein Nachkomme des 1061 erwähnten *Burchardus comes de Zolre* als Friedrich I., Stammvater der späteren Fürsten von Hohenzollern, brandenburgischen Kurfürsten, preußischen und rumänischen Könige und deutschen Kaiser. Von Friedrichs I. Sohn Konrad stammte die spätere brandenburgische, von seinem Sohn Friedrich II. das fürstlich schwäbische (Hohenzollern-Hechingen bzw. Hohenzollern-Sigmaringen, 1849 Anfall an die Krone Preußens) und (1866–1881) fürstlich bzw. (1881–1947) königlich rumänische Haus ab. Ursprünglich verfügten die Nürnberger Burggrafen nur über einen äußerst geringen Landbesitz – das Burggrafenamt war ein Reichsamt, keine Landesherrschaft –, vermochten jedoch im Laufe des 13. und 14. Jahrhunderts stattliche territoriale Positionen in Franken zu besetzen – 1248 bzw. 1260 Bayreuth, später Hof, 1331 Ansbach, 1348 die Plassenburg mit Kulmbach, alles dieses nun schon im Verbund mit der aufstrebenden Dynastie der Habsburger.

II. Formierung des kurbrandenburgischen Gesamtstaates

Eine «reichsbezogene», «kaisertreue» Haltung sollte die hohenzollernsche Politik auch in den beiden nachfolgenden Jahrhunderten kennzeichnen. Nicht zuletzt verdankte die Dynastie dieser Einstellung die 1411 erfolgte Übertragung der Mark Brandenburg seitens König Sigismunds an den Burggrafen Friedrich VI./I. wegen dessen Verdiensten um Kaiser und Reich; Burggraf Friedrich hatte bei Sigismunds Wahl zum römischen König 1410 eine entscheidende Rolle gespielt. Als Landeshauptmann und Verweser der Mark Brandenburg gelangte der Nürnberger Burggraf damit in den erblichen Besitz eines zwar stark krisengeschüttelten, aber (seit 1252) mit der Kurwürde und dazugehörigem Reichserzamt (*Reichserzkämmerer*) ausgestatteten Territoriums. Als Grenzregion an Elbe und Saale slawischen Völkern benachbart und als solches, wie das Ordensland Preußen, Kolonisations-, Siedlungs- und Missionsgebiet, war die Mark Brandenburg ab 1134 vom sächsischen Fürstenhaus der Askanier regiert und in ihrem Gebietsbestand bis zum Ende des 13. Jahrhunderts fortschreitend konsolidiert worden – meist durch Kauf und Vertrag, kaum übrigens auf dem Wege kriegerischer Eroberung oder Unterwerfung. 1320 war die askanische Dynastie jedoch erloschen, die Mark geriet zunächst unter wittelsbachische, dann (1373) unter luxemburgische Herrschaft. Im Innern verfiel das unter den Askaniern gut geordnete und verwaltete Territorium im letzten Drittel des 14. Jahrhunderts dabei zusehends in Zerrüttung, Auflösung und Anarchie; die Herrschaft des Faustrechts und ein extensiv betriebenes Raub- und Fehdewesen seitens des eingesessenen Landadels ließen die Wiederherstellung von Friede und landesstaatlicher Ordnung zu einem dringend empfundenen Bedürfnis werden, und der hohenzollernsche Nürnberger Burggraf hatte zunächst alle Hände voll zu tun, um sein neues Territorium (seit 1415 bzw. 1417 als Markgraf und Kurfürst) nach innen zu stabilisieren, seine fürstliche Landeshoheit zu festigen und die märkische, vor allem havelländische Adels- und Städteopposition in Zaum zu halten. Dabei stützte sich der neue Kurfürst zunächst stark auf fränkisches Personal und dessen Verwaltungserfahrung, weniger auf einheimische, märkische Mitarbeiter – wie er denn ohnehin seinen Schwerpunkt nach 1415 weiterhin in seinen fränkischen Landen statt in der Mark hatte, welche den fränkischen Territorien im 15. Jahrhundert in finanzieller und demographischer Hinsicht, nicht freilich ausdehnungsmäßig, noch deutlich unterlegen war, was auch für die höfischen Residenzen von Ansbach und Cölln galt. Seit 1426 ist Friedrich I. dann überhaupt nicht mehr in die Mark zurückgekehrt. Die Nürnberger Burg freilich war zu diesem Zeitpunkt ohnehin schon kein hohenzollernscher Besitz mehr. 1420 von den Wittelsbachern erstürmt und ausgebrannt, verkaufte Friedrich 1427 die Burg und alle zugehörigen grundherrschaftlichen Rechte an die Stadt Nürnberg.

Dieses Überwiegen fränkischer – und damit zugleich auch reichsbezogener – Interessen bestimmte auch noch die Politik der drei Nachfolger des ersten hohenzollernschen Kurfürsten in der Mark – Friedrichs II. (1440–1470), Albrecht Achilles' (1470–1486) und Johann Ciceros (1486–1499). Erst mit letzterem wurde die Personalunion zwischen den fränkischen Landen und der Mark Brandenburg definitiv aufgelöst – beide Territorien gingen seitdem unter der Herrschaft verschiedener Linien des Hauses Hohenzollern für 300 Jahre dynastisch getrennte Wege – mitbedingt und verdauert nicht zuletzt durch die Konfessionsspaltung der Reformationszeit –, bis im Jahr 1791/92 die (seit 1769 in Personalunion regierten) Markgrafentümer Ansbach-Bayreuth (wieder) an (Brandenburg-)Preußen fielen.

Mit der Trennung der fränkischen von den brandenburgischen Hohenzollernterritorien am Ende des 15. Jahrhunderts einher ging die Herausbildung und Festigung des fürstlichen Landesstaates in Brandenburg, wie er dann im 16. und 17. Jahrhundert zu seiner vollen Ausformung gelangt ist. Konstitutiv für diesen Entwicklungsprozeß war, wie in fast allen größeren westeuropäischen Territorialstaaten, der Dualismus von monarchisch-landesfürstlichem Herrschaftsanspruch einerseits und landständisch-korporativem Mitspracherecht andererseits. In Brandenburg war bereits zu Zeiten der Askanier, seit Beginn des 13. Jahrhunderts, die markgräfliche Gewalt – anfangs eine als Lehen übertragene Amtsgewalt mit dem Recht der Erblichkeit – zu einer förmlichen fürstlichen Landeshoheit ausgebildet worden. Die exponierte Grenzlage der Mark hatte hier insofern stimulierend gewirkt, als dem Markgrafen im Dienst effektiver Gefahrenabwehr von vorneherein eine relativ starke obrigkeitliche Gewalt, vor allem bei der Handhabung der Gerichtshoheit, zugebilligt worden war. Schon damals freilich hatte die landesherrliche Macht an den spezifischen Standesinteressen des Adels – und zunächst auch der Städte – ihre Grenzen gefunden, und man wird nicht fehlgehen, in der landesfürstlich-landständischen Interessenkonfrontation – wie überall in Europa – so auch in Brandenburg-Preußen *das* beherrschende Strukturmerkmal geschichtlicher Entwicklung in der Epoche der Frühen Neuzeit vom 15. bis zum frühen 18. Jahrhundert zu erblicken.

Dabei erwies sich die interessenspezifische Gemengelage seit dem ersten Drittel des 16. Jahrhunderts bis in die Spätzeit der Regierung des Großen Kurfürsten Friedrich Wilhelm (1640–1688) als erstaunlich konstant. Auf der einen Seite stand die Notwendigkeit einer Deckung des Finanzbedarfs der Kurfürsten, wozu – nicht zuletzt infolge wachsender landesstaatlicher Verwaltungstätigkeit, aber auch bedingt durch steigende Kosten in Hofhaltung und Residenzpflege – die genuin landesherrlichen Finanzquellen (Gerichts- und Domäneneinnahmen, Grundrenten und Zölle, Einkünfte aus dem Markt-, Münz- und Mühlen-, dem Forst-, Salz- und Bergregal) von Anfang an nicht ausreichten. Auf der anderen Seite stand die Finanzkraft der brandenburgischen Landstände, die, als organisierte Vertretungskörperschaft der Landeseliten (Geistlichkeit, Ritterschaft, Städte) seit Ende des 13. Jahrhunderts dem Landesherrn nicht nur mit Rat und Hilfe zur Seite standen, sondern auch die fürstliche Schuldenlast mittels der ihr zustehenden Befugnis zur Steuerbewilligung zu minimieren vermochten. Andere, den Landständen zustehende Rechte – Aufstellung von Beschwerden, Mitwirkung bei der Landesgesetzgebung, der Verwaltung und der Rechtsprechung, Konsultationsfunktion bei Kriegserklärungen und Bündnisverträgen – traten gegenüber dem zentralen Steuerbewilligungsinstrument zusehends zurück, mittels dessen sich die Landstände angesichts des chronischen Finanz- und Kreditbedarfs der Kurfürsten eine entscheidende Mitsprachemöglichkeit beim Prozeß der inneren Staatsbildung in Brandenburg-Preußen sicherten.

Schon früh, unter den Kurfürsten Joachim I. (1499–1535) und Joachim II. (1535–1571), nutzten die brandenburgischen Landstände dieses Machtinstrument der Steuerbewilligung gezielt zur Stabilisierung ihrer lokalen und patrimonialen Herrenstellung in ihren ländlichen Gutswirtschaften und -besitzungen, so vor allem beim Ausbau der gutsherrlichen (Zivil-)Gerichtsbarkeit (*Patrimonialgerichtsbarkeit*), des Kirchenpatronats und der Polizeigewalt gegenüber den bäuerlichen Untertanen. Zahlreich waren die Zugeständnisse, die der kurfürstliche Landesherr infolge seiner prekären Finanzsituation hier den Landständen immer wieder zu machen hatte – Zugeständnisse, in deren Gegenzug die Landstände stets erneut Verbindlichkeiten und Schulden des Landesherrn übernahmen, zu deren Verwaltung ein eigenes ständisches *Kreditwerk* gegründet wurde; es ist als *Kurmärkische Landschaft* bis zur Hardenbergschen Finanzreform 1820 erhalten geblieben. Man wird mithin das wechselvolle Beziehungsgefüge zwischen landesfürstlichen und landständischen Ansprüchen im brandenburgisch-preußischen Staatsverband während der Frühen Neuzeit bis zum Regierungsantritt Friedrich Wilhelms I. (1713–1740), trotz mancherlei Streit- und Konfliktpotentials, trotz zahlreicher Reibungen und

Auseinandersetzungen zwischen den beiden Machtfaktoren, insgesamt – und zwar auf beiden Seiten gleichermaßen – weitaus stärker von kooperativen als von konfrontativen Momenten und Motiven geleitet zu sehen haben.

Dies galt auch und gerade für die in dieser Hinsicht besonders spektakuläre Politik des Großen Kurfürsten Friedrich Wilhelm, in dessen Regierungszeit, vor allem nach 1660, die wohl heftigsten Kämpfe der Krone mit den Landständen der einzelnen brandenburgisch-preußischen Landesteile ausgetragen worden sind. Dabei ging es allerdings um weit mehr als um die vordergründig im Mittelpunkt stehende Frage der ständischen Bewilligung von Steuergeldern (*Kontributionen*) zum Unterhalt eines nun, nach den Erfahrungen des Dreißigjährigen Krieges, von kurfürstlicher Seite strikt geforderten Stehenden Heeres. Es ging – hierin eine gesamteuropäische Entwicklungstendenz widerspiegelnd – um die Konfrontation zweier unterschiedlicher Staatsauffassungen – der Konzeption einer konzentrierten Zusammenfassung aller Machtpotentiale des Landes in einem zentralistisch gegliederten fürstlichen Gesamtstaat einerseits, und der (älteren) Idee einer auf landschaftlich-provinziellem Sondergeist beruhenden, das unverbundene Eigenleben der verschiedenen Regionen des Landes stark betonenden Ordnung andererseits. Überall, wo sie geführt wurden – 1653 in der Kurmark, 1660/61 in Kleve und Mark, am heftigsten 1663 in (Ost-)Preußen – endeten diese Auseinandersetzungen letztlich mit einem Kompromiß, der sowohl den – vom grundbesitzenden Adel dominierten – Ständen als auch dem Monarchen zugute kam: Letzterer vermochte seine landesherrliche Autorität, besonders in Fragen der großen Politik und des Militärwesens, entschieden zu festigen; ersteren wurden wirtschaftliche Vorrechte und soziale Privilegien in großem Umfang bestätigt, insofern nun mehr denn je das gutsherrlich-bäuerliche Verhältnis zu Ungunsten des Bauernstandes verschoben wurde (*Erbuntertänigkeit* und *Schollenbindung*, *Gesindezwang* und *Frondienstpflicht*) und bis zu den Reformen der Stein-Hardenbergschen Ära (1807/10) dann nicht mehr grundsätzlich revidiert worden ist. Auch unter dem Absolutismus blieb die ständische Gesellschaftsordnung ungeschmälert erhalten, wohingegen die politische Stellung des Adels im Sinne einer Mitregierung ständischer Korporationen, die im vorabsolutistischen (frühen) 16. Jahrhundert zumindest noch als Anspruch bestanden hatte, im letzten Drittel des 17. Jahrhunderts zu einer konturenlosen Attrappe verblaßte. Seit 1704 sind die (ost-)preußischen Ständevertretungen (*Landtage*) – nachdem Friedrich III./I. (1688–1713) die Ständeprivilegien zuvor noch einmal ausdrücklich bestätigt hatte – dann nicht mehr zusammengekommen; die Steuern wurden nun – im Gefolge der auch für Preußen krisenhaft zugespitzten Situation während des Nordischen Krieges – ohne landständische Bewilligung eingezogen.

Neben dem landständisch-fürstlichen Dualismus waren *zwei* weitere strukturelle Faktoren für die Herausbildung des modernen souveränen Fürstenstaates in Brandenburg-Preußen während der Frühen Neuzeit konstitutiv: die straffe Zusammenfassung der landesstaatlichen Verwaltung sowie die Formierung des landesherrlichen Kirchenregiments.

Seit Mitte des 15. Jahrhunderts hatte der Schwerpunkt der obersten Landesverwaltung Brandenburgs in der (1333 erstmals fest organisierten) kurfürstlichen Kanzlei gelegen – wobei die kurbrandenburgischen Kanzler bis zum Beginn des 16. Jahrhunderts zumeist aus Franken stammten. Staatspolitisch wichtige Materien wurden in der kurfürstlichen *Cammer* vom Herrscher persönlich bearbeitet, so daß, neben dem Kanzler, den vertrauten Schreibern, Ratgebern und Kammersekretären des Monarchen, in jener vorabsolutistischen Zeit der *Cammerregierung* (*Kanzleiregierung*), entscheidende Bedeutung zukam. Die Kanzler besaßen seit Mitte des 15. Jahrhunderts als die eigentlichen Leiter der Landesverwaltung umfangreiche Kompetenzen – wobei Landes- und Hofverwaltung zunächst nicht strikt voneinander getrennt waren, die Hofämter, etwa der Hofkammermeister oder der Hofmarschall, auch Aufgaben und Aufsichtsfunktionen in der allgemeinen Verwaltung zu erfüllen hatten, während einer eigenen *Amtskammer* die Verwaltung der kurfürstlichen Domänen- und Regalieneinkünfte oblag. Eine entscheidende Zäsur auf dem Weg monarchisch-gesamtstaatlicher Herrschaftskonsolidierung markierte hier die Bildung des brandenburgischen Geheimen Rats 1604 durch Kurfürst Joachim Friedrich (1598–1608). Zunächst geschaffen als ein Landeskollegium zur Besprechung und Bearbeitung der wichtigsten auswärtigen Geschäfte und inneren Verwaltungsangelegenheiten, vor allem von Handels- und Polizeimaterien der Mark – neun *Geheime Räte* berieten hier unter Vorsitz des Kanzlers –, entwickelte sich dieses Gremium unter dem Großen Kurfürsten zu einer über die Mark Brandenburg weit hinauswirkenden Zentralbehörde des brandenburgisch-preußischen Gesamtstaates. Die Neuordnung des Geheimen Rates 1651 schuf eine feste Ressort- bzw. Departementseinteilung unter nun insgesamt 19, zumeist adligen Räten, von denen jeder einen eigenen Geschäftsbereich mit klar umschriebenem Geschäftsgang zugewiesen erhielt. Der Kurfürst war bei den Ratssitzungen zumeist selbst anwesend, wodurch monarchische Autorität und fürstliches Alleinentscheidungsrecht dieser kontinuierlichen «Regierung aus beziehungsweise mit dem Rat» und seinen jeweiligen Amtsträgern deutlich akzentuiert und dauerhaft festgeschrieben waren. Der kurbrandenburgische Geheime Rat wurde so zur Keimzelle für den Ausbau des zentralen Behördenapparates des landesfürstlichen Gesamtstaates, vorerst mit Schwerpunkt auf der Finanz-, Steuer- und Heeresverwaltung.

Neben der verwaltungsmäßigen Straffung und Bündelung gewann ein weiterer Faktor zentrale Bedeutung für die Formierung der Fürstenherrschaft in Brandenburg-Preußen: die Herausbildung des landesherrlichen Kirchenregiments. Mit dem Übertritt des brandenburgischen Kurfürsten Joachim II. und seines in der Neumark regierenden Bruders Johann (Hans) von Küstrin (1535–1571) zum evangelisch-lutherischen Bekenntnis 1538 bzw. 1539 wuchs der landesherrlichen Macht nicht nur ein erheblicher materieller bzw. finanzieller Gewinn zu; die Einziehung von Vermögen, Besitz und Liegenschaften geistlicher Institutionen (Kirchengüter) besaß einen beträchtlichen Umfang. Durch die Übernahme des kurfürstlichen, später (bis 1918) königlichen Sumepiskopats über die evangelische Landeskirche wurde, langfristig weitaus entscheidender, die gesamte Struktur der evangelisch-lutherischen Landeskirche Brandenburg-Preußens in Abhängigkeit von und in Bezogenheit zu ihrem «Obersten Bischof», eben dem brandenburgisch-preußischen Landesherrn, gebracht – was den inneren Zusammenhalt des brandenburgisch-preußischen Staatsgebietes und die Autorität des Monarchen nachhaltig stärkte. Daran haben weder die Konversion des brandenburgischen Herrscherhauses zum Calvinismus unter Kurfürst Johann Sigismund (1608–1619), 1613, etwas geändert noch der kurz darauf (1618) erfolgende Anfall des – seit 1511 unter fränkisch-hohenzollernscher Herrschaft stehenden, 1525 säkularisierten, evangelisch-lutherisch geprägten, zunächst (bis zu den Verträgen von Wehlau und Bromberg 1657) unter polnischer bzw. (bis zum Vertrag von Labiau 1656) unter schwedischer Lehnshoheit stehenden – Herzogtums Preußen, des alten preußischen Ordenslandes, an das Haus Brandenburg.

III. Preußischer Absolutismus

Im Prozeß der Formierung und Stabilisierung hohenzollernscher Fürstenherrschaft in Brandenburg-Preußen bildete das 18. Jahrhundert den entscheidenden Kulminationspunkt. Dabei war die Erlangung der Königswürde am 18. Januar 1701 durch Friedrich III./I. die nach außen hin zwar demonstrativste, aufs Ganze gesehen aber eher zweitrangige Etappenstation. Zunächst weitaus mehr eine symbolische Rangerhöhung als ein Akt von unmittelbarer machtpolitischer Wirksamkeit, war sie im Zeitalter höfisch-barokker Repräsentation allerdings auch nicht ganz bedeutungslos, zumal im gesamteuropäischen Kontext. Hier hatte von den mit Brandenburg-Preußen rivalisierenden deutschen Nachbarterritorien Hannover seit den 1690er Jahren Aussicht auf den englischen Thron (realisiert 1714) und Kursachsen durch August den Starken bereits 1697 die polnische Königskrone erworben. Überdies führte der Kronerwerb des Hohenzollern, der sich zunächst, wegen weiterhin bestehender polnischer Lehnsansprüche, noch als «König *in* Preußen» bezeichnete, längerfristig zu einer nachhaltigen Stärkung und Verklammerung des inneren Zusammengehörigkeitsgefühls der nun zusehends unter dem Namen «Preußen» firmierenden kurbrandenburgischen Territorien. Maßgeblicher jedoch als die primär auf «Ansehen» und «Reputation» im internationalen Staatenverkehr zielende Standeserhöhung waren für den hohenzollernschen Aufstieg im 18. Jahrhundert andere, die landesfürstliche Herrschaft im Innern stabilisierende Prozesse. Sie vollzogen sich im wesentlichen während der Regierungszeit Friedrich Wilhelms I. An ihrem Endpunkt stand die Formierung des autokratisch-absolutistischen Militär- und Beamtenstaates, die Verschmelzung der verschiedenen brandenburgisch-preußischen Landesteile zu einem zwar nicht unbedingt einheitlichen, wohl aber deutlich zentraler strukturierten und auf den monarchischen Mittelpunkt hin organisierten Staatswesens.

Im Zuge dieser Entwicklung gelangte der seit Beginn der frühneuzeitlichen Territorialbildung zu beobachtende Antagonismus zwischen fürstlichen Herrschaftsansprüchen und ständischen Mitspracheforderungen zu einem vorläufigen Abschluß zugunsten der ersteren. Zwar blieben ständische Gliederung und rechtliche Ungleichheit der feudalen Gesellschaftsordnung weiterhin erhalten. Aber die traditionellen landständischen Vertretungskörperschaften erfuhren eine starke und – hinsichtlich ihrer politischen und administrativen Rolle – nun definitiv irreversible Kompetenzbeschneidung. In allen Regionen Preußens – mit Ausnahme der Kurmark – wurde die bisher obligate Mitwirkung landständischer Organe bei der Steuer- und Finanzverwaltung aufgehoben. Ab 1723 lagen die gesamten Kompetenzen der preußischen Finanz-, Steuer- und Heeresverwaltung in den Händen des *Generaldirektoriums* (*General-Ober-Finanz-*, *Kriegs-* und *Domänen-Direktorium*), einer unter formeller Präsidentschaft des Monarchen agierenden obersten Regierungsbehörde, deren Organisationsstruktur in ihrer Mischung aus Regional- und Fachzuständigkeit – die vier «Departements» der Behörde («Ministerien») hatten jeweils vier auf den Gesamtstaat bezogene Sachgebiete und zugleich die Angelegenheiten von jeweils vier Provinzgruppen zu bearbeiten – allerdings noch deutlich territoriale Bezüglichkeiten widerspiegelte. In den Provinzen selbst wiederum sollte durch die Schaffung staatlich dirigierter Kriegs- und Domänenkammern, welche die Provinzialverwaltung zu besorgen, und deren Leiter nach Möglichkeit nicht ihrer jeweiligen Heimatprovinz zu entstammen hatten, alle ständisch-partikularistischen Einflüsse bzw. landschaftlichen Traditionen ausgeschaltet werden.

Der monarchisch-gesamtstaatliche Zugriff steigerte sich in der ersten Hälfte des 18. Jahrhunderts auf fast allen Gebieten innerstaatlichen Lebens – mit Ausnahme des Justizwesens, das seinen alten, provinzbezogenen Charakter erst nach dem Ende der Regierungszeit Friedrichs des Großen (1740–1786) durch die Preußen als Rechtsstaat installierende Kodifikation des *Allgemeinen preußischen Landrechts* einbüßte. In den ländlichen Verwaltungsbezirken und -kreisen repräsentierte der *Landrat* als Organ der allgemeinen Landesverwaltung die monarchische Autorität. In den Städten fiel diese Kontroll- und Aufsichtsfunktion dem neugeschaffenen Amt des vom König ernannten *Steuerrats* zu. Die bisher stark oligarchisch-korporativ geprägte Städteverfassung wurde im monarchisch-zentralstaatlichen Sinne reformiert, die kommunale Selbstverwaltung ging – bis auf das Polizei- und Gerichtswesen – verloren. Auch die bisherige Autonomie der *Zünfte* wurde mit der schrittweisen Einführung eines neuen staatlichen Gewerberechts zwischen 1732 und 1736 beseitigt. Der *Adel* hatte sich gleichfalls diesem Disziplinierungsprozeß zu fügen. Zwar gelang seine Heranziehung zur Grundsteuerleistung vorerst nur in Ostpreußen (Einführung des *Generalhufenschosses* 1716 bis 1720). Doch machte seine Einbindung in den Staats- und Militärdienst, in Beamtenschaft und Offizierkorps, gerade während der Herrschaft Friedrich Wilhelms I., entscheidende Fortschritte – weiterhin zunächst unter Beibehaltung seiner patrimonial-obrigkeitlichen Stellung gegenüber den Bauern auf dem Land. Lediglich auf den Krongütern (*Domänen*) wurden die Lasten der Bauern erleichtert und der Abbau überkommener sozialer Privilegien angebahnt – definitiv allerdings auch erst ab 1799. Einen nicht unwesentlichen Markstein auf dem Weg monarchischer Gesamtstaatsbildung boten schließlich die mannigfachen Maßnahmen zur *Wirtschaftsförderung* und zum Wiederaufbau (*Retablissement*) des 1709 durch die Pest nahezu vollständig verödeten Ostpreußen als persönliche Leistung Friedrich Wilhelms I.

Mit alledem verbanden sich nach dem Thronwechsel von 1713 ein veränderter Regierungsstil und eine neue Amtsauffassung des preußischen Monarchen. Bisher im engen, direkten und regelmäßigen Kontakt mit den Ministern bzw. Geheimen Räten stehend, aus dem Geheimen Rat und mit ihm regierend, verlagerte sich nun der Schwerpunkt der königlichen Entscheidungsfindung in die relative Isoliertheit des *Kabinetts*. Von dort aus traf der Monarch seine selbstverantworteten «einsamen Entschlüsse», die seine Kabinettssekretäre schriftlich ausarbeiteten, und die dann als Dekret oder Order (*Kabinettsordre*) an die zuständigen Staatsbehörden ergingen. So hat es auch Friedrich Wilhelms I. Sohn und Nachfolger Friedrich der Große gehalten, und beide Monarchen verliehen der königlichen Selbstregierung damit eine neue, ganz auf die Persönlichkeit des Herrschers abgestellte, durch und durch autokratische Qualität, deren Eigenart und Charakter für die Ausprägung brandenburgisch-preußischer Fürstenherrschaft im Zeitalter des Absolutismus bezeichnend blieb.

Hingegen wichen Selbsteinschätzung und Herrscherbild bzw. Herrschaftsbewußtsein der beiden Begründer des preußischen Absolutismus in entscheidenden Punkten deutlich voneinander ab. Während Friedrich Wilhelm I., älteren Vorstellungen vom «christlichen Staatsmann» verhaftet, das Amt des Fürsten als Beauftragter bzw. Statthalter Gottes noch in einer gleichsam doppelten Verpflichtung sah – der Verantwortung gegenüber Land und Untertanen, deren Wohl es zu befördern galt, einerseits, und der Verantwortung gegenüber Gott, dem jeder Regent Rechenschaft schuldete, andererseits –, entfiel bei Friedrich dem Großen die religiöse Motivation zugunsten einer rein zweckrational-funktionalistischen Herleitung und Rechtfertigung des Fürstenamtes, dessen Ursprung auf einen zwischen Volk und Herrscher ausgehandelten Vertrag zurückgeführt wurde. Diesem *Herrschaftsvertrag* zufolge war der Monarch als *concitoyen* (Mitbürger) für Friedrich den Großen nichts anderes als eine im Dienst des Volkes stehende, zur Förderung des Gemeinnutzes wirkende, Schutz und Rechtssicherheit garantierende Staatsinstitution, die ihre Existenzberechtigung im Falle einer Nichterfüllung dieser Aufgaben verwirkt hatte. Unbeschadet solcher Differenzen zwischen den Herrschaftskonzeptionen Friedrich Wilhelms I. und Friedrichs des Großen ergab sich für beide Monarchen – gleichsam als Quintessenz absolutistischer Fürstenherrschaft im Preußen des 18. Jahrhunderts – eine auf Handlung und Tat, Askese und Arbeit, Bewährung im Hier und Jetzt beruhende Legitimationsgrundlage, welche auch und gerade die eigene Person den Interessen eines «allgemeinen Staatszwecks» zu- bzw. unterordnete (der Monarch als *premier serviteur* bzw. *domestique de l'état*) und damit den Prozeß der «inneren Staatsbildung» Preußens zu einem Höhepunkt und in gewisser Hinsicht auch zu einem Abschluß brachte.

IV. Zwischen Reform und Restauration

Die beiden in spätabsolutistischer Manier fortregierenden Nachfolger Friedrichs des Großen, Friedrich Wilhelm II. (1786–1797) und Friedrich Wilhelm III. (1797–1840), haben diese Höhe aus verschiedenen, teils systemimmanenten, teils zeitbedingten, teils persönlich-charakterlichen Gründen, nicht zu halten vermocht. Anders als Friedrich Wilhelm I. und Friedrich der Große waren sie weder Promotoren zeitgenössischer Entwicklungstrends noch Verkörperungen bzw. Repräsentanten staatlicher oder gesellschaftlicher Reformtendenzen. Beide hielten an der überlieferten Form monarchischer Selbstregierung fest, obwohl sie nicht im Entferntesten den sich daraus ergebenden Forderungen und Ansprüchen zu genügen vermochten. Dies galt vor allem für die schwunglose Existenz Friedrich Wilhelms III., den wohl einzigen unterdurchschnittlich begabten Träger der preußischen Königswürde im 18. und 19. Jahrhundert. Daß dieser phantasielose Pedant nicht völlig hinter die Anforderungen seiner Epoche zurückfiel, verdankte er allein dem Elan und Talent seiner familiären bzw. dienstlichen Umgebung, die ihn, zumindest während der Reformära bis 1815/19, immer erneut auf Bahnen lenkte, welche dem preußischen Staat nach dem Totalzusammenbruch von 1806/07 eine Fundamentalregeneration ermöglichten, deren Folgen dann allerdings bis zum Untergang Preußens 1918 bzw. 1933 bzw. 1947 ihre Wirkungen entfalten sollten.

Eine der wichtigsten, dauerhaftesten und den preußischen Staat verwaltungs- bzw. behördengeschichtlich definitiv der Moderne verpflichtenden Erneuerungs- bzw. Transformierungsleistungen war in diesem Zusammenhang die Ablösung der Kabinettsregierung durch das Ministerialsystem. Friedrich Wilhelms I. und Friedrichs des Großen Regierung *aus* dem Kabinett hatte sich unter Friedrich Wilhelms III. banaler Einfältigkeit zu einer Regierung *durch* das Kabinett fortentwickelt, welche den vertrauten königlichen *Kabinettsräten* (früheren *Kabinettssekretären*) ein Maß an Einwirkungsmöglichkeiten auf den königlichen Willen zugestand, das den Einfluß der hier eigentlich als politische Ratgeber der Krone gefragten Minister völlig konterkarierte. Die Nebenregierung der Kabinettsräte bildete eine Art Zwischeninstanz zwischen König und Ministerium, wobei sich hier insofern ein dauerhaft unhaltbares Mißverhältnis einstellte, als die Kabinettsräte Entscheidungen mittrafen, für die sie nicht zugleich auch die Verantwortlichkeit trugen, welche vielmehr den sachlich zuständigen Ministern (bzw. letztlich dem König selbst) zufiel. Gegen diesen fragwürdigen Zustand hatten die Reformer, allen voran Stein und Hardenberg, immer wieder lebhaft protestiert, doch erst Ende 1808 gelang die definitive Ablösung der Kabinetts- durch die Ministerialregierung. Nun besaß auch Preußen ein aus zunächst fünf Fachressorts (Kriegswesen, Auswärtiges, Inneres, Finanzen, Justiz) kollegialisch zusammengesetztes Staatsministerium modernen Stils, dessen Mitgliedern jeweils gesondert unmittelbares Vortragsrecht beim König zustand und die – vorbehaltlich entsprechender Weisungen – ihr Spezialressort selbständig und in voller Eigenverantwortlichkeit leiteten (ministerielle Gegenzeichnung für königliche Erlasse).

Hatte die preußische Monarchie damit den Schritt zum rational aufgebauten, zeitgemäß strukturierten Verwaltungsstaat getan – bis auf die Jahre der Staatskanzlerschaft Hardenbergs (1810–1822), der als autoritär leitender Regierungschef monokratisch amtierte, hat sich in Preußen, anders als später im Reich, das ministerielle Kollegialsystem dauerhaft erhalten –, so blieb sie auf verfassungspolitischem Gebiet, trotz mehrmaliger Reformanläufe zwischen 1810 und 1815, bis zur Jahrhundertmitte auf spätabsolutistischem Niveau. Preußen konservierte, wie übrigens auch Österreich, das monarchische Prinzip und verweigerte den Übergang zum System des Konstitutionalismus, das von Friedrich Wilhelm IV. (1840–1861) erst im Gefolge der revolutionären Ereignisse von 1848/49, und dann auch nur gezwungenermaßen, konzediert worden ist.

Möglichkeiten und Grenzen monarchischer Herrschaft in Preußen wurden in den Jahren des Vormärz durch die drei seinerzeit maßgeblichen und vieldiskutierten Modelle vom Königtum der *sozialen Reform*, vom Königtum als *pouvoir neutre* und vom *konstitutionellen* Königtum bezeichnet. Die kühne Idee, das preußische Königtum im Bündnis mit der Arbeiterschaft gegen die Herrschaftsansprüche der Bourgeoisie zum Anwalt der sozial unterprivilegierten Schichten und damit zum Motor sozialpolitischer Entwicklung zu machen – vertreten von Lorenz von Stein ebenso wie von Bettina von Arnim oder von Joseph Maria von Radowitz –, besaß im vor- und nachmärzlichen Preußen allerdings ebensowenig eine echte Realisierungschance wie die in den Kreisen des Frühliberalismus ventilierte Lehre vom Königtum als neutralem Vermittler zwischen den gegensätzlichen gesellschaftlichen Gruppeninteressen. Eine solche Auffassung, welche der Krone als Vertreterin aller Staatsbürger die Funktion einer ausgleichenden schiedsrichterlichen Instanz über allen Parteien, Klassen und Weltanschauungen zuwies, konnte nur dann Aussicht auf konkrete Verwirklichung haben, wenn der Monarch – wie etwa seit 1831 und bis heute in Belgien – auf die Ausübung direkter politischer Macht weitgehend verzichtete, um dadurch desto mehr an moralischer Autorität zu gewinnen. Zu einem solchen Verzicht aber war das preußische Königtum im 19. Jahrhundert nicht bereit, und so hielt denn auch die Verfassung vom 31. Januar 1850 (revidierte oktroyierte Verfassung von 1848) in einer allerdings stark abgeschwächten Form an den Grundzügen des monarchischen Prinzips fest. Zwar wurde der König nicht mehr ausdrücklich als Inhaber aller Rechte der Staatsgewalt bezeichnet. Andere Staatsorgane, vor allem die beiden Kammern (*Abgeordnetenhaus* und *Herrenhaus*) waren an deren Ausübung beteiligt, wirkten an der Gesetzgebung und an der jährlichen Budgetfestsetzung entscheidend mit. Überdies konnte der Monarch ohne billigende Gegenzeichnung eines zuständigen Ministers keine rechtswirksamen Regierungshandlungen vornehmen, wobei die Minister keiner Gehorsamspflicht gegenüber dem König unterlagen; ein «persönliches Regiment» war dadurch seit 1850 in der preußischen Verfassungswirklichkeit ausgeschlossen und hat bis zum Ende der Hohenzollernmonarchie 1918 auch nicht mehr stattgefunden – trotz partieller diesbezüglicher Irritationen unter Friedrich Wilhelm IV. und Wilhelm II. (1888–1918). Gleichwohl blieben die Prärogativrechte der Krone auch im konstitutionellen Preußen erheblich. Der König hatte das Recht, die Minister nach freiem Ermessen zu ernennen und zu entlassen, ohne dabei den Wünschen und Vorstellungen der parlamentarischen Volksvertretung Rechnung tragen zu müssen. Sein Mitwirkungsrecht an der Gesetzgebung, seine militärische Kommandogewalt (Oberbefehl über das Heer), sein bestimmender Einfluß in allen auswärtigen Angelegenheiten sicherten ihm beträchtliche Handlungsspielräume, die freilich von allen vier konstitutionellen Hohenzollernherrschern mit unterschiedlicher Intensität genutzt und niemals voll ausgereizt worden sind, auch nicht von Wilhelm II.

Endgültig ausgespielt hatte nach 1850 in Preußen auch die Idee einer ständischen Repräsentation des Volkes. Von Friedrich Wilhelm IV. war diese Idee eines «organischen Ständestaats», d. h. einer ständisch gebundenen Rechts-, Wirtschafts- und Sozialordnung, im Rahmen seiner innen- und verfassungspolitischen Planungen vor 1848 mehrfach ventiliert und 1842 (*Vereinigte Ausschüsse*) bzw. 1847 (*Vereinigter Landtag*) konkret zu realisieren versucht worden. Doch war eine hierarchisch gestufte Gesellschaftsgliederung in Gilden, Zünfte und Stände in Preußen bereits seit den Reformbemühungen Steins und Hardenbergs obsolet geworden. Die Ereignisse von 1848/49 hatten die Unzeitgemäßheit dieser Konzeption vollends deutlich werden lassen und das ständische Repräsentationsprinzip für die Zweite Kammer durch das Allgemeine Wahlrecht ersetzt, das freilich seit 1849 eine zensusbezogene Abstufung nach Steuereinkommen in drei Klassen erfuhr. Doch auch im preußischen Dreiklassenparlament waren die Abgeordneten (bis 1918) nicht mehr ständisch gebundene Vertreter einer bestimmten gesellschaftlichen Gruppe, sondern Repräsentanten der gesamten Nation. Preußen war seit 1850 unwiderruflich in die Reihe der modernen konstitutionellen Verfassungsstaaten aufgerückt.

V. Preußen als Verfassungsstaat

Allerdings hat der Heeres- und Verfassungskonflikt zwischen 1862 und 1866 dann noch einmal zu einer starken Polarisierung der Fronten zwischen den Verfechtern des monarchischen Prinzips und den Anhängern des parlamentarischen Regierungssystems in Preußen geführt. Die im Mittelpunkt des Konflikts stehende budget- bzw. wehrrechtliche Frage, ob für die Festlegung von Heeresstärke und Dienstzeit ein einseitiger Kommandoakt des Königs ausreichend oder ein unter Beteiligung des Abgeordnetenhauses zustande gekommenes Gesetz erforderlich sei, weitete sich im Laufe der stetig an Aggressivität gewinnenden Auseinandersetzung zu einem politischen Grundsatzkonflikt über die Alternative, ob in Preußen weiterhin – wie bisher – das Prinzip der Königsherrschaft dominieren, oder ob der Staat künftig den Weg des Parlamentarismus einschlagen sollte. Damals hat, wie man weiß, durch Bismarcks Kampfpolitik das Königtum den Sieg über die Parlamentsmehrheit errungen. Wilhelm I. (1861–1888) konnte sich in seiner bedingungslos das monarchische Prinzip verfechtenden Haltung bestätigt fühlen, während der damalige preußische Kronprinz, spätere Friedrich III. (1888) zeitlebens dem – am britischen Vorbild erprobten – parlamentarischen System zuneigte, seiner Auffassung jedoch keinen konkreten politischen Wirkungsrahmen zu eröffnen vermochte. Doch der mit Hilfe Bismarcks errungene Sieg des preußischen Königtums im Verfassungskonflikt 1866 war ein Pyrrhussieg. Die vordergründig stabilisierte Königsmacht stand seither, stark exponiert, einmal mehr im Schnittpunkt der verschiedensten innen- wie außenpolitischen Koordinaten. Dadurch wurde der Monarch in hohem Maße angreifbar, war stärker den Gefahren weitreichender Fehlentscheidungen ausgesetzt und verbrauchte sich entschieden rascher als die sich immer mehr zurücknehmenden Könige im Westen und Norden Europas, die, gleichsam im Windschatten der Aktivitäten ihrer jeweiligen Ministerien und Parlamente, allmählich in eine passive Rolle als nun weitgehend bloß repräsentative Symbole ihrer Staaten hineinwuchsen und auf diese Weise neue, überparteilich-demokratische Identifikationsmöglichkeiten zu bieten vermochten.

Das preußische Königtum ging seit den 1860er Jahren andere Wege. Zunächst, unter Wilhelm I., schien die Hohenzollernmonarchie den Gipfelpunkt ihres mehrhundertjährigen Aufstiegs zu erklimmen. Schon mit seiner Königskrönung am 18. Oktober 1861 in Königsberg – kein preußischer Monarch hatte diese Zeremonie seit 1701 jemals wieder vollzogen, sondern sich stets mit der traditionellen Erbhuldigung der Stände begnügt – war von Wilhelm I. in sehr symbolträchtiger Form der Anspruch auf Betonung des monarchischen Gottesgnadentums auch im (seit 1850) konstitutionellen Verfassungsstaat vorgetragen worden. Der durch die Repräsentanz von Armee und evangelischer Geistlichkeit geprägte Krönungsakt hatte, sieht man ihn mit dem Sieg des Königtums im Verfassungskonflikt 1866 zusammen, der Krone, zumindest äußerlich, einen beträchtlichen Reputationszuwachs verschafft, welcher durch die staatsrechtliche Verklammerung der preußischen Königswürde mit dem Kaiseramt 1871 zunächst noch verstärkt zu werden schien. Die als untrennbar festgeschriebene Personal- und Realunion zwischen preußischer Königswürde und deutschem Kaiseramt führte indes relativ rasch zu einem – von Wilhelm I. übrigens stets befürchteten – Verblassen der ersteren vor dem letzteren. Unter der Regierung Wilhelms II. war dann der landesherrliche Titel «König von Preußen» nur noch eine Art nachgeordnete Zutat zum Rechtstitel «Deutscher Kaiser» – wie denn das Kaisertum des letzten Hohenzollern mit seinen national-unitarischen Tendenzen und seinen vereinheitlichenden Kräften die Rolle der einzelstaatlichen Landesherrn als Repräsentanten der Monarchie zusehends und weitgehend marginalisierte.

Dieses Schicksal war nun freilich dem kaiserlichen Amt im Verlauf des Ersten Weltkriegs selbst beschieden. Der nach 1914 rapide fortschreitende Verfall des (preußischen) Königs- bzw. (deutschen) Kaisergedankens hatte dabei nur zum Teil seinen Grund in den – 1908 bekanntermaßen kulminierenden – Fehlern und Mängeln im Auftreten und Handeln des letzten Königs und Kaisers. Entscheidender war hier vielmehr das nahezu vollständige Versagen Wilhelms II. im Krieg, angesichts seiner Doppelfunktion als konstitutionelles Staatsoberhaupt wie als Inhaber der obersten militärischen Kommandogewalt gleichermaßen. Seiner Aufgabe, die Aktivitäten der politischen und militärischen Reichsspitze zu koordinieren, entsprechend auftretende Interessenkollisionen zu neutralisieren und als Vermittler zwischen den zivilen und militärischen Instanzen das fragile Wechselverhältnis von Politik und Kriegführung in einer zumindest einigermaßen stabilen Balance zu erhalten, ist er nach Kriegsausbruch aufs Ganze gesehen nicht gewachsen gewesen. Der Kaisergedanke wurde, vor allem seit

1916, zusehends vom Hindenburg-Mythos («Führer»-Mythos) überlagert und verdeckt, wovon auch Autorität und Ansehen der preußischen Königswürde unmittelbar betroffen waren.

Auf der anderen Seite hat sich der letzte König und Kaiser auch wiederum nicht gänzlich von der politischen Verantwortung für weitgehend ohne sein Zutun, jedoch stets in seinem Namen getroffene Fehlentscheidungen zurückgezogen, wozu ihm ein Eingehen auf die vielfach erhobenen Parlamentarisierungsforderungen durchaus Möglichkeiten geboten hätte. Der – wenige Tage vor dem Zusammenbruch vollzogene – Übergang vom konstitutionellen zum parlamentarischen Regierungssystem, den Wilhelm II. durch die verfassungsändernden Reichsgesetze vom 28. Oktober 1918 sanktionierte, kam vor dem Hintergrund dieser Entwicklung insofern zu spät, als er dem arg lädierten Königs- und Kaiseramt keine neue Basis zum Wiedergewinn verlorengegangener Reputation mehr zu verschaffen vermochte. Zwar waren jetzt alle Voraussetzungen erfüllt, um Preußen-Deutschland ohne revolutionäre Erschütterungen in die Reihe der parlamentarischen Demokratien einzufügen: Die Amtsführung des Reichskanzlers wurde vom Vertrauen des Reichstags abhängig gemacht, dem Parlament – und nicht mehr dem König und Kaiser – stand hinfort das Alleinentscheidungsrecht über Kriegserklärungen und Friedensschlüsse sowie die Kontrolle über die Streitkräfte zu. Rechtzeitig vorgenommen, hätten diese Reformen durchaus Perspektiven für eine nochmalige Konsolidierung und Stabilisierung der Monarchie in Preußen-Deutschland eröffnet – nun im Verbund mit den parlamentarischen Königsstaaten West- und Nordeuropas, in denen die Monarchie gerade *wegen* ihrer dem aktuellen Tagesgeschehen enthobenen «unpolitischen» Stellung eine bis heute maßgebliche Staatsfunktion ausübt. Doch diese Transformation war dem preußischen Königtum versagt. Lange Zeit hatte es immer erneut eine teilweise erstaunliche Fähigkeit bewiesen, sich durch dynamische Formwandlungen den veränderten Zeitsituationen anzupassen. Der letzte, existenzentscheidende Schritt zur Assimilierung an die moderne Staatswirklichkeit unterblieb. Mit dem Grenzübertritt Wilhelms II. in die Niederlande am 10. November 1918 endete die 500jährige Epoche aktiver politischer Mitwirkung der Hohenzollerndynastie am geschichtlichen Schicksal Preußens, Deutschlands und Europas.

Die ersten Hohenzollern in der Mark (1415 – 1499)

von Dieter J. Weiß

«Vom Fels zum Meer» lautet die Devise, die König Friedrich Wilhelm IV. dem von der schwäbischen Linie gestifteten Hausorden der Hohenzollern verlieh. Sie steht für die Ausweitung der Herrschaft des Hauses von der Schwäbischen Alb bis zu den Küsten von Ost- und Nordsee. Als diese Entwicklung noch nicht abzusehen war, schufen sich die Hohenzollern im Spätmittelalter eine Legende über die antike Herkunft ihres Geschlechts, die über die römischen Colonna bis nach Troja zurückführte. Friedrich der Große gab sich in seiner Geschichte des Hauses Brandenburg mit dem legendären Grafen Thassilo aus der Zeit um 800 zufrieden. Die erste gesicherte Nachricht über Angehörige des Hauses führt in das Jahr 1061, als Burchard und Wezil von Zollern eines gewaltsamen Todes starben. Weiter zurückreichende Traditionen müssen Spekulation bleiben. Auch die Stammburg bei Hechingen wurde im 11. Jahrhundert erbaut, erwähnt wird sie erstmals 1267. Die Namensform «Hohenzollern» setzt im 14. Jahrhundert ein, konsequente Verwendung fand sie ab 1575. Die schwäbischen Hohenzollern lehnten sich eng an die Kaiser an, zunächst an die Staufer.

Friedrich III. von Zollern wird 1192 als Burggraf von Nürnberg genannt, welche Position er als Schwiegersohn des letzten Amtsinhabers Konrad von Raab von Kaiser Heinrich VI. erhalten hatte. Unter seinen Söhnen Konrad I. und Friedrich IV. fand die Teilung in einen schwäbischen und einen fränkischen Zweig des Hauses statt. Durch die Unterstützung der Reichsgewalt und durch eine geschickte Heirats- wie auch eine konsequente Territorialpolitik weiteten die Burggrafen ihr Gebiet beträchtlich aus. Kaiser Karl IV. erhob sie 1363 in den Reichsfürstenstand. Die Hausgesetze von 1372 und 1385 leiteten eine Zweiteilung in ein Fürstentum ob dem Gebirg – das Oberland mit der Residenz Plassenburg über Kulmbach und später Bayreuth – und eines unter Gebirg um die Cadolzburg und Ansbach ein.

Friedrich I. (1415–1440)

Entsprechend den Hausgesetzen des 1398 verstorbenen Burggrafen Friedrich V. (1357–1397) teilten sich dessen Söhne Johann (1397–1420) und Friedrich VI. (1397–1440) nach dessen Abdankung im Jahr 1397 die Herrschaft – nur die Nürnberger Burg, das Landgericht und die Bergwerke wurden gemeinsam verwaltet. Friedrich übernahm das fränkische Unterland. Er hatte eine umfassende Ausbildung erfahren, sprach Latein, Französisch und Italienisch. Sogar auf Feldzügen führte er eine Bibliothek mit sich. Außerdem verfügte er über juristische Kenntnisse und galt als gewandter Redner.

Im Jahr 1401 heiratete der wohl 1371 geborene Burggraf Friedrich VI. die achtzehnjährige Elisabeth, genannt die Schön Else, die Tochter Herzog Friedrichs von Bayern-Landshut (1375–1393). Von der italienischen Mutter Maddalena Visconti soll sie das Temperament und die Schönheit geerbt haben. Am 18. September fand in Schongau das Beilager statt, bei dem König Ruprecht von der Pfalz (1400–1410) anwesend war. Die Ehe war offenbar sehr glücklich, Elisabeth stand ihrem Gatten auch politisch bei und führte mehrfach mit gewandter Hand für ihn die Regentschaft. Dem Paar wurden vier Söhne und sieben Töchter geboren. Im zur Nebenresidenz ausgebauten Ansbach errichteten sie eine 1409 vollendete Wasserburg. Mit dem kinderlosen Tod seines Bruders Johann 1420 vereinigte Friedrich alle fränkischen Territorien in seiner Hand.

Beide Brüder hatten den Türkenfeldzug von 1396 und die Niederlage von Nikopolis miterlebt. Sie standen zunächst auf der Seite König Wenzels (1376–1400, † 1419) und engagierten sich für ihn im Reichsdienst. Nachdem Friedrich VI. 1400 zur reichsfürstlichen Opposition übergewechselt war, beteiligte er sich mit den rheinischen Kurfürsten an der Absetzung Wenzels und der Erhebung seines Schwagers Ruprecht von der Pfalz zum König. Ihn begleitete er auf seinem Italienzug und wurde in dessen Niederlage vor Brescia verwickelt. In der Auseinandersetzung mit der Reichsstadt Rothenburg fühlte Friedrich sich durch König Ruprecht ungenügend unterstützt, die Kämpfe steigerten seine Finanznot.

1409 trat Friedrich gegen ein Gehalt von viertausend Gulden in den Dienst König Sigismunds von Ungarn. Nach dem Tode König Ruprechts engagierte Friedrich sich für die Wahl Sigismunds zum römischen König. Dieser betraute ihn mit der Führung der freilich umstrittenen brandenburgischen Kurstimme beim Wahlakt am

20. September 1410 in Frankfurt. Seine Leistungen müssen König Sigismund (1410–1437) sehr wertvoll gewesen sein, weil er ihm zwanzigtausend Gulden überschreiben ließ, für die er ihm ungarische Besitzungen verpfändete.

Aus Dankbarkeit für die erfolgreiche Wahl, aber auch um dieses Land in den Händen eines Vertrauensmannes zu wissen, ernannte König Sigismund am 8. Juli 1411 in Ofen Burggraf Friedrich zum obersten Hauptmann und Verweser der Mark Brandenburg. Möglicherweise sah der selbst söhnelose Herrscher in ihm seinen Nachfolger als König. Sicher beabsichtigte er schon damals, ihn als seinen Vertrauten in das Kurkolleg zu bringen. Die Askanier hatten die Grenzmark Brandenburg als Herrschaftsgebiet konsolidiert und das Erzkämmereramt des Reiches sowie die Kurwürde errungen. Nach ihrem Aussterben belehnte König Ludwig der Bayer (1314–1347) 1323 seinen erst achtjährigen Sohn Ludwig V. den Brandenburger mit der Mark. Doch die wittelsbachische Herrschaft blieb ebenso eine Episode wie die sich anschließende der Luxemburger ab 1373. Mächtig war der Widerstand der Ritterschaft und der Städte gegen die landfremden Herren. Der Tod Jobsts von Mähren im Januar 1411, dem die Mark verpfändet gewesen war, hatte sie wieder in die Hände König Sigismunds gebracht. Dieser behielt sich die Kurwürde zunächst noch selbst vor.

Nachdem der in die Mark entsandte Unterhauptmann keinen Gehorsam gefunden hatte, mußte Burggraf Friedrich sich selbst dorthin begeben. Deutlich empfand er die Unterschiede zu seinem Stammland, das andere Klima, die andere Landschaft und auch den anderen Charakter der Bevölkerung und ihrer Sprache. Das Land befand sich in einem schwierigen Zustand, die landesherrlichen Einnahmen waren zum Großteil entfremdet, die Burgen verpfändet. Infolge des weitgehenden Ausfalls der fürstlichen Gewalt war die Ritterschaft in das Machtvakuum eingerückt, sie trat dem neuen Landesherrn skeptisch gegenüber. Einzelne Landschaften hatten sich eigene Hauptleute gegeben, die Opposition fand Rückhalt bei benachbarten Fürsten. Städte und Klerus sahen der neuen Herrschaft dagegen mit freundlicher Erwartung entgegen. Ab 1412 holte Friedrich bei einem Landtag und anschließendem Umritt persönlich die Huldigung ein. Er bewies diplomatisches Geschick, neutralisierte die Nachbarfürsten durch Verträge und bemühte sich erfolgreich, die Front seiner Gegner, darunter besonders den Adel der Altmark und der Prignitz, aufzubrechen. Zur Festigung seiner Macht holte er Truppen aus Franken. Die Quitzows sollen dies kommentiert haben, sie würden ihre Burgen halten, auch wenn es «eyn ghantz iar nurenberger regende». Den Widerstand

Friedrich I., Kurfürst von Brandenburg
1415–1440

der Quitzows an der Spitze der havelländischen Fronde und ihrer durch Eid verbundenen Genossen brach Friedrich mit Gewalt, wobei er an deren Hauptburgen ansetzte. Dabei verwendete er seinerzeit moderne Belagerungsgeschütze wie die berühmte «faule Grete». Den Abschluß der Phase der Herrschaftsstabilisierung markiert der Landfriede von Tangermünde vom 20. März 1414. Er beseitigte die bisherige Fehdepraxis von Adel und Städten durch die landesfürstliche Jurisdiktion. Nach der Abreise Friedrichs nach Nürnberg übernahm 1414 seine Frau Elisabeth von Bayern die Statthalterschaft.

Burggraf Friedrich ermöglichte den Fortgang des Konzils von Konstanz, indem er im Frühjahr 1415 den geflohenen Papst der Pisaner Oboedienz Johannes (XXIII.) an den Tagungsort zurückbrachte. Am 30. April übertrug ihm König Sigismund in Konstanz die Mark Brandenburg und das Kurfürstentum mit dem Erzkämmereramt. Den Titel «Kurfürst» gebrauchte Friedrich selbst nicht, doch bezeichnete er sich als Markgraf und Reichserzkämmerer. Die Belehnung von 1415 erforderte die neuerliche Erbhuldigung durch die Stände (21. Oktober 1415), der Umritt Friedrichs zog sich bis ins folgende Jahr hin. Der nunmehrige Markgraf Friedrich I. versuchte, den geschlagenen Adel durch Rückgabe eingezogenen Besitzes zu versöhnen, doch blieben einige Familien noch länger ein unruhiges Element. Neben den in großer Zahl in die Mark geholten Franken mußte Friedrich auch die ansässige Ritterschaft in seinen Dienst einbinden. Dazu rechneten die Alvensleben, Arnim, Schulenburg, Sparr und Waldow. Die durch die anhaltende Finanzmisere des Landesherrn erzwungene Verpfändung von Schlössern und Städten stärkte die Ritterschaft. Im Mai 1416 reiste Friedrich I. wieder zum Konzil nach Konstanz, wo er sich in den folgenden Jahren häufiger aufhielt.

Die feierliche Belehnung mit der Kurmark, wieder in Konstanz, erfolgte zwei Jahre nach der Übertragung am 18. April 1417. In der Konzilschronik Ulrich von Richentals ist die Erinnerung an den Akt in mehreren Miniaturen festgehalten. Am Nachmittag wurde Friedrich I. feierlich zum Oberen Markt geleitet, wo auf einer eigens errichteten Tribüne der königliche Thron stand. König Sigismund trug eine goldene Krone, er wurde von den anwesenden Kardinälen und der hohen Geistlichkeit flankiert, die Kurfürsten von der Pfalz und von Sachsen erfüllten zeremonielle Funktionen. Nach der Verlesung der Belehnungsurkunde leistete Friedrich den Treueid und empfing das Banner der Mark Brandenburg und ein Banner mit dem Zollernschild aus den Händen des Königs. Im Anschluß legte Sigismund ein Szepter und den

Reichsapfel in die Hände des Markgrafen. Pauker und Posaunisten beendeten die Zeremonie, die verdeutlicht, wie eine politische Entscheidung in die ehrwürdigen Formen des Lehensrechts gehüllt und öffentlich demonstriert wurde. Im November dieses Jahres bewachte Markgraf Friedrich das Konklave, aus dem Oddo Colonna als neuer Papst Martin V. (1417–1431) hervorging. Wegen seiner Abreise nach Ungarn ernannte König Sigismund den Markgrafen am 2. Oktober 1418 zum Reichsverweser, obwohl das Reichsvikariat sonst von der Pfalz oder von Sachsen ausgeübt wurde.

Zur Verteidigung der Außengrenzen Brandenburgs benötigte Friedrich die Unterstützung der Ritterschaft, zumal bis 1411 weite Gebiete verlorengegangen waren. Das Erzstift Magdeburg bedrohte die Altmark, Mecklenburg die Prignitz, Pommern die Uckermark, die Neumark war an den Deutschen Orden verpfändet. Nachdem mit Pommern 1416 ein wenigstens zeitweiliger Vergleich gefunden worden war, brachen 1419 Kämpfe mit Mecklenburg, wieder Pommern und Polen, 1426 mit Pommern und Sachsen-Lauenburg aus. Friedrich setzte bewußt die Familienpolitik ein, um seine Herrschaft über die Mark abzusichern. Zwei seiner Töchter verheiratete er 1423 und 1432 an Herzöge von Mecklenburg. Trotzdem dauerten die Kämpfe an der brandenburgischen Nordgrenze bis 1427 an. Die Südgrenze war durch gute Beziehungen zu Sachsen abgesichert, zu dem Friedrich ebenfalls dynastische Verbindungen knüpfte.

Die Lage wurde dadurch verschärft, daß das Königreich Polen Pommern Rückhalt bot. Dabei hatte Friedrich seinen zweitgeborenen Sohn, Friedrich II., 1421 mit der Tochter Hedwig des polnischen Königs verlobt. Da der bereits siebzigjährige Ladislaus Jagiello II. (1386–1434) damals noch ohne männlichen Erben war, sollte die Heirat Friedrich II. zugleich Aussichten auf die polnische Krone eröffnen. Dafür nahm der Kurfürst sogar den zeitweiligen Bruch mit König Sigismund in Kauf, dessen Ostpolitik durch die geplante Eheschließung gestört wurde. Allerdings erhielt König Ladislaus 1424 doch noch einen Thronfolger, so daß die zollernschen Erbaussichten gescheitert waren. Die wechselseitigen Beziehungen verschlechterten sich daraufhin drastisch, polnische Truppen unterstützten Mecklenburg und Pommern gegen Brandenburg. Im November 1425 erlitt Friedrich mit seinen fränkisch-bayerischen Truppen vor Vierraden eine herbe Niederlage gegen diese Übermacht.

Der erste Versuch eigenständiger Ostpolitik der Hohenzollern war gründlich fehlgeschlagen. Das dadurch ausgelöste Zerwürfnis mit König Sigismund verhinderte außerdem 1422 nach dem Aussterben der Askanier in Kursachsen die mögliche Erbfolge von Friedrichs ältestem Sohn Johann, der mit Barbara von Sachsen verheiratet war. Die Konkurrenz zwischen den hier erfolgreicheren Wettinern und den Hohenzollern in der Mark wurde zu einem Konstituens der Geschichte Mitteldeutschlands in den folgenden Jahrhunderten. Markgraf Friedrich unterstützte 1422 beim Reichstag in Nürnberg und 1424 als Mitglied des Binger Kurvereins die Opposition der Kurfürsten gegen den König.

Im Januar 1426 verließ Friedrich I. endgültig Brandenburg, wobei dahingestellt sein mag, ob dies im letzten nicht eine Flucht vor der Fülle der Probleme war. Als Hauptmann hatte er circa zwei Jahre, als Kurfürst etwas über drei Jahre im Lande verbracht. Obwohl die Mark genügend Aufgaben für ihren neuen Fürsten geboten hätte, hielt er sich bevorzugt in seinen fränkischen Stammlanden auf. Wie es bereits Otto Hintze gesehen hat, bildete die Mark nur eine Episode im bewegten Leben Friedrichs I. Auf dem Landtag zu Rathenow übertrug er die Regentschaft seinem ältesten Sohn Johann, genannt der Alchimist, der die Mark von 1426 bis 1437 regierte. Er bevorzugte Tangermünde und Spandau als Residenzen, während sein Verhältnis zu Berlin und Cölln wie zu den in Bündnissen zusammengeschlossenen Städten überhaupt gespannt blieb. Stärker als sein Vater bemühte er sich um ein gutes Verhältnis zur märkischen Ritterschaft, auf deren Unterstützung er angewiesen war. Dabei förderte er das Connubium zwischen dem eingesessenen Adel und den fränkischen Zuwanderern. Seinen Hof und Turnierveranstaltungen benutzte er als Integrationsinstrumente. Ihm gelang die weitgehende Sicherung der märkischen Außengrenzen.

Im März 1426 söhnte Friedrich I. sich in Wien mit König Sigismund aus und wendete nun viel Zeit und Mühe für den Reichsdienst auf. Bereits 1422 und wieder 1427 und 1431 führte er das Reichsheer gegen die Hussiten, obwohl er die Kreuzzugspolitik ablehnte. Nach der Katastrophe vor Taus (1431) konnte er sowohl den König als auch die Hussiten zu Verhandlungen bewegen. Doch ein neuerlicher hussitischer Raubzug führte diese 1432 sogar in die Mark Brandenburg. Erst 1433 kam es, auch durch die Bemühungen Friedrichs, mit den Prager Kompaktaten zu einem Friedensschluß. Das Verhältnis Friedrichs zu Kaiser Sigismund verbesserte sich weiter. 1434 ernannte dieser den jungen Friedrich II. sogar zu seinem Statthalter auf dem Konzil von Basel. Auf dem Ulmer Reichstag dieses Jahres hatte die Aussöhnung auch äußerlich ihren Ausdruck gefunden. Nach dem Tod Sigismunds (19. Dezember 1437) war Friedrich I. sowohl als römisch-deutscher wie auch als böhmischer König zeitweilig im Gespräch. Er trat dann aber der Wahl Albrechts II. von Österreich (1438–1439) bei, während er bei der Königswahl im Januar 1440 mit seinem Kandidaten Landgraf Ludwig von Hessen Friedrich III. von Österreich (1440–1493) unterlag.

Auch in den fränkischen Fürstentümern warteten schwierige Aufgaben auf Friedrich. Er wurde in den Krieg zwischen seinem Schwager Herzog Heinrich XVI. von Bayern-Landshut (1393–1450) und Herzog Ludwig dem Bärtigen von Bayern-Ingolstadt (1413–1443) verwickelt. Herzog Ludwig beanspruchte die Mark Brandenburg als ehemaligen Wittelsbacherbesitz selbst und steigerte seinen Haß gegen den Markgrafen. Er trug den Krieg in dessen fränkische Besitzungen hinein und ließ 1420 die Burggrafenburg in Nürnberg niederbrennen. Daraufhin verkaufte Friedrich 1427 die Ruine und die ihm in der Stadt verbliebenen Rechte an die finanzstarke Reichsstadt, behielt sich aber Wildbann, Geleitrecht und Hochgerichtsbarkeit vor. Später bemühte Friedrich sich um den Landfrieden in Franken.

Im Hausvertrag von 1437 teilte Kurfürst Friedrich I. seine Fürstentümer unter seine vier Söhne auf. Der älteste Sohn Johann erhielt das Oberland in Franken mit der Residenz Plassenburg, der dritte Sohn Albrecht das Unterland mit der Cadolzburg und Ansbach. Die Mark und die Kur kamen an den zweitgeborenen Friedrich II., der Brandenburg nach sechzehn Jahren mit dem jüngsten Sohn Friedrich teilen sollte. Schon diese Teilung verdeutlicht, daß Friedrich I. und seine Söhne den fränkischen Hausbesitz als den wertvollsten Teil ihrer Länder betrachteten. Diese Regelung widersprach der Erstgeburtserbfolge wie der Unteilbarkeit der Kurlande, wie sie die Goldene Bulle festgelegt hatte. Allerdings sollten alle vier Brüder mit allen Ländern zur gesamten Hand belehnt werden. Auch die Titelführung «Markgraf und Burggraf» sollte gemeinsam sein, woraus sich erklärt, daß die fränkischen Fürstentümer bis zum Ende des Alten Reichs als Markgraftümer Brandenburg-Ansbach und Bayreuth bezeichnet wurden. Die eigentlich konträren Prinzipien Einheit und Teilung hielten sich, besonders wegen des engen Zusammenhalts der Brüder und des Vorrangs gemeinsamer Hausinteressen, die Waage.

Markgraf Friedrich I. errichtete kirchliche Stiftungen wie das Augustinerchorherren-Stift in der Pfarrkirche Langenzenn (1409) und eine Predigtpfründe bei St. Gumbertus in Ansbach (1430). In der Mark gründete Friedrich nach der Heimkehr seiner Söhne von ihrer Jerusalem-Wallfahrt 1435 das Prämonstratenser-Stift St. Marien auf dem Harlunger Berg bei der Stadt Brandenburg, wo sich eine alte Wallfahrtskirche befand. Er stiftete mehrere Altäre, darunter den Cadolzburger Altar, der sein und seiner Gattin Porträt überliefert. 1873 wurde der Altar Kronprinz Friedrich (III.) von Preußen geschenkt und befindet sich heute im Jagdschloß Grunewald in Berlin. Am 20. September 1440 starb Friedrich I. auf der Cadolzburg. Sein Grab erhielt er in der Kirche des Zisterzienser-Klosters Heilsbronn, die den Hohenzollern seit dem 13. Jahrhundert als Grablege diente.

Friedrich II. (1440–1471)

Friedrich II. übernahm 1437 die Statthalterschaft, am 11. Februar 1440 übertrug ihm sein Vater förmlich die Regierung Brandenburgs. Damit stand erstmals seit langem ein Fürst an der Spitze des Landes, der in der Mark, in Tangermünde, geboren worden war (19. November 1413). 1422 war der achtjährige Friedrich als künftiger Bräutigam der Königstochter an den Hof nach Krakau gegeben worden, um mit dem Land Polen, seinen Sitten und seiner Sprache vertraut zu werden. Seine Braut Hedwig starb aber 1431 noch vor der Hochzeit, wobei die Zeitgenossen einen Giftmord nicht ausschlossen. Eine melancholische Grundstimmung beherrschte sein weiteres Leben, zu dem der spätere Beiname des «Eisernen» oder des «Eisenzahns» wenig paßt. Friedrich konzentrierte sich auf den inneren Landesausbau Brandenburgs, wie es wohl seinem Naturell entsprach, das wenig Gefallen an militärischen Abenteuern fand.

Nur neun Tage nach dem Tod seines Vaters stiftete Kurfürst Friedrich II. am 29. September 1440 einen religiös geprägten Ritterorden, die «Gesellschaft Unserer Lieben Frau». Der populärere Name «Schwanenorden» rührt vom Kleinod der Ordenskette her. Unterhalb eines Medaillons mit einer Strahlenkranzmadonna ist ein Schwan angebracht. Nach Ausweis der Ordensstatuten symbolisiert dieser Vogel, der nach der Anschauung des Mittelalters um seinen eigenen Tod weiß, ein *Mememto mori*. Er ist von einem weißen Tuch (Dwele) umwunden, das ein Zeichen der Reinheit bildet. Die zehn Fransen des Tuches, an denen Glöckchen hängen, stehen für die zehn Gebote. Der erste Sitz des Ordens war die Kirche des Marienstiftes auf dem Harlunger Berg. Zu den Ordenszielen gehörte neben religiösen Pflichten und gegenseitigen Fürbitten auch die Armenfürsorge. Indirekte Absicht Friedrichs II. war es wohl, den Adel der Mark zu stärkerer Religiosität und höfischen Sitten zu erziehen. Aufgenommen werden konnten Männer und Frauen, wenn sie vier ritterbürtige Großeltern nachwiesen. Nach ihrem Tod blieben die Mitglieder der Gemeinschaft durch Seelenmessen und Gebete verbunden. Wie in anderen europäischen Staaten

Friedrich II., Kurfürst von Brandenburg
1440–1471

sollte sich der Ritterorden zum Kern des in Entstehung begriffenen Hofadels entwickeln.

Friedrich II. heiratete im Juni 1441 Katharina, eine Tochter Kurfürst Friedrichs des Streibaren von Sachsen (1423–1428). Er baute seine Hofhaltung bewußt aus, um den märkischen Adel an sich zu binden. Die trotzdem verschiedentlich ausbrechenden Fehden unterdrückte er erfolgreich. Sein jüngerer, gleichnamiger Bruder Friedrich, später genannt «der Fette», setzte die 1437 nach Ablauf von 16 Jahren vorgesehene Landesteilung bereits 1447 in Absprache mit seinen Brüdern in Mühlhausen durch. Der Kurfürst behielt die Mittel- und Uckermark und das Land Sternberg, während die Altmark, die Prignitz und das Gebiet des Bistums Havelberg an den Jüngeren fielen. Der erbenlose Tod Friedrichs des Jüngeren 1463 vereinigte die Mark wieder.

Der Kurfürst konnte sich für seine Landfriedenspolitik auf die Städte stützen, die allerdings ihre Unabhängigkeit durch regionale Sonderbündnisse und Kontakte zur Hanse betonten. Die Mark Brandenburg verfügte über keine Hauptstadt, sondern nur über mehrere Orte mit Residenzfunktionen. Friedrich II. hielt sich besonders häufig in Berlin-Cölln und Tangermünde auf. Die Hinwendung zu Berlin löste freilich Spannungen mit der Bürgerschaft aus. Der Kurfürst mußte seinen Anspruch auf den Bau eines Stadtschlosses 1442 mittels militärischer Drohung durchsetzen, als er mit 600 Reitern vor dem Spandauer Tor erschienen war. Er löste den gemeinsamen Rat der Doppelstadt auf und setzte eine neue Stadtverfassung durch. 1448 behinderten die Bürger den Weiterbau des Schlosses und stürmten die fürstliche Kanzlei («Berliner Unwillen»). Im Mai dieses Jahres aber unterwarf sich die Doppelstadt. Ein Schiedsspruch beseitigte freie Ratswahl und Bündnisrecht, eine strenge Bestrafung aber unterblieb. Eine breite städtische Oppositionsbewegung hatte sich nicht formiert. Durch den Erlaß von Städteordnungen bemühte Friedrich sich um die Integration der Städte in den Landesstaat. Das Schloß in Cölln konnte 1451 fertiggestellt werden. Hier bildete sich die erste ortsfeste Hofhaltung in der Mark, wo Kanzlei, Ratsstube und die höchsten Jurisdiktionsorgane – Vorstufen späterer Zentralverwaltung – angesiedelt wurden. Die Epoche der Reiseherrschaft neigte sich ihrem Ende zu, nur Tangermünde wurde noch regelmäßig als Nebenresidenz genutzt. Die Beamten der Kanzlei, die Kanzler zumal, stammten noch lange aus Franken.

Den Leitgedanken der auswärtigen Politik Friedrichs II. bildete das Bemühen, die Mark in ihren alten Grenzen wiederherzustellen und verlorene Gebiete zurückzugewinnen. Als Rechtsgrundlage diente ein Revindikationsmandat König Friedrichs III., das der

Kurfürst 1444 beim Nürnberger Reichstag erwirkt hatte. Bereits 1442 schloß er in Wittstock einen Vertrag mit Mecklenburg, der den Hohenzollern nach dem Erlöschen des Mannesstammes die Erbfolge garantierte und die Erbhuldigung für das Herzogtum zubilligte. 1448 söhnte Friedrich sich mit den Herzögen von Pommern aus, doch brachen später wieder Erbfolgestreitigkeiten aus. Die lehensrechtlichen Ansprüche des Erzstifts Magdeburg auf die Altmark konnte der Kurfürst 1449 mit dem Zinnaer Vertrag gegen kleinere Gebietsabtretungen ablösen. Dies wirkte sich stabilisierend auf die inneren Verhältnisse aus. Auch der Erwerb einzelner Herrschaften wie Cottbus und Peitz sowie Anwartschaften auf böhmische Lehen gelang ihm, während er seine Ansprüche gegen den böhmischen König Georg Podiebrad (1458–1471) auf die Niederlausitz nicht durchsetzen konnte.

Im Jahr 1455 schuf Friedrich II. die Grundlage für den Territorialausbau Brandenburgs östlich der Oder. Von dem durch den Aufstand des preußischen Städtebunds geschwächten Deutschen Orden erwarb er gegen einhunderttausend Gulden die Neumark zurück, die er bereits im Vorjahr als Pfand erhalten hatte. Die Pommernherzöge erkannten 1466 im Vertrag von Soldin die brandenburgische Lehenshoheit an, doch entstanden wenig später neue Auseinandersetzungen. Kaiser Friedrich III. stärkte die Position der Pommern, die auf der Reichsunmittelbarkeit bestanden. Schließlich brach 1468 ein offener Krieg aus, der erst unter Friedrichs II. Nachfolger Albrecht Achilles beendet werden konnte.

Friedrich II. schloß sich mit seinem Bruder Albrecht im Jahr 1446 der römischen Oboedienz Papst Eugens IV. (1431–1447) gegen das Konzil von Basel an, das selbst die Superiorität beanspruchte. Dafür bekam er wichtige Rechte für sein landesherrliches Kirchenregiment. Papst Nikolaus V. (1447–1455) gewährte ihm das Nominationsrecht für die drei Landesbistümer Brandenburg, Havelberg und Lebus (10. September 1447). Über die Domstifte und Stifte seines Landes erhielt er Patronatsrechte, ebenso Aufsichtsrechte für die Frauenklöster. Außerdem sicherte der Papst dem Landesherrn die ausschließliche Gerichtsbarkeit bei Zivil- und Kriminalfällen und verbot die Einmischung geistlicher Gerichte.

Bei Friedrich II. finden sich Züge tiefer, ja schwärmerischer Religiosität, wie sie bei der Stiftung des Schwanenordens deutlich werden. So schützte er die Heilig-Blut-Wallfahrt nach Wilsnack gegen den Widerstand des Erzbischofs von Magdeburg und anderer Kritiker. Als ihm die Situation in der Mark genügend stabilisiert erschien, unternahm Friedrich 1453 eine seit langem geplante Pilgerfahrt zum Grabe Christi nach Jerusalem. Auf der Reise besuchte er Nikolaus V. in Rom. In der Pfarrkirche im Cöllner Schloß richtete er am 20. Januar 1469 ein Domstift mit neun Domherrenpfründen ein. Bei aller Frömmigkeit vermochte der Kurfürst aber auch wesentliche, bislang dem Papst vorbehaltene Rechte der Kirchenhoheit zu übernehmen.

Kurfürst Friedrich II. konnte als Erfolg seiner Politik die Einordnung der Stände – Kirche, Ritterschaft und Städte – in den brandenburgischen Staatsverband verbuchen. 1444 hatte er das nach dem Tode König Ladislaus III. (1434–1444) doch noch erfolgte Angebot der polnischen, 1468 das der böhmischen Krone, die ihm Papst Paul II. (1464–1471) antrug, zurückgewiesen. 1469 trat Friedrich mit seinem jüngeren Bruder Albrecht Achilles in Verhandlungen über die Abtretung der Mark. Der Tod seines Erben 1467, Auseinandersetzungen mit den Landständen, die Überschuldung des Fürstentums und weitere Schwierigkeiten mochten ihn zu diesem Schritt veranlaßt haben, er selbst nannte Alter und Krankheit als Begründung. 1470 verzichtete er auf Brandenburg gegen eine Rente von sechstausend Gulden und den Unterhalt einer eigenen Hofhaltung auf der Plassenburg, wohin er sich zurückzog. Seine Gemahlin Katharina von Sachsen blieb in Brandenburg zurück. Bereits am 10. Februar 1471 starb Friedrich II. in Neustadt an der Aisch. Wie sein Vater wurde er in Heilsbronn begraben, wo eine Gedächtnistafel an ihn erinnert. Zwei Engel halten darauf die Kette des Schwanenordens.

Albrecht Achilles (1470–1486)

Der dritte Sohn Friedrichs I., Albrecht, der der Epoche in Franken seinen Stempel aufdrücken sollte, vereinigte ab 1470 alle zollernschen Territorien in seiner Hand. Aeneas Sylvius Piccolomini, der spätere Papst Pius II. (1458–1464), verlieh ihm den Beinamen Achilles, den erst die Historiographie des 17. Jahrhunderts wiederaufnahm. Seinen übrigen Zeitgenossen galt er als kluger, ja verschlagener Politiker. Der päpstliche Legat Johannes Antonius Campanus bezeichnete ihn als *vulpes Germaniae,* als deutschen Fuchs. Die ältere Literatur sah in ihm die vor Lebenslust strotzende Kraftnatur, den tapferen Kämpfer und gewiegten Diplomaten, treuen Anhänger und Gefolgsmann des Kaisers, unermüdlichen Parteigänger seiner Fürstengenossen und geschworenen Feind der Städte. Als Folge seiner freilich nicht immer erfolgreichen zahlreichen Kriegszüge soll er einen narbenbedeckten Körper davongetragen haben. In beständigen Auseinandersetzungen mit seinen Nachbarn suchte er die Hegemonie über Franken zu erringen. Als Kurfürst konzentrierte er sich auf die Reichspolitik. Sein authentisches Porträt überliefert der Schwanenordens-Altar, auf dessen Predella er sich 1484 als Stifter in goldglänzender Rüstung und rotem, hermelinbesetzten Fürstenmantel darstellen ließ. Der Altar befindet sich heute in der Schwanenritter-Kapelle bei St. Gumbertus in Ansbach.

Albrecht Achilles wurde am 24. November 1414 in Tangermünde in der Mark geboren, wo er seine Kindheit verlebte. Er erhielt eine solide Ausbildung, doch bezeichnete er sich später selbst als schwachen Lateiner. Im Vordergrund stand die Einübung ritterlich-militärischer Tugenden. Sein Interesse galt auch der Jurisprudenz, wie das erhaltene Verzeichnis seiner Bibliothek ausweist. Mit 15 Jahren kam er 1430 an den Hof König Sigismunds als Edelknabe der Königin Barbara von Cilli, um die erneuerte zollernsche Politik bewußter Kaisernähe zu demonstrieren. Hier lernte er den Glanz einer repräsentativen Hofhaltung kennen. Früh beteiligte er sich an Fehden und Kriegszügen, so in Begleitung seines Vaters 1431 gegen die Hussiten. 1435 unternahm er gemeinsam mit seinem älteren Bruder Johann und einem Gefolge von vor allem fränkischen Rittern eine Pilgerfahrt nach Jerusalem, die ihr Vater angeregt hatte. Während der in der Grabeskirche durchwachten Nacht empfing er den Ritterschlag von seinem Bruder Johann.

In der Erbteilung von 1437 erhielt Albrecht das fränkische Unterland. Nach seinem Regierungsantritt löste er 1440 die Würzburger Hochstiftsfehde aus, um den sächsischen Machtblock, der Franken von Brandenburg trennte, zu schwächen. Der Konflikt mit Sachsen um die weltliche Regierung wie um die geistliche Jurisdiktion über das Hochstift wurde schließlich vor König Friedrich III. gebracht. Markgraf Albrecht erreichte bei diesem ersten Expansionsversuch, obwohl er militärisch gescheitert war, die Anerkennung seiner hohen finanziellen Ansprüche. Im April 1443 wurden ihm Burg und Stadt Kitzingen verpfändet. 1444/45 beteiligte er sich am Zug Erzherzog Albrechts gegen die Eidgenossen. Seitdem verfügte er über enge Beziehungen zum Erzhaus Österreich.

Der von Markgraf Albrecht inspirierte Mergentheimer Fürstenbund agierte beim Frankfurter Reichstag von 1446 gemeinsam und ermöglichte Friedrich III. die Lösung vom Basler Konzil und das neuerliche Zusammengehen mit dem römischen Papst Eugen IV. Dieser Papst und sein Nachfolger Nikolaus V. belohnten Albrechts Verdienst daran mit reichen Privilegien und legten den Grundstein für das Staatskirchentum in Brandenburg. Albrecht erhielt auch einen Ehedispens für die Vermählung mit seiner Verwandten Margarethe von Baden, die er 1446 heiratete. Sie wurde über ihren Sohn Johann Cicero zur Stammutter der brandenburgischen Linie der Hohenzollern.

Albrecht Achilles,
Kurfürst von Brandenburg
1471–1486

Den nächsten Stoß richtete Markgraf Albrecht gegen die Reichsstadt Nürnberg, die ein ansehnliches Territorium aufgebaut hatte. Nürnberg war führendes Mitglied eines Bündnisses schwäbischer, bayerischer und fränkischer Städte. Dagegen gelang Albrecht der Zusammenschluß der fränkischen Fürsten, Grafen und der Ritterschaft. Seit 1448 forcierte er sein Vorgehen gegen Nürnberg. In diesem Zusammenhang forderte er die Landeshoheit über den Großteil Frankens einschließlich Nürnbergs. Nachdem Verhandlungen an seinen exorbitanten Forderungen gescheitert waren, sagte der Markgraf der Stadt am 29. Juni 1449 die Fehde an. Plünderungsaktionen und das Niederbrennen von Dörfern, Kirchen sowie der Ernte bestimmten das Bild in diesem Krieg ohne Entscheidungsschlacht. Lediglich das sogenannte «Fischessen» beim Augustinerinnen-Kloster Pillenreuth im Süden Nürnbergs vom 11. März 1450 gelangte in sagenhaften Ausschmückungen zu einiger Berühmtheit. Der Markgraf, der die Fischweiher des Klosters ausrauben wollte, entkam der vorgewarnten Nürnberger Übermacht nur mit knapper Not und mußte drei Paniere zurücklassen.

Das Ergebnis des Ringens militärisch ebenbürtiger Gegner konnte nur ein Erschöpfungsfriede sein. Im Januar 1451 begannen die Friedensverhandlungen am Königshof in Wiener Neustadt, es war die große Stunde der gelehrten Juristen und Räte. Schließlich beauftragte Friedrich III. Herzog Ludwig den Reichen von Bayern-Landshut (1450–1479), eine Einigung herbeizuführen, die am 27. April 1453 in Lauf zustande kam. Wieder mußte sich der Markgraf mit Entschädigungszahlungen zufrieden geben. Das militärische Kräftemessen hatte das Gleichgewicht zwischen der finanzstarken Stadt und dem Territorialherrn erwiesen, der sich nun auf andere Mittel zur Durchsetzung seines Suprematsanspruches besann.

Markgraf Albrecht verfügte als Burggraf über das kaiserliche Landgericht zu Nürnberg, das im fränkischen Raum die dominierende Stellung als Adels- und Achtgericht erreicht hatte. Die Sitzungen wurden auf der Cadolzburg, in Neustadt an der Aisch und in Ansbach abgehalten. Gestützt auf die unscharfe Formulierung *omne iudicium iudicans* in der Belehnungsurkunde König Rudolfs von Habsburg (1273–1291) für die Burggrafen von 1273 postulierte Albrecht die unbegrenzte Zuständigkeit des Gerichts. Um den Anspruch auf die oberste Gerichtshoheit in Franken, Bayern, Schwaben und Sachsen zu unterstreichen, ließ er 1455 vier Stellen um Nürnberg zu Erdreich dieser Stämme erklären. Damit konnte der Landrichter nach altem Rechtsbrauch über jeden Verurteilten auf heimischem Boden die Aberacht aussprechen. Albrechts Position wurde durch kaiserliche Privilegien von 1454 und 1457 gestärkt. Bayern-Landshut, Würzburg und Bamberg, die selbst ebenfalls über Landgerichte verfügten, mußten sich dadurch bedroht fühlen.

Im Jahr 1457 gingen Markgraf Albrecht und sein Bruder Kurfürst Friedrich II. eine Erbeinigung mit Sachsen und Hessen ein. Dagegen schlossen die beiden Wittelsbacher Kurfürst Friedrich der Siegreiche von der Pfalz (1452–1476) und Ludwig der Reiche im Februar 1458 ein Schutzbündnis, dem weitere von Albrechts Ansprüchen bedrohte Fürsten beitraten. Die Parteiungen für die kommenden Auseinandersetzungen formierten sich. Albrecht führte das kaiserliche Lager, wobei er es verstand, seine eigenen Absichten als Reichsinteresse auszugeben. Geschickt mobilisierte er vorhandene Feindschaften gegen den Pfälzer Kurfürsten und schloß am 20. Juni 1458 in Mergentheim ein Bündnis mit Württemberg-Stuttgart, Mainz, Metz und Zweibrücken-Veldenz, wozu sich Sachsen und Baden gesellten. In diesem Jahr heiratete Albrecht in zweiter Ehe Anna, eine Tochter Kurfürst Friedrichs II. von Sachsen (1428–1464). Sie gebar fünf Söhne und acht Töchter. Markgräfin Anna überlebte ihren Gemahl um 26 Jahre und starb am 31. Oktober 1512. Sie wurde in einem prunkvollen Hochgrab in Heilsbronn beigesetzt.

Den Krieg löste der Konflikt zwischen Pfalzgraf Friedrich und seinen zahlreichen Gegnern aus. Im April 1459 beschloß Markgraf Albrecht als Vollstrecker der Reichsacht, die wegen des Überfalls auf Donauwörth über Ludwig von Bayern-Landshut verhängt worden war, mit seinen Verbündeten den Krieg. Der Landshuter Herzog konnte sich auf die Erzherzöge Albrecht und Sigmund von Tirol wie auf die wohlwollende Neutralität König Georg Podiebrads von Böhmen stützen. Damit standen sich zwei militärisch gleich starke Blöcke gegenüber. Am 4. Juni 1459 ernannte Kaiser Friedrich III. Markgraf Albrecht und Wilhelm von Sachsen auf deren Bitte zu Hauptleuten im Reichskrieg gegen Ludwig den Reichen. Mit der Übernahme der Vollstreckung der Reichsacht stärkte Albrecht seine Position als Führer der kaiserlichen Partei im Reich. Sein Ziel bildete dabei die Reichsgerichtsverweserschaft. In einer Zeit, in der die Übertragung der Reichsverweserschaft oder gar der römischen Königswürde an Georg Podiebrad, Karl den Kühnen von Burgund oder Friedrich von der Pfalz diskutiert wurde, sind Albrechts bescheidenere Pläne nicht als unrealistisch zu werten.

Den drohenden Kriegsausbruch hielt zunächst ein für den Johannistag 1459 nach Nürnberg durch den Legaten Stephan von Nardini im Auftrag Papst Pius II. einberufener Friedenskongreß auf, den Herzog Ludwig und Markgraf Albrecht persönlich besuchten. Mit Hilfe päpstlicher Unterstützung gelang es dem Markgrafen, Georg Podiebrad zur Abberufung der böhmischen Söldner, die für Bayern-Landshut kämpften, zu zwingen und so seine militärische Ausgangsposition zu verbessern. Damit brachte Albrecht Achilles Donauwörth an das Reich zurück, doch konnte er seine Landgerichtsansprüche nicht durchsetzen. Deshalb blieben die Nürnberger Abmachungen «blinde Sprüche», weil der Markgraf später ihre Gültigkeit für sein Landgericht bestritt.

Zur Vorbereitung eines Feldzuges gegen die Osmanen berief Papst Pius II. 1459 einen Fürstenkongreß nach Mantua. Deshalb war der Papst besonders an der Wahrung des Friedens im Abendland interessiert. Albrecht begab sich als einer von wenigen Reichsfürsten am Jahreswechsel 1459/60 persönlich nach Mantua. Dies erwies sich als geschickter Schachzug, weil der Papst ihn als Feldhauptmann gewinnen wollte. Bei dieser Gelegenheit soll Albrecht Achilles, einer allerdings erst im 18. Jahrhundert greifbaren Nachricht zufolge, von Pius II. als Herzog von Franken bezeichnet worden sein. Gleichzeitig übertrug der Papst ihm tief in die Jurisdiktion der Diözesen Würzburg und Bamberg eingreifende Befugnisse, für die sich Nikolaus von Kues eingesetzt hatte.

Zum offenen Kriegsausbruch zwischen Bayern-Landshut und Ansbach kam es im März 1460. Plünderungen prägten das sich ausweitende Kriegsgeschehen. Das Heer Ludwigs des Reichen wurde durch Zuzüge verstärkt, so daß Albrecht sich zu einem Friedensschluß bequemen mußte. Auf dem Felde bei Roth wurde dieser am 24. und 25. Juni 1460 abgeschlossen, Albrecht mußte auf die Vorladung bayerischer Untertanen vor sein Landgericht verzichten.

Markgraf Albrecht verstand es, sich bei Papst und Kaiser als Helfer unentbehrlich zu machen und seine eigenen Interessen als deren Sache darzustellen. Nach der neuerlichen Erklärung des Reichskriegs gegen Bayern-Landshut im Juli 1461 setzte sich Albrecht Achilles als Reichshauptmann an die Spitze der kaiserlichen Partei, hoffte er doch, als Vollstrecker des Reichskriegs das in der Rother Richtung Verlorene zurückzugewinnen. Dabei stand er militärisch allein, da die Reichsstädte sich der Hilfeleistung für ihn zu entziehen wußten. Dem Zusammenwirken Pfalzgraf Friedrichs und Herzog Ludwigs fielen weite Teile des markgräflichen Unterlandes zum Opfer. Als Albrecht der bayerischen Übermacht bereits zu erliegen drohte, retteten ihn ein mit dem Bischof von Bamberg durch Friedrich II. von Brandenburg erzwungener Sonderfriede und der Ausbruch der Mainzer Hochstiftsfehde.

Albrecht nützte die Zeit der anschließenden Friedensverhandlungen in Prag zur Rückeroberung der besetzten Teile seines Landes und zum Kampf gegen Würzburg und Bayern-Landshut. Zur entscheidenden Schlacht zwischen Markgraf Albrecht und Herzog Ludwig kam es am 19. Juli 1462 vor der Reichsstadt Giengen an der Brenz. Albrecht wurde in die Flucht geschlagen und mußte seine Wagenburg mit reicher Beute preisgeben. Im August 1462 konnte in Nürnberg nur ein einjähriger Waffenstillstand abgeschlossen werden, weil der Markgraf sich gegen einen dauernden Friedensschluß sträubte. Nach mehreren ergebnislosen Tagen kam endlich im Juli 1463 ein Friedenskongreß zustande. Im Prager Frieden vom 24. August dieses Jahres mußte sich Ludwig der Reiche zur entschädigungslosen Rückgabe der von ihm eroberten Städte und Schlösser verpflichten. Der Rother Vertrag aber, um den ungültig zu machen Albrecht den Krieg gerne weitergeführt hätte, blieb in Kraft. Die Ansprüche des Nürnberger Landgerichts gegenüber Bayern waren damit hinfällig.

Der Prager Friede sicherte den Status quo des bestehenden Mächtegleichgewichts in Franken. In seinen Grundzügen blieb das Bündnissystem nun stabil. Markgraf Albrecht Achilles mußte seine Ansprüche auf Vorherrschaft zurückstellen und sich auf den Ausbau seines eigenen Landes konzentrieren. 1464 fiel ihm durch den Tod seines Bruders Johann des Alchimisten endgültig das Land ob dem Gebirge zu, das er bereits seit 1457 regiert hatte. Damit waren die fränkischen Lande des Hauses Hohenzollern wieder in einer Hand vereinigt. Ein leicht resignativer Zug durchzieht Albrechts Äußerungen in den folgenden Jahren. In dieser Zeit verstand er es nicht nur, die Schulden aus den vergangenen Kriegen abzubauen, sondern auch seine Einnahmen zu vervielfachen. Während er am Anfang seiner Regierung jährlich sechstausend Gulden eingenommen hatte, gab er 1471 seine Jahreseinkünfte – eher zu niedrig – mit sechzigtausend Gulden an.

Der Markgraf bemühte sich, die Unterstützung der fränkischen Ritterschaft für seine Politik zu gewinnen. Hier kann die 1459 erfolgte Stiftung der oberdeutschen Zunge des Schwanenordens für die Mitglieder diesseits des Thüringer Waldes ebenso eingeordnet werden wie die betont fürstliche Hofhaltung. Als Sitz des Ordens bestimmte Albrecht die Georgs-Kapelle bei St. Gumbertus in Ansbach, auf die Pius II. 1460 die Privilegien der brandenburgischen Marienkirche übertrug. Albrecht benutzte den Ritterorden zur Steigerung seiner Reputation und sorgte nicht nur für die Aufnahme zahlreicher fränkischer Adeliger, sondern auch der Könige von Ungarn und Dänemark. 1456 verlegte Albrecht seine Residenz von der Cadolzburg nach Ansbach. Mit glänzenden Festen und Turnieren konnte er den Adel an sich binden, während er für seine persönliche Lebenshaltung auf Sparsamkeit bedacht blieb.

Albrecht Achilles diente Kaiser Friedrich III. mehrfach als Reichshauptmann und vertrat ihn wiederholt im Reich. In einer Zeit, in der die Reichsverfassung heftig diskutiert wurde, entwarf er 1464 einen Reichsreformplan. In Wiener Neustadt schlug er einen Bund je zweier Fürsten der Häuser Österreich, Böhmen, Bayern, Sachsen und Brandenburg vor, denen die Reichsgefälle in ihren eigenen Ländern zufallen würden, während der Rest dem Kaiser vorbehalten bleiben sollte. Die Verlobung seiner Tochter Ursula mit einem Sohn des böhmischen Königs Georg Podiebrad 1463 führte allerdings zu einer zeitweiligen Entfremdung gegenüber Friedrich III. Außerdem brachte ihm diese Verbindung mit dem «Ketzerkönig» 1466 den kirchlichen Bann ein, der erst 1471 gelöst wurde.

Am 12. Dezember 1470 wurde Albrecht Achilles nach dem Verzicht seines Bruders Friedrich II. von Kaiser Friedrich III. mit der Mark Brandenburg belehnt. Der neue Kurfürst betraute seinen erst fünfzehnjährigen Sohn Johann mit der Regentschaft in der Mark, dem er zur Unterstützung fränkische Räte mitgab. Das Rechnungswesen überwachte sein enger Vertrauter Ludwig von Eyb. Durch briefliche Anweisungen leitete der Kurfürst die Regierung von Ansbach aus. Die Räte und Beamten aus Franken brachten die dort erworbenen Erfahrungen einer modernen Verwaltung als wichtiges Kapital mit in das Land.

Erst zum Jahreswechsel 1471/72 reiste Kurfürst Albrecht Achilles in seine neuerworbenen Kurlande, um die Huldigung persönlich entgegenzunehmen. Auf dem Lande lasteten hohe Schulden. Im August 1472 einigte er sich mit den Ständen in Berlin-Cölln auf einen Kompromiß, demzufolge diese ihm binnen vier Jahren hunderttausend Gulden zur Verfügung stellen sollten, die restlichen Schulden wollte der Kurfürst selbst abtragen. Er verpflichtete sich im Gegenzug, das Geld nur zur Schuldentilgung zu verwenden und aus dem landesherrlichen Eigenbesitz keine Verkäufe ohne ständische Zustimmung vorzunehmen. Zur Abdeckung seines Anteils führte er einen neuen Zoll ein. Der passive Widerstand der Stände behinderte aber die Einziehung der Zölle und des Ungelds, einer indirekten Steuer auf Verbrauchsgüter. Den seit langem schwelenden Streit um die Lehenshoheit über Pommern, der wieder zu offenem Kampf aufgeflammt war, beendete Albrecht mit kaiserlicher Unterstützung im Mai 1472 durch den Kompromißfrieden von Prenzlau. Er durfte weiterhin die Titel und Wappen der Herzogtümer Stettin, Pommern, der Kassuben und Wenden führen und die eroberten Plätze behalten, das übrige Gebiet aber gab er als Lehen an die Pommernherzöge aus.

Am 24. Februar 1473 erließ Albrecht in Cölln eine Erbfolgeordnung, die sogenannte *Dispositio Achillea*, in der er seinen ältesten Sohn Johann und dessen männliche Erben zu Nachfolgern in der Kurwürde und der Mark bestimmte. Zwischen den jüngeren Söhnen Friedrich und Sigmund sollte das Los entscheiden, welchem das «Land zu Franken» mit der Residenz Ansbach und welchem das «Land auf dem Gebirge und in Vogtland» mit der Plassenburg zufallen würde. Die Erbhuldigung und die kaiserliche Belehnung sollten die drei ältesten Brüder gemeinsam empfangen. Die übrigen Söhne wurden für die geistliche Laufbahn bestimmt, für die Töchter wurde eine Aussteuer in Geld festgelegt. Obwohl strittig ist, ob die *Dispositio Achillea* ein auf Dauer gültiges Erbgesetz oder nur eine familiäre Erbteilung darstellt, bewirkte sie die dauernde Lösung der Mark Brandenburg von den fränkischen Fürstentümern.

Im November 1473 schloß Albrecht Achilles ein Bündnis mit König Wladislaw von Böhmen (1471–1516), das den Konflikt mit König Matthias Corvinus von Ungarn (1458–1490) heraufbeschwören mußte. In dem wegen des Überfalls auf das Erzstift Köln im Juli 1474 durch Herzog Karl den Kühnen (1467–1477) hervorgerufenen Reichskrieg gegen Burgund übernahm Albrecht die Führung des Reichsheeres, das er betont defensiv taktierend leitete. Er nahm an den Friedensverhandlungen teil, die zur Verlobung Erzherzog Maximilians mit der Erbin Maria von Burgund führten.

1476 besuchte Albrecht erneut Brandenburg, um eine Wallfahrt nach Wilsnack zu unternehmen. Herzog Hans von Sagan war mit Unterstützung des ungarischen Königs, der Lehensherr Schlesiens war, in Glogau eingefallen. Albrecht beanspruchte diesen Teil Schlesiens für seine Tochter Barbara, die er 1473 mit dem wesentlich älteren, 1476 verstorbenen Herzog Heinrich von Schlesien-Glogau-Crossen verheiratet hatte. Während der anschließenden Kämpfe überfiel 1478 Herzog Wratislaw von Pommern die Stadt Gartz. Dieser Angriff rief Albrecht, diesmal an der Spitze eines großen Heeres, ein drittes Mal in die Mark, um energische Gegenmaßnahmen zu treffen. Im August 1478 sagte Matthias Corvinus Kurfürst Albrecht und seinem Sohn Johann die Fehde an. In der Schlacht bei Crossen schlug Markgraf Johann am 8. Oktober Hans von Sagan. Der Krieg mit Pommern konnte 1479 in Prenzlau auf der Grundlage des Status quo beendet werden. Nach weiteren Kämpfen mit ungarischen Truppen wurden im gleichen Jahr in Olmütz, wo die Könige Matthias und Wladislaw einen Ausgleich fanden, Barbaras Ansprüche durch Zahlung von fünfzigtausend Gulden abgelöst. Im Vertrag von Kamenz erhielt sie 1482 statt dieser finanziellen Entschädigung Stadt und Schloß Crossen mit Zubehör als Pfandbesitz zugesprochen.

Der Konflikt mit den märkischen Städten konnte erst im Juli 1483 in einer einvernehmlichen Lösung beigelegt werden. Durch die Kriege und die Kosten für die Aussteuer der Töchter waren die Gesamtschulden noch gewachsen. Albrecht, der 1479 die Mark endgültig verlassen hatte, lenkte die Regierungsgeschäfte weiter aus der Ferne durch schriftliche Anweisungen. Insgesamt hatte er nur 35 Monate in der Mark verbracht. Die zollernsche Herrschaft in Brandenburg mußte mit Geld aus Franken erkauft werden. Ludwig von Eyb, als Finanzfachmann in die Mark entsandt, hatte diese als «ain halb verlorenes Land» bezeichnet. Bis 1485 waren zweihunderttausend Gulden an Zehrung und Kriegskosten aus den fränkischen Stammlanden in die Mark geflossen. Albrecht bezifferte seine jährlichen Einnahmen gegenüber dem Kaiser aus der Markgrafschaft mit fünfzigtausend Gulden, während die fränkischen Lande immerhin siebzigtausend Gulden einbrachten. Die Bedeutung der Mark Brandenburg für Albrecht Achilles lag nicht so sehr in der Ausübung der Herrschaft über das wirtschaftlich schwache Land als vielmehr in der Reputation, welche die Kurwürde für ihn bedeutete.

Der Dualismus zwischen den in der Hand von Albrecht Achilles vereinigten Markgraftümern in Franken und dem Hochstift Würzburg dauerte an. Zu Beginn der 1480er Jahre brach der «Pfaffensteuerstreit» aus. Der Nürnberger Reichstag hatte im November 1480 die Aufstellung eines Reichsheeres zur Verteidigung gegen die Osmanen beschlossen. Über die Frage der Einziehung der zur Finanzierung bewilligten Sondersteuer brach Streit aus zwischen den fränkischen Bischöfen, welche die Steuerhoheit nicht nur über ihre Hochstiftsuntertanen, sondern über den gesamten Diözesanklerus beanspruchten, und Kurfürst Albrecht, der die Abgaben von letzteren selbst einziehen wollte. Beide Seiten gingen gegen den Gegner mit Zwangsmitteln vor – Bann und Interdikt hier, Pfändung und Landesverweisung dort. Albrecht suchte den Streit zum Hebel für seine landeskirchlichen Bestrebungen zu machen. In Dietrich Morung, dem Würzburger Dompfarrer und zeitweiligen Bamberger Generalvikar, dürfte zu Recht der führende Kopf der bischöflichen Partei vermutet werden. Er gilt als Verfasser der anonymen *Passio dominorum*, die in Form einer Evangelienparodie Albrecht Achilles als Pontius Pilatus geißelt.

Albrecht zog sich in seinen letzten Lebensjahren weitgehend auf die Cadolzburg zurück. Bei den Reichstagen 1480 und 1481 in Nürnberg hatte er noch eine führende Rolle gespielt. Der seit 1484 kursierenden Idee einer Königswahl des Kaisersohnes Maximilian stand er, solange die Zustimmung des Kaisers fehlte, ablehnend gegenüber. Der Kurfürst versuchte den 1485 auf der Suche nach

Hilfe gegen Matthias Corvinus ins Reich gekommenen Kaiser für seinen Plan einer Isolierung Bayerns zu gewinnen. Beim Dinkelsbühler Treffen mit Friedrich III. am 10. Oktober drang Albrecht auf die Einberufung eines Reichstags zur Klärung der anstehenden Fragen. Außerdem regte er ein Zusammengehen der fränkischen Reichsstädte einschließlich Nürnbergs gegen Bayern an. Im Juni des Jahres schloß er ein Bündnis mit Herzog Eberhard von Württemberg, im August wurde Kurfürst Berthold von Mainz in die brandenburgisch-württembergische Einung aufgenommen. Im Januar 1486 reiste Kurfürst Albrecht Achilles zum Reichstag nach Frankfurt, wo er seine Stimme für die Wahl Maximilians zum römischen König gab, der am 16. Februar gekrönt wurde. Der an Podagra leidende Fürst mußte sich zu den Verhandlungen in einem Tragsessel bringen lassen. Am 11. März starb er in seinem Quartier im Dominikanerkloster. Sein Leichnam wurde auf dem Main nach Franken gebracht.

Mit Albrecht Achilles war ein Fürst gestorben, dessen politisches Wollen und ungestümes kriegerisches Wesen die Epoche in Franken entscheidend geprägt und auch noch die Grundlinien für die folgende Zeit bestimmt hat. Er hatte die Politik enger Verbundenheit des Hohenzollernhauses mit den Geschicken des Reiches und seines Oberhaupts fortgeführt, ein dichtes Netz politischer und dynastischer Beziehungen zu zahlreichen Reichsständen geknüpft und den Gedanken der dynastischen Einheit innerhalb des Hauses vertieft. Von dauerhafter Wirkung war die Spannweite seiner Außenpolitik – an erster Stelle die brandenburgisch-sächsisch-hessische Erbeinung von 1457 – ähnlich bedeutend das Mergentheimer Bündnis 1458 mit Kurmainz und Württemberg, sowie die Einungen mit Bamberg und Bayern-München. Auch seine Familienpolitik hatte er in den Dienst dieses Systems gestellt. Stets suchte er dabei die Nähe zum Kaiser. Der brandenburgische Landesstaat gewann unter ihm, wie Wolfgang Neugebauer betont, an organisatorischer Geschlossenheit und innerem Zusammenhalt. Dabei hatten auch die Stände Anteil an der territorialen Strukturbildung. Sein Vermögen schätzte Albrecht an seinem Lebensende auf vierhunderttausend Gulden. Als letzter der zollernschen Kurfürsten wurde Albrecht Achilles am 19. Juni 1486 in Heilsbronn begraben. Dies verdeutlicht nochmals, daß auch für den dritten Kurfürsten aus dem Hause Hohenzollern die fränkischen Fürstentümer noch den ersten Rang einnahmen.

Johann Cicero (1486–1499)

Kurfürst Johann führt in der Geschichtsschreibung den klangvollen Beinamen Cicero, doch erhielt er diesen erst um 1580. Eine klassische Ausbildung oder ein besonderes Rednertalent sind für ihn nicht nachweisbar. Er wurde am 2. August 1455 in Ansbach geboren. Bereits im Alter von fünfzehn Jahren mußte er 1470 die Regentschaft über die Mark übernehmen. Seinem mehrfach gegenüber Kurfürst Albrecht geäußerten Wunsch, auf Reisen Bildung und Erfahrung zu erwerben, verschloß sich der Vater. Johann scheint resigniert und sich in die Jagd als bevorzugten Zeitvertreib geflüchtet zu haben. Von seinen geistigen Interessen zeugt der Plan der Einrichtung einer Landesuniversität, der während seiner Regierung konkrete Formen annahm. Um deren Sitz bemühte sich 1493 die Stadt Frankfurt an der Oder. Papst Alexander VI. (1492–1503) erteilte am 18. Mai 1498 ein Universitätsprivileg, die tatsächliche Stiftung erfolgte dann aber erst unter Kurfürst Joachim I.

Zunächst führte ein Regentschaftsrat mit dem Kanzler Friedrich Sesselmann, Bischof von Lebus, die Geschäfte in der Mark. 1476 übertrug Albrecht Achilles seinem Sohn Johann dann förmlich die Statthalterschaft. Doch lenkte der Vater noch immer aus der Ferne die Geschäfte und sparte nicht mit herber Kritik an Johann. Er verlangte regelmäßige Berichte über die politische Entwicklung und behielt sich selbst letzte Entscheidungen vor. Die Finanznot Johanns bildete ein ständiges Thema des intensiven Briefwechsels. Im Herbst 1481 machte Johann den Vorschlag, die Mark gegen ein fränkisches Fürstentum einzutauschen, doch schlug ihm dies Albrecht rundweg ab. Er war offenbar von Mißtrauen gegenüber seinem ältesten Sohn erfüllt. Von der Reichspolitik hielt er Johann gänzlich fern, was dessen Interessen um so stärker auf die Mark konzentrierte. Dies hatte freilich einen Bedeutungsverlust der Hohenzollern auf Reichsebene zur Folge. So hielt Johann sich auch der reichsständischen Reformpartei um den Mainzer Kurfürsten Berthold von Henneberg fern.

Auf dem Nürnberger Reichstag von 1487 erhielten Kurfürst Johann sowie seine Brüder Friedrich IV. (1486–1515, † 1536) und Siegmund (1486–1495) die Belehnung mit ihren Ländern zu gesamter Hand und erreichten die gemeinsame Veranschlagung zu den Reichsabgaben. Johann Cicero hatte sich bereits während seiner sechzehnjährigen Regentschaft verstärkt auf die märkische Ritterschaft gestützt. Gleichzeitig ging der Anteil des fränkischen Adels unter der Beamtenschaft zurück. Dies kann man als Ausdruck der Spannungen mit seinem Vater werten. Er unterdrückte das Räuberunwesen und brach mit ständischer Hilfe 15 Raubburgen. Selbst mit den ansonsten teilweise feindlichen Nachbarn ging er Bündnisse ein, um das Raubrittertum zu unterdrücken, mit Pommern, Magdeburg, Sachsen, Hessen, Braunschweig-Lüneburg und sogar mit Ungarn wegen Schlesien.

Noch als Statthalter der Mark mußte Johann Auseinandersetzungen mit Pommern, Schlesien-Glogau und den Städten der Mark führen. Immerhin konnte er 1488 eine Bierakzise von den Ständen gegen den Widerstand der Städte erhalten. Ihm gelang die Eingliederung der Herrschaft Zossen in seinen Machtbereich. Den Streit mit Herzog Bogislaw von Pommern legte er durch Nachgiebigkeit bei und schloß 1493 mit ihm den Vertrag von Pyritz, der unter dem Druck König Maximilians zustande kam. In einer anschließenden Erbeinigung verzichtete Johann auf Investitur und Lehenseid des Herzogs von Pommern, der seinerseits die Lehensrührigkeit Pommerns von Brandenburg anerkannte. Johanns Hauptanliegen bildete die innere Befriedung des Landes.

Johann Cicero neigte zu Dickleibigkeit, bei ihm trat die Wassersucht als Erbkrankheit der Hohenzollern zum ersten Mal auf. Dieses Leiden beeinträchtigte seine Tatkraft. Entschieden anders veranlagt als sein Vater, mahnte er seinen Sohn Joachim: «Vom krigführen halte ich nichts. Sie bringen nichts gutes.» Auf dringenden Wunsch König Maximilians besuchte er trotz seiner Krankheit im Sommer 1498 den Reichstag in Freiburg, wie Johannes Schultze mit guten Gründen annimmt. Am 9. Januar 1499 starb Kurfürst Johann im Alter von 43 Jahren auf Schloß Arneburg in der Altmark. Als erster Kurfürst aus dem Haus Hohenzollern wurde er in der Mark begraben, gemäß der Tradition der Askanier im Zisterzienser-Kloster Lehnin. Sein Enkel Kurfürst Joachim II. ließ den Sarg in die neugeschaffene Gruft der zur Domkirche erhobenen Dominikanerkirche zu Cölln überführen. Sein Bronzegrabmahl, das die Liegefigur Johann Ciceros in Ritterrüstung, Fürstenmantel und Kurhut zeigt, hatte die Nürnberger Werkstatt von Peter und Hans Vischer angefertigt. Johanns enge Verbundenheit mit Brandenburg bedeutet einen neuartigen Akzent für die Hohenzollern in der Mark, doch stand er nicht am Beginn einer neuen, sondern am Ende einer alten Epoche, der Konsolidierung der Herrschaft der Hohenzollern über die Mark Brandenburg.

Johann Cicero, Kurfürst von Brandenburg
1486–1499

Die brandenburgischen Kurfürsten im Jahrhundert der Reformation (1499–1598)

von Helmut Neuhaus

Drei Kurfürsten in 100 Jahren

Mit Joachim I., Joachim II. und Johann Georg regierten drei Kurfürsten aus dem Hause Hohenzollern die Mark Brandenburg von 1499 bis 1598. Sie standen damit an der Spitze des größten und geschlossensten Territoriums im Norden des Heiligen Römischen Reiches Deutscher Nation für eine erstaunliche Herrschaftskontinuität während eines Jahrhunderts tiefgreifender Wandlungen in Gesellschaft, «Staat» und Kirche. In ihrer Heiratspolitik waren sie vornehmlich in ihre nördlichen Nachbarterritorien nach Mecklenburg und Pommern, in die westlich angrenzenden Welfenlande sowie nach Dänemark und Polen orientiert, dann auch zum Hause Wettin und ins unter böhmischer Lehnshoheit stehende schlesische Fürstentum Liegnitz.

Der 1495 auf dem Wormser Reichstag von König Maximilian I. verkündete Ewige Landfrieden bildete auch für das Kurfürstentum Brandenburg die Grundlage, fehdewillige und räuberische Ritter zu bekämpfen, zum Wegzug zu veranlassen, in die einheimische Adelsgesellschaft zu integrieren und ihre Konflikte zu verrechtlichen. Parallel dazu verfestigte sich infolge des Endes der spätmittelalterlichen Agrardepression und begünstigt durch den Anstieg der Getreidepreise die adelige Gutsherrschaft. Als Inhaber weitreichender Herrschaftsrechte, als Gerichtsherren und Kirchenpatrone brachten die Gutsherren die schollenpflichtigen und erbuntertänigen Bauern in immer größere Abhängigkeit und entzogen sie dem kurfürstlichen Landesherrn mehr und mehr. Auf Grund der Stabilisierung seiner gutsherrlichen Position hatte der landsässige Adel mit mehr als 250 Familien, die mehr als die Hälfte der Mark Brandenburg besaßen, ebenso ein Interesse an Sicherheit und Landfrieden wie die Kurfürsten in ihrem Bestreben, gutsherrliche Macht zugunsten des Ausbaus ihrer landesherrlichen Gewalt zurückzudrängen.

Lehnrechtlich verbunden begegneten sich Kurfürsten und Adel, dazu Prälaten und Städte, also die drei klassischen ständischen Gruppen, die für sich in Anspruch nahmen, das Land zu sein (nicht zu repräsentieren!), auf Landtagen. Diese wurden aber im 16. Jahrhundert immer seltener von den Landesherren einberufen bzw. durch andere Formen ständischer Partizipation (Ausschußtage) ersetzt. Indem es letztlich immer um Erledigungen von ständischen Beschwerden und Verleihungen von – Ungleichheit festschreibenden – Privilegien durch die Kurfürsten einerseits sowie um Bewilligungen außerordentlicher Steuern und Schuldentilgungen bzw. Kreditgewährungen durch die Stände andererseits ging, war das prinzipiell dualistische Verhältnis zwischen Ritterschaft, Prälaten und Städten sowie den kurfürstlichen Territorialherren mehr durch Mit- und Nebeneinander als durch Gegeneinander gekennzeichnet. Der gutsherrliche Adel festigte seine wirtschaftliche Stellung infolge einer guten Agrarkonjunktur, seiner Überlegenheit gegenüber den Städten und seiner Gewinne aus den Säkularisationen nach Einführung der Reformation. Dagegen ließen sich der Finanzbedarf der Kurfürsten für Hofhaltung, Regierung, Verwaltung, Rechtsprechung und Repräsentation sowie zunehmende Anforderungen des Reiches (u. a. Türkenhilfe) nicht mit ihren ordentlichen Einkünften aus Domänen und Regalien befriedigen. Im Laufe des Jahrhunderts übernahmen die Stände, von denen nicht wenige auch in landesherrlichen Diensten standen, die kurfürstliche Schuldenverwaltung, ohne allerdings die Territorialherren zu schwächen.

Die Stellung der Kurfürsten als weltliche Herrscher war lehnrechtlich begründet und durch die Goldene Bulle Kaiser Karls IV. von 1356 gefestigt, die für die weltlichen Kurfürstentümer Primogeniturerbfolge und Unteilbarkeit vorschrieb. Dazu wurden sie im Rahmen der sogenannten Fürstenkonkordate seit 1447 auch Inhaber des landesherrlichen Kirchenregimentes, zu dem das von Papst Nikolaus V. verliehene Recht gehörte, in den märkischen Landesbistümern Brandenburg, Havelberg und Lebus die Bischöfe zu nominieren. Die übrigen Teile des Kurfürstentums gehörten zu den Diözesen Halberstadt, Verden, Kammin, Posen, Breslau und Meißen. Sowohl ein andauernd gutes Verhältnis zu den Päpsten als auch eine grundsätzlich kaisertreue Haltung und nicht zuletzt die persönliche Glaubensüberzeugung Kurfürst Joachims I. ließen Brandenburg bis 1539/40 bei der Römischen Kirche bleiben. Erst Kurfürst Joachim II. führte die Reformation ein, und Johann Georg stellte sich auf den Boden lutherischer Orthodoxie.

Joachim I. Nestor, Kurfürst von Brandenburg
1499–1535

Joachim I. (1499–1535)

Als ältester lebender Sohn Kurfürst Johann Ciceros war Joachim I. noch keine 15 Jahre alt – also noch minderjährig –, als sein Vater im Alter von 44 Jahren starb, ohne ein Testament hinterlassen zu haben. Gleichwohl widersetzte sich der Kurprinz einer – aus dem hohenzollernschen Hausgesetz der *Dispositio Achillea* von 1473 ableitbaren – Vormundschaft seines fränkischen Stiefonkels, des Markgrafen Friedrich V. von Brandenburg-Ansbach und -Kulmbach (1460–1536), und trat selbständig die Herrschaft in der Mark Brandenburg an. Unterstützt wurde er dabei vom Kurfürsten von Mainz, Berthold von Henneberg (1441/42–1504), dem Reichserzkanzler, weil dieser den realen Besitz und die Ausübung der Herrschaft in der Mark sowie die Huldigung durch die Landstände höher bewertete als vage Rechtsansprüche des Ansbacher Hohenzollernchefs. Markgraf Friedrich ging es vor allem um die Verwesung der brandenburgischen Kurwürde und um die damit verbundenen Rechte und Machtmittel bis zu Joachims I. Volljährigkeit im Jahre 1502. Als König Maximilian I. (1459–1519) dem jungen Herren der Mark Brandenburg am 7. November 1499 in einem Schreiben den Titel des Kurfürsten von Brandenburg und den damit verbundenen des Erzkämmerers zulegte und ihm gestattete, seine Lehen und Regalien zu gebrauchen, hatte sich Joachim endgültig durchgesetzt. Während des Augsburger Reichstages des Jahres 1500 erhielt er am 12. August in einer persönlichen Begegnung die Belehnung aus der Hand des Reichsoberhauptes. Damit war Joachim I. im Kurfürstenkollegium an die Seite eines Berthold von Henneberg, eines Königs Wladislaw (1456–1516) als Kurfürst von Böhmen oder eines Herzogs Friedrich III., des Weisen (1463–1525), als Kurfürst von Sachsen gerückt. Zweimal war er an Römischen Königswahlen beteiligt: im Jahre 1519 an der Wahl Karls I., des Königs von Kastilien und Aragon sowie des Herzogs von Burgund, in Frankfurt am Main, in deren Vorfeld er zunächst den französischen König Franz I. unterstützt, möglicherweise dann auch eine eigene Kandidatur erwogen hatte und schließlich seine Stimme – wie sein Bruder, der Kurfürst von Mainz, und alle anderen Kurfürsten – dem Habsburger gab; 1531 wählte er in Köln Karls V. Bruder Ferdinand I. zum Römischen König *vivente imperatore*, aber diese Wahl, an der der Kurfürst von Sachsen nicht beteiligt war, war nicht «vornehmlich das Werk des brandenburgischen Kurfürsten» (Otto Hintze). Insgesamt zeichnete sich Kurfürst Joachim I. – wie seine Nachfolger – durch große Reichs- und Kaisertreue aus.

Erzogen worden war Kurprinz Joachim in den Jahren von 1491 bis 1498 am Witwensitz seiner Stiefgroßmutter Anna von Sachsen (1437–1512), der zweiten Gemahlin des Kurfürsten Albrecht Achilles, im fränkischen Neustadt an der Aisch. Bei Gelegenheit einer Reise nach Nürnberg, dem damaligen Zentrum geistigen und künstlerischen Lebens im Heiligen Römischen Reich – wie es viele sahen –, hatte ihn sein Vater ihr und nicht ihrem ältesten Sohn Friedrich V. in Ansbach zur Erziehung übergeben, weil er seinem Nachfolger eine gründlichere und abwechslungsreichere Ausbildung angedeihen lassen wollte, als sie der karge, eher am Rande liegende Hof in Cölln bieten konnte; Johann Cicero war der erste brandenburgische Kurfürst gewesen, der dauernd von der Spree aus regierte. Andererseits sollte der Kurprinz vom prunkvolleren Renaissance-Hof seines Stiefonkels mit seinen ausschweifenden Geselligkeiten und vielfältigen Lustbarkeiten, wo auch andere Fürstensöhne aufwuchsen, ferngehalten werden, wohl aber auch, um ihn dem dortigen politischen Einfluß zu entziehen. Joachim I. sollte als zukünftiger Kurfürst von Brandenburg in der Abgeschiedenheit und Ruhe des Neustädter Hofes, wo auch einige Töchter der Stiefgroßmutter lebten und wo er durchaus Einblicke in die komplizierten politischen Verhältnisse Frankens gewinnen konnte, konzentriert auf seine Aufgaben in der Mark vorbereitet werden. Dementsprechend genoß er eine humanistische Schulbildung unter Betonung jener Elemente, die für einen zukünftigen Herrscher nützlich waren: Er erlernte die italienische und französische Sprache, wurde vor allem in den Fächern «Geschichte», «Geometrie», «Arithmetik» und «Musik» unterwiesen und entwickelte sich zu einem begabten Redner, der das Lateinische so gut beherrschte, daß ihm – wie seinem Vater – der Beiname «deutscher Cicero» beigelegt wurde. Unter den Kurfürsten-Kollegen seiner Zeit galt Joachim I. als einer der intellektuellsten, der auf vielen Reichstagen mit lateinisch gehaltenen Reden auffiel; aber ebenso waren ihm die in Franken nahegebrachte ritterliche Lebensart, das Reiten, Jagen und Fechten vertraut.

Auch nach seinem Herrschaftsantritt pflegte Joachim I. seine geistigen Interessen, die den Fächern des Trivium und Quadrivium und insbesondere auch dem Römischen Recht und der Astrologie galten. So holte er 1522 den aus Württemberg stammenden Mathematiker, Astronomen und Geschichtsschreiber Johannes Carion (1499–1537/38) als Hofastronom und Mathematicus nach Berlin und bediente sich seiner astrologischen Kalender (dessen vom Kurfürsten ernstgenommene Vorhersage einer Katastrophe im Berlin des Sommers 1524 bildet den Stoff für Werner Bergengruens 1940 (!) entstandenen Roman «Am Himmel wie auf

Erden»). In brieflichem und persönlichem Kontakt stand er seit Beginn seiner Regierungszeit mit dem von der Mosel (Trittenheim) stammenden Johannes Trithemius (1462–1516), dem langjährigen Abt des Benediktinerklosters Sponheim bei Kreuznach, dann des Würzburger Schottenklosters St. Jakob. Zwischen beiden Aufgaben war der vielseitig gelehrte Humanist, dem Joachim I. erstmals 1503 auf dem Kurfürstentag in Frankfurt am Main begegnet war und den er während des Kölner Reichstages des Jahres 1505 erneut traf, 1505/06 für acht Monate Gast des Kurfürsten, unterrichtete ihn im Lateinischen und verfaßte für ihn theologische, historische und medizinische Schriften. Höhepunkt seines als Exil empfundenen Aufenthaltes in der Mark war für ihn die Teilnahme an der Eröffnung der «Viadrina» in Frankfurt an der Oder, der ersten brandenburgischen Landesuniversität am 26. April 1506.

Diese letzte Universitätsgründung im Heiligen Römischen Reich Deutscher Nation vor der Reformation, die schon Kurfürst Johann Cicero angestrebt hatte, und über deren Vorbereitungen er verstorben war, gehört zu den herausragenden Ereignissen der Regierungszeit Joachims I. Sie erfolgte – privilegiert von König Maximilian I. und Papst Julius II. (1443–1513) – im gemeinsamen Bemühen der Stadt Frankfurt an der Oder, des Bistums Lebus und des kurfürstlichen Landesherren. Abgesehen von allgemein strukturpolitischen Erwägungen im südostbrandenburgischen Raum waren außen- und handelspolitische Gründe ebenso maßgeblich wie die Zielsetzung, eine eigene universitäre Ausbildungsstätte mit allen vier Fakultäten für die im werdenden Territorialstaat benötigten Funktionseliten zu errichten, insbesondere für Juristen, aber auch für Geistliche und Mediziner. Spiritus rector der Universitätsgründung war mit Dietrich von Bülow (1460–1523), dem Bischof von Lebus seit 1490, ein enger Vertrauter Johann Ciceros und Joachims I., der zudem enge Kontakte zu Trithemius unterhielt. Als Student hatte er die Universitäten Rostock, Erfurt und Bologna kennengelernt, wo er 1486 zum Doktor beider Rechte promoviert worden war; als Bischof trat er kirchlichen Mißständen und Verfehlungen der Geistlichen in seiner Diözese entschieden entgegen und setzte für Lebus weitgehende Selbständigkeit im Sinne einer Landesherrschaft innerhalb einer Landesherrschaft durch, ohne daß es zum Konflikt mit dem Kurfürsten als eigentlichem Landesherrn gekommen wäre. Erster Rektor der «Viadrina» wurde mit dem Dominikaner Konrad Wimpina (um 1460–1531) ein Scholastiker – u. a. Leipziger Lehrer des Ablaßpredigers Johannes Tetzel (um 1465–1519) –, später erbitterter Gegner Martin Luthers und Mitverfasser der «Confutatio» gegen die «Confessio Augustana» von 1530. Dietrich von Bülow selbst wurde erster

Kanzler der Oder-Universität und sorgte mit Joachim I. dafür, daß für die Juristenausbildung die Universität Bologna zum Vorbild genommen wurde, während die Artisten-Fakultät eine humanistische Prägung erhielt.

Mit der Entschlossenheit, mit der Joachim I. seinen Herrschaftsantritt in der Mark Brandenburg durchgesetzt hatte, nahm er sich auch der Regierungsgeschäfte an. Umgeben von den Räten seines Vaters, zu denen der Franke Dr. Sigmund Zerer (gestorben ca. 1509) als Kanzler, der Schwabe Eitelwolf vom Stein (gestorben 1515) und eben auch der Mecklenburger Dietrich von Bülow als Bischof von Lebus gehörten, entwickelte er schon früh eine auf seine Person konzentrierte Herrschaftsform, auch wenn sein jüngerer Bruder Albrecht, dem schon 1499 – im Widerspruch zu Goldener Bulle und Dispositio Achillea – zusammen mit dem Thronfolger von den Landständen gehuldigt werden mußte, bis zu seinem Wechsel auf den Magdeburger Erzbischofsstuhl pro forma in das Regierungshandeln einbezogen war. Vor allem war Joachim I. bemüht, das – modern gesprochen – im Ewigen Landfrieden von 1495 gründende Gewaltmonopol des Staates in allen Teilen seines Territoriums gegenüber jedem, insbesondere auch dem raubenden und plündernden (niederen) Adel durchzusetzen und jegliche – oft legendenumkränzten – landfriedensbrecherischen Aktionen strengstens zu ahnden. Trotz zahlreicher, in der Überlieferung in ihrem Umfang wohl übertriebener Hinrichtungen blieb die Disziplinierung zum inneren Frieden der Mark Brandenburg eine ständige Aufgabe seiner 35 Jahre währenden Regierungszeit.

Aber Joachim I. war nicht der Adelsfeind, als der er im Heiligen Römischen Reich hingestellt wurde, sondern er kooperierte mit seinem Landadel und den Ständen insgesamt, zumal seine Landfriedenspolitik auch in deren Interesse lag. Zwar sah er sich auf über 20 ständischen Versammlungen (Landtage, Ständetage, Herrentage) in Abhängigkeit von deren Steuerbewilligungsrecht, das sie keinesfalls im Sinne langfristiger oder gar dauerhafter Erhebungen zu nutzen bereit waren, aber mit der Zeit gelang es dem Kurfürsten doch, die «Bierziese» der Städte und den «gemein Hufenschoß» auf dem Lande in ständige Abgaben umzuwandeln. Im übrigen betrachtete er «Gesetzgebung» als seine landesfürstliche Angelegenheit, wofür «Churfürst Joachimi Policey-Ordnung der Städte» von 1515, viele Landtagsrezesse und die «Constitutio Joachimica» von 1527 als vereinheitlichende Neuregelung des Erbrechtes herausragende Beispiele sind; letztere ist es auch deshalb, weil in ihr bisher allein geltendes Sächsisches neben das mehr und mehr rezipierte Römische Recht – ein besonderes Interessengebiet Joachims I. – gesetzt wurde. Ebenso war er oberster Richter im Kurfürstentum, was durch das von ihm erneuerte und dominierte – und dem Namen nach bis heute bestehende – Berliner Kammergericht betont wurde. Die große Bedeutung, die er der Juristenausbildung an der «Viadrina» beimaß, zeitigte in Partikularrechte beseitigender Gesetzgebung, die Stände beteiligender, aber von gelehrten Richtern geprägter Gerichtsorganisation und zunehmend römisch-rechtlich geprägter Rechtsprechung die ersten Erfolge.

Joachims I. machtbewußtem territorial-politischen Handeln entsprachen seine familien- und außenpolitischen Aktivitäten zur Stärkung des kurbrandenburgischen bzw. hohenzollernschen Einflusses. Einen ersten Erfolg markierte hier bereits der von ihm persönlich am 6. Februar 1500 in Kiel mit König Johann I. von Dänemark (aus dem Hause Oldenburg) mit Blick auf zukünftige erbrechtliche Ansprüche auf Teile der Herzogtümer Schleswig und Holstein ausgehandelte Ehevertrag, dem dann die Vermählung des gerade Achtzehnjährigen mit der dänischen Königstochter Elisabeth am 10. April 1502 in der altmärkischen Hauptstadt Stendal folgte. Gleichzeitig heiratete Joachims Schwester Anna Johanns Bruder, den späteren (1523) König Friedrich I. von Dänemark, womit auf dem Wege der Doppelhochzeit die dynastischen Bindungen verstärkt werden sollten, ganz so wie z. B. im Jahre 1515 zwischen den Häusern Habsburg und Jagiello. Politisch gehörte Joachims I. Eheschließung in den Kontext der hohenzollernschen Ostsee-Politik, die das Ziel des Erwerbs eines Seehafens verfolgte.

Hierbei war er jedoch auch auf dem Weg über Pommern erfolglos, dessen Herzog Bogislaw X. (1454–1523) zwar 1479 dem Kurfürsten von Brandenburg huldigen und 1493 einen Erbanspruch zugestehen mußte, der aber auf dem Wormser Reichstag des Jahres 1521 vom Römischen König Karl V. als Reichslehensherrn die Zusicherung der Belehnung mit seinem Herzogtum und damit die Reichsstandschaft erreichte. Trotz aller Proteste Joachims I. mußte dieser schließlich dem Verlust seiner Lehenshoheit über Pommern zustimmen und war am 26. Juli 1530 Zeuge der feierlichen Belehnung der beiden gemeinschaftlich regierenden Herzöge Georg I. (1493–1531) und Barnim IX. (1501–1573) durch den gerade zum Kaiser gekrönten Karl V. während des Augsburger Reichstages. «Gerettet» hatte Joachim I. 1529 im Grimnitzer Vertrag lediglich noch die Erneuerung der Erbeinung zwischen den Hohenzollern und dem Greifenhaus, gleichsam bekräftigt durch die Eheschließung seiner Tochter Margarete mit Herzog Georg I. am 23. Januar 1530.

Weitaus erfolgreicher waren Joachims I. kirchenpolitische Bestrebungen, denn sein Bruder Albrecht machte – nachdem durch die Geburt seines Neffen Joachim II. im Jahre 1505 die Nachfolge im

Kurfürstentum gesichert war – in der Reichskirche eine bemerkenswerte Karriere. Energisch wirkte der Kurfürst von Brandenburg nach dem Tod des Magdeburger Erzbischofs Ernst von Sachsen (um 1464–1513) in Rivalität zum Hause Wettin auf die Wahl Albrechts hin, betrieb auch dessen Bestellung zum Administrator des Bistums Halberstadt und erreichte beim Medici-Papst Leo X. (1475–1521) die Bestätigungen. Ein Jahr später wurde er zudem mit des Bruders – auch – finanzieller Unterstützung Erzbischof von Mainz und damit Kurfürst, ranghöchster Reichsstand und Reichserzkanzler, 1516 von Kaiser Maximilian I. bestätigt, bevor Albrecht 1518 auf Joachims I. Ersuchen auch noch zum Kardinal erhoben wurde. Diese kirchliche Laufbahn innerhalb weniger Jahre war nur möglich auf Grund des bereitwilligen Einsatzes für den von Rom ins Werk gesetzten Ablaßhandel, der für Martin Luther Anlaß war, seinem zuständigen Brandenburger Diözesanbischof Hieronymus Schultz und seinem Magdeburger Erzbischof Albrecht von Hohenzollern am 31. Oktober 1517 seine 95 Thesen gegen den Ablaß zuzusenden und damit einer Zentralstelle der Reichskirche und der Reichspolitik.

Neben seinem Bruder Albrecht wurde Joachim I. zu einem erbitterten Gegner der Reformation und Luthers, dem er in Wittenberg persönlich begegnet ist, und blieb mit der Rückendeckung der Theologen seiner Landesuniversität entschieden an der Seite des Papstes. Als Mitglied einer interständischen Kommission führte der Kurfürst während des Wormser Reichstages des Jahres 1521 erfolglos Gespräche mit dem Reformator. Das Wormser Edikt Karls V. von 1521 mit der Achterklärung Luthers, über das er im Auftrag der Kurfürsten auch direkt mit dem Römischen König verhandelte, unterstützte er nicht nur – auch handgreiflich gegenüber dem Kurfürsten von Sachsen –, sondern bekräftigte es etwa 1524 und 1527 durch eigene landesfürstliche Edikte gegen Schriften und Anhänger des Wittenbergers und setzte sich auf dem Augsburger Reichstag des Jahres 1530 als unnachgiebiger Wortführer der altgläubigen – 1525 im Dessauer, 1533 im Hallenser Bündnis zusammengeschlossenen – Reichsstände für dessen Erneuerung und endliche Durchsetzung ein. Schon 1521 für seine Haltung mit der kurialen Bestätigung des von den Domkapiteln immer wieder bestrittenen Nominationsrechtes für seine Landesbistümer belohnt, konnte er im gleichen Jahr die Luther-Gegner Hieronymus Schultz als Bischof von Havelberg, Dietrich von Hardenberg (gestorben 1526) als dessen Nachfolger in der Diözese Brandenburg und 1524 Georg von Blumenthal (1490–1550) als Bischof von Lebus in der Nachfolge Dietrichs von Bülow durchsetzen. Allerdings ließ sich das allmähliche Eindringen lutherischen

Gedankengutes ins Kurfürstentum Brandenburg nicht verhindern, insbesondere nicht in gutsherrliche Adelsfamilien; auch in einzelnen Städten traten kurzzeitig evangelische Prediger auf. Insgesamt aber blieb die Mark zu Lebzeiten Joachims I. eine Bastion der römisch-katholischen Kirche im Norden des Reiches, zumal er seine beiden Söhne verpflichtete, ihr treu zu bleiben. Seinen Vetter Albrecht (1490–1568) aus der fränkischen Linie des Hauses Hohenzollern, den Großmeister des Deutschen Ordens in Preußen, der 1525 lutherisch wurde und das Ordensland säkularisierte, erkannte er als Herzog von Preußen nicht an.

Eine tiefe Enttäuschung bedeutete für ihn der Wechsel seiner Gemahlin Elisabeth zum Luthertum 1527 und ihre Flucht unter dramatischen Umständen 1528 an den kursächsischen Hof unter den Schutz Kurfürst Johanns des Beständigen (1468–1532), des Nachfolgers Friedrichs des Weisen. Zum Hintergrund dieses persönlichen Dramas, in das auch Luther zunächst vermittelnd, später fordernd eingriff, gehören freilich Joachims I. oftmalige Ehebrüche, die in seiner Beziehung zur Berlinerin Katharina Hornung, einer Schwester Johann Blankenfeldes, des ersten an die Universität Frankfurt an der Oder berufenen Juristen und Erzbischofs von Riga von 1524 bis 1527, ihren Höhepunkt fanden; Katharina schenkte ihm zwei Kinder. Ihr Ehemann, der Berliner Bürger Wolf Hornung, machte die Angelegenheit auf dem Speyerer Reichstag des Jahres 1529 gleichsam reichsöffentlich, indem er in einer zu einer dicken Akte angewachsenen Supplikation von den Reichsständen und Erzherzog Ferdinand I. – als Vertreter Karls V. – Hilfe gegen und Entschädigungsleistungen von Joachim I. erbat, der nicht nur seine Frau zur kurfürstlichen Geliebten gemacht, sondern ihn auch seiner Güter beraubt hatte. Joachims I. Ansehen schadete das kaum, denn vor allem wegen seines geschätzten weisen Rates in den Zusammenkünften der Kurfürsten auf vielen Reichstagen von 1500 bis 1532 erhielt er den Beinamen «Nestor», ohne daß sich dessen Verleihung genauer bestimmen ließe.

Joachim II. (1535–1571)

Anders als sein Vater, der in seinem Bruder Albrecht nur bis 1513 einen wenig engagierten Mitregenten hatte, konnte Joachim II. zu keiner Zeit seiner Regierung alleine über die gesamte Mark Brandenburg herrschen. Er mußte sich vielmehr mit der westlich der Oder liegenden – später so bezeichneten – Kurmark (bestehend aus Altmark, Prignitz, Mittelmark, Uckermark und der 1524 lehnrechtlich angefallenen Grafschaft Ruppin) begnügen, während die östlich gelegene Neumark mit einigen kleineren Herrschaften und Ländern an seinen jüngeren – und einzigen – Bruder Johann I. (1513–1571) kam, der als «Hans von Küstrin» in die Geschichte eingegangen ist. Zwar war die Neumark in der Vergangenheit oftmals – abgetrennt von der übrigen Mark Brandenburg – Tausch-, Kauf- oder Verpfändungsobjekt gewesen, aber seit der Dispositio Achillea von 1473 war eigentlich die Unteilbarkeit der märkischen Lande festgeschrieben. Die Gründe Joachims I., in seiner «Väterlichen Disposition» vom 22. Oktober 1534, die beide Söhne mitunterzeichnet hatten, von der Linie seines Großvaters Albrecht Achilles (1414–1486) abzuweichen und neben der gemeinschaftlichen Regierung auch – offenbar in Kenntnis der unterschiedlichen Charaktere seiner beiden Söhne – eine Teilung der Mark Brandenburg vorzusehen, liegen im Dunkeln. Die Versorgung auch des jüngeren Sohnes hat wohl eine entscheidende Rolle gespielt, der – anders als sein Onkel, der zweifache Erzbischof und Kardinal Albrecht – für eine geistliche Laufbahn nicht in Frage kam und mit seinem unternehmerischen Naturell zur Herrschaft drängte. Kurfürst und Herr der ungeteilten Kurlande aber konnte auf Grund der Goldenen Bulle von 1356 nur der erstgeborene rechtmäßige Sohn sein.

Geboren im Jahre 1505 im Cöllner Schloß, war Joachim II. in der Mark Brandenburg aufgewachsen und erzogen worden, dabei in engem Kontakt mit den Gelehrten am väterlichen Hof und an der jungen Landesuniversität in Frankfurt an der Oder. Schon früh nahm ihn sein Vater in politischen Angelegenheiten mit auf Reisen, u. a. 1519, als er auf dem Weg zum kurfürstlichen Wahltag in Frankfurt am Main in Wittenberg Luther begegnete, der ihn stark beeindruckte. Und früh heiratete er im Jahre 1524 mit Magdalene die Tochter des albertinischen Herzogs Georg (des Bärtigen) von Sachsen, der wie Joachim I. ein innerkirchliche Reformen bejahender, aber die lutherische Reformation entschieden ablehnender Reichsfürst war. Von den der Ehe entstammenden sieben Kindern erreichten nur drei das Erwachsenenalter, darunter der Thronfolger Johann Georg, während vier gleich nach der Geburt oder nach wenigen Monaten starben, wie 1534 auch die Mutter. Nur gut sechs Wochen nach dem Tod seines Vaters und seinem eigenen Herrschaftsantritt heiratete Joachim II. – längst vorbereitet und mit Joachim I. noch abgesprochen – am 1. September 1535 in Krakau ein zweites Mal: Hedwig, die Tochter König Sigismunds I. von Polen, der römischen Kirche ebenso engstens verbunden wie die Wettinerin. Wichtiger an dieser Ehe, aus der sechs Kinder hervorgingen, von denen zwei jung starben, aber war die mit ihr verbundene politische Zielrichtung, denn der König von Polen war Lehensherr des Herzogs von Preußen.

Joachim II. Hektor, Kurfürst von Brandenburg
1535–1571

Joachim I. hatte gewollt, daß seine beiden Söhne «beieinander im regiment bleiben und sich miteinander bruderlich und freuntlich vortragen» (Väterliche Disposition, 1534), aber dieser Wunsch ging nicht in Erfüllung, zumal die Brüder von vorneherein getrennte Herrschaften anstrebten und schon Ende 1535 realisierten. Johann I. machte das am Zusammenfluß von Oder und Warthe gelegene Küstrin zu seiner Residenzstadt und ließ ab 1536 einen herrschaftlichen Schloßbau errichten. Zur selben Zeit beauftragte Joachim II. seinen Architekten Caspar Theiss (ca. 1510-ca. 1550), das Cöllner Schloß umzubauen und mit einer Renaissance-Fassade zum Schloßplatz hin zeitgemäß zu verschönern, was in den Jahren von 1537 bis 1540 geschah. Überhaupt betätigte er sich als engagierter Bauherr und beauftragte Theiss als Leiter des kurfürstlichen Bauwesens auch mit der Errichtung eines Jagdschlosses im Grunewald (1542/43), nur 15 km vom Stadtschloß entfernt. Weitere Bauprojekte nahm er mit einem Jagdschloß in Köpenick (ab 1558) – wo er auch gestorben ist –, mit zusätzlichen Bauten in Grimnitz in der Schorfheide, in Spandau, Rüdersdorf, Groß Schönebeck und Zossen in Angriff. Nimmt man Joachims II. Vorliebe für prunkvolle Feste, Feuerwerke und Turniere, für Pferderennen und Jagden hinzu, seine Spielleidenschaft und seine Vorliebe für Luxus, seine Neigung zur kostspieligen Repräsentation – z. B. auch in Konkurrenz mit anderen Reichsfürsten auf Reichstagen –, dann erklärt sich sein stets wachsender Geldbedarf, der aus seinen eigenen Einnahmen (Domänen, Regale, Zölle) nicht zu bestreiten war. Es ist geschätzt worden, daß er in den dreieinhalb Jahrzehnten seiner Regierungszeit insgesamt über acht Millionen Gulden Schulden gemacht hat; mehr als vier Millionen davon hinterließ er bei völlig ungeordneten Finanzverhältnissen seinem Nachfolger.

Dieses enorme Schuldenproblem nicht gelöst, aber doch beherrschbar gehalten zu haben, war vor allem das Verdienst der Landstände im Zusammenwirken mit seinen Kanzlern und Räten, von denen Wolfgang Ketwig, der Sachse Eustachius von Schlieben, der Schöpfer der Hof- und Kanzleiordnung Joachims II. von 1537, die am Anfang der Trennung von Hof- und Landesverwaltung stehen, und Lampert Distelmeyer (1522–1588) besonders zu erwähnen sind. Über die gesamte Regierungszeit Joachims II. hinweg waren die Landtage und sonstigen landständischen Versammlungen damit befaßt, immer neue Wege zu beschreiten und nach vergeblichen Ermahnungen zur Sparsamkeit auch Steuern und Abgaben zu erfinden (1564: Bekleidungssteuer), um Einnahmen zu sichern, die zum größten Teil zum Abtragen ständig weiter ansteigender Zinsleistungen benötigt wurden und nur zur Tilgung von Schulden dienen konnten, wenn gleichzeitig neue Kapitalaufnahmen erfolgten. Im Ergebnis waren alle Maßnahmen vergeblich, um der permanenten Finanzmisere des Kurfürsten Herr zu werden.

Höchst bemerkenswert ist allerdings, in welchem Maße die Stände bereit waren, Steuern («Neues Biergeld») zu bewilligen und – auch Adel («Junkersteuer») und Geistlichkeit trotz grundsätzlicher Betonung ihrer Steuerfreiheit – zu zahlen sowie sich an ihrem Einzug und ihrer Verwaltung zu beteiligen. Wenn 1542 besondere «Kästen» für die Ablieferung neuer Steuern geschaffen wurden, die von je einem von Joachim II. zu benennenden Vertreter der Ritterschaft und der Prälaten verwaltet werden sollten – d. h. sie hatten die Einnahmen zu registrieren und die Ausgaben mit Wissen des Kurfürsten zu tätigen –, dann bedeutete dies einen erstaunlichen Eingriff in die landesherrliche Autonomie, mit welchem dem Hohenzoller bescheinigt wurde, er könne mit Geld nicht umgehen. Aber Joachim II. hat in dieser ständischen Maßnahme mehr eine Entlastung als eine Beschädigung seiner landesfürstlichen Autorität gesehen und mit der Einrichtung des «Kreditwerkes» auch akzeptiert, daß die Schuldenverwaltung gänzlich zur ständischen Angelegenheit wurde (1549/50, 1564/65). Den politischen Preis, den er dafür in der epochenspezifischen grundsätzlichen Auseinandersetzung um eine mehr landesfürstliche oder mehr landständische Prägung des Territorialstaates zahlen mußte, hat er offenbar nicht sehr hoch veranschlagt und ins Kalkül gezogen, die solchermaßen in die Pflicht genommenen Stände, insbesondere den Adel in seiner lokalen und patrimonialen Herrschaftsstellung durch weitreichende Privilegierung zu stabilisieren und zu stärken – aus seiner Sicht letztlich im Interesse des Landes insgesamt. Umgekehrt waren die von guten wirtschaftlichen Erträgen profitierenden Gutsbesitzer bereit, sich diesen Erfolg etwas kosten zu lassen, wenn damit Ruhe und Sicherheit verbunden waren. Jedenfalls haben sie – jeder primär auf sich selbst bezogen – die Situation nicht genutzt, ihren Einfluß auch in anderen Bereichen «staatlichen» Handelns, z. B. dem der Außenpolitik, zu stärken und den Kurfürsten zu dominieren.

Ebenso wie sich Kurfürst Joachims I. Wille nicht realisieren ließ, daß seine beiden Söhne gemeinschaftlich regierten, ging sein Wunsch nicht in Erfüllung, daß sie der römischen Kirche treu blieben und nicht die Reformation in der Mark Brandenburg einführten. Vielfältige Einflüsse – sicher auch seitens ihrer lutherisch gewordenen Mutter Elisabeth und deren Umgebung – haben dazu geführt, daß sie nach 1535 nur noch kurze Zeit an der kompromißlosen Haltung des Vaters festhielten, dann aber – Joachim II. wohl am Allerheiligentag 1539 in der Spandauer Nikolaikirche, Hans von Küstrin schon 1538 – ihrer persönlichen Glaubensüberzeugung folgten und das Abendmahl unter beiderlei Gestalt einnahmen. In der Residenzstadt wurde der Laienkelch erstmals am Allerseelentag 1539 gereicht und damit in der ganzen Kurmark zugelassen, wo er freilich schon früher geduldet worden war. Zu dieser Zeit wurde aus Einsicht in die Notwendigkeit kirchlicher Reformen bereits eine Kirchenordnung für das Kurfürstentum Brandenburg beraten, woran sich auch der Kurfürst persönlich beteiligte und an der auch Philipp Melanchthon (1497–1560) zeitweise mitwirkte. Maßgeblich geprägt wurde sie von dem umtriebigen Theologen Georg Witzel (1501–1573), der vom Luthertum zum römischen Katholizismus gewechselt war. Ein Jahr später (1540) wurde sie als «Kirchen-Ordnung im Churfürstenthum der Marcken zu Brandenburg, wie man beyde mit der Leer und Ceremonien halten soll» eingeführt und stellte das wichtigste innenpolitische Ereignis der Regierungszeit Kurfürst Joachims II. dar.

Indem sie sich in der Lehre stark an eher dezidiert lutherischen Vorbildern wie der Brandenburgisch-Nürnbergischen Kirchenordnung orientierte, aber nirgendwo auf die Confessio Augustana von 1530 bezog, und in den Zeremonien deutlich der römischen Kirche verhaftet blieb, neue Dogmatik und alte Liturgie, Wittenberg und Rom zu verbinden suchte, nahm sie eine vermittelnde Position ein, die es nicht erlaubt, das Kurfürstentum Brandenburg schon in den 1540er Jahren zu den lutherischen Reichsständen zu zählen. Während das Abendmahl unter beiderlei Gestalt eingeführt, der Zölibatzwang aufgehoben, der Meßkanon geändert und bei einer von den Ständen zustimmend begleiteten umfassenden Visitation in den Jahren 1541/42 Kirchenbesitz und -vermögen ermittelt und erfaßt wurden, wurde der Cöllner Dom – 1536 von Joachim II. mit Zustimmung des Papstes neu gestiftet und feierlich eingeweiht – ausgebaut sowie mit Reliquien, Altären, sakralem Gerät und liturgischen Gewändern kostbar ausgestattet und zum religiösen Zentrum der Mark Brandenburg erhoben. Der Kurfürst handelte hier in einer bis ins 15. Jahrhundert zurückreichenden Tradition landeskirchlichen Denkens, das sich sowohl bei katholischen als auch evangelischen Landesherren findet, die gleichermaßen den Wert von Säkularisationen für den Ausbau ihrer Territorien zu frühmodernen Staaten erkannt hatten, in Bayern nicht anders als in Hessen.

Diesem Bemühen um Ausgleich und Vermittlung in religiösen Fragen innerhalb seines Kurfürstentums entsprach auch Joachims II. Verhalten in den konfessionspolitischen Auseinandersetzungen auf der Ebene des Heiligen Römischen Reiches Deutscher Nation. Der «Frankfurter Anstand» von 1539, der den Nürnberger von 1532 ersetzte, war ebenso unter maßgeblicher Beteiligung der Räte und

Gesandten des brandenburgischen Kurfürsten zustande gekommen wie die um theologischen Ausgleich bemühten Religionsgespräche von Hagenau (1540) und Worms (1540/41) sowie die größte Annäherung erzielenden Beratungen während des Regensburger Reichstages von 1541, auf dem Kaiser Karl V. die schon von Luther gebilligte kurbrandenburgische Kirchenordnung bis zur Entscheidung der Glaubensfrage auf einem Konzil genehmigte. Mitglied des Schmalkaldischen Bundes wurde er nicht, suchte eine gleiche Distanz zum Kaiser und den katholischen Reichsständen, fand sich im Schmalkaldischen Krieg (1546/47) aber auf der altgläubigen Seite. Ganz im Sinne der konfessionsneutralen Position Joachims II. war – wie schon 1541 das Regensburger – 1548 das Augsburger Interim formuliert. Während er im Fürstenaufstand von 1552 für Karl V. Partei ergriff, gehörte er gleichzeitig zu den Wegbereitern des im gleichen Jahr geschlossenen Passauer Vertrages und zu den entschiedenen Befürwortern des Augsburger Religionsfriedens (1555).

So sehr Joachims II. Haltung in Glaubensfragen seinen Überzeugungen wie seinem alles Extreme ablehnenden, bedächtigen Wesen entsprach, so sehr war sie doch auch von politischem Kalkül geprägt. Eine gewisse, zumindest äußerliche Nähe zur römischen Kirche schien ihm als einem sinnenfreudigen Menschen schon deshalb geboten, weil er in zweiter Ehe mit einer von einer katholischen Hofpartei umgebenen polnischen Königstochter verheiratet war. Zwar ließen sich bei Aussterben der Jagiellonen – Joachims II. Schwiegervater Sigismund I. starb 1548, dessen Sohn und Nachfolger Sigismund II. August 1572 ohne Erben – Ansprüche Siegmunds, des ältesten Sohnes aus der Ehe Joachims II. mit Hedwig Jagiello, auf den polnischen Königsthron aus verschiedenen Gründen nicht realisieren, aber der Kurfürst erreichte auf dem polnischen Reichstag zu Lublin 1569, nach dem Tod Herzog Albrechts von Preußen (1568) immerhin neben dem neuen Herzog Albrecht Friedrich von Brandenburg-Ansbach (1553–1618) die Mitbelehnung. Sie lag zweifellos auch im außenpolitischen Interesse Polens, aber bedeutete für die märkischen Hohenzollern, einen Fuß in die preußische Tür gesetzt zu haben, die sich ein halbes Jahrhundert später weit und schließlich ganz öffnen sollte. Eine nach Schlesien weisende Perspektive eröffnete ein bereits 1537 von Joachim II. und Fürst Friedrich II. von Liegnitz geschlossener Erbverbrüderungsvertrag, den König Ferdinand I. als böhmischer Lehensherr der Liegnitzer Fürsten und in Wahrnehmung habsburgischer Interessen allerdings 1546 für ungültig erklärt hatte.

Unmittelbar erfolgreich aber war Joachim II. in der Reichskirche, wo das Erzbistum Magdeburg in hohenzollernschem Besitz blieb.

Bereits 1523 zum Koadjutor Erzbischof Albrechts, des gleichzeitigen Erzbischofs und Kurfürsten von Mainz, gewählt, folgten diesem nach seinem Tod 1545 Markgraf Johann Albrecht von Brandenburg-Ansbach (1499–1550) und dann kurz nacheinander – mit habsburgischer Unterstützung und päpstlicherseits bestätigt – die Söhne Friedrich (1551/52, seit 1547 als Koadjutor bestimmt) und Siegmund (1552/54) aus der ersten bzw. zweiten Ehe Joachims II. sowie als Administrator des Erzstiftes von 1567 bis 1598 sein Enkel Joachim Friedrich, dann selber Kurfürst von Brandenburg; Joachim Friedrich vereinigte bereits seit 1560 die Landesbistümer Havelberg (1553), Lebus (1555) und Brandenburg (1560) in seiner Person. Nachdem Erzbischof Siegmund, der wie seine Vorgänger auch Administrator von Halberstadt war, kurz vor seinem Tod auf dem Regensburger Reichstag des Jahres 1566 erklären ließ, er und sein Erzstift hingen der Confessio Augustana an, bedeutete dies einen Verstoß gegen den «Geistlichen Vorbehalt» des Augsburger Religionsfriedens und löste den reichspolitisch lange wirksamen Magdeburger Sessionsstreit aus. Zur selben Zeit hatte Kurfürst Joachim II. im Rahmen einer großen Feier im Cöllner Dom (1563) sein 1562 verfaßtes Testament verlesen lassen und sich in einem persönlichen Glaubensbekenntnis öffentlich zur lutherischen Lehre bekannt, ohne daß damit schon alle Traditionen der römischen Kirche abgeschnitten worden wären.

Wenn Joachim II. in seinem Testament ausdrücklich zum Frieden mit den Nachbarn ermahnte, dann war das nicht nur ein Topos, sondern entsprach auch der innersten Überzeugung dieses politisch wendigen und lebensklug gewordenen Fürsten in der Mitte des 16. Jahrhunderts. Er hielt sich «vor keinen kriegsman», wie er in einer Instruktion für seine Reichstagsgesandten formulierte, nachdem er Ende Februar 1542 mit Unterstützung Kaiser Karls V. und König Ferdinands I. zum «Obersten Feld-Hauptmann» des Reichsheeres bestellt worden war, das er in den Krieg gegen die Türken führen sollte. Dieses Unternehmen geriet ihm aus tatsächlicher militärischer Unfähigkeit zum Debakel, einen Tiefpunkt seines Lebens markierend.

Johann Georg (1571–1598)

Friedliebend, persönlich fromm, reichs- und kaisertreu wie Vater und Großvater war auch Kurfürst Johann Georg von Brandenburg, der 1571 als ältester und einzig noch lebender Sohn Joachims II. an die Regierung kam, denn seine Brüder waren früh gestorben, zuletzt Friedrich (1552) und Siegmund (1566) als Erzbischöfe von

Johann Georg, Kurfürst von Brandenburg
1571–1598

Magdeburg. Er trat zudem nicht nur in der Kurmark die Nachfolge seines Vaters an, sondern erbte auch die seit 1535/36 selbständige Neumark, wo sein Onkel Hans von Küstrin zehn Tage nach Joachim II. am 13. Januar 1571 ohne männlichen Nachkommen gestorben war. Dessen älteste Tochter Elisabeth (1540–1578) war mit Markgraf Georg Friedrich von Brandenburg-Ansbach, die zweite, Katharina (1549–1602), seit 1570 mit Joachim Friedrich verheiratet, Johann Georgs ältestem Sohn und Nachfolger. Von 1571 an hatte die Mark Brandenburg wieder nur einen Landesherren.

Der 1525 geborene Johann Georg kam als 45jähriger gestandener Mann an die Regierung in Cölln-Berlin. Als erster brandenburgischer Kurfürst hatte er mit der «Viadrina» in Frankfurt an der Oder eine Universität besucht, verfügte über militärische Erfahrung als Führer des kleinen, ca. 400 Reiter umfassenden kurbrandenburgischen Kontingents im Schmalkaldischen Krieg auf Seiten Kaiser Karls V. in der Schlacht bei Mühlberg (1547), kannte das Heilige Römische Reich Deutscher Nation auf Grund verschiedener Reichstagsbesuche mit seinem Vater und hatte Verwaltungserfahrung in der Mark Brandenburg gesammelt. Für seinen Sohn Joachim Friedrich, der schon im Kindesalter Bischof von Havelberg (1553), Lebus (1555) und Brandenburg (1560) geworden war, verwaltete er die Stiftsgüter und gewann damit tiefe Einblicke in ökonomische und administrative Probleme. Bei seinem Herrschaftsantritt schlug er sie seinem Domanialbesitz zu, nachdem die drei Landesbistümer lutherisch geworden und faktisch dem Kurfürstentum inkorporiert worden waren. Auf ihn geht auch die Anlage von «Erbregistern» zurück, in denen – einem frühen Bedürfnis nach statistischen Erhebungen infolge der von den Säkularisationen ausgelösten Besitzvermehrungen entsprechend – der landesfürstliche Domanialbesitz erfaßt wurde. Verheiratet war Johann Georg dreimal. Während seine – auch zur Bekräftigung des Erbverbrüderungsvertrages mit dem Liegnitzer Fürstenhaus geschlossene – erste Ehe mit dem Tod seiner Gemahlin Sofie von Liegnitz nach der Geburt des zukünftigen Kurprinzen nur knapp ein Jahr währte, dauerte die zweite mit Sabine von Brandenburg-Ansbach mehr als ein Vierteljahrhundert, und seine dritte Frau, Elisabeth von Anhalt, überlebte ihn um fast ein Jahrzehnt. Sabine und Elisabeth schenkten ihm je elf Kinder, von denen das jüngste – Johann Georg (1598–1637) – erst nach dem Tod des gleichnamigen Vaters geboren wurde.

Im Gegensatz zu seinem Vater war Kurfürst Johann Georg ein sparsamer Mann, der sich als Kurprinz vom prunkvollen und verschwenderischen Hofleben Joachims II. fernhielt, auch dessen

Liebschaften (vor allem Anna Sydow, «die schöne Gießerin», Tochter eines kurfürstlichen Amtmannes und Ehefrau des Vorstehers einer Gießhütte) mißbilligte und sich ab 1553 vorwiegend in ein Leben ohne größeren höfischen Aufwand nach Zechlin in der Prignitz zurückzog (aber auch nach Wittstock, Letzlingen oder Ziesar), wo vor allem seine Kinder aus zweiter Ehe aufwuchsen. Seine dritte Gemahlin stellte als Frau des Kurfürsten allerdings höhere Ansprüche an Lebensführung und Versorgung, was einmal vermehrte Ausgaben und am Ende Schulden zur Folge, zum anderen Auswirkungen auf Johann Georgs Testament von 1596 hatte.

Diese grundsätzliche Haltung des sparsamen, maßvollen Hausvaters hatte politische Konsequenzen, denn Finanz-, Steuer- und Schuldenfragen wurden unter Johann Georg nicht – wie zu Zeiten Joachims II. – zum dominierenden innenpolitischen Thema, worauf schon allein die Tatsache hindeutet, daß in den letzten drei Jahrzehnten des 16. Jahrhunderts in der Mark Brandenburg nur zwei Landtage stattfanden. Sie traten im Sommer 1572 kurz nacheinander in Berlin und – für die Neumark – in Küstrin zusammen, beschlossen eine weitgehende Übernahme der von Joachim II. hinterlassenen Schulden gegen Verpfändungen landesherrlicher Domänenämter und gewährten für die Kurmark nochmals eine bis 1576 befristete «Junkersteuer». Die Neumark, die als wohlgeordnetes und von Hans von Küstrin unternehmerisch geführtes Land ohne Schulden unter die Herrschaft Johann Georgs gekommen war, beteiligte sich an den Bewilligungen und blieb im übrigen auf Grund der unterschiedlichen Rechts- und Verwaltungsentwicklungen sowie der verschiedenartigen Kompetenzen der Stände seit 1535/36 ein eigenes Gebiet mit Küstrin als Verwaltungssitz; erst allmählich erfolgten gegenseitige Angleichungen von Kur- und Neumark. Die Zugeständnisse, die Johann Georg auf diesen beiden Landtagen dafür machen mußte, daß die Voraussetzungen für eine Stabilisierung der finanziellen Situation im Kurfürstentum geschaffen wurden, gingen über die üblichen Privilegienbestätigungen und -bewilligungen nicht hinaus. Das lag wohl auch an seiner Vertrauen erweckenden Person, zumal er – bis auf den Kanzler Lampert Distelmeyer, der ein gutes Verhältnis zu den Ständen hatte – das Personal seines Vaters nicht übernahm. Außerdem hatte Johann Georg schon als Kurprinz enge Kontakte zum märkischen Adel gepflegt, vermied Konfrontationen, weil er wußte, daß er ihn brauchte, und nahm ihn auch für seinen Hof und die Landesverwaltung in Dienst. Diesem früh geübten, von tatsächlichem Interesse an den Problemen des Adels geleiteten persönlichen Kontakt entsprach es, daß er als Kurfürst nicht weiter mit Landtagen verhandelte, sondern mit Ausschüssen der Stände, von diesen akzeptiert und eine verbreitete Entwicklung der Zeit auf Reichs- (Reichsdeputationstage) und Territorialebene auch für die Mark Brandenburg verstärkt aufnehmend.

Was die Konfessionsfrage anging, so knüpfte Johann Georg allerdings an Joachim II. an, dessen gleichsam in einen «Staatsakt» gekleidetes öffentliches Glaubensbekenntnis im Zusammenhang mit der Verlesung seines Testamentes am 19. April 1563 im Cöllner Dom erfolgt war. Johann Georg bekannte sich mit aller Entschiedenheit – und deutlicher als sein Vater – zur «wahre(n) reine(n) evangelische(n) lehr Augspurgischer confession ... ohne calvinische und andere sectierische irthumb», wie er es in seiner Väterlichen Disposition vom 20. Januar 1596 auch von seinen Söhnen forderte. Als klarer Anhänger der lutherischen Orthodoxie bejahte er die maßgeblich von dem Tübinger Universitätskanzler Jakob Andreae (1528–1590) erarbeitete und 1577 vorgelegte Konkordienformel, die als «Bergisches Buch» – benannt nach dem Kloster Bergen bei Magdeburg als Ort der Schlußredaktion – von mehr als 50 Reichsfürsten, Grafen und Herren, 38 Reichsstädten sowie ca. 8000 evangelischen Geistlichen unterschrieben und 1580 in deutscher Sprache publiziert worden war. An diesem Grunddokument der lutherischen Konfessionalisierung hatte auch Johann Georgs «Haustheologe» Andreas Musculus (1514–1581) mitgewirkt, der seit 1546 Professor an der Universität in Frankfurt an der Oder war, wo ihn der Kurprinz gehört haben dürfte. Nachdem die «Viadrina» bis in die 1530er Jahre eine Hochburg der altkirchlichen Theologie gewesen war, repräsentiert durch Wimpina, hatte sie sich danach im Sinne Melanchthons entwickelt, bis Musculus den von Joachim II. berufenen Philippisten Abdias Prätorius (1524–1573) verdrängte und dem orthodoxen Luthertum zum Durchbruch verhalf.

Ganz in diesem Sinne ließ Johann Georg die brandenburgische Kirchenordnung aus dem Jahre 1540 von Musculus überarbeiten, der seit 1566 in der Nachfolge Johann Agricolas (1494–1566), eines Mitverfassers des Augsburger Interims von 1548, auch Generalsuperintendent in Berlin war, dazu ein breit wirkender Autor religiös-moralischer Schriften. In der Visitations- und Konsistorialordnung von 1573, die der Kurfürst ebenso aus eigener Machtvollkommenheit erließ, wurde sein landesfürstlicher Summepiskopat konsequenterweise festgeschrieben. Ausdruck des lutherischen Konfessionalisierungsprozesses waren zwei von Johann Georg veranlaßte Generalkirchenvisitationen von 1573 bis 1581 und von 1593, in deren Verlauf 1574 in Berlin im ehemaligen Franziskanerkloster das Gymnasium zum Grauen Kloster gegründet wurde. In dessen

Räumen konnte auch Leonhard Thurneysser zum Thurn (1531–1596), Johann Georgs Leibarzt, dazu Handelsunternehmer und Drucker, in einem alchimistisch-pharmazeutischen Laboratorium seine Versuche machen. Die Kalenderreform Papst Gregors XIII. von 1582 wurde wie in allen protestantischen Reichsterritorien auch im Kurfürstentum Brandenburg nicht eingeführt.

Dem hausväterlichen Denken Johann Georgs, der im übrigen kaum politische Aktivitäten entwickelte – reichspolitisch suchte er stets die Kooperation mit Kurfürst August von Sachsen, strebte allerdings nach gleichberechtigter Stellung in der Führung des Obersächsischen Reichskreises und lehnte sich eng an Kaiser Rudolf II. an –, entsprach es schließlich, daß er in seiner Väterlichen Disposition von 1596 dem Gesichtspunkt der Versorgung seiner Söhne aus dritter Ehe einen ganz hohen Stellenwert beimaß, wobei seine selbstbewußte junge Frau Elisabeth maßgeblichen Einfluß genommen haben dürfte. Der Gesichtspunkt der Einheit der gesamten märkischen Lande und damit der territorialstaatlichen Geschlossenheit, Stabilität und Sicherheit trat ganz in den Hintergrund. Zwar sollte Joachim Friedrich, der erstgeborene Sohn aus erster Ehe und Administrator des Erzstiftes Magdeburg, sein Nachfolger als Kurfürst werden und im wesentlichen – wie Joachim II. – über die Kurmark herrschen, aber die Neumark mit Sternberg, Krossen, dazu Cottbus, Peitz und anderen kleineren Gebieten sollte – wie einst an Hans von Küstrin – nach Johann Georgs Tod an Christian gehen, ältester Sohn mit Elisabeth. Und auch für Joachim Ernst (Herrschaften Schwedt und Vierraden), Friedrich (Ämter Diesdorf und Arendsee), Georg Albrecht, Sigmund und für noch nicht geborene Söhne – Johann Georg sollte folgen – wurde gesorgt.

Damit hinterließ Kurfürst Johann Georg, als er am 8. Januar 1598 starb, seinem Haus und seinem Land ein großes, fast schon unzeitgemäßes Problem, das nur im Zusammenhang des Gesamthauses Hohenzollern zu lösen war, wenn Gefahren für Dynastie und Landesherrschaft abgewendet werden sollten. Dazu führte der Weg zurück nach Franken, wo die kulmbachisch-bayreuthische und die ansbachische Linie auszusterben drohten. Es ergaben sich auf der Grundlage des zwischen Kurfürst Joachim Friedrich und Markgraf Georg Friedrich von Brandenburg-Ansbach (1539–1603) ausgehandelten Geraer Hausvertrages von 1599 zu Beginn des 17. Jahrhunderts aber Lösungen für die fränkischen Markgraftümer und die ungeteilte Markgrafschaft Brandenburg, die dann für fast zwei Jahrhunderte im Sinne des dynastischen Fürstenstaates Bestand haben sollten.

Zwischen Luthertum und Calvinismus (1598 – 1640)

von Axel Gotthard

Joachim Friedrich (1598–1608)

Joachim Friedrich hat gewisse Verdienste um die innere Entwicklung der Mark Brandenburg. Schon seine erste Regierungshandlung war folgenreich: Er erklärte die testamentarisch verfügte Aufteilung der Mark für ungültig; der Geraer Hausvertrag von 1598 sicherte ihre Unteilbarkeit und die Primogeniturerbfolge – «alle märkischen länder ohne einigen unterschied» gingen fortan stets mitsamt etwaiger Anwartschaften und dem Kurtitel an den erstgeborenen Sohn. Wer sich die Zersplitterung des benachbarten ernestinischen Herzogtums Sachsen in bis zu zehn thüringische Kleinstterritorien vor Augen hält, kann ermessen, wie wichtig diese Weichenstellung für die brandenburgische Geschichte gewesen ist.

Der Kurfürst reiste viel in der Mark umher, nahm alles persönlich in Augenschein, suchte die Wirtschaftskraft des Landes zu heben, mit gutem Willen und unsystematischem Dilettantismus, punktuell durchaus erfolgreich. Er ließ, wenn es ihm eigene Beobachtungen aussichtsreich zu machen schienen, nach Bodenschätzen schürfen, nahm Kupferhämmer in Betrieb, legte in Tangermünde ein Eisenhammerwerk an. Als erster Landesherr Brandenburgs hat er in größerem Umfang Bruchkolonisation betrieben, im Sumpfgebiet der Netze, den sich südlich anschließenden Grenzwäldern nach Polen hin entstanden neue Siedlungen, man begann, eine schiffbare Wasserverbindung zwischen Havel und Oder herzustellen (die vom Nachfolger weitergetriebenen Arbeiten verfielen dann in den Kriegswirren). In Grimmitz ließ Joachim Friedrich eine Glashütte errichten und nahe Grimmitz für die Hüttenarbeiter ein Städtlein, Joachimsthal. Die dort eingerichtete «Fürstenschule» wurde nach dem Dreißigjährigen Krieg nach Berlin verlegt, kündete aber als «Joachimsthaler Gymnasium» weiter vom Namen des wirtschaftspolitisch so engagierten Kurfürsten.

Soweit Handel und Wandel. Und die große Politik? Joachim Friedrich hat Furore gemacht in der Reichspolitik, aber ehe er den

Kurhut trug, als Administrator des evangelisch gewordenen Erzstifts Magdeburg. Nach katholischer Lesart des Religionsfriedens von 1555 mußten Geistliche Territorien altkirchlich bleiben; war es illegal, wenn evangelisch werdende Domkapitel anstatt katholischer Fürstbischöfe evangelische «Administratoren» an die Spitze des Territoriums wählten, wenn Hoch- und Erzstifte somit zu weltlichen, evangelischen Wahlfürstentümern wurden. Auch hatte der Kaiser Joachim Friedrich nicht mit Magdeburg belehnt. Als er 1582 auf dem Regensburger Reichstag erschien, bestritten ihm die Katholiken deshalb seine «Session», Sitz und Stimme, ja, sie drohten damit, die ganze Veranstaltung zu sprengen. Dem Administrator blieb die rasche Abreise. Der «Magdeburger Sessionsstreit» wurde berühmt, bei Protestanten berüchtigt. Der nachtridentinische Kampfkatholizismus hatte reichspolitisch zum ersten Mal Flagge gezeigt, «Administratoren» wurden nun grundsätzlich nicht mehr belehnt und auch nicht mehr am Reichstag geduldet: ein Präzedenzfall, Ursache für viel evangelische Erbitterung, trauriges Kapitel in der traurigen Krankengeschichte des Alten Reiches vor dem Dreißigjährigen Krieg. Schlimmer noch, für den Hohenzollern, fürs Reich, daß die strittige Magdeburger Session die Reichsjustiz blockierte. Das Kammergericht, das damals wichtigere unter den beiden obersten Reichsgerichten, war an sich letzte Berufungsinstanz im Reich. Indes schaute regelmäßig eine Visitationskommission vorbei, die auch Urteile revidieren konnte. Sie war jedesmal anders zusammengesetzt, und 1588 war Joachim Friedrich an der Reihe, neben einigen anderen Reichsfürsten, auch katholischen – die den für sie illegalen «Administrator» genauso ablehnten, wie das der Kaiser tat. Das Reichskammergericht konnte nicht 1588 visitiert werden und nicht in den Folgejahren, seine Urteile lagen auf Eis und harrten der Vollstreckung – diese konnte ja nun (oft absichtsvoll) jeder Einspruch, jeder Appell an die Visitationskommission aussetzen.

Joachim Friedrich war, lange bevor er den brandenburgischen Kurhut trug, ein berühmter Mann im Zentrum des reichspolitischen Geschehens. Er hat seine prekäre Position als Administrator aber auch engagiert ausgefüllt; setzte sich wie nur wenige für den Schulterschluß zwischen Calvinisten und Lutheranern ein, griff den französischen Calvinisten, den Hugenotten, finanziell unter die Arme und warb an anderen lutherischen Residenzen dafür, daß sie es ihm nachmachten. Der Administrator gehörte zu jener Minderheit unter den protestantischen Regenten der Zeit, die sich nicht damit zufriedengeben wollte, daß die Hebelwerke der Reichsverfassung der katholischen Seite zuarbeiteten und diese ihre strukturellen Vorteile immer ungenierter ausspielte; jener

Joachim Friedrich, Kurfürst von Brandenburg
1598–1608

Minderheit, die den Kampfesmut des nachtridentinischen Katholizismus konfrontationsbereit brechen und das Reichssystem reformieren wollte. Wer einen ähnlich risikobereiten und ausgreifenden politischen Stil pflegte (das waren zumeist Calvinisten), setzte auf den künftigen Kurfürsten große Hoffnungen. Zu Unrecht.

Denn unter dem Kurhut ließ der Mittfünfziger die alte Konsequenz, die gewohnte Entschlossenheit vermissen. Er hielt nun Leisetreterei für der Klugheit bestes Teil, meistens, neigte aber gelegentlich auch zu Rückfällen in alte Positionen, kurz, die brandenburgische Reichspolitik oszillierte. Leisetreterei: es gelte «alle gütliche Mittel zu versuchen und das übrige dem Allmächtigen zu befehlen», ließ Joachim Friedrich 1603 auf einem Protestantenkonvent in Heidelberg erklären, und diese Phrase sollte auch begründen, warum der einstige Magdeburger Administrator dem Administrator des heftig umkämpften Hochstifts Straßburg seinen Beistand verweigerte, übrigens, obwohl es sich da um seinen zweitgeborenen Sohn handelte. Am Reichstag desselben Jahres 1603 lehnte er es ab, dem Kaiser vor der Bewilligung von Türkensteuern konfessionspolitische Zugeständnisse abzuringen, weil die Türkengefahr evident sei und wegen der Stimmung in seinem Land.

Die Stimmung im Land: fadenscheiniger Vorwand, Floskel? Joachim Friedrich hatte große Schulden geerbt, war deshalb auf die Mitwirkung der (zahlungskräftigen und kreditwürdigen) Landstände angewiesen. Freilich, die zum Landtag versammelten Honoratioren pflegten die Anliegen ihrer jeweiligen Region zu verfechten, schon das Wohl des ganzen Landes war ihnen eine recht abstrakte Größe, die wenig interessiert hat, noch weniger interessierte Außenpolitik, und kosten durfte diese gar nichts. Freigebig waren die ansonsten zugeknöpften Herren nur in der Erteilung von Ratschlägen, so warnten sie eindringlich davor, sich mit dem katholischen Reichsteil und zudem noch mit Habsburg, also Kaiser und Spanien auf einmal anzulegen. Erklären die schwierigen und wenig ersprießlichen Verhandlungen des Kurfürsten mit seinen Landständen den veränderten Kurs und das gesunkene Niveau seiner außenpolitischen Regierungskunst? War dem nach damaligen Maßstäben schon alten Mann die frühere Spannkraft abhanden gekommen? Die zeitgenössischen Mutmaßungen über seinen Gesundheitszustand divergieren, dieser Faktor kann nicht zuverlässig in Rechnung gestellt werden.

Lähmte die Aussicht auf reiche Erbschaft den Tatendrang des Kurfürsten? Am Niederrhein stand ein strittiger und brisanter Erbfall an, es ging um ein Konglomerat von drei Herzogtümern (Jülich, Kleve, Berg) und zwei Grafschaften (Mark, Ravensberg). Zu den Prätendenten gehörten die brandenburgischen Hohenzollern, neben einem halben Dutzend anderer Dynastien freilich. Insofern war der Erbfall strittig, aber warum war er brisant? Einmal waren die niederrheinischen Herzogtümer konfessionell gemischt – ein um 1600 schon selten gewordener Sachverhalt. Und dann die geostrategische Lage! Natürlich wünschten jene Holländer, die sich gerade von der Madrider Knute und der katholischen Inquisition freizukämpfen suchten, evangelische Nachbarn und die spanischen Habsburger in Brüssel katholische; natürlich erhofften sich die Hugenotten dasselbe wie die separatistischen Holländer und alle katholischen Franzosen das gerade Gegenteil. Dem absehbaren Erbstreit war höchste internationale Aufmerksamkeit sicher.

Nun konnten durchaus verschiedene reichspolitische Strategien zum Ziel führen. Sollte man sich beim obersten Lehnsherrn des Reiches Liebkind machen, beim Kaiser, seinem Reichshofrat? Dafür sprach manches, dagegen vieles, zum Beispiel, daß Wien ohnehin das notorisch kaisertreue Dresden präferieren würde, so daß sich Brandenburg nur im Verein mit habsburgfeindlichen Kräften am Niederrhein würde festsetzen können. Der Kurprinz und präsumtive Erbe Jülichs, Johann Sigismund, setzte damals auf die Konfrontationsstrategie, es scheint an seinen Interventionen zu liegen, daß die amtliche Berliner Politik 1605, 1606 umtriebiger, ambitionierter, risikobereiter war als zuvor. Zeitgemäß durch ein Verlöbnis (Enkel Georg Wilhelm) flankiert, wurde ein pfälzisch-brandenburgischer Beistandsvertrag signiert, sodann paktierten beide Kurfürsten mit den aufständischen Holländern, die, gegen auf jeden Fall zu entrichtende Subsidien, drei Jahre lang im Bedarfsfall militärischen Beistand am Niederrhein leisten wollten. Dieser Bedarfs- mußte nicht unbedingt der Erbfall sein: Der Kurprinz nämlich regte immer wieder eine sofortige Besetzung der niederrheinischen Herzogtümer an, aber die Dinge derart auf die Spitze treiben wollte die amtliche Berliner Politik denn doch nicht. Der Schulterschluß mit den Heidelbergern war trotzdem folgenreich, denn damals lernte Johann Sigismund nicht nur viele kurpfälzische Politiker, sondern auch den Heidelberger Katechismus kennen und schätzen, langjährige innere Kämpfe sollten dann schließlich 1613 in die Konversion münden.

Folgenreich – aber Intermezzo: die risikoscheuen unter den Ratgebern des Kurfürsten gewannen rasch wieder die Oberhand, das holländische Bündnis blieb papierne Absichtserklärung, weil die Berliner nun doch lieber keinen «krieg kaufen» wollten und nicht bezahlten. Als 1608 in Regensburg der Reichstag gesprengt wurde, das wichtigste Reichsorgan und das einzige bislang noch arbeitsfähige, als sich deshalb verschiedene protestantische Regenten in Auhausen an einen Tisch setzten und ein Bündnis schmiedeten –

da hielt sich der Brandenburger abseits. Mochten sich die Glaubensgenossen aktiv der immer militanter auftretenden Gegenreformation erwehren, er selbst stellte das lieber «dem Allmächtigen anheimb». Der Fuldaer Kurfürstentag im Juli des Jahres endete dann noch abrupter als der Reichstag zuvor: Joachim Friedrich starb, seine Emissäre erklärten, damit sei die «Instruction erloschen». Ihre Berliner Kollegen hatten sie zurückgerufen, es sei ganz unklar, ob der Nachfolger, der weit weg in Preußen weile, die Instruktion des Vaters «zuratificiren gemeint» sei. Man rechnete an der Spree mit einem Kurswechsel.

Johann Sigismund (1608–1619)

Es müsse «ein fatale quiddam beim hause Brandenburg sein», daß «vater und eltister sohn, so wol dero diener mit einander in diffidenz leben mueßen»: so hatte Johann Sigismund einmal als Kurprinz lamentiert (und übrigens würde sich dieses «fatale quiddam» ja schon 1640 wieder einstellen, als der neue Kurfürst Friedrich Wilhelm mit dem Regime des Vaters und dessen «diener» Schwarzenberg brechen wird). Kaum hielt er den Kurhut in Händen, ließ er die Ratgeber Joachim Friedrichs seine Mißgunst merken, ein radikaler Elitenwechsel sollte verbürgen und demonstrieren, daß in der brandenburgischen Politik nun ein neuer Geist herrsche. Ein frischer Zug sollte hinein, mit Schwung und Elan alles besser werden: Johann Sigismund hat sich das tatsächlich vorgenommen, die gute Absicht war es nicht, die gefehlt hat.

Des neuen Kurfürsten harrten auch beträchtliche Herausforderungen. Gattin Anna hatte gleich zwei lukrative Erbansprüche in die Ehe eingebracht: aufs Herzogtum Preußen und auf die niederrheinischen Herzogtümer um Jülich und Kleve. Zuerst wurde, im März 1609, der lang erwartete niederrheinische Erbfall akut; sogleich bemächtigten sich zwei der Prätendenten, der Pfalzgraf von Neuburg und der Brandenburger, der Erbmasse. Sie haben einfach am schnellsten reagiert, rasch ihre Wappen anbringen lassen, sich mit den regionalen Ständen arrangiert. Vollendete Tatsachen – die zeitgenössischen Akten pflegen die beiden als «die Possedierenden» zu etikettieren: diejenigen, die, ganz unabhängig von der verwickelten Rechtslage, nun einmal im faktischen Besitz des Erbes sind. Wer sonst seit Jahrzehnten seine vermeintlichen Anrechte hochgehalten hatte, nahm freilich nicht ausgerechnet jetzt davon Abstand, das Reichsoberhaupt seinerseits erklärte, das Land unterliege vorläufig kaiserlicher Verwaltung, und entsandte Erzherzog Leopold als Administrator; der verschanzte sich mit Truppen-

Johann Sigismund, Kurfürst von Brandenburg
1608–1619

macht in der Festung Jülich. Die «Possedierenden» einigten sich zwar im Dortmunder Vertrag auf eine vorläufige Gemeinschaftsregierung (alles wurde von beiden zusammen verwaltet); indes war und blieb in diesem Regime Uneinigkeit das hervorstechende Merkmal, «geht alles confuse durcheinander».

Am Niederrhein exponiert und gefährdet, kam Johann Sigismund nun doch in den Sinn, daß eine koordinierte Interessenwahrung des deutschen Protestantismus geboten sei: Im Februar 1610 trat er der Union bei. Diese riskierte viel für das Erbteil ihres neuen Mitglieds, so fielen zweimal Unionstruppen ins Elsaß ein, um Leopolds Werbungen dort zu stören – eindeutig offensive Operationen auf bundesfremdem Gebiet, ein gefährlicher Präzedenzfall, gewagt, weil man sich französischer Rückendeckung sicher wähnte.

Was hatte der Franzosenkönig in Jülich zu suchen? Heinrich IV. kochte sein eigenes Süppchen. Nur, was schwamm da alles drin? Wir wissen es bis heute nicht so recht, fest steht, daß er Habsburg diplomatisch umzingelte, durch einen Ring von Allianzen, und die Voraussetzungen auch für einen militärischen Zangengriff schuf. Ein nach damaligen Maßstäben riesiges Heer war parat – eine stattliche Südarmee, eine furchterregende im Norden. Und ein Kriegsgrund: Heinrich forderte die spanischen Niederlande in provozierender Form auf, seinen immensen Truppenmassen den Durchmarsch nach Jülich zu gestatten; Brüssel mußte so etwas verweigern, Heinrich hätte einen Vorwand zum Losschlagen gehabt. Vieles schien vorbereitet, Großes möglich, als den König ein Wirrkopf erdolchte. Daß Heinrich Leopold attackieren wollte, dürfte fast sicher sein, daß er mehr als eine nur regionale Aktion im Sinn hatte, ziemlich wahrscheinlich, das niederrheinische Engagement der «Possedierenden» hätte dann den Anlaß abgegeben für die «rupture generale», einen gigantischen Hegemonialkampf zwischen Habsburg und Bourbon um den Kontinent, und die Berliner wären mitten drin gewesen. Der Tod Heinrichs machte alles hinfällig, Frankreich versank im Strudel innerer Wirren, mit einer Regentin von zweifelhafter Legitimität und zweifelhafter Intelligenz ließ sich nicht für die Vormacht in Europa streiten. Die «Possedierenden» eroberten, bevor alles wieder abrüstete, immerhin noch die Festung Jülich, die ganze Erbmasse befand sich nun in ihrem Besitz. Jülich aber war die Bastion des kaiserlichen Administrators gewesen, Johann Sigismund riskierte mithin den Bruch mit dem Reichsoberhaupt: tatsächlich eine Politik, die von der zumeist recht konfliktscheuen des Vaters abstach.

Europa gewann mit Heinrichs Tod eine Atempause, so auch Johann Sigismund. Da die äußeren Gefahren gebannt schienen, wagte er einen Schritt, den er wohl lange schon erwogen hatte: er konvertierte 1613 offen zum Calvinismus, «nach fleißigem nachforschen in Gottes wort», wie er einem engen Mitarbeiter schrieb. Doch sei er, so ein anderer Brief aus jenen Tagen, «niemand, den der geist Gottes selber nicht treibt, hierzue zu vermögen oder zu dringen gemeint».

Die Konversion des Regenten hat Landstände wie Untertanen dennoch aufgebracht; ein glaubensfester Lutheraner hat damals die «bäpstischen greuel» gewiß von ganzem Herzen verabscheut, aber «Calviner» mußten ihm erst recht in der Hölle schmoren. Fassungslosigkeit im Land, heftiger Widerstand; als man die Schloßkirche zum calvinistischen Hörsaal zu ‹reinigen› anfängt, Bilder und Kreuze fortträgt oder gar, wie angeblich beobachtet wurde, in die Spree wirft, leisten die Berliner gewaltsamen Widerstand. «Laufen alle, was laufen kann, zusammen», berichtet ein Augenzeuge, «burger und lumpengesindlein», mit «musqueten und spißen». Die Meute habe geschrien «man soll die Calvinisten tod schlagen», oder: «schiesset, hauet, stechet zu», «wir wollen sie bald ausrotten». Es kommt tatsächlich zum Schußwechsel, der Statthalter, Markgraf Johann Georg, mitten drin und als «schwarzer calvinischer» beschimpft; Häuser calvinistischer Prediger werden gestürmt und geplündert. Das ganze Land ist aufgewühlt, immer wieder kommt es zu Tumulten, wenn vom Kurfürsten ausgesuchte, also vermeintlich «calvinische» Pfarrer ihr Amt antreten wollen. Brandenburger wie Preußen haben ihren lutherischen Glauben behalten, dem Kurfürsten blieb lediglich gezielte Personalpolitik; das Joachimsthaler Gymnasium, die Frankfurter Universität bekamen calvinistische Lehrer, bis 1615 waren alle Räte Calvinisten.

Da der neue Pfalzgraf von Neuburg, Wolfgang Wilhelm, Katholik war, standen sich nun am Niederrhein zwei militante internationale Bewegungen auf engstem Raum gegenüber: der nachtridentinische Kampfkatholizismus und der Calvinismus – calvinistische Residenzen unterschieden sich damals fast durchgehend nicht nur konfessionell, sondern auch durch den außenpolitischen Stil, ihn bedingende Faktoren wie Zukunftserwartung, Risikoeinschätzung, Risikobereitschaft von jenen lutherischen, die den großen Glaubenskampf für vermeidbar hielten und unter allen Umständen vermeiden wollten, auch kalkulierten sie, wie katholische, in europäischen Maßstäben. So nahm man die Konversion Johann Sigismunds allenthalben als außenpolitisches Signal, gemeinsames Regierungshandeln mit den Neuburgern mußte da zur Chimäre werden, und tatsächlich, 1614 drohten erneut brisante internationale Verwicklungen am Niederrhein, ja, drohte ein schwer einhegbarer Krieg: Die Brandenburger suchten die Neuburger mit einigen Fähnlein abzudrängen, denen eilten spanische Soldaten zu Hilfe, was wiederum die separatistischen (und überwiegend calvinistischen) Holländer dazu animierte, Brandenburg mit Truppenmacht beizuspringen. Im letzten Augenblick verhinderten England und Frankreich, daß der Streit der Konfessionen und Rangkämpfe im noch embryonalen europäischen Staatensystem (die beiden großen Aggressionspotentiale der Zeit) eine regionale Krise – wie beinahe 1610, wie tatsächlich 1618 – zum Flächenbrand werden ließen. Sie vermittelten den Vertrag von Xanten. Er sah eine Verwaltungsteilung vor, die provisorisch gedacht war und doch währen sollte: Jülich wurde neuburgisch und ebenso Berg; Kleve mit Mark und Ravensberg aber brandenburgisch – Keimzelle der späteren preußischen Westprovinz oder, um es in der Begrifflichkeit des 19. Jahrhunderts zu sagen: der preußischen «Wacht am Rhein».

Der Berliner Hof hat bis 1614 zupackend gehandelt, wenn es geboten und aussichtsreich schien. Auch auf den Bühnen der Reichspolitik agierten die Emissäre Johann Sigismunds in dessen ersten Jahren recht lautstark, im Sinne entschiedener protestantischer Interessenwahrung. Im Kurkolleg sah man die Berliner fast immer an der Seite der Heidelberger, nicht der betont kaisernahen Dresdner. So setzten sie sich dafür ein, daß die Wahlkapitulation für Kaiser Matthias dem Protestantismus einen fairen Platz im Reichssystem verbürge und eine Stärkung der libertären Elemente der Reichsverfassung auf Kosten der monarchischen bewirke; beispielsweise sollte der Reichshofrat fortan konfessionell ausgewogen besetzt sein und regelmäßig durch eine kurfürstliche Kommission visitiert werden. Wie viele ähnliche Anläufe, das Reichssystem gewandelten Verhältnissen anzupassen, scheiterte auch dieser innovative Vorstoß an der strukturkonservativen Allianz Dresdens mit den rheinischen Kurhöfen. Um sich seine Handlungsfähigkeit auf dem Feld der konfessionspolitischen Auseinandersetzungen nicht durch die forciert kaisertreue Rhetorik der Vereinssatzung einengen zu lassen, verweigerte der Berliner den Beitritt zum Kurverein; er könne sich mit jenen rheinischen Erzbischöfen, die «mit lauter Martialischen unndt Kriegerischen Gedanken» erfüllt seien, «gewissens halben» nicht «in einige verain» einlassen, erklärte er.

Seit 1614, man darf wohl auch sagen: nach Xanten, verlor die Berliner Reichspolitik ihre Konturen. Zudem löste sich Brandenburg sukzessive aus der Union heraus, seit 1617 hat man das stets schwierige Bundesglied nicht mehr dazugezählt. Johann Sigismund war wohl doch weniger aus reichspolitischer Einsicht denn

Jülichs wegen eingetreten – sein Rat Adam Gans von Putlitz erklärte einmal ganz unverhüllt, die Auhausener dürften sich schon deshalb nicht vom niederrheinischen Konflikt «separiren», weil «der Churfürst sich auch intuitu und consideratione derselben allein zu der union begeben, die weil er sonst so weit gesessen, daß solche ihme zu nichts anderm fürtreglich sein könte». Das Haus Brandenburg mit seinen auf die nordwestlichen und nordöstlichen Ränder des Reichsgebiets gerichteten Interessen wußte mit dem Bündnis von Auhausen nichts Rechtes mehr anzufangen.

Nachvollziehbar ist das, aber war es auch klug? Gerade die beiden Beinahe-Kriege vom Niederrhein hätten Berlin eines Besseren belehren können: Es waren weder 1610 noch 1614 die gegebenen reichsinternen Schlichtungsmechanismen gewesen, etwa die Reichsgerichte, der Kaiser (Partei hier wie stets in jenen Jahren), der Reichstag, die den großen Krieg am Ende verhindert haben, sondern europäische Schlichtung in buchstäblich letzter Minute (1614) beziehungsweise ein purer, nicht einkalkulierbarer Zufall (1610). Auf solche Zufälle freilich konnte man nicht immer bauen. Wer ein politischer Kopf war, wem gegeben war, zu sehen, der hat einen Konfessionskrieg in Mitteleuropa vorhergesehen, sich jedenfalls auf das beileibe nicht Unwahrscheinliche eingestellt und dafür Vorsorge getroffen. Wenn Johann Sigismund dazu beitrug, daß die Union eine süddeutsche Regionalveranstaltung blieb, daß der Protestantismus hoffnungslos unterlegen in die große Konfrontation ging (und dieses reichsinterne Ungleichgewicht durch externen Beistand kompensieren mußte, was den Krieg internationalisiert hat), handelte er weder reichspatriotisch noch im Dienste der wohlverstandenen brandenburgischen Staatsräson; doch würde das erst der Nachfolger ausbaden müssen. Wer darüber räsonniert, warum der Große Kurfürst 1640 ein derart jämmerliches Erbe anzutreten hatte, sollte, anstatt Spott und Häme über den gewiß wenig heroischen Kurfürsten Georg Wilhelm auszugießen, an der Weichenstellung von 1617 ansetzen.

Daß die brandenburgische Außenpolitik in den letzten Vorkriegsjahren weder die angemessene noch irgend konsequent gewesen ist: liegt das auch daran, daß da ein als Kurprinz agiler und begeisterungsfähiger Mann (vergleichbar dem ihm doch so verhaßten Vater) früh gealtert ist, verbraucht war? Wir wissen, daß Johann Sigismund noch über das zeitübliche Maß hinaus soff, daß der Körper anschwoll – korrespondierte einer immer monströser werdenden körperlichen Schwerfälligkeit die geistige? Das ist, wie immer, wenn der Historiker zu psychologisieren versucht, höchstens plausibel. Spielt es eine Rolle, daß der Mentor des Kurprinzen, Ott-Heinrich von Bylandt, ein profilierter Vertreter ambitioniert ausgreifender (also in damaliger Terminologie «calvinistischer») Diplomatie, just im Sommer 1608 gestorben war und so den Kurfürsten nicht mehr beflügeln konnte?

War dieser Kurfürst von Anfang an nur Aushängeschild, Unterschriftenautomat, die Berliner Politik Resultante der momentanen Parteikonstellationen bei Hofe, des jeweiligen Kräfteparallelogramms? Vor Ort waren am Niederrhein andere aktiv: der älteste Sohn, Georg Wilhelm, zuvor der Bruder, Ernst – «es ist nicht meine, sondern seine eigene Sache», teilte der Kurfürst einmal der Gattin mit, er selbst könne «nicht anders als fleißig beten». Die Gattin, Anna: hat tatsächlich sie regiert? Schwer zu sagen, weil kaum untersucht. Fest steht erstens, daß das Verhältnis zwischen beiden höchst prekär war. Die stolze, rechthaberische, strenge, ja herbe Frau und der zunächst lebenslustige, dann immerhin noch weinselige Gemahl paßten einfach nicht zueinander. Der Briefwechsel ist abstoßend gehässig, strotzt von herabwürdigenden Anspielungen – so der Kurfürst gerade mitspielte, manchmal beantwortete er Annas Tiraden auch wochen- oder monatelang gar nicht, und miteinander gesprochen haben die beiden ohnehin kaum. Positiv stechen nur wenige Briefe ab, jene über Johann Sigismunds Konversion – ernstes Werben um Verständnis, traurige Ablehnung. Nachweisen läßt sich zweitens, daß Anna Politik auf eigene Faust betrieb, zumal am Niederrhein, aber beileibe nicht nur da. Sie führte eigene politische Korrespondenzen, bastelte an einer eigenen Partei bei Hofe, stichelte und hetzte wider die Gegenpartei, aber auch gegen den Herrn Gemahl, und das sogar in Briefen, die das Land verließen. Annas Nebenaußenpolitik war selten klüger als die amtliche, vielleicht auch nicht in jedem einzelnen Falle törichter, aber sie hat es erschwert, Konsequenz und Klarheit in die brandenburgischen Außenbeziehungen zu bringen. Erstaunlich, ziemlich singulär, wie viele Äußerungen über eine (nicht selbst regierende) Frau sich den reichspolitischen Korrespondenzen der Zeit entnehmen lassen – Anna war eben ein politischer Faktor. Immer wieder wird über das «stutzig weib» hergezogen, Landgraf Moritz von Kassel ließ sich zum Stoßseufzer hinreißen: «Wenn doch Gott diese Fürstin hinwegnähme, daß wir dem Herrn eine andere Gemahlin geben könnten.» Um noch den Dresdner Kurfürsten Johann Georg zu zitieren: Er käme mit Johann Sigismund schon zurecht, sagte er diesem ins Gesicht, wenn nur seine «gemahlin nicht wäre. Ich habe auch eine, wenn sie mich aber so tribulirte ..., es würden gewiß maulschellen fallen.»

Andererseits, ein Herrscher mit Autorität hätte derartige Nebenpolitik eben unterbunden. War Johann Sigismund zunehmend regierungsunfähig? Schon 1610 können Mitarbeiter eine dringliche

Resolution nicht beibekommen, weil ihr Herr «ziemlich bezechet» sei, gegen den Neuburger Wolfgang Wilhelm, 1612 auf Besuch in der Mark, wird er berauscht mit «Zuckung des Degens» ausfällig, und die Trunksucht muß immer schlimmer geworden sein. Hing da eine Fahne im wechselhaften Wind der verschiedenen Hofparteiungen? «Er reudet (meint: reitet) wie man ihn setzt», bemerkte Johann Georg von Anhalt einmal.

Sicher nicht mehr voll regierungsfähig war Johann Sigismund seit einem ersten Schlaganfall 1616, der mit der sprachlichen Kompetenz doch wohl auch intellektuelle kostete, «lebendigtot» kam er einem Beobachter seitdem vor. Als im August 1618 nach dem niederrheinischen auch der preußische Erbfall eintrat, mußten andere aktiv werden, die Regentschaft in Preußen übte Anna aus. Im Oktober 1619 übertrug Johann Sigismund die Regierung seinem Sohn Georg Wilhelm, im Dezember ist der 47jährige nach einem zweiten Schlaganfall gestorben.

Die brandenburgischen Hohenzollern herrschten seit der zweiten Dekade des 17. Jahrhunderts über Territorien, die von der Maas bis an die Memel reichten, freilich untereinander unverbunden waren. Das war zunächst einmal eine deutschlandpolitische Herausforderung für alle Nachfolger. Da es auch mittelfristig illusorisch schien, die dazwischenliegenden Länder der norddeutschen Tiefebene zu erwerben oder zu erobern, wies die Staatsräson den Weg zu informeller Herrschaft: also zum Versuch, Vormacht der nördlichen Reichshälfte zu werden – eine Konsequenz, die Friedrich II. mit großer Entschiedenheit ziehen wird, mit einer scharf antiösterreichischen Wendung, die sich für den Reichsverband schlimm auswirken sollte. Das waren die deutschlandpolitischen Fernwirkungen. Sogar rascher würde man die europäischen Dimensionen der Erbfälle des frühen 17. Jahrhunderts klar erkennen: Mit seinen niederrheinischen Besitzungen ragte das Länderkonglomerat der Hohenzollern in einen Brennpunkt der notorischen westeuropäischen Auseinandersetzungen hinein, zwischen Spaniern, Holländern, Franzosen; Preußen aber war für mehrere nord- und osteuropäische Länder interessant, zumal für die häufig genug miteinander verfeindeten Mächte Polen und Schweden. Wollte man da nicht Spielball werden, hieß es, sich selbst zum Akteur auf der europäischen Bühne aufschwingen, wofür wiederum innere Reformen notwendig schienen, von einer Zurückdrängung der Landtage mit ihrem lediglich regionalen Horizont bis hin zur Aufstellung eines Heeres, das im *Theatrum Europaeum* Ehre einlegen konnte – der Große Kurfürst wird dies so sehen. Daß derjenige Kurfürst nicht als «Großer» in die Geschichte eingegangen ist, unter dem zwischen 1609 und 1618 die Grundlagen für den Aufstieg Brandenburg-Preußens zur Macht europäischen Ranges gelegt worden sind, das leuchtet gleich aus zwei Gründen ein: Er hat nicht selbst geerntet, was die Vorfahren, kluge Familienpolitik betreibend, gesät hatten, zugepackt haben andere – Ernst, Georg Wilhelm, vielleicht Anna, sicher verschiedene Männer im zweiten Glied, denen noch Profil zu geben lohnend sein könnte; und nichts spricht dafür, daß der träge Zecher die Tragweite dessen, was da fast ohne sein Zutun passierte, überblickt hat, um das Gewicht dessen wissend, was in seinem Namen eingefahren wurde.

Georg Wilhelm (1619–1640)

Alle Regierungsjahre Georg Wilhelms waren Kriegs- und Krisenjahre. Das macht eine faire Bewertung seiner politischen Leistung schwer. Die borussische Historiographie indes tat sich mit Georg Wilhelm immer leicht: dieser so ganz unheldische, harmlose Fürst, raschen, gar kühnen Entschlüssen abgeneigt – er war ihr dankbarstes Schmähopfer. Daß er nicht mit fliegenden Fahnen zum siegreichen Schwedenkönig, jenem strahlenden Helden protestantisch-kleindeutscher Geschichtsschreibung, überlief, daß er sein Ohr häufig einem katholischen Ratgeber lieh (dem Grafen Adam von Schwarzenberg): das machte die Sache nur schlimmer, den Mann nur erbärmlicher. Kaum eine Darstellung der brandenburgischen oder Hohenzollerngeschichte streicht nicht ausdrücklich heraus, daß Georg Wilhelm in der langen Regentenreihe der Allerschwächste gewesen sei.

Er versuchte es zunächst mit vorsichtiger Zurückhaltung – wir würden heutzutage von Neutralitätspolitik sprechen. Die siegreiche, die kaiserlich-katholische Seite hat es nicht honoriert, das schlesische Herzogtum Jägerndorf ging nach der Ächtung des seitherigen Landesherrn unter Übergehung der brandenburgischen Ansprüche an Karl von Liechtenstein, die Grafschaften Mark und Ravensberg wurden ligistische Quartiergebiete.

Mit dem niedersächsisch-dänischen Krieg war das Sturmtief in den Nordosten des Reiches gezogen und Brandenburg in arger Bedrängnis: noch dänische Truppen, in Ostpreußen schon schwedische, Berlin mitten drin zwischen verschiedenen versprengten protestantischen Heeressplittern, deren Vereinigung die Kaiserlichen dort verhindern würden, wo sie sich ohnehin bereits festgesetzt hatten, in der Mark – so die Situation, als die Kriegssaison des Jahres 1627 anhub. Offenkundig genügte der Verweis auf die Neutralität nicht, um das Kurfürstentum herauszuhalten. Es gab damals und noch lange danach kein Neutralitätsrecht, damit auch kein jedem Regenten zustehendes Recht *auf* Neutralität; ja, die Vorstellung, neutral zu sein, war den Zeitgenossen suspekt, geradezu moralisch anrüchig, die Lehre vom Gerechten Krieg sah kein Abseitsstehen vor, keine Äquidistanz zwischen Gott und Teufel, sie heischte Parteinahme für die gerechte Sache. Einfach die Neutralität als Schutzschild vor sich herzutragen, half nicht weiter, Georg Wilhelm sah sich zur Anlehnung an eine Kriegspartei genötigt. Er entschied sich für die kaiserliche Option.

Vorher mußte noch eine reichspolitische Wende inszeniert werden. Georg Wilhelm hatte sich jahrelang mutig als einziger Kurfürst gegen die verfassungswidrige Kurtranslation auf den Bayernherzog gestemmt – unter den Beutestücken, die der gerissene Krisengewinnler in München als Preis für die Unterstützung der Hofburg einstrich, befand sich ja die bislang pfälzische Kur. Georg Wilhelm indes akzeptierte Maximilian nicht als Mitkurfürsten, weil Recht über politische Opportunität zu stellen sei, andernfalls «Präeminentz und Authorität» des Kurkollegs vernichtet würden. Nun drohte freilich die Vernichtung von Land und Leuten, der Berliner gab nach, er werde Maximilian lebenslang als Mitkurfürsten erachten. Damit war der Weg zur Allianz mit den Kaiserlichen frei: Königsberger Bündnis, Mai 1627.

Daß sich Georg Wilhelm damals für die erfolgreicher operierende Seite entschieden hat, war nicht, wie durchweg unterstellt, feige, sondern ein fast unabweisbarer Sachzwang. Die entscheidenden Weichenstellungen hin zu einer dem katholischen Widerpart reichsintern gewachsenen Allianz des evangelischen Deutschland hatte man viele Jahre zuvor versäumt; jene nordeuropäischen Truppen, die das extern kompensieren sollten, konnten sich nach eventuellen Fehlschlägen wohlfeil aus dem Staub machen, «ich aber», prophezeite Georg Wilhelm einmal bitter, «werde in Schweden kein Kurfürstentum finden». Und daß die überlegene, die kaiserlich-katholische Kriegspartei, ähnlich wie am Schluß der ersten Kriegsphase, auch nun, nachdem die Dänen abgedrängt waren, politisch ganz unklug ihren Triumph bis zur Neige auskosten würde, das war im Frühjahr 1627 noch nicht absehbar gewesen. Indes, es gab erneut kein Halten mehr: das Restitutionsedikt von 1629 bedrohte zahlreiche protestantische Territorien in ihrem Bestand, wie sie alle, hatte Brandenburg Klöster eingezogen und auch einstige Hochstifte; zudem unterstrich das Restitutionsedikt, daß die Augsburger Ordnung von 1555 Calvinisten von ihrem Friedensgebot ausnahm. Der Schulterschluß mit der Hofburg, 1627 plausibel, hatte sich, vom Kenntnisstand der Jahre um 1630 aus beurteilt, doch nicht ausgezahlt. Es kam hinzu, daß die branden-

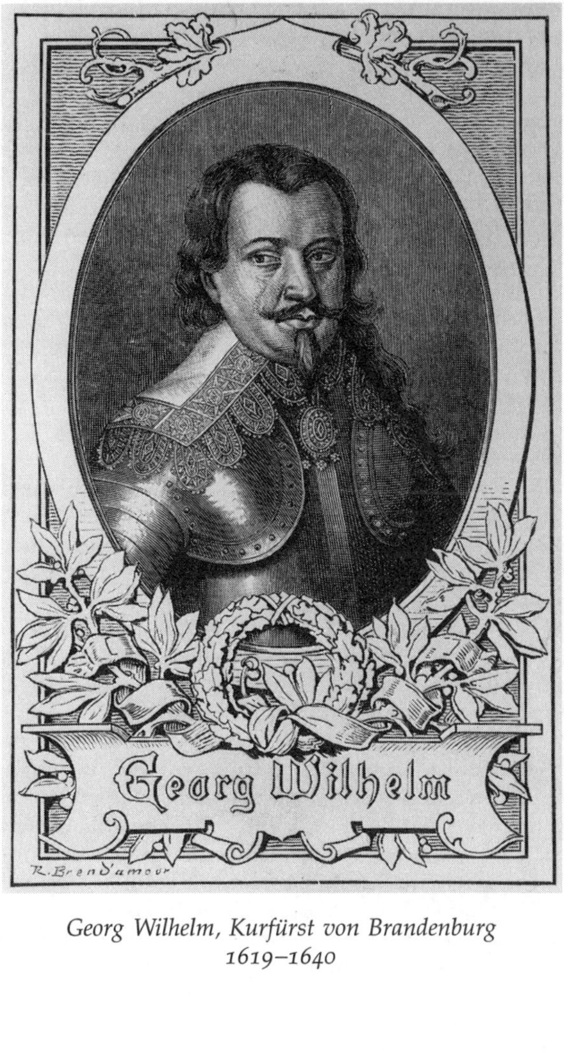

Georg Wilhelm, Kurfürst von Brandenburg
1619–1640

burgischen Einquartierungsgebiete von Wallensteins Truppen «gepreſt und gequetscht» wurden. Eröffnete die Entlassung des Generals nicht die Chance, zu jener Neutralitätspolitik zurückzuschwenken, die dem Land, rückblickend betrachtet, geringere Übel eingetragen hatte? Weil für eine imposante, bewaffnete Neutralität im eigenen Territorium die Ressourcen fehlten, sollte nun jener Schulterschluß aller deutschen Protestanten Abhilfe schaffen, den nicht zuletzt der Vorgänger einst verhindert hatte. Von den Berlinern gedrängt, rief der Kurfürst von Sachsen 1631 nach Leipzig, zu einem Protestantenkonvent. Der Versuch, eine auf Reichspatriotismus und *teutsche libertät* rekurrierende, bewaffnete «Dritte Partei» zwischen den verfeindeten Lagern aufzurichten, kam indes nun, da sich der Krieg bereits zu internationalisieren und auch zu entkonfessionalisieren begann, eindeutig zu spät.

Die Kriegsläufte schritten über den Leipziger Vorsatz hinweg, Gustav Adolf eilte von Sieg zu Sieg, und unter dem massiven Druck, mit dem der Schwede Parteinahme einforderte, zerstob die Idee der bewaffneten Neutralität. «Was ist doch das vor ein Ding: neutralität? Ich verstehe es nicht», schleuderte Gustav Adolf einem Berliner Emissär entgegen, «hier streitet Gott und der Teufel. Will seine Liebden es mit Gott halten, wohl, so trete sie zu mir, will sie es aber lieber mit dem Teufel halten, so muß sie fürwahr mit mir fechten. Tertium non dabitur.» Georg Wilhelm suchte den Anschluß hinzuziehen, schließlich hatte sich das Kriegsglück schon häufig genug gewendet, doch Gustav Adolf erzwang die Entscheidung: zog selbst seinen Truppen voran in die Mittelmark ein, ja, konzentrierte sie um die Hauptstadt Berlin. Verhandlungen bei Treptow, dann in der Kapitale, noch immer sträubt sich der Kurfürst. Am 20. Juni 1631 stellen sich die schwedischen Truppen in Schlachtordnung vor den Stadtmauern auf, die Kanonen zielen aufs Schloß. Trotzdem ist der vermeintlich so feige Kurfürst nicht zum engen Anschluß an Schweden bereit, er räumt lediglich Durchzugsrechte ein, zwei Festungen, bezahlt Subsidien: keine «devotion» wie an so vielen Residenzen des Reiches, keine politische Allianz, keine militärische Unterordnung unter die schwedische Kommandogewalt – ein diplomatischer Erfolg! Freilich, anstatt katholischer ziehen nun schwedische Truppen das «mark aus den landen». Georg Wilhelm ist selbst die lockere Kooperation mit Gustav Adolf nicht wirklich geheuer, er weiß, daß die ambitionierten, womöglich auf die kontinentale Hegemonie zielenden schwedischen Kriegsziele nicht seine eigenen sind, 1633 propagiert er den engen Schulterschluß der drei evangelischen Kurhäuser des Reiches, um die sich das protestantische Deutschland scharen möge – ein Ansatz, der ähnlich interessant ist wie der von Leipzig und ähnlich verspätet.

Soll der Kurfürst nach dem Fiasko der Schwedischen bei Nördlingen erneut die Front wechseln? Die Geistlichen, die er dazu befragt, erheben keine theologischen Einwände, die Stände raten zu, Georg Wilhelm will es im Grunde seines Herzens; nicht ohne Zögern, aber am Ende doch überzeugt, unterzeichnet er, wie fast alle Regenten des Reiches, den Prager Frieden. Man hat das häufig genug als schweren politischen Fehler bezeichnet, jedenfalls aber sei es übereilt geschehen. Hätte eine möglichst lange durchgehaltene Äquidistanz zu beiden Lagern den Preis für die schließlich doch unausweichliche Parteinahme heraufschrauben, beispielsweise Schweden zum Abzug aus Pommern bewegen können (auf das der Kurfürst Erbansprüche erhob)? Für dieses Vabanquespiel war Brandenburg militärisch einfach zu unbedeutend, waren die Erfahrungen mit der schwachen Neutralität der 1620er Jahre zu schlecht. Wie alle Kurswechsel Georg Wilhelms, ist auch der von 1635 nachvollziehbar; ganz so zwingend wie die anderen erscheint er nicht, freilich lautete die realistische Alternative nicht auf Neutralität. Hätte der Kurfürst im Vertrauen auf auswärtigen Beistand gegen Kaiser und Reich kämpfen, Brandenburg zum Glacis Schwedens machen sollen? Hätte er, «das glück ist kugelrund», die wechselvollen Konjunkturen des Krieges damals besser abschätzen, vorausahnen können, daß sich die Schwedischen wieder fangen, die Kaiserlichen aber unter dem «Heerverderber» Gallas im Nordosten ausgesprochen unglücklich agieren würden?

Natürlich hieß es manchen Preis für den Frontwechsel entrichten, beispielsweise reichspolitisch: Brandenburg war an sich das einzige Mitglied des Kurkollegs, das weder katholisch war noch (wie die Dresdner) traditionell und notorisch Habsburg ergeben. Nun aber bekam der Kaiser, beim Regensburger Kurfürstentag von 1636, seine Königswahl, er bekam eine Art von Reichssteuer – tatsächlich, ein Kurfürstentag nahm sich heraus, dem Kaiser Steuern zu ‹bewilligen›, derart den anderen Ständen «in den säckel zu votieren». Es war ein unerhörter Vorgang mit einschneidenden standespolitischen Folgen, denn der kurfürstliche ‹Steuerbeschluß› schürte allenthalben die Furcht vor einer oligarchischen Verstümmelung der Reichsverfassung und leitete, weil eine standespolitisch motivierte «Fürstenpartei» mobilisierend, die sich über rund ein halbes Jahrhundert erstreckende Entmachtung des Kurkollegs in der Reichspolitik ein: der wohl verhängnisvollste Beschluß, den je ein Kurfürstentag gefaßt hat! Der standespolitisch durchaus sensible Georg Wilhelm konnte 1636 nicht anders votieren lassen.

Der militärische Preis für den erneuten Frontwechsel: man hat jahrelang gegen schwedische Truppen zu kämpfen, und das im eigenen Land, das vollends verödet – «wo die acker blumen tragen, da müssen auch notwendig die beutel ledig werden, die leute verhungern». Nach ihrem Sieg bei Wittstock (Oktober 1636) waren die Schweden die Herren der Mark, sie wurden 1637 vertrieben, kehrten im Folgejahr zurück, nur noch wenige Festungen (Spandau, Küstrin, Peitz) waren in kurfürstlicher Hand. Daß der diplomatisch sattelfeste Hohenzoller als Feldherr wenig taugte, war für diese Misere nicht ausschlaggebend – die schützende Hand des Kaisers war damals nicht stark genug, um so weit zu reichen, erst recht reichten die territorialen Ressourcen nicht hin, trotz des zuletzt ausgeprägt antiständischen Regimes Schwarzenbergs, der Steuern selbstherrlich ausschrieb und notfalls auch gewaltsam eintreiben ließ (der Große Kurfürst scheint dieses Beispiel genau studiert zu haben, jedenfalls wird er nach den unsicheren Anfangsjahren nicht wenige Züge imitieren).

Als Georg Wilhelm am 1. Dezember 1640 starb, war die Lage im Land ganz unerfreulich. Samuel von Winterfeld, einst Geheimer Rat, dann von Schwarzenberg vertrieben, lästerte: «Pommern ist dahin, Jülich ist dahin, Preußen haben wir wie einen Aal beim Schwanz und die Mark wollen wir auch vermarquetendiren.» Der Kurfürst soll zuletzt wie gelähmt und der «melancholia» verfallen gewesen sein. So viel Misere schreit geradezu nach einem Sündenbock. Doch hatte Georg Wilhelm 1619 eine undankbare Aufgabe übernommen: das Reich in Auflösung und Krieg; der protestantische Reichsteil, weil (nicht ganz ohne Schuld des Vorgängers) kaum organisiert und zerstritten, der unterlegene Part; der zu regierende, weit ausgespannte Länderkomplex leicht verwundbar. Gleich drei dynastische Wechselfälle waren den brandenburgischen Hohenzollern binnen einer Generation zugutegekommen: 1609 starb der letzte einheimische Herzog von Jülich, Kleve und Berg; 1618 erlosch die preußische Linie der Hohenzollern; und 1637 das Haus der Greifenherzöge von Pommern. Die geopolitischen Gegebenheiten mochten à la longue chancenreich sein, traumhaft für Liebhaber teleologischer Geschichtskonstruktionen, zunächst, inmitten der Wirren eines ganz Mitteleuropa umpflügenden Krieges, war es ein Alptraum: fast bestand das Land ja nur aus (kaum zu schützenden) Grenzen. Das Staatssäckel, das Georg Wilhelm übernommen hatte, war leer, die Landstände füllten es ihm nicht, nicht diesem gottlosen Calvinisten.

Aber war der Mann nicht selbst an allem schuld? Für zahlreiche Geschichtsschreiber schon. Er war keine heroische Erscheinung, sinnlichen Genüssen zugetan, vor allem denen des Gaumens, und er liebte das Schlachtenschlagen an sich nicht: Eigenschaften, die man vielen Regenten nachsehen mag, aber doch nicht einem borussischen! Daß er fast nur in der Sänfte mobil war, wird stets maliziös hinzugefügt, als seien behende Beine Herrscherpflicht.

War das zerklüftete Land mit seinen endlos langen Grenzen den Stürmen der Zeit nicht gewachsen oder aber der Landesherr? Vielleicht stimmt von beidem etwas, ein wenig; vor allem aber illustrieren die Nöte des damaligen Brandenburg die Misere «neutraler» Politik in diesem bis dahin schlimmsten Krieg der Weltgeschichte. Georg Wilhelm wollte eigentlich nicht Krieg führen, mit guten Gründen, die Ziele, für die da gefochten wurden, waren nicht die seinen. Aber die damalige Neutralität war militärisch schwach (weil die Landstände das für imponierende Truppen nötige Geld verweigerten) und ideell – sie brachte nicht Respekt ein und Schonung, setzte vielmehr dem Anfangsverdacht moralischer Verworfenheit aus. Dieser Kurfürst mußte mit denkbar schwierigen Zeitumständen ringen.

Er agierte dabei gar nicht so ungeschickt. Ein Segment des damaligen Politikbetriebs war es, zu verheiraten. Der Kurfürst brachte interessante Schwiegersöhne bei, Bethlen Gabor beispielsweise oder Gustav Adolf. Aber illustriert nicht gerade der Ehekontrakt zwischen Prinzessin Marie Eleonore und dem Schwedenkönig die ganze Jämmerlichkeit Georg Wilhelms? Die alte Kurfürstin Anna habe sie hinter dem Rücken des Sohnes betrieben, kann man allenthalben nachlesen, der sei ahnungslos gewesen und dann der Düpierte. Daran ist viel mehr falsch als richtig, die Eheverbindung war von langer Hand vorbereitet gewesen, indes: ließen sich Polen und die Hofburg besser besänftigen, als durch den – mit einem Augenzwinkern nach Norden, nach Stockholm hin vorgetragenen – Verweis auf das bedauerliche Weiberregiment? Auch bei den Verhandlungen von 1631, als Gustav Adolf den politischen und militärischen Schulterschluß einforderte, haben die pfälzische Gemahlin des Kurfürsten, Elisabeth Charlotte, ihre Mutter Louise Juliane und andere Frauen des Hofes offenbar eine erstaunlich große Rolle gespielt; schon in Treptow soll «das sämbtliche Churfürstliche Frawenzimmer» geschickt den völligen Bruch zwischen Kurfürst und König verhindert haben, am 21. Juni habe man «auf Unterhandlung des Frawenzimmers», «sonderlich» aber «der alten Churpfältzischen Wittib» abgeschlossen. Tags zuvor hatte man den Berlin umringenden schwedischen Truppen, ihrem Feldherrn – die Frauen entgegengesandt! Nachdem die Damen dann erst einmal für gutes Wetter gesorgt hatten, folgte der Herr Kurfürst eben nach. Wem peinlich ist, daß ein so wenig martialischer Mann auf dem Hohenzollernthron gesessen hat, malt derartige Szenen gerne zum Schreckensbild aus, freilich, die weibliche Entourage des Kurfürsten besaß beste Beziehungen zu jener evangelischen «Aktionspartei», mit der sie selbst sympathisiert hat; wer konnte geeigneter sein, um den Schwedenkönig trotz der amtlichen Hinhaltetaktik bei Laune zu halten? Schneidige Sprüche wären weniger hilfreich gewesen, indes scheint man sie ja von Hohenzollernherrschern zu verlangen – so hätte denn Georg Wilhelm zu wenig ans Geschichtsbuch gedacht. Sonst sind ihm in der Außenpolitik keine gravierenden handwerklichen Fehler unterlaufen. Wenn Politik die Kunst des Möglichen ist, hat Georg Wilhelm keine schlechte Politik gemacht. Er hat für sein Land nicht viel erreicht, aber eben: das damals Mögliche.

Friedrich Wilhelm, der Grosse Kurfürst (1640 – 1688)

von Heinz Duchhardt

Am Großen Kurfürsten haben sich seit Pufendorfs Geschichtswerk von 1695 viele Große der deutschen Geschichtswissenschaft versucht, die Droysen, Hintze, Küntzel und Philippson, die Hinrichs und Oestreich, und zudem haben sich erstaunlich viele Nichtdeutsche biographisch mit dieser Gestalt beschäftigt, darunter so renommierte Historiker wie Francis L. Carsten, Georges Pagès und Albert Waddington. Die letzte umfassende Biographie Friedrich Wilhelms, die fast keinen Tag im langen Leben des Hohenzollern unberücksichtigt läßt, erschien Anfang der 1970er Jahre, seitdem sind im Umfeld des Gedenkjahres 1988 ein gehaltvoller und aspektreicher Themenband, ein Ausstellungskatalog und viele weitere Einzelstudien erschienen. Es dürfte kaum einen deutschen Territorialfürsten der Vormoderne – klammert man Friedrich Wilhelms Urenkel Friedrich II. einmal aus – geben, der durch voluminöse Akteneditionen so gleichmäßig erhellt ist – oder zu sein scheint – wie der Große Kurfürst: durch 23 Bände «Urkunden und Actenstücke», durch 7 Bände «Protokolle und Relationen des Geheimen Rates», durch Editionen der Staatsverträge, seines Politischen Testaments und anderes mehr. Inwieweit und inwiefern kann ein neuerlicher biographischer Versuch überhaupt noch ein Mindestmaß an Originalität entwickeln, wo doch alles schon sattsam bekannt ist und der Hohenzollernfürst wie eine gläserne Gestalt vor uns zu stehen scheint? Ich wähle drei Untersuchungsschritte und -schnitte, indem ich zum einen das angeblich von ihm verkörperte Modell des «absolutistischen» Fürsten auf den Prüfstand stelle, zum zweiten seine Außenpolitik im Kontext seiner Gesamtpolitik zu konturieren suche und schließlich – ideologiekritisch – nach den Gründen für das massive Interesse der Geschichtsschreibung an der Figur des brandenburgischen Kurfürsten und damit direkt und indirekt nach seiner «Größe» frage.

Zunächst aber zu den «nackten» biographischen bzw. genealogischen Daten: 1620 als Sohn des – wie die Zukunft erweisen sollte – «frühzeitig gebrechlichen und wenig tatkräftigen» (Oestreich)

Friedrich Wilhelm (der Große Kurfürst),
Kurfürst von Brandenburg 1640–1688

Georg Wilhelm und der pfälzischen Prinzessin Elisabeth Charlotte, einer Schwester des Winterkönigs, geboren, ist Friedrich Wilhelm nach seinem Regierungsantritt (1640) zwei Ehen eingegangen, nachdem das Projekt seiner Vermählung mit der jungen schwedischen Königin Christina sich zerschlagen hatte: zunächst mit der Oranierin Luise Henriette (1646) und nach ihrem Tod (1667) mit der Tochter des Herzogs Philipp von Holstein-Sonderburg-Glücksburg, Dorothea, die ihren Ehemann um ein Jahr überleben sollte. Aus der ersten Ehe gingen sechs Kinder hervor, darunter der vorzeitig verstorbene Kurprinz Karl Emil und Friedrich Wilhelms Nachfolger Friedrich III./I., aus der zweiten Ehe sieben Kinder. Der Kurfürst verstarb 68jährig im Mai 1688 und wurde im Berliner Dom beigesetzt.

I.

Das überproportional große Interesse der Geschichtswissenschaft an historischen Figuren kann verschiedene Beweggründe haben. Ein besonders geschlossenes und stringentes Lebenswerk mit weit über den Tag hinausreichender Bedeutung; ein einzelner Erfolg, der als sensationell eingestuft wurde und die Geschichte von einem Tag zum anderen in eine neue Richtung lenkte; oder auch die Vereinnahmung einer Gestalt zu einer Gründerfigur. Legen wir diese Meßlatten an den Hohenzollernfürsten an, dann scheint vor allem die dritte von Relevanz zu sein.

Dem 1620, also schon nach Ausbruch des dann dreißigjährig werdenden Krieges, geborenen Hohenzollern, der 1640 die Regierung übernommen hatte, kann wohl kaum eine geschlossene, in sich widerspruchsfreie Regierung attestiert werden – und dies weder in innen- noch in außenpolitischer Hinsicht. Wie viele Fürsten seiner Generation, stand der junge, von seinem kalvinistischen Erzieher Calcum und einem mehrjährigen Bildungsaufenthalt in den Niederlanden ebenso wie von der Begegnung mit seinem schwedischen Onkel Gustav Adolf im pommerschen Feldlager nachhaltig geprägte Fürst am Beginn seiner Regierung vor den hohen Hürden, den längst überfälligen Frieden zu schließen und seinen Staat aus einer tiefen ökonomischen, demographischen und politischen Krise herauszuführen. Die Herbeiführung des Friedens: dem diente die Mitarbeit brandenburgischer Diplomaten auf dem Westfälischen Friedenskongreß, wobei die brandenburgische Beteiligung im Gegensatz zu jener der meisten Reichsstände völlig unstrittig war, weil Brandenburg als eine direkt beteiligte Kriegspartei galt, die sich durch eigene Armeen – die nach der Regierungsübernahme verfügte Abdankung des Heeres war im Winter 1643/44 wieder rückgängig gemacht worden – und eine selbständige Bündnispolitik auszeichnete. Oberstes politisches Ziel des brandenburgischen Kurfürsten mußte nicht nur die Wiederherstellung des status quo ante, sondern hatte eine territoriale Arrondierung zu sein, auf die der Kurstaat einen Rechtsanspruch hatte: der Anfall des Herzogtums Pommern, dessen Greifendynastie 1637 während des Krieges erloschen war. Daß man sich am Ende übergeordneten Gesichtspunkten – der schwedischen «Satisfaktion» – zu beugen und sich mit dem Zugewinn «nur» Hinterpommerns und einiger säkularisierter geistlicher Territorien – darunter der Anwartschaft auf das symbolkräftige Magdeburg – zu begnügen hatte, sollte zu einer schweren Hypothek der brandenburgischen Politik werden, freilich zugleich auch zu einem Antriebsmoment, die Entscheidung von 1648 zu revidieren, auf das manche Kapriolen der Außenpolitik Friedrich Wilhelms zurückzuführen waren.

Aber das war nicht die einzige Schlußfolgerung, die der bei Kriegsende noch nicht dreißigjährige Fürst aus dem langen Konflikt zog. Die zweite wesentliche Erkenntnis, die auf die politische Agenda gesetzt wurde, war, daß auch über das Kriegsende hinaus ein Heer «stehen» zu bleiben habe, weil nur ein solches Instrument die Chance eröffnete, die Pommern-Entscheidung zu revidieren und überhaupt auf der großen politischen Bühne einen Part zu spielen. Die Finanzierung des «Landesaufgebots» gehörte zu den traditionellen Aufgaben der Landstände, und da Landstände im Ancien Régime ungern etwas auf Dauer bewilligten, waren Konflikte vorprogrammiert, die um so komplizierter zu werden versprachen, als der Kurfürst es mit einer ganzen Reihe von Ständeversammlungen – der preußischen, der kurmärkischen, den niederrheinischen – zu tun hatte. Die Auseinandersetzungen von Fürsten mit den Ständen erfreuten sich – damals und in der Forschung, nicht selten übrigens auch mit tagespolitisch-legitimatorischen Vorzeichen – immer eines großen Interesses, und ohne auf Einzelheiten, die Verhandlungen, die Pressionen, die Bemühungen der Stände um Protektoren und die nicht seltenen Willkürmaßnahmen des Kurfürsten gegen Ständerepräsentanten hier eingehen zu können, ist nur das Ergebnis festzuhalten: der Aufbau des stehenden Heeres gelang, für das eine eigene ständeunabhängige Finanzierung – die es erlaubte, dem im Schnitt dann ca. 25000 Mann zählenden Heer 1688 bereits eineinhalb Millionen Taler zufließen zu lassen, ca. 50 Prozent der Staatseinnahmen – «erfunden» wurde und dem Brandenburg es letztlich zu verdanken hatte, daß es sich, nachdem sein Fürst nun wieder mit der vollen Handlungsfähigkeit in militaribus et causis externis ausgestattet war, in der Rolle eines Akteurs auf zwischenstaatlichem Feld zu behaupten vermochte.

Die Ständekämpfe und der Aufbau des stehenden Heeres könnten langfristiges Planen und konsequentes politisches Handeln assoziieren, aber das trifft zumindest nicht für alle Politikbereiche zu. Gewiß, der Wiederaufbau des zerstörten Landes wurde konsequent – durch die Ansiedlung von Kolonisten aus den Niederlanden und etlichen Nachbarterritorien – angegangen, aber dann nutzte der Kurfürst auch wieder die politischen Zufälle – die Vertreibung der Wiener Juden und der Hugenotten und ihre Aufnahme im Kurstaat – aus, die nicht planbar gewesen waren. Gewiß, die einheitliche Besteuerung der Untertanen war ein wichtiger Schritt aus der Krise heraus, aber seine mehr als fragwürdige Münzpolitik in den 1650er Jahren war geeignet, das keimende Vertrauen in die ökonomische Dynamik des Staates wieder zu konterkarieren. Auch bei der Auswahl seiner Räte und Minister hatte der Kurfürst längst nicht immer eine glückliche Hand – was auch gar nicht erstaunen kann, weil er konsequent von jeder Beteiligung an den Regierungsgeschäften seines Vaters ferngehalten worden war.

Bei seiner Regierungsübernahme fand er eine «Mannschaft» seines Vaters vor, an deren Spitze dessen Günstling Schwarzenberg stand, der ihn, den Kurprinzen, oft genug seine Antipathien hatte spüren lassen und von dem sich Friedrich Wilhelm auch nach seiner Regierungsübernahme förmlich verfolgt fühlte. Im Unterschied zu manchem seiner Nachfolger nahm Friedrich Wilhelm von radikalen personellen Einschnitten zunächst Abstand. Auch hier kann man sich des Eindrucks einer anfänglichen Unsicherheit auf dem politischen Terrain nicht erwehren: Ein «Premierminister», der im Amt blieb, von dem der junge Fürst aber auch räumlich Distanz hielt, bis Schwarzenbergs früher Tod (1641) das Problem für ihn dann löste. Erst danach begann der Kurfürst den Geheimen Rat konsequent mit Männern seines Vertrauens zu besetzen: mit Mitgliedern der Ritterschaft, die die Verhandlungen mit den Landtagen erleichtern sollten, mit Kalvinisten – die Lutheraner gerieten deutlich in die Minderzahl –, die studiert hatten und damit auch auf ihre Weise das Land dem modernen politischen Denken westeuropäischer Couleur öffneten, das die Forschung mit dem Schlagwort des Neustoizismus bedacht hat. Konrad von Burgsdorf und Kurt Bertram von Pfuel als Protagonisten einer aktiven, auf den miles perpetuus zielenden Militärpolitik sind hier zu nennen, Georg Friedrich von Waldeck mit seinen Visionen einer protestantischen Großmacht Brandenburg, dann aber auch die Statthalter in West und Ost, die die Stände kontrollieren und so weit «domestizieren» sollten, daß sie als Störfaktoren der kurfürstlichen Politik entfielen: Johann Moritz von Nassau-Siegen hier, Boguslav von Radziwill dort. Aber auf der anderen Seite soll auch nicht übersehen werden, daß der Kurfürst an dem einen oder anderen Exponenten einer bestimmten Politik zu lange festgehalten hat.

Räte und Statthalter waren phasen- und segmentweise wichtig, aber der Trend ging doch eher in die Richtung einer autokratischen Regierungspraxis, die in der Spannung von Kollegialsystem und Kabinettstil den zweitgenannten immer deutlicher hervortreten ließ. Schon die Ratsordnung von 1651 spiegelt die grundsätzliche Option für die gemischte Regierungsform wider, die Friedrich Wilhelm 1667 im Politischen Testament auch seinem Nachfolger ans Herz legte; gleichwohl ist eine Präferenz für den Regierungsstil «aus dem Kabinett heraus» unübersehbar. Der Oberpräsident Schwerin war und blieb ein loyaler Mitarbeiter, vermochte aber niemals wirklichen Einfluß auf die Entschlüsse seiner Fürsten zu gewinnen. Der Große Kurfürst mag insgesamt nicht der große Modernisierer gewesen sein, zu dem ihn die borussische Historiographie des 19. Jahrhunderts stilisierte, aber es ist keine Frage, daß er unter dem außen- und innenpolitischen Druck, der für das dritte Viertel des 17. Jahrhunderts typisch war, spezialisierte Behörden geschaffen hat, die einem hierarchischen Befehlsstrang unterworfen waren, zentralisierend wirkten und in den Bereichen Militärpolitik, Wirtschafts- und Steuerpolitik effizient arbeiteten, effizienter jedenfalls als die bisher das Feld beherrschenden ständischen Einrichtungen, im Bereich der Steuerverwaltung etwa die «Landkassen» und «Kreditwerke». Trotzdem kann man die Feder, aus dem Kurstaat ein geschlossenes und in allen Bereichen zentralistisch organisiertes Staatswesen gemacht zu haben, sicher nicht ohne jede Einschränkung an Friedrich Wilhelms Kurhut anbringen, allein schon deswegen nicht, weil zu viele Pläne unausgeführt blieben.

Damit ist freilich zugleich die Frage nach dem «absolutistischen» Potential des Großen Kurfürsten aufgeworfen: die Frage, wie stark die autokratischen Züge bei ihm entwickelt waren, die Tendenz, das bisherige alteuropäischer Herrschaftsmodell zur Disposition zu stellen und einen «modernen» Staat aus der Taufe zu heben. Zusammen mit der neuesten, eher als «revisionistisch» einzustufenden Forschung wird man hier zurückhaltend sein müssen. Ungeachtet aller Auseinandersetzungen mit den Ständen – der Kurfürst dachte nicht daran, sie völlig auszuschalten, im Gegenteil wurden die Ritter geradezu in den Rang einer festen Stütze seiner Herrschaft erhoben, wurden ihre ökonomisch-sozialen Privilegien und ihre geradezu unangreifbare lokale Stellung eher gestärkt als geschwächt. Gerhard Oestreich hat schon recht, wenn er feststellt, daß Friedrich Wilhelm «den Kampf nicht prinzipiell gegen die politische und soziale Stellung der Stände (führte), sondern nur, soweit es das Interesse des werdenden Gesamtstaates und seine militärischen Bedürfnisse erforderten». Seine Beteiligung an den (letztlich vergeblichen) Bemühungen etlicher Fürsten, den – an sich ständefeindlichen – § 180 des Jüngsten Reichsabschieds nochmals zu verschärfen, widerspricht dieser Einschätzung nur scheinbar. Die Verwaltungs- und Behördenreformen zielten nicht auf eine radikale Modernisierung, sondern sollten Verwaltungsabläufe optimieren, den Einfluß der Stände auf die Beamtenernennungen zurückdrängen und vor allem *eines* ermöglichen: die reibungslose Finanzierung des Heeres. Mit besonderem Nachdruck muß hier die Einrichtung des Generalkriegskommissariats Erwähnung finden, das sich zum «eigentlichen Kernstück des Staatsapparats» (Kunisch) entwickelte. Durch die Subsidienbündnisse mit auswärtigen Kronen, A und O der Außenpolitik des Kurfürsten, und die tastenden Versuche, in den Kolonien und damit im lukrativen Transatlantikhandel Fuß zu fassen, wurden zwar Bemühungen in Gang gebracht, von den Steuern und den Erträgen des Kammerguts unabhängig(er) zu werden, aber das blieb in den Anfängen stecken, so positiv sich insgesamt die Staatseinkünfte in Friedrich Wilhelms Regierungszeit – sie verdreifachten sich in etwa – entwickelten.

Wenn man im «Absolutismus» vor allem das Moment erkennt, den Staat zu homogenisieren und zu zentralisieren, so wird man im Blick auf den Großen Kurfürsten eher skeptisch bleiben müssen, weil die «Union von Ständestaaten» am Ausgang seiner Regierung noch keineswegs zu einem «totum» zusammengewachsen war, vielmehr die Regionalismen nach wie vor dominierten und allenfalls in der oberen Amtsträgerschaft eine Art Gesamtstaatsbewußtsein zu keimen begann. Staatskirchenähnliche Bestrebungen sind bei Friedrich Wilhelm kaum erkennbar und wären in einem konfessionell so komplizierten Territorienverbund sicher auch eher kontraproduktiv gewesen. Eine weitgespannte legislative Tätigkeit mit der Tendenz, neues Recht zu schaffen oder zumindest die verschiedenen Territorialrechte einander anzugleichen und zu harmonisieren, läßt sich nicht nachweisen, ebenso wenig irgendeine Tendenz, den Herrscher von dem immer als besonders hohes Gut eingeschätzten Recht («legibus solutus») auszunehmen – noch Friedrich II. hat sich ausdrücklich als unter dem Recht stehend empfunden. Die Bemühungen, über die Steuern den Untertanenverband zu homogenisieren, sind spürbar, immer unter Ausklammerung des Adels, aber welcher Fürst versuchte das damals nicht? Ebensowenig kann die mit Zwang durchgesetzte sogenannte Eventualhuldigung der (letztlich erst 1680 inkorporierten) Stadt Magdeburg (1666) als ein Beleg für ein weit überdurchschnittliches «absolutistisches» Potential des Kurfürsten gelten, denn selbst viele geistliche Fürsten setzten alles daran, Unabhängigkeits- bzw. Emanzipationsbestrebungen ihrer Kommunen frühzeitig im Keim zu ersticken – man denke als Beispiele aus den 1660er Jahren nur an den Kurfürsten von Mainz (Erfurt) und den Fürstbischof von Münster (Münster). Seine Bemühungen, für seine Söhne aus seiner zweiten Ehe Sekundogenituren zu schaffen, widersprachen geradezu allen auf Konzentration und Verdichtung zielenden Prinzipien des «Absolutismus». Es ist vor diesem Hintergrund kein Zufall, daß der Große Kurfürst in Nicholas Henshalls neuem Buch über den «Mythos Absolutismus» nur zweimal eher beiläufig Erwähnung findet, das eine Mal übrigens mit der zutreffenden Beobachtung, daß die Frequenz der Landtage schon vor 1652 überaus gering war, also gar kein abrupter, im Sinn der Durchsetzung des Absolutismus interpretierbarer Wandel eintrat. Die Zuordnung zum Kreis der «absolutistischen» Fürsten läßt sich aus seiner Regierung heraus nicht begründen, sondern muß andere Wurzeln haben.

II.

Neben den Auseinandersetzungen mit den Ständen und den Behördenreformen stellt die Außenpolitik den dritten großen Schwerpunkt in Friedrich Wilhelms Regierungstätigkeit dar. Einerseits war er sicher ein «innerer» Fürst, andererseits stand für ihn die Innen-, d. h. Reformpolitik aber nie so eindeutig im Vordergrund wie für den «Soldatenkönig». Im Unterschied zu seinem Enkel ist er den militärischen Auseinandersetzungen, die seine Regierungszeit in ungeheurer Dichte erfüllten, nämlich keineswegs aus dem Weg gegangen, sondern hat sich ihnen gestellt, wohl wissend, daß nur der militärische Erfolg die Reputation seines Gemeinwesens würde erhöhen können. Sieht man einmal davon ab, daß er den langen Krieg, der sein ganzes bisheriges Leben begleitet hatte, zu liquidieren hatte, was er vorzeitig mittels eines – später oft als falsch bezeichneten und im übrigen verschiedener Umstände wegen nie ratifizierten – Waffenstillstands und Neutralitätsvertrags mit Schweden (Juli 1641) zu erreichen suchte, so scheute er nach 1648 vor dem Waffeneinsatz kaum einmal zurück, und zwar großer Ziele wegen (Pommern) oder auch kleinerer. Das markanteste Beispiel ist vielleicht der nur drei Jahre nach dem Westfälischen Frieden vom Zaun gebrochene Krieg gegen den niederrheinischen Rivalen und Mitbesitzer der jülich-klevischen Erbschaft, den katholischen Pfalzgrafen Philipp Wilhelm. Auch wenn die Zeitgenossen diesen «Krieg» bald als «Kuhkrieg» bezeichneten, weil sich die militärischen Begebenheiten oft auf das Einfangen des einen oder anderen Hornviehs reduzierten, ist der Vorgang an sich dem Renommee des Kurfürsten in der «öffentlichen Meinung» alles andere als förderlich gewesen, weil er ihn mit dem Verdikt des «Friedensbrechers» versah, eines Fürsten, der auch geringer Vorteile wegen viel aufs Spiel zu setzen bereit war.

Kann man den «Kuhkrieg», der freilich über seine Belanglosigkeit hinaus schon ahnen läßt, daß die geostrategische Lage seiner Territorien in West und Ost mit fast zwingender Notwendigkeit Verwicklungen des Kurstaates in Konflikte dritter nach sich ziehen mußte, mit einer gewissen Portion Wohlwollen noch als Folgekonflikt des Dreißigjährigen Krieges und als Ausdruck des Bemühens, reichsrechtliche Zweifelsfragen zu klären, interpretieren, auch vielleicht noch als Akt, um die Enttäuschung über die 1648 gefundene Pommern-Lösung zu kompensieren, so suchte der Kurfürst fortan sein militärisches Heil auf der europäischen Bühne – und zwar, was ihm vor allem die angelsächsische Forschung häufig ankreidete, in aller Regel ohne das ständische Einverständnis herzustellen. Die Pläne Waldecks, mochte er auch 1658 wieder entlassen werden, haben einen nachhaltigen Einfluß auf den Fürsten ausgeübt: die große Politik, die Waldeck in den frühen 1650er Jahren ein Bündnis mit Mazarin anstreben ließ, sollte es sein, wo Brandenburg seines Glückes Schmied zu werden hoffte. Die Leitidee war in allen Fällen neben der Steigerung der eigenen Reputation und der Selbstbehauptung in einer komplizierten geopolitischen Landschaft die politische bzw. territoriale Arrondierung des Staatswesens. Unterschiedlich war allenfalls der Grad des Drucks, der von Seiten der Hauptkriegführenden auf den Kurfürsten ausgeübt wurde, in Konflikte einzutreten oder sich von ihnen fernzuhalten: Im (ersten) Nordischen Krieg zwischen dem jungen schwedischen König Karl X. Gustav und der Krone Polen waren brandenburgische Interessen insofern tangiert, als in einem solchen Konflikt das von Polen zu Lehen gehende Herzogtum Preußen nicht schlichtweg ausgeklammert werden konnte, sondern im Gegenteil akut bedroht wurde. Dieser Konflikt, der von Friedrich Wilhelm nicht provoziert worden war, den er aber auszunutzen suchte, war im übrigen geradezu der Schnittbogen für das politische Verhalten des Hohenzollern in internationalen Konflikten. Er hatte ein bestimmtes Ziel, und diesem Ziel versuchte er durch militärisches Engagement und ein Wechseln der Fronten näher zu kommen. Im Nordischen Krieg kristallisierte sich – allerdings nicht von der ersten Stunde an – die Lehensunabhängigkeit Preußens als politisches Ziel heraus, das nach einem entsprechenden Frontenwechsel am Ende von beiden kriegführenden Mächten zugestanden wurde, wobei die polnische Zustimmung im Vertrag von Wehlau selbstverständlich entscheidend war.

Dieses Ziel war sicher nicht von langer Hand vorformuliert worden, auch wenn die Lehensabhängigkeit Preußens, auf die sich dann ja das Königtum von 1701 gründen sollte, für die Staatsentwicklung des Kurfürstentums von nachhaltiger Bedeutung werden sollte. Viel stärker als ein Leitmotiv der brandenburgischen Geschichte unter dem Kurfürsten muß das Pommern-Motiv angesehen werden, dem die nachfolgenden militärischen Engagements des Kurstaates direkt oder indirekt ihre Begründung verdankten. Der Anfall Vorpommerns an die Krone Schweden 1648 war ja nicht nur als ein schwerer politischer Mißerfolg eingestuft worden, sondern hatte auch ganz handfeste wirtschaftliche Konsequenzen, weil der schwedische Zoll in Stettin den Rahm von der Milch des lukrativen südosteuropäischen Handels via Breslau zur Ostsee abschöpfte – der Bau des 1669 vollendeten Müllroser Kanals zwischen Oder und Elbe sollte zumindest einen Teil des Süd-Nord-Handels über Berlin nach Hamburg umleiten. Niemand sah das schärfer als der Kurfürst, der nicht umsonst in den Niederlanden den Wirkungszusammenhang von wirtschaftlich-kommerzieller Potenz und politischem Aufschwung erkannt und erlebt hatte. Die Verfolgung des Ziels, Vorpommern zu erwerben, dem man sich schon in der Endphase des Nordischen Krieges so nahe glaubte, dann aber mit der Zerstörung der Illusion zu bezahlen hatte, daß eine militärische Besetzung zwingend in den völkerrechtlich abgesicherten Besitz münden müsse, war freilich zugleich immer auch mit einer Grundsatzentscheidung verbunden, ob man sich dabei die entscheidende Unterstützung von Wien oder von Versailles erhoffte – Bündnissen von Reichsständen mit auswärtigen Mächten stand ja reichsrechtlich seit 1648 endgültig nichts mehr entgegen, sofern sie sich nicht gegen Kaiser und Reich richteten. Das schon vielen Zeitgenossen als anstößig geltende «Wechselfieber» des Kurfürsten hatte hier seinen Kern: konnte die französische oder die kaiserliche Option dem außenpolitischen Hauptziel des Kurfürsten zu- und einträglicher sein?

Hatte der brandenburgische Kurfürst im Devolutionskrieg noch Neutralität geübt – dies allerdings gegen das französische Zugeständnis, bei der anstehenden polnischen Königswahl auf einen eigenen Kandidaten, den Prinzen Ludwig II. von Condé, zu verzichten –, so erfolgte das militärische Engagement des Hohenzollern im nächsten größeren militärischen Konflikt ausgesprochen spontan – zu spontan, wird sich Friedrich Wilhelm nach einiger Zeit wohl selbst gesagt haben. Beim Überfall Ludwigs XIV. auf die Generalstaaten 1672 fühlte sich der Brandenburger, immerhin seit 1669 in einem militärische Unterstützung einschließenden Subsidienbündnis mit Paris stehend, als Protestant und als enger Verwandter der Oranier angesprochen, mußte es aber erleben, daß der Kaiserhof vor entschlossenem militärischem Handeln zurückschreckte, so daß sich der bis dahin einzige Verbündete der niederländischen Republik unter dem Druck der Besetzung Kleves durch feindliche Truppen schon im Juni 1673 aus dem Militärbündnis mit den Niederlanden wieder zurückzog und statt dessen gegen Räumung der niederrheinischen Besitzungen ein Subsidienbündnis mit Frankreich schloß. Es mag ja sein, daß den Kurfürsten dieser abrupte Kurswechsel umgetrieben hat, der Eindruck in der öffentlichen – und veröffentlichten – Meinung war jedoch katastrophal. Und um dem ganzen Hin und Her die Krone aufzusetzen, beteiligte sich der Kurfürst dann auch noch seit 1674 an dem – in welcher rechtlichen Form auch immer «erklärten» – Reichskrieg gegen die Krone Frankreich; diesen «Reichs-Vorbehalt» hatte er sich im Frieden von Vossem ausbedungen. Zu dem persönlichen Schicksalsschlag des unvermuteten Ablebens des Kurprinzen vor Straßburg trat wenig später der politische Schlag der Invasion der Kurlande durch eine schwedische Armee, mit der Pommern endgültig wieder in das Zentrum der brandenburgischen Politik trat: Die Vertreibung der Schweden unter schwierigsten äußeren Bedingungen, die im übrigen den Feldherrenruhm des Hohenzollern begründete, sollte in den völkerrechtlich verbindlichen Anschluß Vorpommerns an den Kurstaat münden. Aber der Fürst hatte die Rechnung ohne den Wirt gemacht. Frankreich war keineswegs bereit, seinen traditionellen Verbündeten aller Besitzungen im nordöstlichen Reich beraubt zu sehen, und da sich auf dem Nimwegener Friedenskongreß niemand – auch nicht die kaiserlichen Diplomaten – wirklich stark machte für die brandenburgische Forderung des Übergangs Vorpommerns in die brandenburgische Obedienz, mußte sich der Kurfürst am Ende – im Vertrag von Saint-Germain mit Ludwig XIV., dem vielleicht wichtigsten seiner insgesamt acht Verträge mit dem Sonnenkönig – mit der Räumung des besetzten Landes und der Wiederherstellung des Status quo ante einverstanden erklären.

Daß er dies nur hörbar zähneknirschend tat, kann als gewiß angesehen werden, aber der Vorgang zeigt zugleich den beschränkten Spielraum, der Reichsständen zwischen den großen Mächten verblieb: Die Rechtsansprüche mochten noch so gut begründet, die militärische Potenz des Reichsstandes mochte als durchaus beachtlich eingeschätzt werden: wenn höherrangige Momente – das Halten eines traditionellen Verbündeten, die Formation eines Staatsgebildes mit einer in Wien als kritisch angesehenen Potenz – mit im Spiel waren, ließ sich noch nicht einmal der Antagonismus zwischen den beiden mächtepolitischen Hauptrivalen der Zeit ausnutzen. Der Kurfürst hat auf seine Art die Konsequenz aus diesem Mißerfolg und der Tatsache, daß die Franzosen ihm aus übergeordneten Gründen ein sicheres Faustpfand wieder entwunden und ihn desavouiert hatten, die Konsequenz gezogen und nach einigen Jahren des Verharrens an der Seite Frankreichs, für dessen Reichspolitik er zeitweise zu einer Schlüsselfigur wurde, die allmähliche Rückkehr an die Seite der Hofburg vollzogen. Aber auch dies hat ihn in der Pommern-Frage in den letzten Jahren seiner Regierung um keinen Schritt weiterkommen lassen. Veränderungen der politischen Landkarte ließen sich – diese Folgerung mußte der Kurfürst wohl ziehen – nur bewerkstelligen, wenn zufällig die Großmächte in einer solchen Frage einmal ähnlich dachten oder der veränderungswillige Staat als so unverzichtbar eingeschätzt wurde, daß man ihn nicht mehr brüskieren durfte. Die Politik des Faustpfandes hatte jedenfalls erneut – wie in der Endphase des Nordischen Krieges – nicht zu dem erhofften Ergebnis geführt.

Der besondere Reiz der historischen Figur, die hier zu behandeln ist, liegt nicht zuletzt in einer eigentümlichen Spannung zwischen regionaler Beschränkung und europäischer Weite. Friedrich Wilhelm hat den regionalen Bündnissen zur Besitzsicherung, wie etwa dem von 1655, immer einen großen Wert beigemessen, zugleich aber seit den 1650er Jahren in dem Kräftesechseck Stockholm-Warschau-Wien-Paris-Haag-Kopenhagen einen Platz gesucht, der ein Mehr an Sicherheit und die Option, das Staatswesen zu arrondieren, beinhaltete. Friedrich Wilhelm war der erste Hohenzoller, der den fehlenden Zusammenhang – wörtlich verstanden – seines Staates massiv als einen Nachteil zu spüren bekam – es hat mehr als eine Situation gegeben, daß Frankreich am Niederrhein eingriff, wenn sich politisch-militärische Erfolge andernorts, im Osten, abzuzeichnen schienen. Man könnte, zumal in einem Zeitalter generell hoher Konfliktbereitschaft, von einer strukturellen Gefährdung des weitgespannten, sich von der Memel bis zum Niederrhein hinziehenden löchrigen Territorienkonglomerats sprechen. Dies machte Militärpräsenz unabdingbar, aber auch generell eine Anspannung der Kräfte, die den Durchschnitt überstieg –

kein Zufall deswegen auch, daß in einer Zeit, in der soziale Aufstände im Reich an sich selten waren, sie sich in Kurbrandenburg vor allem in den 1670er Jahren (Kurmark, Altmark, Prignitz) häuften.

Es ist keine Frage, daß sich im Verhältnis zum Kaiserhof im Lauf der Jahre und Jahrzehnte Spannungen aufbauten, die mit dem «normalen» Dualismus von Lehensträger und Lehensherrn nicht mehr adäquat erfaßt werden können. In Wien sah man in dem hohenzollernschen Kurstaat einen Rivalen und eine Art potentielle Orientierungsmacht für den deutschen Protestantismus entstehen, und dem glaubte man nicht zusätzlich Vorschub leisten zu sollen. Diese zunehmende Distanz fand auf der Gegenseite vorläufig keine Entsprechung: So genau es der Kurfürst mit seinen Reichspflichten nahm – ob es sich um die militärische Unterstützung der Hofburg in den Türkenkriegen von 1663/64 bzw. 1683 handelte oder um die reichsverfassungsgemäße Beteiligung am Reichskrieg gegen Frankreich in den 1670er Jahren: auch an der strikten Loyalität gegenüber dem Haus Habsburg, die sich etwa bei den Königs- bzw. Kaiserwahlen von 1653 und 1658 bewährt hatte, gab es zunächst nichts zu deuteln, um so weniger, als Wien sich – manchen gegenteiligen Befürchtungen ungeachtet – ja mehr oder weniger konsequent auf den Boden des Westfälischen Friedens stellte. Aus der Sicht Berlins entsprach dem aber keineswegs ein vergleichbares Eingehen auf die eigenen (subjektiv berechtigten) Wünsche: Weder engagierte sich die Hofburg für die Pommern-Ansprüche Friedrich Wilhelms, noch ging sie auf die Forderungen nach Anfall einiger schlesischer Fürstentümer ein, von denen Schwiebus erst ganz am Ende seiner Amtszeit dem Kurfürsten abgetreten wurde, wobei der Kurprinz in einer Art billigem Theater zugleich die geheime Zusage geben mußte, dies nach dem Regierungswechsel wieder rückgängig zu machen. Ein Staatswesen, das im Widerspruch zu allen Reichstraditionen auf Arrondierung und Expansion hinarbeitete, dessen Herrscher zudem bei verschiedenen Gelegenheiten für sich oder den Kurprinzen Interesse am Erwerb einer fremden – der polnischen – Königskrone zu erkennen gab, mußte den Ministern in Wien suspekt sein oder werden, zumal man in der Hofburg in Erscheinungen wie dem Waldeckschen Unionsplan und den vielen Verträgen mit dem Roi-Soleil vor allem *eins* zu erkennen glaubte: einen tiefen und irreversiblen Antihabsburgismus. Die Beziehungen zwischen Berlin und Wien waren sicher von etlichen Mißverständnissen geprägt, die sich vor allem darauf gründeten, daß Brandenburg unter dem Großen Kurfürsten zwar die von der Reichsverfassung gezogenen verfassungsrechtlichen Grenzen akzeptierte, aber letztlich doch nach politischer Veränderung strebte. In Wien, wo man Politik mit Status quo gleichsetzte, mußte das einfach Ängste und Aversionen auslösen.

Wenn oben von «europäischer Weite» die Rede war, dann ist dem noch ein Akzent hinzuzufügen. Friedrich Wilhelm hatte einen guten Teil seiner Jugend in den Niederlanden verbracht, deren maritim-kolonial-kommerzieller Höhenflug ganz Europa beeindruckte, er wußte um die Kolonialambitionen seiner unmittelbaren Nachbarn, er wußte auch generell um die Perspektive, die der Überseehandel bot. Insofern kann es kaum überraschen, daß er sich auch Gedanken gegenüber aufgeschlossen zeigte, die auf ein Engagement seines Staates in Übersee zielten. Es war ein niederländischer Kapitän, der den Hohenzoller für Kolonialprojekte in Übersee zu interessieren wußte, mit all den (vermeintlich) großen Perspektiven, die sich daraus für die Staatswirtschaft eröffneten. Brandenburg errichtete tatsächlich am Golf von Guinea einen festen Stützpunkt, und auch die kurfürstliche Familie hat sich an dem kommerziellen Unternehmen finanziell beteiligt. Im Gesamtablauf der brandenburgischen Geschichte blieb dies zwar eine Episode, und Groß-Friedrichsburg wurde 1717 dann auch an die Holländer wieder verkauft; der Vorgang offenbart aber zum einen, daß der Kurfürst ein Kind seiner Zeit war und – wie manche andere deutsche Fürsten seiner Epoche – durchaus eine Disposition zeigte, den Utopien dieser Zeit zu erliegen. Auf der anderen Seite illustriert der Vorgang, daß es schwer geworden war, im lukrativen Transatlantikhandel noch Fuß zu fassen; diese Erfahrung mußten auch noch andere «Spätlinge» machen.

III.

Ein charismatischer Fürst mag er nicht gewesen sein, ein Fürst, dem Liebe und Bewunderung seiner Untertanen im Übermaß entgegenschlugen: zu viele Kriege, eine alles in allem unstete Außenpolitik, die nicht primär auf Ruhe und behagliche Sicherheit zielte, ein deutliches Mehr an Abgaben und Steuern, das die Steuerquote pro Einwohner auf das Doppelte des französischen Satzes anwachsen ließ, die Auseinandersetzung mit den lokalen Eliten – all das war kaum die richtige Mischung, um ein hohes Maß an Popularität herzustellen, um Friedrich Wilhelm in den Herzen seiner Untertanen als den unvergleichlichen Friedensfürsten oder denjenigen, der des Wohls seiner Untertanen wegen seinen Staat auf eine neue Qualitätsstufe führte, zu verankern. Um so schärfer stellt sich für den Historiker die Frage nach seiner historischen

«Größe», wenn man einmal davon ausgeht, daß «Größe» nicht nur von einer kleinen Schar interessierter Historiker erfunden und zugesprochen wird. In einem nach wie vor lesenswerten Essay hat vor gut eineinhalb Jahrzehnten Theodor Schieder in seinem Buch über Friedrich II. über historische «Größe» reflektiert. Beinamen wie «der Große» werden, so Schieder, nicht von irgendeiner «weltgeschichtlichen Jury» verliehen, sondern bilden sich durch eine Art Common sense der Mitlebenden und der Historiker, wobei es elementar wichtig sei, daß die Dignität der «Größe» von einer Internationalität der Öffentlichkeit akzeptiert werde.

Auf den Fall des «Großen» Kurfürsten bezogen, dem sein «großer» Urenkel in seinen «Denkwürdigkeiten zur Geschichte des Hauses Brandenburg» – in einem Essay, der mehr als doppelt so umfangreich ist wie der seinem Vater Georg Wilhelm gewidmete – historische Größe ohne Einschränkung attestierte, wirft das eine Reihe von Fragen auf. Friedrich sprach davon, daß sein Urgroßvater «des Namens der Größe würdig» gewesen sei, der ihm von seinen Völkern ebenso wie von seinen Nachbarn verliehen worden sei, weil er nicht nur ein zerrüttetes Land wieder aufgebaut habe, sondern geradezu zu dessen Neubegründer geworden sei. Der Urenkel mag selbst sprechen: «Über seinen Rang hinausragend, entfaltete er während seiner Regierung die Vorzüge einer starken Seele und eines überlegenen Geistes. Bald zügelte er seinen Heldenmut durch seine Klugheit, bald gab er sich ganz der schönen Begeisterung hin, die uns zur Bewunderung fortreißt. Durch weise Fürsorge richtete er seine alten Staaten wieder auf und erwarb durch seine Politik neue hinzu. Er entwarf Pläne und brachte sie selber zur Ausführung. In Folge seiner Redlichkeit stand er seinen Verbündeten bei; dank seiner Kühnheit beschützte er sein Volk... In Kleinigkeiten wie in bedeutenden Dingen, immer erschien er gleich groß.»

Angesichts einer solchen Panegyrik stellt sich mit Macht die Frage, ob der Urenkel in einer Phase, als er selbst seinen Staat unter die Großmächte einzureihen im Begriff stand (1747/48), wirklich ein guter und objektiver Historiker war oder nicht doch vorrangig die eigenen Wurzeln zu stilisieren suchte.

Beginnen wir mit einer Äußerlichkeit: Friedrich Wilhelm ist unter den Fürsten allem Anschein nach der einzige Nicht-König, der auf Dauer mit dem Epitheton der Größe bedacht worden ist, zugleich aber auch der einzige, bei dem das Epitheton nicht direkt mit dem Namen, sondern mit dem Amt verbunden wurde. Also vielleicht doch nur eine reduzierte Größe? Denn man muß natürlich auch bei Friedrich Wilhelm nach den Puzzlesteinen fragen, die seine Größe ausmachen, und hier kann Friedrichs II. Parallelsetzung der beiden einzigen «Großen» des 17. Jahrhunderts, Ludwigs XIV. und Friedrich Wilhelms – Cromwell wollte Friedrich nicht unter die wirklich «Großen» gerechnet wissen –, sicher nur höchst bedingt weiterhelfen.

Zunächst: Der Begriff des «Großen» Kurfürsten ist zeitgenössisch – er fand insbesondere in der Vita Friderici Wilhelmi des Hofhistoriographen Schookius (1666) Verwendung, er läßt sich in einem 1675 in Straßburg publizierten Lied auf die Schlacht von Fehrbellin nachweisen – und ist auch von der internationalen Geschichtsschreibung rezipiert worden (Grand Électeur, Great Elector). Das Moment, daß er bloß «erfunden» worden sei, um den Kurfürsten von den anderen Kurfürsten und Königen mit diesem hohenzollernschen Programmnamen zu unterscheiden, kann also ausgeschieden werden; im Gegenteil kann die Häufigkeit des «Friedrich Wilhelm» in den nachfolgenden Generationen als ein deutliches Indiz dafür angesehen werden, daß der erste Kurfürst dieses Namens als eine für die Dynastie wegweisende Gestalt eingeschätzt wurde.

Aber worin bestanden die wegweisenden Leistungen? Sicher nur bedingt im Militärischen. In der Endphase des Dreißigjährigen Krieges vermochte der Brandenburger keine fulminanten Akzente zu setzen, sondern entschloß sich vielmehr zur zumindest früh-, wenn nicht vorzeitigen Abdankung seiner Truppen, der «Kuhkrieg» ähnelte eher einem militärischen Fiasko als einem Glanzlicht von Feldherrentum, der Sieg von Warschau im Nordischen Krieg konnte die Lage nicht entscheidend ändern, im Devolutionskrieg verharrte der Kurfürst in Neutralität, im niederländischen Krieg blieb Brandenburgs militärischer Anteil bis 1675 durchaus bescheiden und Friedrich Wilhelms Oberbefehl eher von Zögern geprägt, das zugegebenermaßen auch strukturelle Ursachen gehabt haben mag. Allenfalls die Vertreibung der Schweden aus Norddeutschland kann als ein spektakuläres militärisches Unternehmen bezeichnet werden, noch dazu als eins, das unter schwierigsten äußeren Bedingungen zu einem Erfolg gebracht wurde; sein Urenkel bemühte dann auch gewaltige historische Vergleiche, um die Einmaligkeit der Schlacht von Fehrbellin zu erweisen. Aber auch dieser militärische Sieg konnte nicht politisch umgesetzt werden, so daß seine Strahlkraft, nüchtern betrachtet, letztlich doch begrenzt bleibt.

Im Gegensatz zu seinem Urenkel hat der Große Kurfürst auch nicht das geistige Leben seiner Zeit angekurbelt, gespiegelt oder gar mitgetragen. Trat Friedrich II. selbst als Autor hochrangiger Pamphlete, philosophischer Reflexionen und «Staatsschriften» hervor, diskutierte er mit den renommiertesten Philosophen und Literaten seiner Zeit und war er auch in der Lage, die geistige Produktion seiner Zeitgenossen mehr oder weniger adäquat zu beurteilen, so gingen dem Großen Kurfürsten alle diese Züge ab. Seine Leistung als Autor reduzierte sich, um es zuzuspitzen, auf sein 1667 abgefaßtes Politisches Testament, das aber selbstverständlich nicht für die Öffentlichkeit bestimmt war (und dem seiner fehlenden Systematik und seiner eher biederen Sprache wegen sicher auch kein literarischer Erfolg beschieden gewesen wäre). Gewiß, Friedrich Wilhelms Projekt einer Universaluniversität mit Sitz in Tangermünde soll nicht unterschlagen werden, aber schon seine oft gerühmte Toleranz gegen Angehörige anderer Konfessionen wird man alles in allem eher kritisch beurteilen müssen, weil hier meist andere Momente als Einsicht – die Wahrung des inneren Friedens in seinem Staat, und vor allem wirtschaftlich-merkantilistische Gesichtspunkte – im Vordergrund standen. Das geistige Profil und Potential des Großen Kurfürsten reicht zweifellos für sich allein nicht aus, um ihn zu den großen Herrscherpersönlichkeiten auch nur seines Jahrhunderts zu zählen. Damit sollen seine schöngeistig-künstlerischen Interessen, insbesondere seine schon früh implantierte Affinität zur niederländischen Malerei des Gouden Eeuw, überhaupt nicht in Abrede gestellt werden, ebensowenig seine historischen (Münzkabinett) und naturwissenschaftlichen (Naturalienkabinett) Interessen.

Die historische «Größe» gründet allem Anschein nach auch nicht darin, daß er sein Volk zu völlig neuen Ufern geführt oder ihm eine Art Sendungsbewußtsein vermittelt hätte. Der Große Kurfürst hat seinen Untertanen ganz ohne Frage – durch vermehrten Steuerdruck, ein größeres Maß an herrscherlicher Kontrolle, den Zwang, mit ins Land geholten «Fremden» zurechtzukommen – einiges zugemutet, und insofern kann er sicher nicht zu den «bequemen», sich selbst und dem Status quo genügenden Fürsten gezählt werden; auf der anderen Seite verband er Veränderungswillen nicht à tout prix mit einem Übermaß an bedingungsloser Härte und Rücksichtslosigkeit oder einer abrupten Abkehr von rechtsstaatlichen Prinzipien. Historische «Größe», so sinngemäß Jacob Burckhardt, entbehre selten eines besonderen Ausmaßes an Grausamkeit und Skrupellosigkeit. Auch diese These kann somit am Großen Kurfürsten wohl kaum erhärtet werden. Gewiß, in seinen Auseinandersetzungen mit den Ständen sind Willkürmaßnahmen wie die rechtlich nicht abgesicherte Inhaftierung prominenter Adelsführer und die Entführung und Hinrichtung des Freiherrn von Kalkstein nicht zu übersehen, aber das hält natürlich überhaupt keinem Vergleich stand mit den Brutalitäten anderer «Großer» in der Weltgeschichte, ob sie nun Peter oder Karl hießen.

Der Befund ist ernüchternd: Wenn Friedrich Wilhelm «Größe» zeigte, dann doch wohl allenfalls, indem er – durch seine administrativen Reformen, durch den Aufbau eines stehenden Heeres – die Grundlagen für das schuf, was man als den Aufstieg Brandenburg-Preußens zu einer europäischen Großmacht bezeichnen könnte. An diesen Aufbauleistungen waren auch noch andere Fürsten als nur er beteiligt, und es sollten zudem noch viele Jahrzehnte vergehen, bis der Hohenzollernstaat wirklich den Status 18. Jahrhundert immer noch höchst unsicheren und fragilen Großmacht. «Größe» kann man Friedrich Wilhelm nur in dieser Hinsicht bescheinigen, und deswegen, weil er als erster unter gleichzeitiger konsequenter Ausschaltung der Stände aus der Sphäre der Außenpolitik seinen Staat in die große, internationale Politik hineinzubringen suchte. Auch das war mühsam genug, von vielem Lavieren, wenig Prinzipientreue und einem manchmal bedenklich erscheinenden Opportunismus geprägt, und es lassen sich ihm zudem mehrere deutsche Territorialfürsten an die Seite stellen, die das zeitgleich oder zeitlich nur geringfügig versetzt ebenfalls versuchten. Aber wenn man denn im 19. Jahrhundert Preußens historische Sendung auf einen «Vater» zurückführen wollte, dann bot sich in der Tat vielleicht nur der «Große» Kurfürst als «Lichtgestalt der preußisch-kleindeutschen Schule» (Arndt) an – dessen «Größe» aber doch etwas recht Relatives war.

Friedrich III./I.
(1688 – 1713)

von Wolfgang Neugebauer

Nach wie vor ist es nicht leicht, sich der Person des Kurfürst-Königs Friedrich III./I. zu nähern. Epochenspezifische Hindernisse haben auch die Erkenntnis seiner geschichtlichen Leistung nachhaltig erschwert. Schon bald hat der (relative) Systemwechsel, den sein Sohn herbeiführte, den Herrschaftsstil des Hochbarock, wie er um 1701 notwendig war, mehr als bloß modifiziert, und Friedrich der Große hat nur noch mit grandiosem Unverständnis über denjenigen Vorfahren zu urteilen vermocht, dem er doch selbst die Krone verdankte.

Nur dann wird man Person und Werk Friedrichs III./I. verstehen können, wenn man den zeitgenössischen Begriff der Necessität an die Stelle des späteren Eitelkeitsverdikts stellt. Aufklärung und Bürgertum, erst recht die bürgerliche Geschichtsschreibung späterer Jahrzehnte und Jahrhunderte, taten sich schwer, in die Welt ganz anderer Wertesysteme, ja politischer Kulturen und Techniken gedanklich überzuwechseln, die doch in Europa und in Brandenburg-Preußen zumal in den Jahrzehnten um 1700 galten. Eben der Begriff der Necessität spiegelt dieses ältere Normen- und Kategoriensystem wider. Friedrich I. hat ihn z. B. dann ganz selbstverständlich verwendet, wenn er etwa im Jahre 1708 gegenüber brandenburgischen Landständen sein Berliner Schloßbauprojekt begründete und auch verteidigte. Es sei, so schrieb er am 13. August dieses Jahres, «eine unvermeidliche nothwendigkeit gewesen», mit «Unserm Residentz Schloß zu Cölln an der Spree eine Veränderung Vorzunehmen» und «mehrentheils von Grund auf neu zu erbauen». Der, so sei ergänzt, in den Jahren nach dem Kronerwerb mit Schlüter nun unter Eosander von Göthe in eine neue Phase gehende großartige Um- und Erweiterungsbau sei, so der König weiter, «nicht aus Lust, sondern aus Necessität» ins Werk zu setzen. Friedrich begründete dies des weiteren damit, daß «ein solcher Zur Ehre und Zierde Unserer sämbtl. Lande gereiche», weshalb auch «Unser Königreich, Churfürstenthum und übrige Provincien und Lande» dazu nach «Proportion» beitragen müßten. Wenn Friedrich aber dann ferner anführte, «daß solches im Römischen Reich und sonst überall herkommens ist», so wird an diesem Argument ablesbar, daß sich der Monarch auch bei diesem Stück monarchischer Infrastrukturpolitik reichischer und europäischer Zusammenhänge und Konkurrenzen stets bewußt gewesen ist. Nur im europäischen Umfeld brandenburgisch-preußischer Politik während der beiden Jahrzehnte vor und nach 1700 ist Friedrich III./I. mit seinem Streben zu verstehen, nach Jahrzehnten rascher Staatsentwicklung und Staatserweiterung, zumal derjenigen unter seinem Vater, dem Großen Kurfürsten Friedrich Wilhelm von Brandenburg, nun einen entscheidenden politischen Schritt zu tun und nach der Rangerhöhung, d. h. nach der Königskrone, zu greifen. Zwischen Phasen intensiver struktureller Modernisierung im Innern wurden nun für ein Vierteljahrhundert große, auch materielle Energien auf die Rangpolitik und einen Qualitätsschub der Krondignität konzentriert.

Freilich darf der Kontrast zu den beiden großen Friedrich Wilhelm vor 1688 und nach 1713 denn auch nicht überzeichnet werden. Ihr Ruhm hat das Bild des ersten Königs wohl allzu sehr überstrahlt und insofern auch beeinträchtigt. Dies ist gemeint, wenn Carl Hinrichs von der «einseitigen Abwertung» der Person und Leistung Friedrichs III./I. gesprochen hat. Allzu lange ist beim Großen Kurfürsten übersehen worden, wie lebendig bei ihm Traditionsbestände vorabsolutistischer Zeitschichten geblieben sind, und zwar in Theorie und Praxis, und dies gilt gerade auch für seine letzte Regierungsphase. Vielleicht, so hat Ernst Opgenoorth zu bedenken gegeben, wird bei ihm die politische «Folgerichtigkeit» und die zukunftsorientierte «Planmäßigkeit» allzu sehr überschätzt. Schon die Staatsteilungsprojekte, die Friedrich Wilhelm in unterschiedlichem Ausmaß bis in die achtziger Jahre des 17. Jahrhunderts hinein verfolgte, sind dafür ein wichtiges Beispiel. Es war der gern unterschätzte Sohn, der auch auf diesem Felde die «patrimonialen» (Hintze) Traditionsbestände aus der Zeit des Großen Kurfürsten entschieden reduzierte. Friedrich III. hat nicht nur die letztwillige Verfügung, mit der gewiß nicht mehr die Tot-Teilung, wohl aber massive Dismembrationsgefahren verbunden waren, erfolgreich angefochten. Er hat denn auch seinen Nachfolger Anfang 1698 ermahnt, keinerlei Landesteilungen des brandenburgisch-preußischen Territorialbestandes zuzulassen. Als König hat er Ende 1710 durch Fideikommißstatut «alle Zergliederungen... und Alienationes solcher Provincien und Lande aufs kräftigste verboten», und zwar unter ausdrücklichem Hinweis auf seine «höchste souveräne königliche landesfürstliche Macht und Vollkommenheit». Territoriale Neuerwerbungen wurden in diese Bestimmungen gleichfalls einbezogen. Auch in dieser Hinsicht,

Friedrich III./I., Kurfürst von Brandenburg seit 1688,
König von Preußen 1701–1713

aber eben nicht nur in dieser, konnte Friedrich Wilhelm I. auf dem Ertrag früherer Jahrzehnte aufbauen.

Friedrich hatte also gleich bei Regierungsantritt eine Entscheidung zu treffen über den Primat des modernen Staatsprinzips oder darüber, ob ältere dynastische Versorgungsmotive für nachgeborene Prinzen den Ausschlag geben sollten. Dabei war er selbst nicht etwa von Anfang an als künftiger Herrscher ausersehen gewesen. Er war als dritter Sohn Friedrich Wilhelms in den Zeiten des Ersten Nordischen Krieges, und zwar nicht zufällig im Schloß zu Königsberg, geboren worden. Das war am 11. Juli 1657; die Taufe fand in der dortigen Schloßkirche am 29. Juli statt, Orte, die Anfang 1701 erneut mit seinem Leben in spezifische Beziehung treten sollten. Der erstgeborene Sohn des Vaters war 1648, ganz im Westen, in Kleve geboren worden und schon Ende 1649 im Weseler Schloß gestorben. Um 1657 durfte der Anfang 1655 geborene Kurprinz Karl Emil als einstiger Herrscher gelten. Friedrich wäre durch die frühen Teilungsdispositionen seines Vaters als nachgeborener Sohn durchaus begünstigt worden. Nimmt man etwa die kurfürstliche Bestimmung des Jahres 1664, so hätte er über das Fürstentum Halberstadt und das Amt Egeln mit voller Landeshoheit einstmals zu herrschen gehabt. Nichts sprach zunächst dafür, daß derjenige Monarch, der 1698 in Sorge um die «grendeur des hauses» Landesteilungen untersagte, einst den Gesamtstaat zu neuen Qualitäten führen würde. Karl Emil, Lieblingssohn des Kurfürsten und mit ganz auffälligen Charakterparallelen zum späteren König Friedrich Wilhelm I., kam auch über die gefährlichen Kinderjahre weit genug hinaus.

Die Oberleitung der Erziehung sowohl Karl Emils als auch Friedrichs lag in der Hand Otto von Schwerins, eines der prominentesten und profiliertesten Calvinisten unter den brandenburgischen Amtsträgern. Er ist es auch gewesen, der jenen Mann in die Nähe des Prinzen schob, der dann noch in dessen erstem Regierungsjahrzehnt ihn in führenden Regierungsfunktionen begleitete, Eberhard Danckelman, aus einer lingenschen, väterlicherseits bäuerlichen Familie.

Körperlich eher unscheinbar, zudem in Folge eines frühen Unfalls verwachsen und auch weiterhin kränkelnd (was wiederholte Kuren außerhalb des Landes erforderlich machte), nahm Friedrich doch in geistiger Beziehung eine gute Entwicklung. Auf den Unterricht in den Sprachen, zu denen ganz offenbar auch die polnische zählte, wurde großer Wert gelegt. Früh erscheinen Franzosen in der Umgebung des Prinzen. Die physischen Defizite haben ihn nicht daran gehindert, sich militärischen Strapazen in der Umgebung des Vaters auszusetzen, ohne daß er – etwa beim berühmten

Winterfeldzug 1678/79 – auf diesem Gebiet mit außergewöhnlichen Aktivitäten hervorgetreten wäre. Schon vor dem tragischen Tode Karl Emils im Dezember 1674 ist Friedrich auch zu – im weiteren Sinn – Regierungsfunktionen zugezogen worden, etwa als Statthalter in der Mark seit 1673. Zu Anfang des Jahres 1680 konnten Landstände von Ritterschaft und Städten des Herzogtums Kleve und der Grafschaft Mark den nunmehrigen Kurprinzen als neuen Statthalter in ihren Landen begrüßen. In Berlin-Cölln wurde Friedrich in den Geheimen Rat introduziert, also dem damals noch umfassend-kompetenten Beratungsorgan des brandenburgisch-preußischen Staates. Entgegen den Stimmen aus der älteren Historiographie wird man doch sagen können, daß der Große Kurfürst auch seinen nachgeborenen Sukzessor recht gründlich auf die kommenden Aufgaben vorbereitet hat. Das schloß Spannungszeiten zwischen Vater und Sohn, zumal angesichts einer gewissen Reizbarkeit des letzteren, nicht aus. Unterschiedliche politische Programme wird man dabei gerade in den 1680er Jahren nicht als Hintergrund annehmen können, da Friedrich ein solches Programm nicht besessen haben dürfte. Derartige Spannungszeiten waren auch durchaus nicht die Regel, vielmehr war die Beziehung von Respekt gekennzeichnet. Die Akten zeigen, zumal seit etwa 1680, daß der Kurprinz durchaus nicht allein beratend gewirkt hat; er stand seinem Vater in einem ganz auffallenden Maße auch beim praktischen Regierungshandeln zur Seite, er agierte oft an seiner Stelle. Ausfertigungen mit der Unterschrift des Großen Kurfürsten liegen vor 1688 ganz ungeschieden neben solchen, die der Kurprinz allein in ähnlichen Materien unterfertigt hat. Datiert sind solche Stücke u. a. aus Potsdam. Dies ist ein ganz auffallender Befund aus dem fürstlichen Herrschaftsalltag des brandenburgisch-preußischen Staates, für den es in der frühen Neuzeit keine parallelen Beobachtungen in der Übergangszeit anderer Kurfürsten oder Könige gibt.

Dieser Aktenbefund bezieht sich nicht einmal auf diejenigen Gebiete und Zeiten, in denen der Prinz, wie wir hörten, durch Statthalterschaften in besonderem Maße in Regierung und Verwaltung involviert gewesen wäre. Ämter, wie dasjenige als Statthalter ganz im Westen, hatten freilich auch die Funktion, daß dadurch Einkünfte für die kurprinzliche Hofhaltung erschlossen wurden, etwa solche aus den Rheinzöllen. Bei der Wahrnehmung dieser Stellung, z. B. im Kontext des Weseler Festungsbaus, ging nach Aussage der Akten Danckelman dem Prinzen zur Hand. Nimmt man diese Befunde zusammen, so wird man das Interesse Friedrichs an äußerer Selbstdarstellung und an ostentativem Prunk nicht als alleiniges Signum seiner Person gelten lassen können. Neben der

Bereitschaft, ja neben dem Drang nach administrativ-herrscherlicher Aktivität steht als ein zweites Element jenes aus der Zeit des Barock; verbindendes Tertium war eine ausgesprochen starke persönliche Religiosität, die ihn später dazu anhalten mochte, sich selbst um kleinere Pfarrstellenbesetzungen auf dem Lande persönlich zu kümmern. Bis in die Dimension der Staatenpolitik hat sich das religiöse Motiv in Friedrichs Amtspraxis ausgewirkt; nach seinen persönlichen Niederschriften über seine Regierungsmaximen hat die Präferenz für protestantische Glaubensgenossen auch in der größeren, der Außenpolitik des Kurfürsten-Königs erhebliche Bedeutung besessen.

Aber soviel bleibt richtig: Lange vor 1688, ja schon seit den noch kindertäglichen 1660er Jahren war das Interesse an repräsentativer Aktivität – nicht aber ein solches etwa für das Militär – bei Friedrich III. überdeutlich. Mit gerademal zehn Jahren stiftete er zusammen mit seinem kurprinzlichen Bruder den Orden de la générosité, in den Adlige der prinzlichen Umgebung und Offiziere in symbolisch-zeremoniellen Formen aufgenommen wurden. Soweit wir die Hintergründe noch fassen können, wird man dabei die Rolle Otto von Schwerins zu beachten haben, der bei dieser Ordensgründung erzieherische Motive im Auge haben mochte. Der Wahlspruch «Suum cuique» ist von Friedrich erstmals anläßlich seiner brandenburgischen Statthalterschaft verkündet worden, und zwar auf einem Schaupfenning, der zu diesem Anlaß geschlagen worden ist.

Seit 1669 hatte Friedrich das Amt Köpenick inne; auf dessen Schloß hat er eine eigene Hofhaltung eingerichtet, mit Leibwachen zu Fuß und zu Pferde und überhaupt mit «prächtiger Einrichtung» (Varnhagen). Die erste, mit rund zwanzig Jahren geschlossene Ehe Friedrichs basierte auf einer seit Kindertagen gefaßten Zuneigung zu Elisabeth-Henriette von Hessen-Kassel, eine Beziehung, die aber schon 1683 durch den Tod der Gemahlin gelöst worden ist. Gewiß fehlten politische Interessen bei Fürstenehen nie, konnten es auch nicht, wie sich denn auch konfessionelle Parallelitäten und reichspolitische Berührungspunkte zwischen Hessen-Kassel und Kurbrandenburg zumal seit der Mitte des 17. Jahrhunderts aufzeigen ließen. Die prominenteste der drei Ehen Friedrichs III./I., geschlossen 1684 im hannoverschen Herrenhausen, ist gleichfalls nicht ohne politische Motive zustande gekommen. Mit Sophie Charlotte verstärkte sich der Einfluß französischer Hofkultur in der Mark. Die intellektuellen Interessen der Monarchin sind bekannt, insbesondere ihre Beziehungen zu Leibniz, ohne daß über die politischen Gehalte dieser welfisch-hannoverschen Konnexion immer Zuverlässiges zu sagen wäre. Geistig war Sophie Charlotte ihrem Gemahl ganz ohne Zweifel überlegen, und es scheint, daß sie ihren Lebensschwerpunkt mehr auf dieses als auf das politische Feld legte. Immerhin zeigen ihre nur sehr bruchstückhaft im Autograph erhaltenen Korrespondenzen auch ein starkes (außen-)politisches Interesse. Die Quellen lassen eine gewisse Distanz zwischen Friedrich und Sophie Charlotte erkennen; sie lebten – bis hin in die Tageseinteilung – aneinander vorbei, ja bisweilen scheint ausgesprochene Kälte zwischen ihnen geherrscht zu haben, was zum Rückzug der Monarchin in die relative Selbständigkeit intellektueller Existenz beigetragen haben mag. Das war zugleich eine Flucht vor dem ostentativ entwickelten Zeremoniell des Berliner Hofes.

Wir haben damit Charakterzüge und Personalkonstellationen skizziert, die in der Prinzenzeit Friedrichs III./I. angelegt sind und die den Herrschaftswechsel vom Mai 1688 überdauerten, Belege dafür, daß die Kontinuitäten über dieses Datum hinweg nicht gering veranschlagt werden dürfen. Nach wie vor wurden calvinistische Amtsträger, zumal solche, die in den Niederlanden ausgebildet worden waren, für hohe Ämter bevorzugt. Die Funktion, die Eberhard Danckelman in der kurprinzlichen Umgebung wahrgenommen hatte, konnte er nach 1688 auf um so höherem Niveau ausbauen. Danckelman war, wie schon Otto Hintze und Carl Hinrichs erkannt haben, der bedeutendste Garant politischer Kontinuität über die Zäsur des Herrschaftswechsels hinweg. Er wurde alsbald Mitglied des Geheimen Rates, in dem er schnell eine zentrale Rolle spielte, obwohl er sich die Nobilitierung verbat. Faktisch war Danckelman ein Premier, dessen der Monarch trotz langjähriger Regierungserfahrung und Arbeitsbereitschaft durchaus bedurfte. Die kluge Vorsicht, die Danckelman bei seinem Weg in der hofnahen Ämterhierarchie walten ließ, kam nicht zuletzt darin zum Ausdruck, daß er die Charge des «Oberpräsidenten», die ihm Friedrich im Jahre 1695 übertrug, durchaus nicht erstrebt hatte. Als Danckelman diese Ernennung alsbald, im Juli 1695, den «Landt Ständen in der Chur undt Marck Brandenburg» mitteilte, betonte er, daß diese Ernennung «fast außer Meinem Verdienst» gelegen habe, worin man eine vorsichtige Distanzierung erkennen mochte. Damit hatte der Begleiter Friedrichs seit mehr als drei Jahrzehnten allerdings den Zenit seines Einflusses erreicht. Nicht zuletzt Spannungen Danckelmans mit der Kurfürstin haben zu seinem Sturz beigetragen, starke Differenzen über die politischen Beziehungen zum aufstrebenden kurhannoverschen Staat, der Heimat der Dynastin. Solche über die Prinzenerziehung kamen hinzu. Danckelman stand zudem im Ruf, die ökonomischen Ressourcenbasis sorgsam zu beachten und also der Ausweitung der Hofausgaben entgegenzuwirken. Die Parteiungen am Hof, die Feindschaft des hohen Adels, trugen zur zunehmenden Isolierung des mächtigen Mannes bei, bevor dann 1697 sein plötzlicher Sturz eintrat; doch konnte sich nicht weniger als ein halbes Dutzend seiner Brüder in Amtsstellungen unterschiedlicher Bedeutung halten.

Freilich, allmächtig war Eberhard Danckelman durchaus nicht gewesen, ja er hatte sich selbst Grenzen der Mäßigung gezogen. Auch als er als Oberpräsident förmlich den obersten Landeskollegien an die Spitze gestellt worden war, blieb der Geheime Rat als zentrales Gremium erhalten, in dem bei Anwesenheit der Kurfürst selbst präsidierte. Unter Friedrich III./I. hat über lange Zeit das Element des persönlichen Monarchenregiments mit demjenigen eines starken Premiers im Gemenge gelegen; Rat und Geheimer Kriegsrat waren wichtige Stätten (politischer) Entscheidungsfindung, und nach Danckelmans Sturz galt dies erst recht und in noch stärkerem Maße. Damals, im Jahre 1698, hat Friedrich III. denn auch seinen Nachfolger ermahnt, *einen* mächtigen Mann nicht aufkommen zu lassen. Gerade die Erfahrung der jüngsten Vergangenheit, dem «Oberpräsidenten» allzu sehr vertraut zu haben, legte ihm diese Warnung nahe. Deutlich sah der Kurfürst die Gefahr der Machtkonkurrenz mit allzu starken Amtsträgern. Zunächst hat sich ein enger Beraterkreis, darunter der Geheime Rat Ilgen, herausgebildet. Dieser engere Rat wirkte im persönlichen Umfeld und im Kontakt mit dem Monarchen, weshalb man diese Herrschaftspraxis von derjenigen des Kabinetts im preußischen Hochabsolutismus unterscheiden sollte. Wir finden diese, in Preußen um 1700 gewählte Form der monarchischen Amtspraxis auch in anderen Staaten, sie war im Europa dieser Zeit weit verbreitet, mit auffälligen, auch institutionellen Parallelen. Die zunehmend wichtigen Sonderinstanzen mit spezialisierterem Aufgabenfeld, wie z. B. das mächtige Generalkriegskommissariat für Militär und Steuern, bald auch für Städtesachen sowie Manufakturen und vieles andere mehr, entwickelten sich langsam heraus aus dem fachlich noch wenig differenzierten Gremium des Geheimen Rates. In der Spitze der Kollegien gab es Verklammerungen durch Personalunionen.

Friedrich III./I. wird mißverstanden, wollte man seinen Hang zu starken Premiers – man mag auch sagen: zu Günstlingen – undifferenziert gleichsetzen mit mangelnder Neigung zu eigener, intensiver politisch-administrativer Tagesarbeit. Aber richtig ist trotzdem, daß schon zur Zeit von Eberhard Danckelmans Sturz der Aufstieg des Pfälzers Kolbe Graf Wartenberg eingesetzt hatte, der dann nicht mehr im Geheimen Rat verankert war, sondern in der Hierarchie des sich entwickelnden Hofes, als Oberkämmerer,

Oberstallmeister, ferner als Oberhauptmann der kurfürstlichen Schatullämter (des Kurfürsten Ämterbesitz im engeren Sinne), um hier nur die wichtigsten Funktionen zu nennen. Wartenberg ist expressis verbis im Oktober 1699 von aller Verantwortlichkeit freigestellt worden. Mit Ilgen, mit dem für die Domänenwirtschaft zuständigen Reichsgrafen Wittgenstein und dem General von Wartensleben hat er für einige Jahre die herkömmlichen Instanzen, zumal den Geheimen Rat, beiseite gedrängt, jedenfalls aber wichtiger (außen-)politischer Materien beraubt. Nach 1701 waren fremde Gesandte in Kurbrandenburg formell auf den alleinigen Umgang mit Wartenberg gewiesen. Aber auch in dessen besten Jahren hat Friedrich I. auf das Gewicht starker eigener Regierungsführung nicht verzichtet. «In seiner Gegenwart allein» waren alle auswärtigen Depeschen zu öffnen und zu lesen (Berney). Nach dem Sturz Wartenbergs ist in den letzten Jahren Friedrichs I. der Geheime Rat wieder in das Zentrum der Regierungsgeschäfte getreten.

Wartenberg, der Mann der Hofgesellschaft, hat der Entwicklung des Hofes keine Schranken gesetzt, wie ein Blick auf die Finanzvolumina zeigen würde. Freilich: Brandenburg-Preußens Weg im Europa des 17. Jahrhunderts machte es schlechterdings erforderlich, nun ostentative Pracht und höfische Ausstattung nicht (mehr) zu vernachlässigen, sondern als politisches Ausdrucksmittel stärker zu gewichten. Sie waren nicht primär Ausfluß individueller Herrscherneigung, sondern Resultat von Macht- und Statuskonkurrenz in der rangmäßig, gleichsam staatenständisch gestuften politischen Welt des entwickelten Völkerrechts im 17. Jahrhundert. Pracht war – ganz entgegen bürgerlicher Maßstäbe – nicht unnützer Aufwand, sondern politische Funktion, und dies ganz besonders in den Jahrzehnten um 1700. Deshalb ist es durchaus kein Zufall, daß auch für die Entwicklung der demonstrativen höfischen Infrastruktur im Residenzenraum von Berlin-Potsdam-Oranienburg das Jahr 1688 nur eines der relativen Zäsur gewesen ist. Schon der Große Kurfürst hat – in auffälliger Abkehr von früheren Maximen – im letzten Jahrzehnt seiner Herrschaft in Hofhaltung und Baupolitik neue Saiten auf dem Instrument seiner Politik aufgezogen. Er hat allerdings noch sehr viel stärker als nach 1688 die Grenzen der Staatsressourcen beachtet. Unter Friedrich III./I. gewann der brandenburgische Hof freilich auch eine neue Bedeutung und Dimension. Mit den Instrumenten einer auf das Heilige Römische Reich bezogenen Klientelpolitik wurde der Glanz des brandenburgischen Hofes noch gesteigert, auf daß er möglichst hell über die Grenzen strahle. Für bestimmte Positionen am Hofe wollte Friedrich unbedingt Reichsgrafen gewinnen, wie etwa den Grafen Wittgenstein aus der Wetterau. Daß diese personalpolitischen Signale außerhalb

Brandenburg-Preußens sehr wohl empfangen wurden, geht daraus hervor, daß nach Wittgensteins Entlassung die Reichsgrafen beim Kaiser Protest einlegten. Wartenberg hat sich während seines Aufstiegs um die reichsgräfliche Würde erfolgreich bemüht. Schon die auffällige Förderung von Adelsgruppen aus dem Heiligen Römischen Reich gab nach 1688 dem brandenburgischen Hof eine neue Note; hinzu traten – nach Ernst Berner – entscheidende Veränderungen im Zeremoniell. Friedrich hat sehr bald nach dem Regierungsantritt für den Hof ein neues Rang-Reglement erlassen. Auch daran hat der Monarch nach Aussage der Akten unmittelbar mitgewirkt. Die Hofordnung nach innen hatte Signalwirkungen nach außen, die sich um 1700 auf interessante Weise mit der Kategorie der Souveränität verbanden. «Ich bin allezeith der meinunge gewesen, daß ein Souverainer Herr in seinem Hause und unter seinen Bedienten den rang nach eigem (!) Wohlgefallen regliren kann, jedoch mit diesem prosupposito, daß alles nach des Herren grandeur, und nach der raison und billigkeit eingerichtet werde», so schrieb Paul von Fuchs, Geheimer Rat und prominenter Amtsträger am brandenburgischen Hof, in einem ungedruckten Aktenstück aus dem Jahre 1699. Der «Herr», der jemandem «vornehme und eclatante Ehrenämbter anvertrauet», gebe der betreffenden Person damit «auch einen considerablen rang». Dies sei gerade für den Herrn, d. h. für den Monarchen wichtig und stärke auch dessen eigene Rangqualität; «solches erheischet seine eigene grandeur; denn nach deme der Herr groß ist, so werden auch seine Bedienten consideriret, und seynd Sie gleichsam der schatten, der von der Sonne entstehet»; und Paul von Fuchs illustrierte des weiteren diese Theorie mit Blicken auf die brandenburgische Geschichte des 17. Jahrhunderts, des Heiligen Römischen Reichs und auch darüber hinaus. Spezielle Anordnungen in Rangfragen zu treffen sei jedenfalls «Sr. Churfl. Durchl. Souverainen disposition untergeben».

In der Tat hat Friedrich III./I. sich bis in die Details mit diesen Materien persönlich befaßt, aber die Überlegungen des Paul von Fuchs, enthalten in den die Rang-Reglements betreffenden Rats-Akten, deuten auf politische Dimensionen hin, die kurzsichtige individualpsychologische Erklärungen, etwa solche aus Neigungen persönlicher Eitelkeit, entscheidend transzendieren. Schon die eigentümliche Spannung zwischen dem (reichsrechtlich gebundenen) Rang als Kurfürst einerseits und der in den Quellen begegnenden europäischen Kategorie der Souveränität andererseits deutet auf kommende Dinge; Fuchs versuchte beide Elemente in Deckung, wenigstens aber in enge Verbindung zu bringen, und das nicht nur für das seit rund vier Jahrzehnten (teil-)souveräne und außerhalb des Heiligen Römischen Reichs gelegene Herzogtum Preußen. Auch hier lagen Necessitäten gleichsam in der Luft, für die Lösungen noch ausstanden. Inneres und Äußeres, Staatsbildung, Statuspolitik und europäische Staatengesellschaft, waren in Theorie und Praxis nicht mehr zu trennen. Noch der Tod wurde Anlaß zur notwendigen Demonstration der eigenen Qualität. Nach dem Dahinscheiden Sophie Charlottes im Schloß zu Hannover im Februar 1705 wurde die Beisetzung so inszeniert, daß der neue, majestätische Rang von Dynastie und Staat ad oculos demonstriert wurde. Nicht nur, daß von der Grenze ab die «Noblesse» der durchquerten Landschaften den Sarg zu begleiten hatte. Auch diese letzte Reise der Kurfürstin-Königin folgte der Vorschrift eines strengen Zeremoniells. In Berlin waren Straßen so zu schmükken, «wie es auf dem Crönungs-Tag mit der illumination gehalten worden außer daß die Bilder wegbleiben». Vor allem die Aufbahrung in der «Capelle» des Schlosses sollte so geschehen, daß die Krone der Monarchin im Raum aufgestellt würde; auf den Sarg wurden Zepter und Reichsapfel gelegt. Kapelle und angrenzendes «Gewölbe» wurden derart in Schwarz und Silber ausgestattet, daß die Wirkung die Betrachter «wegen des großen Schimmers sowohl der Lichter, alß auch des zwischen dem Sammet herausblickenden vielen Silbers anfänglich gantz geblendet u. stutzig» machten. Und diese in den Akten erhaltene Schilderung weist denn auch auf die primären Adressaten dieser Demonstration hin: «Die allhier sich befindende HE. Abassadeurs von Schweden, Pohlen u. Savoyen, wie auch die HE. Envoyes, nebst allen andern fremden HE. Ministres haben sie Curiosität gehabt, diß alles zu besichtigen, und vermeinen nicht leicht etwas schönres und prächtigeres in dergleichen Fällen gesehen zu haben».

Für solche Akte, mit feinem politischen Gespür von Diplomaten als Maßstab für Ranganspruch und materielle Möglichkeiten gewissermaßen evaluiert, war das Berlin-Cöllner Schloß die geeignete Stätte, jedenfalls nachdem Andreas Schlüter und dann Eosander dem Komplex eine neue Gestalt zu geben begonnen hatten. Gewiß sind auch in diesem Falle die Übergänge über die Schwelle des Jahres 1688 hinweg fließend, schon der Große Kurfürst hatte nach 1679 für neue, zumal für Räume zum Zwecke höfischer Öffentlichkeit Sorge getragen. Politik und Architektur waren eine funktionale Einheit, vielleicht in Brandenburg-Preußen nie so sehr wie gerade um 1700. An die Stelle noch bescheidener Kunstentfaltung im Anschluß an oranische Maßstäbe trat nun die modernere, am barocken Vorbild orientierte «politische Baukunst» – «Staatsbaukunst» (Carl Hinrichs). Treppen und Raumfluren, weite Wege bis hin zum Zentrum des Herrschers waren Ausdruck politischen Rangs, auch des Anspruchs darauf; diese Architektur war ein

Stück politischer Psychologie im Verkehr mit Staatsvertretern und Untertanen. Berlin stand bekanntlich im Europa dieser Zeit alles andere als einzig da, wenn es darum ging, mit diesen Instrumenten zu wirken. Eher schon hat die jüngste kunstgeschichtliche Forschung das Ergebnis, wie es sich auf der Berliner Spreeinsel darstellte, als außergewöhnlich herausgestellt. Das Berliner Schloß gilt danach als (zumindest) eines der «modernsten» Residenzschlösser im Heiligen Römischen Reich und im Europa dieser Zeit. Freilich war das Schloß nie allein ein Ort höfischen Lebens und politischer Pracht, sondern immer auch und zu Zeiten noch mehr derjenige Komplex, in dem die Stuben und Konferenzzimmer der Ratsgremien, der Kassen und Kanzleien, der Archive und Registraturen, nicht zuletzt auch der Bücher- und Kunstsammlungen im Staat ihr Zentrum hatten. Um 1700 wurde ein aufwendiger Katalog der im Berliner Schloß zusammengetragenen (Antiken-) Sammlungen durch den Druck der europäischen Öffentlichkeit bekannt gemacht. Als im Jahre 1708, also schon unter der Ägide Eosanders, für den neuen Westflügel des Schlosses der Grundstein gelegt wurde, ist öffentlich der Bezug zur neuen «Majestät» des preußischen Königreichs hergestellt worden, dem der Schloßkomplex nun angepaßt werden sollte. Für diese Politik war in der Tat Graf Wartenberg der durchaus richtige Mann, und er hat auch über die kurfürstlichen Lustschlösser (zumal diejenigen im Berliner Raum) sowie über die Baumaßnahmen auf der Spreeinsel Aufsichtspflichten wahrgenommen.

Die kleineren, die berlin-brandenburgischen hingen also mit den großen politischen Welten auf das engste zusammen, mit der europäischen Staatenwelt und mit derjenigen der verbündeten oder der konkurrierenden deutschen Fürsten, denen ja der Westfälische Friede vor rund einem halben Jahrhundert das *Ius territoriale* und das nur schwach beschränkte Bündnisrecht verbrieft hatte. Die großen Kompendien und Sammlungen zum europäischen Zeremonialwesen sind voller Material dazu, wie nun auch Kurbrandenburg in der hochpolitischen Konkurrenz der selbständigen Mächte seine Rechte zu wahren und nach Möglichkeit noch auszuweiten suchte. Seit 1657/60 kam als besonderes Problem hinzu, wie die (Teil-)Souveränität des Herzogtums Preußen und der damit zusammenhängende Statusanspruch des Kurfürsten-Herzogs durchzusetzen sei. Was nützte das in Kämpfen nach außen und nach innen errungene Souveränitätsrecht, wenn seine Anerkennung nicht durchzusetzen war, zumal in der europäischen Staatenwelt dieser Zeit? Ein unscheinbarer Fehler auf zeremoniellem Parkett, das Nichtbemerken einer Zurücksetzung im praktischen Verkehr der Höfe und diplomatischen Rangtechniker konnte eigene Positionen für die Zukunft gefährlich unterminieren; eine Nachlässigkeit in der kleinen symbolischen Form konnte fatale Spätfolgen zeitigen. Wenn Friedrich III. mit Karl XI. von Schweden 1696 bei einem Treffen in Den Haag erleben mußte, daß ihm nicht wie einem König ein Armstuhl als Sitzmöbel zur Verfügung stand, weil der Schwede seinerseits diplomatische Nachteile aus einer Gleichbehandlung auf diesem Felde fürchtete, was hatte dies bei ungünstiger Auslegung durch politische Gegner zu bedeuten? War dies die stille Anerkennung minderen, gar nicht-souveränen Ranges? Durfte der Kurfürst dies übersehen? Beim nächsten Treffen wählte man füglich den Ausweg, daß beide Parteien stehen blieben. Gegner konnten aus diesem Holz in naher oder weiterer Zukunft vergiftete politische Pfeile schnitzen. Deshalb war das zeremonielle Zeichensystem, bis hin zu Grußformen und Zimmermöblierung, nicht belanglose Spielerei, sondern ein politisches Instrument, auf dem nur mit gepflegter Virtuosität fehlerfrei zu spielen war. Aber Jahrzehnte hindurch entstanden für die Hohenzollern Probleme gerade daraus, daß sie aus der preußischen Souveränität – wir erinnern uns an Paul von Fuchs im Jahre 1699! – Gleichrangigkeit mit den Königen ableiteten. Konnte dies aber ein König gefahrlos dulden? Die Zurücksetzung, die Brandenburg noch in den Friedensverhandlungen des Jahres 1697 hinnehmen mußte, war ein weiteres, ein spätes Menetekel. Deshalb war eine Bautätigkeit und eine Kunstförderung majestätischer Qualität, die eigene politische Ansprüche untermauerte, erforderlich. Sollte Berlin bzw. der Residenzenraum in der Mittelmark zum politischen Zentrum werden, so mußte es auch in kultureller und wissenschaftlicher Hinsicht Mittelpunkt sein. Der Ausbau der kurfürstlichen Bibliothek, Sorge um gute Historiographen, nach Möglichkeit solche vom europäischen Rang eines Samuel Pufendorf, die neuen Akademien der Künste und der Wissenschaft gehören in diesen Kontext. Leibniz hat, als er für eine Wissenschaftssozietät in Berlin gutachtete, ausdrücklich auf die politische Lage Kurbrandenburgs hingewiesen, hat auch vergleichende Blicke auf den Kaiser und Frankreich eingeflochten. Bekanntlich war Sophie Charlotte seit den späten 1690er Jahren dabei im besonderen Maße engagiert. Friedrich III. hat sich des Projektes der Wissenschaftssozietät persönlich angenommen, und von ihm stammt die Bestimmung, daß die Akademie sich der Pflege der deutschen Sprache ganz besonders zu widmen habe. Sein Stiftungsbrief datiert vom 11. Juli 1700. Freilich entsprach dann die praktische Entwicklung der Wissenschaftssozietät nur sehr bedingt den hochgreifenden Plänen. Zudem fanden Naturrecht und aktivistische Theologie an der bis 1694 begründeten Hallenser Universität ihr preußisches Zentrum.

Diese Beispiele müssen genügen, um die Breite des Spektrums kultureller Infrastrukturpolitik um 1700 zu belegen, mit der durch und unter Friedrich III./I. gearbeitet wurde – und zwar mit produktiven Ausstrahlungen bis in unsere Zukunft hinein. Mancherlei Kontinuitäten verweisen auch auf diesem Feld in die Zeit des Großen Kurfürsten zurück, unter dem schon Pläne zu einer Universal-Universität auf brandenburgischem Boden wenigstens zeitweilig gehegt worden sind.

Und auch auf dem engeren politischen Feld gibt es gute Indizien für längerfristigere Konstellationen, die Friedrich dann aufgegriffen und ausgenutzt hat. Schon bald nach 1680 war Mißtrauen zwischen den neuen Bündnispartnern Frankreich und Brandenburg aufgekommen. Die Frage der Hugenotten hatte nur ein weiteres getan, um die Beziehungen abzukühlen. So ist schon 1686 jene Wendung Brandenburg-Preußens zum Kaiser zustande gekommen, die Friedrich dann bis zur Kronkonstellation konsequent fortgeführt hat. Bereits im Defensivbündnis zwischen dem Kaiser und Kurbrandenburg vom 22. März 1686 hat sich letzteres zur Stellung von 8000 Mann für den Fall verpflichtet, daß eine «revolutio generalis der Sachen in Europa zu befürchten» sei. In diesem Falle sollten an Brandenburg dann Subsidien gezahlt werden. Dieser Vertrag besaß eine Laufzeit von zwanzig Jahren.

Friedrich hat die habsburgische Verbindung durch territoriale Konzessionen noch gefestigt. Im Jahre 1686 hatte Kurbrandenburg auf Rechte in Schlesien gegen Abtretung des Kreises Schwiebus, der im Südosten an eigenes Gebiet grenzte, verzichtet. Friedrich aber hatte als Kurprinz insgeheim die Zusicherung gegeben, als Herrscher diesen Kreis wieder an Habsburg zurückzugeben. Dies ist 1694 dann auch in der Tat geschehen. In den 1690er Jahren hat Danckelman Kurbrandenburg strikt im antifranzösischen Lager gehalten, und die Truppen Friedrichs III. haben wiederholt gegen Ludwig XIV. gefochten. Zu dieser Zeit trat das Ziel des Kronerwerbs, d. h. der Sicherung der statusmäßigen Konkurrenzfähigkeit im europäischen Staatenumfeld, in der brandenburgisch-preußischen Politik erstmals deutlich hervor. Ende 1692 scheint Friedrich seine Minister zur Stellungnahme dazu aufgefordert zu haben, wie dieses Vorhaben zu verfolgen wäre. Gegen mancherlei Bedenken und trotz der eher zögernden Haltung Danckelmans sind offenbar 1693 die ersten Fühler nach Wien ausgestreckt worden, die der Verwirklichung dieses zentralen Anliegens Friedrichs dienen sollten.

Dem ist damals noch kein Erfolg beschieden gewesen, aber das Projekt blieb auf der brandenburgischen Agenda. Es wurde um so drängender, als das latent gefährdete europäische Ranggefüge im späten 17. Jahrhundert zunehmend in Bewegung kam. Nicht zufällig finden sich in den einschlägigen preußischen «Dignitätsakten» Stücke aus den Jahren 1694/95, in denen es um die neue hannoversche Kurwürde und um die Wiederbelebung des böhmischen Kurrechts geht. Nicht nur, daß damit die Exklusivität des Kurfürstenstandes in Frage geriet; die Aussicht für den hannoverschen Rivalen auf die englische Krone, dann seit 1697 die sächsisch-polnische Personalunion, das Streben von Savoyen, Holland, Venedig und selbst der Großherzöge von Toskana, schließlich auch noch des bayerischen Kurfürsten nach Kronen oder königsgleichem Rang, der unverkennbare Aufstieg des Hauses Österreich in den Jahren der Türkenkriege – das alles gab der seit Mitte des 17. Jahrhunderts latenten Rangkonkurrenz eine neue, durch die gesteigerte Status-Mobilität schon geradezu prekäre Necessität. Man sollte also nicht allein die Fortdauer dieses Motivs vor allem seit dem Westfälischen Frieden und seinen, den deutschen Fürsten günstigen staats- und völkerrechtlichen Postulaten betonen. Im letzten Jahrzehnt des 17. Jahrhunderts trat das Problem für Brandenburg-Preußen in ein neues Stadium der Dringlichkeit. Stagnation im Rang konnte sehr leicht zur politischen Unterlegenheit werden, wie gerade 1697 die Erfahrungen der brandenburgischen Diplomatie bei den Verhandlungen von Rijswijk auf erschreckende Weise gezeigt hatten. Das Thema wurde dringlich, und der Kurfürst hatte dies erkannt.

Freilich, es nutzte wenig, sich einen neuen Rang einfach zuzulegen oder ihn zu usurpieren, wenn er sich nicht in der europäischen Politik auch praktisch durchsetzen ließ, und auch darin konnten Unwägbarkeiten liegen. Die Erfahrungen mit der preußischen Souveränität hatten dies auf niedrigerem Niveau ja schon gezeigt. Es war nicht nur der – quellenmäßig gut belegte – Respekt Friedrichs vor dem Kaiser als dem «Oberhaupt», der hier die taktischen Wege wies. Wenn es gelang, die Krone auf das Herzogtum Preußen außerhalb des Heiligen Römischen Reiches zu stützen – was unter den hohen Ratgebern Friedrichs nicht unumstritten war –, so schien dies doch nur im Einverständnis mit dem Kaiser tunlich zu sein. Die 1699 neu aufgenommenen Verhandlungen führten im Folgejahr zum Ziel, als neue, große europäische Konflikte um das vakante spanische Erbe es der Hofburg dringend geraten erscheinen ließen, sich des Verbündeten – trotz des noch gültigen Vertrages aus dem Jahre 1686 – zu vergewissern. Dies war der Kontext, in dem der Krontraktat vom 16. November 1700 geschlossen wurde.

Die europäische Konstellation war für Friedrich III. insofern hilfreich, als in der Konfrontation des Spanischen Erbfolgekrieges die

Verbündeten England und Holland, bald auch Rußland, Dänemark und die meisten Reichsfürsten die preußische Krone anerkannten. Frankreich und Spanien schlossen sich dem erst 1713 an. Im Krontraktat war auf die europäische Mächtekonstellation, welche die neue Würde erst möglich gemacht hatte, ausdrücklich Bezug genommen worden. Der Kaiser hatte sogar die schwache Formulierung akzeptiert, nach der er nicht mehr als der eigentliche Kreator der Krone erschien; nur daß Friedrich ausdrücklich erklärte, «nicht gemeinet» zu haben, sich die majestätische Qualität ohne Zustimmung des Kaisers zuzulegen. Die Titulatur eines Königs «in Preußen» schloß automatische Ansprüche auf das Preußen königlich polnischen Anteils (das spätere Westpreußen) aus, was der Brandenburger gegenüber August dem Starken als dem polnischen König noch ausdrücklich reversierte. Freilich hat Polen erst nach Jahrzehnten die preußische Krone anerkannt und die Kurie erst 1784/87.

Die Selbst-Krönung in Königsberg am 18. Januar 1701 mit der sehr bewußt davon (auch räumlich) getrennten Salbung des Monarchen in der dortigen Schloßkirche, durchgeführt von zwei dafür besonders ernannten Bischöfen, ist der europäischen Öffentlichkeit durch eine vom Oberzeremonienmeister von Besser verfaßte und zur Zeit Friedrichs I. noch mehrmals aufgelegte Beschreibung nahegebracht worden. In ihr wird auch die Stiftung des Schwarzen Adlerordens am 17. Januar eingehend geschildert, ein Hoforden, der europäischen Vorbildern folgte und für den der Plutarch entlehnte Wahl-Spruch «Suum cuique» aufgegriffen wurde. Der Herr von Besser hat auf europäische Vorbilder bei den Zeremonien der Krönung ganz ausdrücklich hingewiesen, etwa auf das dänische, als er die Salbung Friedrichs als Friedrichs I. interpretierte, zu welcher der Monarch, bereits angetan mit allen Insignien, erschien und damit andeutete, daß er die «Königliche Würde» nicht etwa «Vermittelst der Salbung... erst erlange», sondern diese Würde von Gott allein – und keineswegs seitens beider Bischöfe – annehmen wolle.

Besser hat die Pracht und den Aufwand, z. B. den purpursamtenen Krönungsmantel mit gestickten goldenen Kronen und Adlern, den Diamantenschmuck im Wert von einer Tonne Goldes, den Schmuck der Königin im Wert von «viel Millionen» bis ins Detail geschildert: «zugeschweigen (,) daß auch die fremden Staaten / an Eurer Majestät recht Königlicher Magnificentz / Sich schon vorlängst gewehnet / das Chur-Haus Brandenburg den Königen gleich zu halten». Das hat verletzenden Spott, etwa solchen des englischen Königs, über den preußischen Königstitel nicht ausgeschlossen. Aber die materielle Basis des neuen Königreichs mit seinen – alle Landesteile zusammengenommen – rund eineinhalb Millionen Einwohnern war allzu begrenzt, und mehr denn je sollten unter dem Vorzeichen der neuen Standesqualität höfisch-kulturelle Demonstration des monarchischen Ranges und militärische Potenz in der Zeit gleich zweier großer europäischer Kriege, desjenigen im Westen und Süden Europas sowie des Großen Nordischen Krieges, getragen und ertragen werden. Die preußische Diplomatie kämpfte um die Anerkennung der politischen Gleichberechtigung, obwohl ausgerechnet Wien auf diesem Felde nun hinhaltend Widerstand übte. Gerade an der Hofburg wurde in für Preußen nicht ungefährlicher Weise der Titel «Majestät» anfangs verweigert, auch wurde von dort der Versuch unternommen, gegen das in Berlin eingeführte Zeremoniell (das sich dem dänischen Vorbild anschloß) Obstruktion zu praktizieren. Für Preußen wurde die Lage dadurch nicht besser, daß nach halbwegs selbständiger und eigene Interessen berücksichtigender Kriegführung im Westen die Subsidienabhängigkeit des neuen Königsstaats spätestens in der zweiten Hälfte des ersten Jahrzehnts deutlich zunahm. Hinzu kam die auch im Charakter Friedrichs I. begründete Tendenz zur prinzipiellen Vertragstreue (Berney), die den König – trotz diplomatischer Kontakte zum französischen Kriegsgegner – an der Seite der Verbündeten und insbesondere des Kaisers hielt.

Immerhin gelang es, die Stellung Brandenburgs im Heiligen Römischen Reich gut zu behaupten. Wenn auch die Krone auf ein außerhalb des Reiches gelegenes Territorium gestützt wurde und deshalb formaliter die Position Friedrichs auf Reichs- und Kreistagen unverändert blieb, so wurde doch die Stellung Kurbrandenburgs durch die Krone politisch gestärkt, zumal es mit den dazugehörigen Ländern auch flächenmäßig etwa Kursachsen oder Hannover um ein Mehrfaches übertraf. Übrigens hat der preußische Vertreter in Wien, Bartholdi, im Jahr 1703 durchaus von faktischen Vorteilen des Königstitels auch innerhalb des Heiligen Römischen Reichs berichtet. Freilich hat der Kaiser gerade die brandenburgischen Territorialinteressen, die im Westen eine Rolle spielten, namentlich hohenzollerische Ansprüche aus der oranischen Erbschaftsmasse, nicht unterstützt. Die Aussichten Friedrichs auf Gebietszuwachs im Westen wurden dadurch natürlich nicht vermehrt, daß Preußen zunehmend gezwungen war, eigene Truppen zu vermieten, um überhaupt die Mannschaftsstärke (1701: 26 581 Soldaten) aufrechterhalten zu können. Vor allem nach der Schlacht bei Höchstädt geriet Brandenburg-Preußen mehr und mehr in die Rolle einer Hilfs-, d. h. einer Auxiliarmacht, und zwar nun der Seemächte. Brandenburgische Truppen fochten auch in Oberitalien, etwa bei Turin, wo eigene Interessen nicht zu realisieren waren. Die Subsidien, die freilich nie in der vertraglichen Höhe eingingen, kamen ganz wesentlich der Armee zugute, während der Hof (nach Carl Hinrichs) rund die Hälfte der inneren Staatseinnahmen auf sich zog – was einem europäischen Typus des Ressourceneinsatzes zugeordnet werden könnte. Die Geldströme in Brandenburg-Preußen folgten der gerade um 1701 eisernen Notwendigkeit, die höfisch-zeremonielle Gleichrangigkeit unter den europäischen Königreichen zu demonstrieren. Nicht nur die Anerkennungskämpfe auf diesem und dem diplomatischen Parkett zeigten, daß dies notwendig war. Preußens Interessen waren massiv in Gefahr, wenn etwa 1709, dem Jahr der Schlacht von Malplaquet, preußische Generale nicht zum Kriegsrat der verbündeten alliierten Mächte zugezogen wurden. Damals stand die Masse der eigenen Truppen in den Niederlanden und in Italien; gut 12000 Mann befanden sich zur Sicherung des Staates im eigenen Land. Zur aktiven Politik im Osten, wo die Schweden freilich nur undeutliche Angebote machten, fehlten alle Mittel. Die Territorialgewinne, wie sie am Ende der Regierungszeit des ersten Königs bilanziert werden konnten, hielten sich denn auch mit Lingen, Moers, Geldern und dem schweizerischen Neuchâtel in engen Grenzen.

Im Ergebnis entstand in den letzten Regierungsjahren Friedrichs I. ganz unvermeidlich eine Situation, die durch zwei wesentliche Faktoren gekennzeichnet war: Zum einen die Option auf eine politische Zukunft unter den europäischen Mächten, wiewohl eine Langzeitanalyse zeigen würde, daß auch nach den Friedensschlüssen von 1713/14 und 1720 die Frage nach der Anerkennung der neuen Krone im europäischen Mächtekonzert durchaus noch nicht endgültig beantwortet war. Zum anderen hatte sich um und vor allem nach 1701 in Preußen eine Situation der Überlast herausgebildet, die krisenhafter Züge nicht entbehrte. Vielleicht ist es zutreffender, die Unvermeidlichkeit dieser Lage herauszustellen, die angelegt gewesen ist in der spezifischen Konstellation des Krontraktates vom November 1700, als daß man mit allzu modern-bürgerlichen Rationalitäts-Maßstäben nach individueller Schuld und individualpsychologischen Dispositionen fragt. Gewiß hat Wartenberg eigene Interessen nicht aus dem Auge verloren – diese Feststellung kann auch in dieser Epoche nicht verwundern. Für die spezifischen Necessitäten war er seit 1700 wohl der rechte Mann, mehr als etwa Eberhard Danckelman. Anders als Friedrich der Große betont die neuere Forschung, daß unter dem ersten König die Staatseinkünfte durchaus angehoben werden konnten. Die Bilanzen vom Frühjahr 1713 waren denn auch besser als erwartet. Gewiß: Die Steuerlast gab, zumal den Landständen, Anlaß zum

Klagen. Die Ressourcen auch der entfernteren, vor allem der östlichen Staatsgebiete, flossen in die Residenzlandschaft um und nach Berlin-Cölln, mit seinem Kranz von rund zwei Dutzend größeren und kleineren Schlössern bzw. Lusthäusern, die der unruhige und reisefreudige Monarch, zum Teil mit seinem Stab, fortwährend wechselnd benutzte. Das «Ausbluten» der Länder zugunsten des Residenz-, Konsumtions- und Staatsmittelpunktes mit seinen nicht nur Schloß-, sondern ja auch z. B. Kirchen- und Zeughausbauten, mit seinem bis 1713 florierenden Luxusgewerbe, war Ausfluß einer Politik der Necessität, und es war ein leichtes, dies einem Wartenberg zum Vorwurf zu machen. Für gerade nach 1701 notwendige aufwendige Gesandtschaften wurden besonders nach 1708 Legationssteuern erhoben. Man mag in all dem einen indirekten Integrationseffekt erkennen, der Länder zwang, mit allen dazugehörigen Lasten zu Provinzen eines Staatsganzen zu werden. Die neumärkischen (d. h. ostbrandenburgischen) Ständedeputierten, prinzipiell moderat im Ton, klagten sehr über die besonders seit 1701 deutlich gestiegenen Steuern. Freilich gilt es ansonsten Vorsicht zu üben, wenn es darum geht, den Integrationseffekt der Königskrone für den Staat mit seinen unterschiedlich organisierten Ländern zu beurteilen. Die politischen Regionalismen in den nach und nach, mit ganz verschiedenen Traditionen und Institutionen zusammengekommenen Gebieten blieben stark, und sie blieben es für mehr als ein Jahrhundert. Immerhin führten nun die Landeskollegien der unter Friedrich I. vereinigten Provinzen den preußischen Titel, d. h. denjenigen des ranghöchsten Königsgebietes. 1702/3 gelang, nach weit in das 17. Jahrhundert zurückreichenden Bemühungen, eine vorsichtige Vereinheitlichung des Gerichtswesens in den zum Heiligen Römischen Reich gehörenden Staatsteilen. Ob freilich der preußische Hof in dieser Zeit tatsächlich integrative Wirkungen auf die Landeseliten ausgeübt hat, oder ob die Künstlichkeit und (relative) Traditionsarmut dieser Schöpfung, ferner das vergleichsweise starke Element fremden, zumal reichischen Adels, dann auch noch der Calvinismus der Dynastie den alten Landadel nicht eher abschreckten, bleibt nach den warnenden Hinweisen von Theodor Schieder noch näher zu untersuchen. Irenische Tendenzen in der Kirchenpolitik Friedrichs, der – durchaus persönlich stark religiös geprägt – als Calvinist die jugendfrische Aktivitätstheologie des Pietismus durchaus nicht nur in Berlin und Halle duldete, konnten daran wohl nichts ändern.

Unter Friedrich sind August Hermann Francke nach Halle und Philipp Jakob Spener nach Berlin berufen worden. Das Hallenser Waisenhaus mit den dazugehörigen Anstalten wurde vom Kurfürsten-König wiederholt privilegiert, indes hat Francke keinen Zweifel daran gelassen, daß diese landesherrlichen Akte doch nur von sehr begrenztem praktischen Nutzen gewesen sind. In Halle an der Saale entstand – neben Berlin, Königsberg und bedingt auch der Universitätsstadt Frankfurt an der Oder – ganz wesentlich auf Spendenbasis ein geistiges und praktisch-pädagogisches Zentrum parallel zur Universität und weitab vom brandenburgischen Residenzraum. Freilich: Das Bündnis von jungem preußischem Staat und Pietismus war zu dieser Zeit noch sehr fragil. Ein Vorfall in der unmittelbarsten Umgebung Friedrichs brachte um 1710 dafür ernste Gefahren. Die dritte Gemahlin Friedrichs, Sophie Louise von Mecklenburg-Schwerin, die offenbar unter dem Berliner Zeremoniell stark litt, hat sich alsbald in eine tief melancholische Religiosität geflüchtet. Ihre Krankheit wurde den Pietisten am Hofe angelastet und hat zu einer nachhaltigen Verschlechterung des Gesundheitszustandes Friedrichs I. beigetragen.

Zur selben Zeit bahnte sich aber jene Verbindung des Kronprinzen Friedrich Wilhelm mit dem Pietismus an, der dann die Symbiose dieser Reformströmung mit dem preußischen Staat wirkungsmächtig befestigte. Das war im Jahr 1711, zur Zeit des Sturzes Wartenbergs und Wittgensteins, als der Thronfolger bereits in die Staatsgeschäfte einzugreifen begann. Auch zu dieser Zeit, um 1711/13, sind manche chronologischen Grenzen fließend, z. B. Grenzen zwischen dem hochbarocken Politikstil, wie er in der Zeit der Kronpolitik ganz unvermeidliche Necessität gewesen war, und jener Wende zu dem Typ nicht mehr permanenten, sondern gleichsam fallweisen Prunks, der zu Zeiten, d. h. in bestimmten diplomatischen Situationen, erforderlich blieb, um in der politischen Sprachenwelt Europas nicht gänzlich mißverstanden zu werden. Um 1710/12 hat Friedrich Wilhelm schon hier und da zu- und eingegriffen, zumal er traumatische Erfahrungen in den politischen Krisen um 1710 gemacht hatte, z. B. als auch er als Statthalter in der Mark amtierte, wie einst sein Vater. Auch am Sturz Wartenbergs war der Prinz maßgeblich beteiligt, als Ostpreußen in eine verheerende Krise geriet, d. h. gerade diejenige Provinz, aus dem große Teile der fürstlichen Schatulleinnahmen zu fließen hatten. Vor allem in Militär und Verwaltung griff der Thronfolger ein und bereitete vor dem Tode Friedrichs I. im Februar 1713 Personalkonstellationen vor, mit denen er sodann arbeiten sollte.

Die Epochengrenzen sind also fließend, auch um 1713. Um 1710 zog, vorsichtig noch, ein neuer Stil im Staate ein, auch am Hofe, ohne daß die Urheber des Wandels in den Akten immer ganz sicher zu erkennen sind. Manche, die die Epoche von 1713 dann politisch gut überlebten, hatten in den Jahren zuvor rasch gelernt, wie etwa der Wirklich Geheime Rat Rüdiger von Ilgen, der – um

1701 hochverdient in der diplomatischen Aktion beim Kronerwerb – im Dezember 1710 an Hofmarschall und Geheime Räte schrieb, daß es jetzt gelte, «gahr viele bey Unserem Hoffstaats-Etat eingerißene confusiones» und «Unordnungen zu remedüren». Deshalb solle nun für 1711 ein «förmlicher Estat» formiert werden, unter bewußter Abkehr von der bisherigen Praxis. Nur noch dann sollten Zahlungen erfolgen, wenn definitive Anweisungen dazu vorlägen. Das wies schon auf kommende Dinge.

So überwiegt, bilanziert man Person und Epoche Friedrichs III./I., das Kontinuum in der Staatsentwicklung, und auch auf verfassungs- und verwaltungsgeschichtlichem Gebiet setzt die Entwicklung zu «absolutistischeren» Formen bisweilen schon unter Friedrich I. ein. Die ostpreußischen Landtage wurden zuletzt 1704 berufen. Vielleicht wird überhaupt die staatsbildende Wirkung jener Epoche, die Preußen um 1700 durchschritt, gemeinhin unterschätzt. Der Schatten, den der große Vorgänger und die beiden Nachfolger auf Friedrich werfen – er wird kleiner in Anbetracht der Dominanz des Kontinuums.

Friedrich Wilhelm I.
(1713 – 1740)

von Peter Baumgart

Schon die Zeitgenossen und ganz besonders die Geschichtsschreibung taten sich schwer, der komplizierten Persönlichkeit und der 27jährigen Regierung des zweiten preußischen Königs gerecht zu werden. Die Spannweite der Urteile über Friedrich Wilhelm I. war und ist denkbar weit und in ihren Extremen kaum miteinander vereinbar: Sie reichte vom despotischen Autokraten und unberechenbaren Haustyrannen mit cholerisch aufbrausendem Temperament und womöglich krankhaften Zügen, vom Drillmeister und Nur-Militär sowie vom sparsam-rechenhaften Ökonomen und Fiskalisten («Plusmacher») über zahlreiche Zwischenstufen bis hin zum verantwortungsbewußten, stark religiös, womöglich pietistisch geprägten Landesvater, zum erfolgreichen Heeres-, Finanz-, Wirtschafts- und Verwaltungsreformer, sogar bis zum «größten inneren König» Preußens (1816) und zum Schöpfer des «Preußischen» schlechthin.

Alle diese Elemente finden sich in der komplexen Person wie dem politischen Wirken dieses Monarchen wieder, der wie kein anderer vor oder nach ihm – den «Großen Kurfürsten» eingeschlossen – die inneren Strukturen des brandenburgisch-preußischen Staatswesens verändert und im Urteil der Mit- wie Nachwelt die spezifischen, langfristig wirksamen «preußischen» Traditionen recht eigentlich erst geschaffen hat. Insofern gehört Friedrich Wilhelm I. zu den bedeutenden Strukturbegründern im «Zeitalter des monarchischen Absolutismus», das ohnehin wesentlich stärker auf die Bedeutung von Einzelpersönlichkeiten hin orientiert war, als es das Industrie- und Massenzeitalter in Europa seit dem 19. Jahrhundert jemals sein konnte.

In einer derartigen Perspektive gewinnt der Regierungsantritt Friedrich Wilhelms I. 1713 eine Bedeutung, die über einen bloßen Herrscherwechsel weit hinausgeht. Damals vollzog sich in Brandenburg-Preußen, obschon durch den Reformkurs während der Spätzeit Friedrichs I. unter maßgeblicher Beteiligung des damaligen Kronprinzen partiell eingeleitet, eine Art «Bildersturm» gegen die altgeheiligten Formen der Monarchie von Gottes Gnaden, die der erste preußische König ganz im höfisch-zeremoniellen Stile Ludwigs XIV. repräsentiert hatte. Die rasche Abschaffung der ebenso glänzenden wie teuren Hofhaltung, des barocken Majestäts- und Herrscherkultes in der Residenzenlandschaft um Berlin, auf die selbstverständlich auch die Wirtschaft des Landes und die Regierungsmaschinerie ausgerichtet waren, veränderte die bisherigen Verhältnisse radikal. Sie ging einher mit einer einschneidenden Umwertung der bisherigen Rangordnung vom Vorrang des Zivilen zum Militär und mit der schnellen Einleitung von tiefgreifenden Reformen im Heerwesen wie in der Verwaltung und der Wirtschaft. Nahezu alle Bereiche des öffentlichen wie des privaten Lebens waren davon betroffen, desgleichen alle sozialen Schichten: die königliche Familie selbst und die zahlreiche Hofgesellschaft zu ihrem Leidwesen ebenso wie die Beamtenschaft und die Armee bis zum einfachen Untertanen in Stadt und Land. Der mit 25 Jahren damals noch junge König leitete durchaus einen «Systemwechsel» des Absolutismus ein, der ganz das persönliche Gepräge Friedrich Wilhelms I. trug, und in dessen Verlauf der preußische Staat wie seine Gesellschaft auf eine veränderte Grundlage gestellt wurden.

Mit einiger Berechtigung läßt sich daher von einer «Revolution von oben» sprechen, deren Voraussetzungen gerade nicht in vorgegebenen Strukturen zu suchen sind, etwa im sozialen Substrat der vom Adel dominierten ländlichen Agrargesellschaft in den östlichen Kernprovinzen der ziemlich heterogen zusammengesetzten Monarchie, sondern in der Biographie des Monarchen selbst, in seiner Jugendgeschichte.

Bereits Kindheit und frühe Jugend des am 14. August 1688, während eines Krisen- und Entscheidungsjahres der europäischen Geschichte, im Schloß zu Berlin-Cölln geborenen und acht Tage darauf in der dortigen Domkirche auf den Namen des kurfürstlichen Großvaters durch den reformierten Hofprediger Bergius getauften Prinzen standen im Zeichen der Spannungen zwischen dem Kurfürsten Friedrich und seiner welfischen Gemahlin Sophie Charlotte über die Erziehungsgrundsätze für den Thronfolger. Die von französischer Bildung und Hofkultur geprägte, der Frühaufklärung verpflichtete Kurfürstin, eine fürstliche Intellektuelle großen Stils, setzte gegen ihren geistig unterlegenen Gemahl und den erbitterten Widerstand von Friedrichs damaligem «Premierminister», dem nüchternen Rechner Eberhard von Danckelman, durch, daß für den inzwischen dem «Frauenzimmer» entwachsenen, schon damals schwer zu bändigenden Prinzen im Februar 1695 ein Oberhofmeister ihrer Wahl bestellt wurde. Es handelte sich um den 1661 in Genf geborenen reformierten Offizier Alexander Graf

Friedrich Wilhelm I., König von Preußen
1713–1740

zu Dohna aus dem verzweigten ostpreußischen Adelsgeschlecht. Die ihm erteilte Erziehungsinstruktion kombinierte recht unterschiedliche Elemente der Gedankenwelt von Leibniz und August Hermann Francke: Friedrich Wilhelm sollte einerseits zum «honnête homme», andererseits zum erweckten Christen pietistischer Prägung erzogen werden. Davon konnte jedoch im Zeichen des Machtkampfes zwischen Friedrichs Premier und seinen zahlreichen Gegnern bei Hofe unter Führung der Kurfürstin nicht die Rede sein, zumal sich der von ihm eingesetzte erste gelehrte Lehrer (Cramer) bald als untauglich und der Prinz als widerspenstig erwiesen. Auch der nach dem Sturz Danckelmans 1697 als Lehrer berufene Jean Philippe Rebeur, ein Refugié und strenger Calvinist, vermochte den Wissensstand seines Schülers nicht nachhaltig zu verbessern, obschon er sich der Prädestinationslehre als Erziehungsinstrument gegenüber dem renitenten Schüler bediente und diesen dadurch nicht wenig ängstigte. Der Unterricht, zumal die Grammatik- und Lateinlektionen sowie die Schreibübungen, wurde so für die Beteiligten zur Qual. Statt der «Schulfuchserei» wandte sich der aufgeweckte, eher praktisch als theoretisch veranlagte, blonde und kräftige Knabe mehr und mehr seinen soldatischen Neigungen und der Jagd als Lieblingsbeschäftigung zu. Dazu boten ihm das vom Vater übertragene Kronprinzenregiment und die ihm zu Weihnachten 1698 geschenkte Herrschaft Wusterhausen die idealen Voraussetzungen.

Es wurde immer deutlicher, daß der Heranwachsende der geistigen Welt der Mutter wie der mondän verfeinerten, etwas morbiden Hofkultur, die Sophie Charlotte in Schloß Lietzenburg (Charlottenburg) pflegte, fremd und zunehmend feindselig gegenüberstand, daß die ihm verordnete Lektüre von Fénelons «Telemach» als Fürstenideal keinen Eindruck auf Friedrich Wilhelm machte; dieser lehnte aber ebenso das barocke, vom strengen höfischen Zeremoniell bestimmte, unselbständige und von wechselnden Günstlingen geprägte Regime des Vaters ab. Allerdings bewahrte er gegenüber dem König, in dem er das von Gott gesetzte Überpersönliche der Monarchie (des Herrschertums) verkörpert fand, einen geradezu mystischen Respekt, der ihn ungeachtet aller Unzulänglichkeiten der väterlichen Regierung hinderte, gegen das politische System des Vorgängers und des «Königsmachers» Colbe von Wartenberg mit seinen Parteigängern ernsthaft zu opponieren. Immerhin verhalf ihm der dynastische Ehrgeiz dieses Systems, das Streben Kurbrandenburgs nach einer Königskrone und nach einem Anteil an der oranischen Erbschaft, zu frühen und nachhaltigen außenpolitischen wie militärischen Erfahrungen. Auf seiner dadurch veranlaßten ersten Reise in die Generalstaaten der nördlichen Niederlande (1700) traf er mit Wilhelm III., dem oranischen Statthalter und englischen König, zusammen, dem eigentlichen Haupt des europäischen Widerstandes gegen die Hegemonieansprüche Ludwigs XIV.; zugleich gewann er bei der Weiterreise durch Holland erste bleibende Eindrücke von der vorrangig bürgerlich-protestantischen, dabei toleranten Kultur des Landes; Ende 1704 konnte er sie auf einer zweiten Reise noch vertiefen, ehe ihn der überraschende Tod der zum Karneval nach Hannover gereisten Mutter im Februar 1705 von dort abberief.

Der Thronfolger hatte selbstverständlich an dem aufwendigen Krönungszug Friedrichs I. nach Königsberg teilgenommen, so daß der geregelte Unterricht für ihn bis in den Mai 1701 hinein ausfiel. 1702 wurde er dann zunächst in den Geheimen Rat und im Sommer darauf auch in den Geheimen Kriegsrat aufgenommen. Da er an den Beratungen der beiden Gremien mit großer Regelmäßigkeit teilnahm, konnte er dort tiefe Einblicke gewinnen sowohl in die innere Verwaltung des Staates als auch in die Heeresprobleme einer subsidienabhängigen, durchaus zweitrangigen Macht an der Seite des Kaisers und der Seemächte im Spanischen Erbfolgekrieg. Im Sommer 1703 berief der König den Kronprinzen in sein persönliches Gefolge und stattete ihn mit einer eigenen Hofhaltung aus; zu seinem 16. Geburtstag wurde er vorzeitig für volljährig erklärt. Damit endete für ihn nicht nur der verhaßte geregelte Unterricht, sondern es wechselte auch der Oberhofmeister. An die Stelle Dohnas, dessen Erziehung wie die der Mutter im Grunde gescheitert war, trat jetzt Generalmajor Graf Finckenstein, ein gebildeter und vornehmer Offizier, der ebenfalls aus ostpreußischem Magnatengeschlecht stammte und der den Kronprinzen fortan als Mentor mehr begleiten als leiten sollte.

Friedrich Wilhelm, dessen Persönlichkeitsbildung mit 17 Jahren bereits weitgehend abgeschlossen gewesen sein dürfte, heiratete im Spätjahr 1706, gedrängt vom König, letztlich jedoch aus freien Stücken, seine ihm von früh an vertraute Base Sophie Dorothea, die Tochter des Kurfürsten Georg Ludwig (Georgs I.) in Hannover und der von ihm verstoßenen Prinzessin von Ahlden. Erneut wurde so eine dynastische Verbindung zwischen den miteinander um die Vorherrschaft im Norden des Reiches konkurrierenden Hohenzollern und Welfen geschlossen, die den Konflikt in die Familien der Beteiligten hineintrug. Zwar entfaltete Sophie Dorothea (1687–1757) am Berliner Hof keine so weitgespannten geistig-künstlerischen Ambitionen wie ihre Tante Sophie Charlotte, aber auch sie verkörperte den luxuriösen französischen Lebensstil und verfocht die welfischen Hausinteressen mit Nachdruck. Dies mußte sie bald in Konflikt mit ihrem bürgerlich-sparsamen und autokratischen Gemahl bringen, der sie jedenfalls anfangs zärtlich liebte und ihr zeitlebens die Treue hielt, der aber sehr schnell ihre Unterwerfung verlangte und sie von den politischen Geschäften fernzuhalten gedachte.

Bevor Friedrich Wilhelm ganz in die Probleme und Intrigen der Spätzeit der Regierung des ersten preußischen Königs hineingezogen wurde, die durch die kostspielig unverantwortliche Politik Wartenbergs und seiner Parteigänger entstanden waren und 1710 unter tatkräftiger Beteiligung des Kronprinzen schließlich zum Sturz dieses letzten Günstlings Friedrichs I. führten, fand er noch einmal, und zwar mit Hilfe gerade Wartenbergs, Gelegenheit, seinen außenpolitischen und militärischen Horizont wesentlich zu erweitern: Er nahm 1706 und wieder 1709 als Beobachter und Volontär zeitweilig am Feldzug der Alliierten gegen Frankreich auf den Schauplätzen des Spanischen Erbfolgekrieges in Flandern teil. Dort begegnete er neben dem englischen Oberkommandierenden, dem Herzog von Marlborough, auch dem bedeutendsten kaiserlichen Feldherrn, dem Prinzen Eugen. Seine Teilnahme an der blutigen Schlacht von Malplaquet im September 1709 konnte er später als den «größten Tag» seines Lebens bezeichnen. Im Feldlager der Verbündeten wie bei dem erfolgreich operierenden preußischen Hilfskorps lernte er die Bedeutung der Ausbildung für die Qualität einer Armee schätzen. Von dort datiert die Vorliebe für das militärische Detail und den Drill, der «Exerzierteufel», womit er später die preußische Armee traktierte. Einstweilen mußte er sich allerdings noch auf die Übungen mit seinem eigenen Kronprinzenregiment und dem Lehrbataillon auf der Herrschaft Wusterhausen beschränken. Nachhaltig unterstützt und angeregt wurde er dabei durch den nur wenig älteren Fürsten Leopold von Anhalt-Dessau (1676–1747); mit diesem verband ihn seit den gemeinsamen Aufenthalten bei der alliierten Armee eine lebenslange, enge Freundschaft, die in dem erhaltenen Briefwechsel der beiden Liebhaber des Militärs und der Jagd ihren bezeichnenden Ausdruck fand. Leopold, der in preußischen Diensten dank der Bemühungen des Kronprinzen noch vor dem Thronwechsel zur Würde eines Generalfeldmarschalls aufstieg, hatte mit seinem Regiment «Alt-Anhalt» die Grundlagen für die exakte Beherrschung des Waffengebrauchs und der taktischen Bewegungen der Truppe gelegt. Friedrich Wilhelm brauchte sie später nur auf die gesamte preußische Infanterie zu übertragen, deren Ausrüstung und Bekleidung zu vereinheitlichen, die Truppe mit Hilfe der neuen Exerzierreglements einer einheitlichen Ausbildung zu unterwerfen und einem disziplinierten einheimischen Offizierkorps zu unterstellen, um daraus eine der schlagkräftigsten Armeen Europas zu machen.

Aber schon als Kronprinz bildete er anstelle des gänzlich zivilen Vaters den natürlichen Mittelpunkt des preußischen Heeres.

Wusterhausen war nicht nur die Pflanzschule der künftigen preußischen Armee, übrigens nach dem Vorbild des Markgrafen Philipp Wilhelm von Schwedt auch der besonders lang gewachsenen Grenadiere, der «langen Kerls» an der «Universität Potsdam», die für den König zu einer teuren Mustereinrichtung, aber auch Marotte werden sollte. Die abgelegene Herrschaft mit dem reparaturbedürftigen Jagdschloß («Haus») und einigen Dörfern südöstlich der eher ungeliebten Residenzstadt Berlin wurde außerdem zum Musterbetrieb der künftigen Domänenverwaltung des Monarchen; ferner war sie der Ausgangspunkt der für diesen König so charakteristischen Kabinettsregierung. Von dort aus begann er mit Hilfe seines damaligen Privatsekretärs Ehrenreich Bogislaw (von) Creutz die Verwaltungsgeschäfte hauptsächlich schriftlich durch knappe Randverfügungen oder kurze unzeremonielle Schreiben im Quartformat («Kabinettsordres») zu führen, woraus dann das königliche Kabinett als oberste Schaltstelle des preußischen Hochabsolutismus erwuchs.

Zum Ausklang der immerhin 25jährigen Regierung des ersten preußischen Königs war der Thronfolger zuletzt an den wesentlichen Entscheidungen, zumal im militärpolitischen Bereich, beteiligt worden, wie er sich als Statthalter für den abwesenden Vater wiederholt bewährt hatte. Die Institutionen wie die Personen schienen zunächst dieselben zu bleiben. Aber dieser Eindruck von einem kontinuierlichen Übergang, womöglich von Kontinuität, täuscht; die beteiligten Zeitgenossen und die diplomatischen Beobachter wußten es besser als die modernen Historiographen. Erst der Regierungswechsel am 25. Februar 1713 ermöglichte dem neuen Monarchen einen radikalen Kurswechsel ohne Kompromisse und Rücksichtnahmen. Als König konnte Friedrich Wilhelm in Preußen seine in langen Jahren der inneren Opposition gegen das Regiment und den Hof des Vorgängers wie gegen den höfisch-ludovizianischen Absolutismus überhaupt angesammelten tiefgreifenden Veränderungswünsche realisieren, indem er seine Kronprinzenerfahrungen nunmehr ins Große, auf den preußischen Staat, projizierte und dabei auf die bei der Verwaltung seiner Musterdomäne in Wusterhausen wie bei der Führung seines Regiments entwickelten Grundsätze zurückgriff. Der neue Monarch zögerte nicht, die Zügel der Macht entschlossen zu ergreifen. Es zeigte sich sofort, daß er ganz sicher, überlegt und planvoll vorging. Zwar bestätigte er zur allgemeinen Überraschung die bisherigen Minister sämtlich in ihren Ämtern, nicht ohne die am Sonntag, dem 26. Februar, ab 7 Uhr morgens mehr als eine Stunde im Vorzimmer auf das Erscheinen des Königs wartenden Amtsinhaber zu warnen, ihre bisherigen «Kabalen» untereinander fortzusetzen; aber denen, die wie der befreundete Fürst Leopold jetzt einen Anteil an der Regierungsgewalt erhofften, ließ er unmißverständlich erklären, daß er sein eigener Finanzminister und Feldmarschall sein wolle. Er gedachte die Herrschaft mit niemandem zu teilen.

Zwar ließ Friedrich Wilhelm die Begräbnisfeierlichkeiten für den verstorbenen Vorgänger, den «guten König», noch mit all dem barocken Pomp und Aufwand ausrichten, die Friedrich I. so sehr geschätzt hatte; ein letztes Mal wurde der «politisch-sakrale Majestätskult» des höfischen Absolutismus in Preußen zelebriert. Gleichzeitig aber setzte der erwartete und befürchtete Umschwung ein: Der Monarch veranlaßte die Sicherstellung der reichlich gefüllten Privat-Schatulle des Verstorbenen wie die seiner kostbaren Juwelenkollektion, des prächtigen Mobiliars und Silbergeschirrs in den zahlreichen Schlössern in und um Berlin. In der Abgeschiedenheit Wusterhausens durchforstete er persönlich wiederholt alle Einzeletats sowohl des Hofstaates wie der Behörden, die Gehälter und Pensionslisten, um sie dann radikal, aber keineswegs willkürlich, zusammenzustreichen und vor allem aus diesen Einsparungen die Reorganisation der Armee zu finanzieren. Tatsächlich ergab die sorgfältige Überprüfung aller Staatseinkünfte und der enormen persönlichen Hinterlassenschaft des Vorgängers, die damals noch nicht klar voneinander getrennt waren, daß der König «reicher» war, als er selbst angenommen hatte; er konnte daher seine rigorose Streichaktion mäßigen und dennoch seine militärischen und wirtschaftspolitischen Ziele realisieren. Ohne Berücksichtigung auch der Provinzialetats hatte er durch Streichungen und Reduktionen bei der Hofhaltung und den Gehältern bis Anfang März 1713 bereits über 1,3 Millionen Taler eingespart, allein die weitgehende Abschaffung der bisherigen teuren Hofhaltung steuerte dazu rund 400 000 Taler jährlich bei. Anstelle der von Friedrich I. ausschließlich für private Aufwendungen beanspruchten geheimen Privatschatulle mit zuletzt etwa 500 000 Talern jährlich begnügte sich Friedrich Wilhelm I. hinfort mit 52 000 Talern für seine persönlichen Ausgaben aus der Generaldomänenkasse, die alle nicht-steuerförmigen Einkünfte verwaltete. Die gesonderte Schatullenkasse wurde aufgelöst, und die Überschüsse bei den Einkünften aus der Generaldomänenkasse wurden einem neugegründeten Staatsschatz zugeführt, den der Monarch als Tresor im Keller des Berliner Schlosses neu anlegen ließ. Der «sparsame Wirt» wollte damit Vorsorge treffen für den Eventualfall eines Krieges ebenso wie für innere Krisen von den Ausmaßen der Pestkatastrophe in Ostpreußen 1711, die mit regulären Mitteln nicht zu meistern waren.

Die umgehend durchgeführte Reorganisation der Armee war tatsächlich eine Neuformation und erhebliche Heeresverstärkung. Der König leitete sie von Wusterhausen aus nach höchsteigenen Plänen ein. Zunächst ging es ihm darum, die respräsentativen, aber kostspieligen Garden, vor allem die Schweizergarde, aufzulösen bzw. in einfache Feldregimenter umzuwandeln. Erhalten blieben bei dieser Aktion nur die fusionierten Gardegrenadiere als Regiment der langen Kerls, das der Monarch auf eigene Kosten als Mustertruppe in Potsdam unterhielt. Die Kavallerie wurde zu 10 Regimentern zu Pferde, 6 Dragonerregimentern und einem Esquadron Gardeducorps mit zusammen 55 Esquadronen zusammengefaßt, die Infanterie zu 21 Regimentern mit je zwei Bataillonen sowie weiteren 6 Bataillonen, dazu 2 Bataillone Gardegrenadiere. Hinzu kamen Ende 1713 noch 2 Bataillone Artillerie. Die Kopfstärke der Armee, die bei Regierungsantritt, kurz vor dem Friedensschluß zu Utrecht, nur noch etwa 39000 Mann zählte, und der bei Fortfall der fremden Subsidien weitere Kürzungen drohten, sollte nach dem Willen des Königs zunächst wieder auf den etatmäßigen Stand von etwa 45000 Mann «komplettiert» werden, den sie 1715 erreichte. Erst danach setzte eine schrittweise Truppenvermehrung großen Stils ein, die im Mai 1740 dann schließlich zu einer Heeresstärke von etwa 76000 Mann führte. Friedrich Wilhelm konnte also durch drastische Reduzierungen der bisher auf den Hof und den Monarchen geleiteten Staatsausgaben sowie durch die Umwidmung der Einkünfte für militärische Zwecke die Armee nicht nur auf dem Stand während des Spanischen Erbfolgekrieges halten, sondern sie sogar noch kräftig vermehren, ohne dafür auf auswärtige Subsidien oder aber auf Steuererhöhungen angewiesen zu sein. Die Armee und der Staatsschatz galten ihm als Unterpfand von Preußens Unabhängigkeit und Aufstieg.

Dem Ausbau seiner Armee widmete der König von Anfang an einen großen Teil seiner rastlosen Regierungstätigkeit; sie stand vielfach, wenngleich nicht ausschließlich, im Zentrum seines Denkens, fand er «doch in der Welt in nichts Plaisier... als an einer guten Armee». Die neue Bedeutung des Militärischen dokumentierte sich gleich anfangs in der eigenhändig aufgesetzten Rangliste von 1713, in der die zivilen Ränge gegenüber den militärischen deutlich abgewertet wurden und der Generalfeldmarschall nunmehr vor dem Oberkammerherrn den ersten Platz einnahm, Gelehrte und Graduierte kaum noch etwas galten. Um die Disziplin des Heeres zu gewährleisten, ergingen neue Kriegsartikel (Reglements für die Infanterie seit 1714), welche die Mannschaften einem bisher ungewohnten scharfen Drill unterwarfen, der sich nur durch ständiges Exerzieren erreichen ließ. Dies erforderte ein Engagement der Offiziere für die Ausbildung der Truppen auch in Friedenszeiten, um die sie sich als allein am Kriegsdienst orientierte adlige Kavaliere bislang nicht gekümmert hatten. Die Mannschaftsausbildung und Mannschaftsausrüstung, die Pünktlichkeit und Regelmäßigkeit des «kleinen Dienstes» vermittelten den Offizieren eine neue Friedensaufgabe. Sie verlangte zugleich ein dem Landesherrn gegenüber loyal ergebenes Offizierkorps, das der König erst gegen erhebliche Widerstände heranziehen mußte, indem er die Söhne des eingesessenen Adels mit Hilfe der Kadettenausbildung in den Dienst eines einzigen Herrn zwang.

Die forcierte Heeresrekrutierung, die mit der Erhöhung des Mannschaftsstandes seit 1713 verbunden war, mußte rasch zu großen Unzuträglichkeiten bei der Werbung führen, zumal der Monarch statt Ausländern Landeskinder als Rekruten seiner Armee bevorzugte und grundsätzlich eine für Söldner typische lebenslange Dienstzeit forderte. Da die Werber keine Rücksicht nahmen und Soldaten zwangsweise aushoben, vor allem «wenn sie nur groß» waren, kam es zu massenweisen Desertionen der so Geworbenen, zur Flucht der «jungen Mannschaft» ins Ausland, die Friedrich Wilhelm wiederum mit Edikten gegen Desertion unter Androhung drakonischer Strafen zu steuern suchte, ohne indessen damit die aufkommende Unruhe und Angst im Lande sowie die Desertionen selbst beheben zu können. Er mußte sich daher schon im Interesse der wirtschaftlichen Konsequenzen und der Landeskultur für eine Beschränkung dieser Rekrutierungspraxis entscheiden. Zunächst suchte er allerdings nur die schlimmsten Mißbräuche bei der Werbung zu beseitigen (Edikt vom 9. Mai 1714) und durch Exemtionen für zahlreiche Berufsgruppen wie für die Stadt Berlin einzudämmen. Erst später ging er zu einem Ersatzverfahren für die Heeresergänzung über, das die Regimenter an bestimmte Ergänzungsbezirke im Lande band, wo die wehrfähigen jungen Leute unter dem sogenannten Kantonsystem ab 1733 «enrolliert», eingezogen und «beurlaubt» wurden. Eine Armee der allgemeinen Wehrpflicht war dies allerdings noch nicht, das preußische Heer blieb mindestens zum Teil eine Söldnertruppe. Damit bestand auch das Problem der von den betroffenen deutschen Reichsterritorien teils geduldeten, teils kritisierten, häufig unfreiwilligen Ausländerwerbung fort.

Es wäre jedoch gänzlich unzutreffend, in Friedrich Wilhelm I. einen lediglich auf das Militärische fixierten Monarchen zu sehen, der die Finanzen und die Wirtschaft wie das Wohl der Bevölkerung den Interessen des Heeres untergeordnet oder sie deswegen vernachlässigt hätte. Vielmehr bildeten die Finanz-, Verwaltungs- und Heeresreform in seinem politischen Programm eine Einheit. Sie waren das Kernstück dieses Herrschaftskonzepts, das er bereits bei Regierungsantritt besaß, und das er in allen wesentlichen Elementen schon während des ersten Jahrzehnts seit seiner Thronbesteigung, bis etwa 1723, durchzusetzen verstand – gegen mannigfache Widerstände, namentlich des frondierenden Adels, der sich unter das ihm durch die Politik dieses Königs auferlegte harte Joch nur widerwillig beugen wollte.

Damals lag Friedrich Wilhelms politische Gesamtkonzeption, seine «Staatsauffassung», als längst abgeschlossen in der für ihn charakteristischen, sprachlich ungebändigten Form schriftlich vor, und zwar in Gestalt der Instruktion für den «Sukzessor» vom Januar 1722. In diesem «Politischen Testament» dokumentierten sich die feste religöse Verankerung wie das Selbstverständnis des Königs, der schroff autokratische Grundzug und der unbedingte Anspruch auf Selbstregierung, ohne daß klar zwischen Herrscher und Staat unterschieden wurde. Der aller Theorie abholde, praxisorientierte Monarch verwendete den abstrakten Begriff «Staat» bezeichnenderweise noch nicht, sondern setzte seine Person oder die Dynastie ganz unbefangen und traditionell in eins mit dem von ihm regierten konkreten preußischen Staat. Wenn er von «Staatssachen» sprach, dann meinte er damit die auswärtigen Angelegenheiten Preußens. Das für die absolutistischen Herrscher des 18. Jahrhunderts so typische, auch bei Friedrich Wilhelm I. ausgeprägte Machtstaatsstreben findet sich bei ihm mehr nach innen als nach außen gerichtet. In der auswärtigen Politik sollte sich sein Nachfolger auf die legitimen und «gerechten Prätentionen» des Hauses Brandenburg beschränken und keinen «ungerechten Krieg» anzetteln, «nicht ein Agressor» werden, ansonsten drohe ihm das göttliche Gericht.

In derartigen Formulierungen wie im Grundtenor dieses höchst persönlichen Dokuments bestätigt sich, daß sein Herrschaftsverständnis noch in der religiösen Tradition seiner Dynastie wurzelte, und zwar in der spezifischen Ausprägung, die der Calvinismus ihr seit dem Bekenntniswechsel des Kurfürsten Johann Sigismund (1613) gegeben hatte. Das fürstliche Machtbewußtsein erscheint bei Friedrich Wilhelm eigentümlich gezähmt und gebändigt durch die Religion, die für ihn kein bloßer Vorwand oder etwa Mittel zur Begründung der Herrschaft, sondern eine lebendige Realität in seinem Leben blieb. Als Zwanzigjähriger hatte er nach seinem Zeugnis persönliche Glaubensgewißheit im Sinne des lutherischen Gnadenuniversalismus erlangt und sich seitdem zum Herrscher berufen gefühlt. Obschon er die calvinistische Prädestinationslehre unter dem Eindruck seiner Erziehungserlebnisse ablehnte und auch die fortdauernden Unterschiede zwischen dem reformierten und dem lutherischen Bekenntnis nicht gelten lassen wollte, sie als «Pfaffengezänk» abtat und die Kanzelpolemik in seinen Landen verbot, leitete er seine fürstliche Berufsauffassung dennoch aus dem calvinistischen Erwählungsbewußtsein und Bewährungsglauben her. Hinzu trat seine folgenreiche Begegnung mit dem aktivistisch-weltzugewandten Reformpietismus des großen Schul- und Waisenhausorganisators August Hermann Francke in Halle, wo der Kronprinz 1711 die imposanten Anlagen zunächst nur von außen besichtigt hatte, ehe dann der ihm vertraute pietistische General Dubislav von Natzmer eine persönliche Verbindung herstellte, die Bestand hatte. Friedrich Wilhelm, der die Stiftungen 1714 selbst inspizierte, war von dem sozialen Impetus und dem pädagogischen Engagement Halles stark beeindruckt, ohne deswegen selbst zum (bekehrten) Pietisten zu werden. Aber der König hat sich in der Folge der halleschen Einrichtungen für die Zwecke des preußischen Staates vielfach bedient, namentlich bei Stellenbesetzungen sowie in der Sozialpolitik. Die Wirkung des halleschen Pietismus in der Bevölkerung, die zur Verbreitung einer aktiven Pflichtenethik, zu Sparsamkeit und strenger Arbeitsmoral beitrug, war sicherlich viel intensiver als die Bewährungs- und Erwählungsethik der calvinistischen Führungsschicht in den überwiegend lutherischen Ländern der Monarchie.

Die Nähe des «Puritaner- und Bürgerkönigs» (C. Hinrichs) Friedrich Wilhelm zum Pietismus wie zum Calvinismus äußerte sich namentlich in seiner ausgeprägten Arbeits- und Pflichtgesinnung, die durchaus asketische Züge trug: Gott «hat euch auf den Thron gesetzt nicht zu(m) Faulenzen, sondern zu(m) Arbeiten und seiner Länder Wohl», erklärte er seinem Sohn Friedrich. Tatsächlich hat Friedrich Wilhelm, ganz unzeitgemäß für die aristokratisch-höfische Welt seines Jahrhunderts, eine derartige Haltung in seinem persönlichen Leben auch praktiziert: Er trug stets einfache, schmucklose Kleidung oder zunehmend die blaue Obristenuniform seines Potsdamer Regiments; er ersetzte die große Allongeperücke durch den kleinen Zopf; er wandte sich gegen die aufwendigen Kleidermoden und erwartete dies auch von den Mitgliedern seiner dagegen opponierenden Familie wie von seinen Beamten; er legte Wert auf Sauberkeit und häufiges Waschen, auf Reinlichkeit in den Schloßräumen nach holländischen Mustern, vor allem hielt er seiner Königin die eheliche Treue und wetterte gegen die Mätressenwirtschaft an den Höfen, außerdem gegen «Komödien, Operas, Ballette, Maskeraden». Dabei blieb er jedoch ein durchaus lebensbejahender Mensch, der nicht nur den reichlichen Tafelfreuden, sondern auch dem Tabakrauchen und Biergenuß in der Runde seines grob-derben, politisierenden «Tabakkollegiums» nachging, und er liebte die Jagd, besonders die anstrengende Hetzjagd auf Hirsche und Wildschweine, die er eher im Übermaß betrieb, so daß diese kräftezehrenden «Entspannungen» neben einer gewaltigen Arbeitsbelastung zu einer höchst ungesunden, hektischen Lebensweise führten. Der Monarch litt nicht nur zunehmend an Übergewicht und wurde schließlich in den letzten Jahren unbeweglich, sondern auch schon frühzeitig unter schmerzhaften Gichtanfällen und später an Wassersucht – Krankheiten, die sein Leben schon mit 52 Jahren beendeten. Friedrich Wilhelm, der immer wieder auch von einem nervösen Leiden heimgesucht wurde, das sich in gesteigerter Erregung wie Zorn- und Wutausbrüchen, aber auch in Melancholie und Schwermutsanfällen äußerte und den Umgang mit ihm zu einem Problem machen mußte, wußte darum, daß ihm nur wenig Zeit verblieb, seine Aufgaben als Regent zu erfüllen. Eben deshalb mutete er sich selbst, seinen Beamten und Offizieren oft schier übermenschliche Arbeitsleistungen zu.

Seine persönliche Arbeitsgesinnung und Berufsauffassung suchte der König auf den Staat und die Bevölkerung zu übertragen. Er propagierte gegen den «Zeitgeist» eine veränderte Einstellung zur Arbeit. Wie er sich selbst einer strengen Arbeitsdisziplin unterwarf, die auch seinen Tagesplan bestimmte, so erwartete er dies selbstverständlich von seiner Verwaltung und von seinen Untertanen: «Parol auf dieser Welt ist nichts als Müh und Arbeit», lautete die keineswegs populäre königliche Devise. Er hat sie mit eiserner Härte und Rücksichtslosigkeit weitgehend durchzusetzen vermocht, selbst gegenüber der Aristokratie, und damit einen einschneidenden Mentalitätswandel in Brandenburg-Preußen eingeleitet. Sicherlich war dies mit einer «Unsumme von Opfern an menschlichem Glück» (C. Hinrichs) verbunden. Indessen gilt es zu beachten, daß auch Friedrich Wilhelms absolutistische Zeitgenossen, zumal Peter I. von Rußland, Karl XII. von Schweden und Ludwig XIV., nicht nach dem individuellen Glück ihrer Untertanen fragten.

Es war das Ziel des Monarchen, das unzusammenhängende, noch wenig homogene preußische Staatswesen ganz konsequent und methodisch von innen her auszubauen, um ihm so womöglich zum Status einer Großmacht zu verhelfen. Dazu bedurfte es einer Rationalisierung und gründlichen Erneuerung des überkommenen Staatsapparates, verbunden mit einer Mentalitätsänderung zur Steigerung der Arbeitsintensität und Arbeitsproduktivität, zugleich aber einer umfassenden Durchsetzung seiner «Souveränität» gegenüber allen intermediären Gewalten seiner Länder und Provinzen. Friedrich Wilhelms bekannter Ausspruch von 1716, die Souveränität und damit die Krone wie einen «rocher von bronse» stabilisieren zu wollen, manifestiert den Anspruch des Autokraten auf unumschränkte Selbstherrschaft. Dieser Anspruch richtete sich gegen die aus den Konflikten der Regierung des Kurfürsten Friedrich Wilhelm verbliebenen ständisch-adligen Positionen auf regionaler wie auf lokaler Ebene. In den östlichen und westlichen Außenprovinzen der Monarchie, zumal in Ostpreußen, in Kleve und in der Grafschaft Mark, ebenso im Fürstentum Magdeburg, aber selbst in der zur Kurmark gehörigen Altmark bestand der ständische «Regionalimus» fort und bekundete sich in ständischen Aktivitäten; auf dem Lande, in den Kreisen und den Gutsbezirken der östlichen Gebiete der Monarchie, war der adlige Herrschaftsanspruch ohnehin noch ziemlich ungebrochen, die adligen Amtshauptleute und «Landräte» fungierten als «Amtsträger zwischen Krongewalt und Ständen». Bei jedem Herrschaftswechsel forderten die Landstände die Fortgeltung der alten Landtagsrezesse und Privilegien erneut ein. Es war bezeichnend für Friedrich Wilhelms Ständepolitik, daß er diese Bestätigung im Unterschied zu seinem Vorgänger verweigerte. Die antiständische Politik richtete sich ebenso gegen die adligen Steuerprivilegien wie gegen die dem König suspekten Verhaltensmuster der nach wie vor international geprägten Aristokratie.

In diese Richtung zielten sowohl die Einführung des «Generalhufenschosses» in Ostpreußen seit 1716 als auch die weitgehende Allodifikation der Lehen seit 1717. Bei der Einführung des Generalhufenschosses in Ostpreußen als einer gleichmäßig alle Stände, mithin auch den dortigen Adel treffenden direkten Steuer stützte sich der Monarch auf die tatkräftige Mitwirkung eines eingesessenen Adligen, des Grafen Truchseß von Waldburg, der als kundiger Ökonom und Verwalter das Reformwerk mit Hilfe einer von ihm geleiteten Hufenschosskommission gegen den erbitterten Widerstand seiner adligen Standesgenossen bis 1719 durchsetzte. Dabei wollte der König den Junkern «den Wind von Landtagen» lassen, wenn er nur zu seinem «Zwecke komme».

Die antiadlige Tendenz des Königs zeigte sich ebenso bei der auf ältere Pläne zurückgehenden, aber erst seit 1717 von ihm angepackten Allodifikation der Lehen, bei der es prinzipiell um die Durchsetzung einer ständigen Besteuerung des bislang überwiegend steuerfreien Adels gegen die Umwandlung seiner Lehengüter in Allodialbesitz ging. Der König und seine Berater hatten die Schwierigkeiten der Realisierung einer derartigen Reform in allen Provinzen gründlich unterschätzt, zumal die Lehensgesetzgebung dort recht unterschiedlich war. So blieb nur der mühsame und langsame Weg der Einzelverhandlung mit den adligen Ständen jeder Provinz. Dabei kam es zu bemerkenswerten Äußerungen des Widerstandes gegen das autokratische Vorgehen des Monarchen ohne Rücksicht auf überkommene Privilegien und «Freiheiten» des Adels, zumal in dem erst 1680 dem Staatsverband eingegliederten Herzogtum Magdeburg, aber auch in der Altmark. Dort wehrten sich die Vasallen gegen die Einführung unter Berufung auf das Reichsrecht und den Westfälischen Frieden; eine Minderheit wandte sich 1718 und wieder 1722 sogar an den Reichshofrat in Wien mit einer Klage gegen den König, der daraufhin, sehr zu seinem Verdruß, vom Kaiser abgemahnt und sogar mit Reichsexekution bedroht wurde, während der zornige Monarch die neue Steuer unterdessen zwangsweise eintreiben ließ. Im Ergebnis erreichte Friedrich Wilhelm sein Ziel, das adlige Steuerprivileg in der Monarchie zu brechen, wenngleich der finanzielle Ertrag seinen anfänglichen Erwartungen kaum entsprach.

Der Monarch erschütterte die privilegierte Stellung des Adels zusätzlich durch die Politik einer konsequenten Ausweitung der landesherrlichen Domänengüter auf Kosten des adligen Grundbesitzes. Er ließ geradezu planmäßig alle zum Verkauf oder zur Versteigerung anstehenden Güter aufkaufen und dem landesherrlichen Domänenbesitz zuschlagen, der so systematisch vermehrt und möglichst in größeren Komplexen abgerundet wurde. Natürlich konnte der König nicht daran denken, wie der befreundete Fürst Leopold von Anhalt-Dessau in seinem kleinen Ländchen, den gesamten Adel der großen Monarchie auszukaufen, indessen war gegen Ende seiner Regierungszeit etwa ein Drittel der land- und forstwirtschaftlich nutzbaren Fläche den staatlichen Domänen zuzurechnen. Gleich zu Beginn seiner Herrschaft hatte er 1713 in einem Hausgesetz die bisherigen fürstlichen Schatullgüter zu staatlichen Domänen gemacht, den Domänenbesitz insgesamt für unveräußerlich erklärt und ihn damit der bislang noch häufig geübten Schenkungs- und Verpfändungspraxis entzogen, außerdem die dort ansässigen «Immediatuntertanen» gegen Willkür abgesichert. Der Domänenbesitz war die wichtigste nichtsteuerförmige Einkunftsquelle für den Landesherrn, daraus erklärte sich die Bedeutung, die Friedrich Wilhelm ihm zumaß. Der König verhielt sich wie ein «landwirtschaftlicher Großunternehmer» (H. Haussherr), der seine Domänen nach dem Scheitern der Erbpacht unter dem Vorgänger in Zeitpacht von meist 6 Jahren an bürgerliche Generaldomänenpächter ausgab, die wiederum Unterpächter ansetzen konnten. Rationalisierung, Meliorationen und ein scharf kalkulierter Profit waren dabei selbstverständlich. Die zentrale Verwaltung des gesamten Domänenbesitzes und der Domäneneinkünfte sowie der Einnahmen aus Regalien lag zunächst seit 1713 beim Generalfinanzdirektorium, ehe der Landesherr durch die große Verwaltungsreform von 1723 eine umfassende Neuordnung herbeiführte.

Der unbedingte Anspruch auf Selbstherrschaft und auf Durchsetzung der monarchischen Souveränität im Lande gegen alle Widerstände des privilegierten Adels und dessen bisherige Verhaltensmuster manifestierte sich nicht zuletzt in der zielstrebigen Indienstnahme des eingesessenen Adels für das Offizierkorps der preußischen Armee. Friedrich Wilhelm setzte sie gegen erhebliche anfängliche Opposition durch, so daß dieses Offizierkorps sehr rasch zu einem loyal-gehorsamen, dabei sozial homogenen Instrument seines königlichen Oberbefehlshabers werden konnte. Flankierend dazu ließ der Monarch Vasallentabellen und Konduitenlisten führen, beschränkte die Freizügigkeit der jungen Adligen bei Auslandsaufenthalten und beim Studium, wofür er sie auf die Landesuniversitäten verwies. Es ging dem völlig unaristokratischen «Soldatenkönig» bei diesen Maßnahmen durchaus um eine «Domestizierung des Adels» (C. Hinrichs), wenngleich er damit nur partiell Erfolg hatte, weil die Krone selbst in Brandenburg-Preußen, wie die jüngere Absolutismusforschung (seit G. Oestreich) deutlich gezeigt hat, ihre machtstaatlichen, zentralisierenden Ordnungen nicht überall und auf allen Ebenen mit gleicher Intensität durchzusetzen vermochte. Friedrich Wilhelm I. betrieb im Unterschied zu seinem Nachfolger keineswegs eine Politik der «Konservation des Adels», der Monarch setzte das Staatsinteresse nicht mit den Interessen der ländlichen Aristokratie («junkerlichen Klasseninteressen») gleich, sondern leitete eine pointierte Bauernschutzpolitik ein, um dem Übergewicht des Adels auf dem Lande in dem Agrarstaat Preußen entgegenzuwirken, wovon besonders das Schutzedikt von 1739 zeugt. Eine derartige Haltung ergab sich einfach deshalb, weil ein Ausgleich zwischen den Erfordernissen des jetzt forcierten Heerwesens, der Wirtschaft und der Finanzen gefunden werden mußte.

Das machtstaatlich bestimmte Staatsinteresse erforderte in den Augen des Monarchen eine beständige Steigerung der Einkünfte und damit zugleich ein nachhaltiges Wirtschaftswachstum. Beide Kernaufgaben hoffte er mit den Instrumenten zu bewältigen, die ihm der Fiskalismus und der Merkantilismus in Verbindung mit dem Kameralismus als zeitgenössische Finanz- und Wirtschaftsdoktrin an die Hand gaben, wenngleich der ökonomisch-rechenhafte Praktiker und Utilitarist, der sich um jedes Detail kümmerte, großen Wert darauf legte, aus der Erfahrung («Experience») und nicht aus der Theorie zu schöpfen, die er schwerlich näher studiert hat. Dabei entwickelte er eine Reihe von wirtschafts- und finanzpolitischen Leitgedanken, die sich bemerkenswert von den verbreiteten Vorstellungen der Zeit unterschieden. Er achtete entschieden darauf, daß sich die Staatsausgaben nach den Einnahmen richteten und nicht etwa umgekehrt, wobei beide in sorgfältig aufgestellten Jahresetats festgeschrieben wurden, an die sich die Verwaltung strikt zu halten hatte. Eine von ihm eigens begründete Behörde, die «General-Rechenkammer» (Oberrechnungskammer seit 1723), führte die Aufsicht über die Etats und die Kassen. Die bitteren Erfahrungen der Kronprinzenzeit veranlaßten den König dazu, sich jährlich im voraus Rechenschaft über sämtliche Staatseinkünfte zu geben, wobei diese alsbald nach Regierungsbeginn nur noch über zwei Hauptkassen laufen sollten: die «Generalkriegskasse» für die steuerförmigen Akzisen und Kontributionen und die «Generalfinanzkasse» für die Einkünfte aus den Domänen und Regalien.

Friedrich Wilhelm wirtschaftete nicht mit den Mitteln des Staatskredits und der Staatsverschuldung, sondern häufte statt dessen einen Staatsschatz auf, der gegen Ende seiner Herrschaft ca. 8 Millionen Taler ausmachte. Er entzog damit dem Wirtschaftskreislauf einen sehr beachtlichen Anteil des ohnehin knappen Kapitals. Nur auf diese schon damals unmoderne Art glaubte er, seinen gerade aus der Subsidienabhängigkeit fremder Mächte befreiten Staat für den Kriegs- und Krisenfall absichern zu können. Der König bediente sich ebensowenig des bequemen Mittels der Anziehung der Steuerschraube, so daß die direkte Steuer, die Kontribution, bis 1807 nicht erhöht wurde; dennoch stieg ihre Ertragskraft infolge größerer Verwaltungseffizienz, Zunahme der Bevölkerung, auch durch die Adelsbesteuerung leicht an. Als eine lohnendere, weil beweglicher zu handhabende Einnahmequelle erwies sich demgegenüber die indirekte Akzise; hauptsächlich als städtische Konsumsteuer konstruiert und von den landesherrlich bestellten «Steuerräten» kontrolliert, erhöhte sich ihr Ertrag mit dem Wachstum von Handel und Gewerbe in den Städten. Auch die in den einzelnen Provinzen der Monarchie noch unterschiedlich gehandhabten Akzisetarife wurden – abgesehen von Monopolsteuern auf Kaffee, Tabak etc. – unter Friedrich Wilhelm I. nicht substanziell erhöht.

Die große Heeresvermehrung im Verlauf seiner Regierung war demzufolge nicht das Ergebnis fiskalischer Ausbeutung der Bevölkerung, sondern blieb an den Ertrag der auf hohem Niveau fixierten Steuern gebunden, die zwar drückend, dafür aber berechenbar waren. Auch das Heer, das im übrigen an allen Sparmaßnahmen des knauserigen Königs von der Gehaltsreduktion für die hohe Generalität bis zur sparsamen Montur für die Mannschaften teilhatte, mußte sich also an der Finanzkraft der Monarchie orientieren; die Ausweitung überstieg diese keinesfalls, wenngleich ein sehr hoher Anteil des Gesamthaushaltes in den Heeresunterhalt floß, der jedoch im Vergleich mit anderen europäischen Monarchien, gerade etwa der englischen, keineswegs exzeptionell war. Zumindest indirekt wurde das Heer aber zu einem gewichtigen Faktor für die gewerbliche Wirtschaft. Der große Ausrüstungs- und speziell der Uniformenbedarf der Armee diente als «Schwungrad» speziell der Berliner sowie der kur- und neumärkischen Textilwirtschaft. Diese wurde als die zeitgemäße Leitindustrie des 18. Jahrhunderts nach den Grundsätzen des Merkantilismus organisiert. Staatliche Wirtschaftslenkung und Wirtschaftsförderung ergänzten sich unter Friedrich Wilhelm, dessen ganzes Trachten nach Ansicht des kaiserlichen Gesandten nur auf «Haben und Haben und Zusammenbringung großen Geldes und Armeen» gerichtet war. Nachdem er den Luxus des Hofes abgeschafft hatte, suchte er ebenso die Verbreitung von ausländischen Luxusgütern im Lande durch hohe schutzzollartige Akzisen oder gar völlige Einfuhrverbote einzudämmen; gleichzeitig schränkte er den Export von Wolle als wichtigsten Rohstoff für die einheimische Textilerzeugung zunächst mit Rücksicht auf die exportorientierten adligen Produzenten nur ein, schließlich aber untersagte er ihn seit 1719 gänzlich. Außerdem bestimmte er, den Bekleidungsbedarf für die Armee künftig ausschließlich durch die einheimische Industrie zu decken. Das geeignete Mittel dafür war das Berliner «Lagerhaus», dessen Gründung der König schon 1713 dem in Diensten des Vorgängers als «Staatsbankier» reich gewordenen Geheimen Kriegsrat Johann Andreas Krautt neben seiner amtlichen Tätigkeit auftrug, wobei dieser alle Risiken zu tragen hatte. Tatsächlich entwickelte sich das Lagerhaus unter Krautts Regie zur größten Textilmanufaktur in Preußen wie im Reich; sie war schon nach drei Jahren in der Lage, die gesamte preußische Heeresmontur herzustellen und seit 1725 über eine eigens gegründete «Russische Handlungskompagnie» von Berliner Kaufleuten auch die russische Armee zeitweilig mit Uniformen zu beliefern. Das Berliner Lagerhaus vereinigte als echte Manufaktur alle Fabrikationsabläufe in seinen Räumen; gleichzeitig aber beschäftigte es als Verlagsunternehmen Textilheimarbeiter zur Produktion von Halbfabrikaten, hauptsächlich für die gröberen Wollprodukte, während sich die Zentrale mehr und mehr auf die feinen Offizierstuche aus «spanischer» (importierter) Wolle sowie auf die Herstellung von feinen Tuchen auch für Privatkunden konzentrierte, zumal den Einwohnern der Monarchie der Gebrauch fremder Wollwaren ab 1719 gänzlich untersagt wurde.

Mit der Gründung des Lagerhauses verfolgte der König nicht nur wirtschafts-, sondern auch sozialpolitische Absichten: Arbeitsbeschaffungsmaßnahmen für die teils unterbeschäftigten und verschuldeten, von ihren Verlegern abhängigen einheimischen Tuchmacher und sonstigen Textilhandwerker, aber auch Existenzgründungen für die Angehörigen der wachsenden Garnisonen in Berlin und seinem Umland. Um die Kapazität des 1726 beim Tode Krautts verstaatlichten und 1734 dann dem großen Potsdamer Militärwaisenhaus überschriebenen Lagerhauses erhöhen zu können, wurden auch auswärtige Facharbeiter geworben. Dies entsprach einem weiteren wirtschafts- und bevölkerungspolitischen Grundsatz des Königs, die Pflege der ökonomischen Kräfte des dünn besiedelten Landes mit dem seines schmalen menschlichen Reservoirs zu verbinden, und zwar durch eine Politik der «Conservation» der Untertanen. Durch gezielte Einwanderungs- und Siedlungsaktionen suchte er die Bevölkerungszahl in Preußen nach Möglichkeit zu vermehren. Die spektakulärste und kostspieligste Maßnahme seiner Regierung auf diesem Gebiet war das Jahrzehnte dauernde «Retablissement», der Wiederaufbau der nach der Pestkatastrophe von 1709/10 zusammengebrochenen Wirtschaft und Verwaltung in den weitgehend verödeten Gebieten des nordöstlichen Ostpreußen (Preußisch-Litauens) und die Wiederbesiedlung dort; die aus dem Erzstift Salzburg 1732 ausgewiesenen Protestanten stellten mit etwa 13 000 nach Ostpreußen weitergeleiteten Exulanten das größte Kontingent an Zuwanderern. Der Monarch scheute weder Mühe noch Kosten, um den wirtschaftlichen Aufstieg seines Landes voranzutreiben, zweifellos hatte er dabei Erfolg, wie sich an der allmählichen Steigerung der Akziseeinnahmen ablesen läßt.

Indessen ließen sich die unterschiedlichen Wirtschaftsinteressen von Stadt und Land nur schwer auf einen gemeinsamen Nenner bringen. Die agrarisch-ländlichen Interessen des grundbesitzenden, vorrangig Getreide und Wolle für den Export produzierenden Adels wie die der königlichen Domänen kollidierten mit den an merkantilistischen Grundsätzen orientierten Unternehmungen des städtischen Gewerbes und der Manufakturen. Beide Bereiche sollten zwar nach den Vorstellungen des Königs durch ein erhöhtes Steueraufkommen in Form der ländlichen Kontribution und der städtischen Akzise zur Ertragssteigerung des Staates beitragen, und beide Sektoren wurden durch ihn einem weitgehenden Dirigismus unterworfen, aber die staatliche Verwaltung, wie sie seit 1712/13 bestand, vermochte den damit verbundenen Auftrag nur unzureichend zu verwirklichen. Denn das 1713 eingerichtete «Generalfinanzdirektorium» sowie die ihm nachgeordneten Amtskammern verfochten die Ziele der Landwirtschaft und des Landesausbaus mit derselben Vehemenz und Einseitigkeit wie das 1712 mit maßgeblicher Beteiligung des damaligen Kronprinzen vereinheitlichte «General(kriegs)kommissariat» unter seinem tatkräftigen Minister Friedrich Wilhelm von Grumbkow die städtisch-gewerblichen. Indem jede der beiden Zentralbehörden mit ihren Organen jeweils nur die Belange ihres Ressorts sah, um die königlichen Einnahmen zu steigern, mußte es sehr bald zu Unzuträglichkeiten zwischen ihnen kommen, die zu einem förmlichen «Behördenkrieg» auf zentraler wie provinzialer Ebene führten, schließlich sogar zu Prozessen untereinander. Diesen Zustand konnte und wollte der Monarch nicht dulden. Als Ermahnungen zum Ausgleich nicht fruchteten, schritt er daher zu einer durchgreifenden Behördenreform.

Sein eigenhändiger Entwurf zur Errichtung des «General-Ober-Finanz-Krieges- und Domänen-Direktoriums», kurz «Generaldirektorium» genannt, datiert vom 22. Dezember 1722 aus dem abgeschiedenen Jagdschloß Schönebeck. Es ist denkbar, daß er dabei Anregungen seines in die Reformabsichten eingeweihten Dessauer Freundes Leopold aufgriff, im Kern jedoch war die den Ministern am 19. Januar 1723 verlesene Instruktion für das Generaldirektorium, die für diesen Zweck durch Sekretäre erst in eine Reinschrift gebracht werden mußte, Friedrich Wilhelms ureigenes Werk, Ausdruck seines Verständnisses von einer funktionsfähigen Verwaltungsorganisation, seiner Auffassung vom Beamtentum, aber auch seiner wirtschafts- und finanzpolitischen Vorstellungen. Der König organisierte das Generaldirektorium unter seinem nominellen Präsidium – symbolisiert durch einen leeren Stuhl unter seinem Porträt im Sitzungssaal – als kollegial arbeitende oberste Innen-, Finanz- und Wirtschaftsbehörde der Gesamtmonarchie mit eigener Kanzlei und Registratur, der auf der Provinzebene die zumeist unmittelbar darauf eingerichteten «Kriegs- und Domänenkammern», kurz Kammern genannt, als neue nachgeordnete Mittelbehörden für die Domänen- und Steuerverwaltung entsprachen. Der alte Behördenapparat mit Ausnahme des zugleich für das Bildungswesen und die Kirchenangelegenheiten zuständigen Justizstaatsrates und des 1728 durch den langjährigen Minister Heinrich Rüdiger von Ilgen reorganisierten, nicht eigentlich neu geschaffenen auswärtigen Departements war in der neuen Behördenstruktur aufgehoben, über der allein der Monarch «aus dem Kabinett» in bewußter Distanz zu seinen Ministern regierte. Für die innere Organisation der Zentralverwaltung galt die Einteilung nach Provinzen (Provinzgruppen), nur für einzelne Bereiche wie Post- und Münzsachen oder die Heeresversorgung das Sachprinzip; sie wurden unter die fünf «dirigierenden Minister» und die diesen zugewiesenen «Geheimen Finanzräte» sowie Unterbeamten aufgeteilt und in den einzelnen Departements bearbeitet, jedoch in der Kollegialität des Plenums entschieden. Der König erblickte darin ein Moment der gegenseitigen Kontrolle, der Verhinderung von Intrigen, aber auch des Zusammenwachsens bisher getrennter Verwaltungsbereiche. Er wollte keine «großen Herren» zu Ministern machen und bevorzugte Bürgerliche, die er meist nachträglich nobilitierte. Tatsächlich gelang es ihm, «mit den alten Ministern eine neue Behörde» zu begründen (H. Haussherr), die zahlenmäßig klein blieb, auf längere Sicht effektiv und zum Nutzen des Gesamtstaates zusammenarbeitete, wobei die jährlich von ihr erstellten Etats der Einnahmen und Ausgaben von den beiden getrennten staatlichen Hauptkassen unter der Kontrolle der neu errichteten Oberrechnungskammer verwaltet wurden.

Die königliche Instruktion mit ihren detaillierten Bestimmungen über die Dienstzeiten, Sitzungstage, Haftung der Minister und Räte etc. demonstriert mit großer Deutlichkeit, daß Friedrich Wilhelm ein arbeitswilliges und zugleich qualifiziertes, ausschließlich auf den Monarchen verpflichtetes Beamtentum nicht etwa vorgefunden hat, sondern daß er sich dieses Werkzeug seiner Selbstherrschaft großenteils erst heranziehen mußte, indem er die älteren Auffassungen vom Status der Beamten radikal revidierte. Er rekrutierte diese fortan wie das Offizierkorps nur noch aus Landeskindern, setzte sie aber in der Regel nicht in ihrer Heimatprovinz ein; er erwartete von ihnen nicht nur Loyalität und Gehorsam, Fleiß und Sparsamkeit, sondern Hingabe an den Dienst des Königs, der sie dafür standesgemäß unterhielt. Er ging sogar so weit, von ihnen zu verlangen, daß sie dem Monarchen «mit Leib und Leben, mit Hab und Gut, mit Ehr und Gewissen dienen» sollten, daß sie «alles daran setzen als die Seligkeit, die ist vor Gott, aber all das ander muß mein sein». Dieser bisher gänzlich ungewohnte Anspruch konnte sicherlich nicht in allen Punkten und überall realisiert werden, jedoch dürfte an der hohen Funktionstüchtigkeit und Effizienz – gerade des zentralen Behördenapparates – kein Zweifel bestehen, zumal im Vergleich der deutschen Territorialverwaltungen, aber ebenso der europäischen Monarchien. Von der durchaus zeitüblichen Korruption konnte nur in Einzelfällen, die der mißtrauische König bei Aufdeckung streng ahndete, die Rede sein; das in Europa weit verbreitete System des Ämterkaufs existierte nicht, es sei denn, die Zahlungen an die «Rekrutenkasse» werden so interpretiert. Die von Friedrich Wilhelm auf allen Ebenen binnen eines Jahrzehnts neu durchorganisierte, teils geradezu militärisch disziplinierte Staatsverwaltung, die keineswegs nur auf die fiskalisch-militärischen Interessen der Monarchie ausgerichtet war, sondern zugleich der Wirtschaftsförderung, dem Landesausbau, der Kolonisation und «Peuplierung» sowie der «Conservation der Untertanen» diente, kann als eine große innere Aufbauleistung dieses Königs gelten. Allerdings erhielt das Staatswesen durch ihn zugleich einen harten, rechenhaft-ökonomischen, freud- und glücklosen Zuschnitt, der ihm fortan anhaften sollte.

Entsprechend besaßen in dem Staat des Bürger- und Soldatenkönigs Kunst und Wissenschaft, anders als unter dem Vorgänger oder Nachfolger, keine Heimstatt. Die von Friedrich I. begründete Akademie der Wissenschaften zu Berlin verfiel unter dem «lustigen Rat» Jacob Paul Gundling als Präsidenten (seit 1718) während seiner Regierung; der Monarch verwies einen der führenden Philosophen seiner Zeit, den Naturrechtslehrer Christian Wolff, auf Betreiben der pietistischen Theologen in Halle 1723 des Landes, bemühte sich jedoch später, wenngleich vergeblich, um dessen Rückberufung. Friedrich Wilhelm zeigte sich lediglich bereit, die angewandten und «nützlichen» Wissenschaften zu fördern. Dazu zählten für ihn in erster Linie die Medizin und die Kameralistik. Er baute das Medizinal-, Sanitäts- und Gesundheitswesen systematisch aus, darunter die «Charité» in Berlin, er richtete Medizinalkollegien in den Provinzen ein, die 1725 dem «Ober-Collegium Medicum» in Berlin als Aufsichtsbehörde unterstellt wurden; er bekämpfte dadurch das verbreitete Kurpfuschertum. Die Universitäten Halle und Frankfurt erhielten seit 1727 eigene Lehrstühle für die Kameralwissenschaft. In seiner Rechts- und Schulpolitik unterstützte er zumindest die Tendenzen zur Volksaufklärung, wenngleich das Justizwesen noch nicht nachhaltig reformiert wurde und die Schulen nach wie vor im vorstaatlichen Raum verblieben. Ebensowenig pflegte er von Staats wegen die Künste. Dies schloß allerdings nicht aus, daß er die Musik zur persönlichen Entspannung schätzte, wie er selbst malte, um sich so von seinen häufigen Gichtschmerzen abzulenken («in tormentis pinxit»); auch blieb der unter dem Vorgänger aus Paris geholte Hofmaler Antoine Pesne im Amt. Die von Friedrich Wilhelm angeregte Architektur beschränkte sich im wesentlichen auf Zweckbauten, zu denen immerhin die (heute zerstörte) Garnisonkirche und das holländische Viertel in der von ihm favorisierten Stadt Potsdam zählten. Aus dem «nördlichen Athen» unter Friedrich I. wurde «Sparta».

Verglichen mit Friedrich dem Großen war Friedrich Wilhelm I. ein Monarch, der sich nahezu gänzlich auf den inneren Aufbau des Staates und seiner Armee konzentrierte, wenngleich dieser schon bei ihm unter einem Primat der Außenpolitik stand. Er hat nicht versucht, dieses furchtgebietende Machtinstrument, das die

Unabhängigkeit Preußens von anderen Mächten sichern sollte, für eine expansive Außen- oder gar Eroberungspolitik einzusetzen. Nur zu Beginn seiner Regierung nutzte er entschlossen die Chance, die sich aus den wechselnden Konstellationen des Nordischen Krieges für Preußen ergab, das ja bis zum Utrechter Frieden einseitig im Westen gebunden blieb. Im Konflikt zwischen Schweden und Rußland mit seinen Verbündeten, in dem er noch 1711 als Statthalter dem Durchmarsch fremder Truppen durch brandenburgisches Territorium ohnmächtig zusehen mußte, wahrte Friedrich Wilhelm zwar zunächst seine Neutralität, griff dann aber doch nach der überraschenden Rückkehr des schwedischen Königs Karl XII. auf den Kriegsschauplatz an der Seite der Verbündeten mit eigenen Truppen in den Krieg ein. An der Beendigung der schwedischen Herrschaft über die deutschen und baltischen Ostseeküsten wirkte er so in der Schlußphase tatkräftig mit. Im Frieden zu Stockholm vom Januar 1720 erhielt er daraufhin Schwedisch-Vorpommern bis zur Peene einschließlich des Hafens Stettin und der Inseln Usedom und Wollin zugesprochen.

Abgesehen von diesem Anfangsgewinn, der auf ein erstes folgenreiches Bündnis mit der neuen Ostseegroßmacht Rußland unter Peter I. gestützt war (1714), blieben dem zweiten preußischen König jedoch in der Folge weitere außenpolitische Erfolge versagt. Sicherlich war dies nicht nur diplomatischem Unvermögen und persönlichem Ungeschick des Monarchen im Umgang mit fremden Gesandten zuzuschreiben. Vielmehr vertrat er eine durchaus traditionelle, dynastisch bestimmte Außenpolitik, die sich auf die «legitimen Prätentionen» des Hauses Brandenburg beschränkte. Dazu zählte für ihn neben dem Erwerb Vorpommerns vorrangig sein beharrliches, wenngleich vergebliches Streben nach einem Anteil an der jülich-bergschen Erbmasse bei dem erwarteten Aussterben des Hauses Pfalz-Neuburg. Diesen Zugewinn wollten ihm aber weder die Westmächte noch der Habsburger Karl VI. zugestehen, für den außer einer Revision des neuen, durch England bestimmten Gleichgewichtssystems von Utrecht die Anerkennung der Pragmatischen Sanktion, der weiblichen Thronfolge in der karolinischen Linie des Hauses Österreich, durch die deutschen und europäischen Staaten bald den Vorrang vor allen übrigen Erwägungen gewann. Vor die Alternative gestellt, sich einer Koalition der Seemächte und Frankreichs oder aber von Österreich und Spanien anzuschließen, entschied sich der preußische König 1725 kurzfristig für eine Defensivallianz mit den Westmächten (Vertrag von Herrenhausen), um dann jedoch schon 1726 im Geheimabkommen von Wusterhausen ins kaiserliche Lager umzuschwenken – eine Position, die Friedrich Wilhelm ungeachtet der Nichterfüllung seiner Ansprüche auf das

Herzogtum Berg durch Karl VI. im Vertrag von Berlin 1728 abermals bestätigte, und zwar ganz wesentlich unter dem Einfluß des kaiserlichen Gesandten General Graf Seckendorff und seiner von Wien bestochenen Parteigänger in der engsten Umgebung des Königs. Dieser betrieb nach kurzem Schwanken eine durchaus kaiser- und reichstreue Politik. Sie äußerte sich in der preußischen Anerkennung und tatkräftigen Hilfestellung beim Reichsschluß für die Pragmatische Sanktion (1732), nicht minder in seiner Haltung während des Polnischen Thronfolgekrieges gegen Frankreich; darin kämpfte das preußische Kontingent trotz der Brüskierung durch den Kaiser loyal unter dem Oberbefehl des stark gealterten Prinzen Eugen am Oberrhein. Dennoch machten die vier europäischen Mächte in seltener Übereinstimmung mit der Überreichung von identischen Noten in Berlin im Februar 1738 des Königs Hoffnungen wenigstens auf den Erwerb von Berg zunichte.

Friedrich Wilhelms «Reichspatriotismus» (C. Hinrichs) wurzelte in den militärischen Erfahrungen des Kronprinzen an der Seite des Prinzen Eugen während der Abwehrkämpfe des Reiches unter kaiserlicher Führung gegen die ludovizianische Hegemonie in Europa. Der preußische König erfüllte seine Pflichten als Reichsstand ohne Zögern, allerdings verstand er sich dabei als Protektor der evangelischen Interessen auf der Basis des Westfälischen Friedens; als Oberhaupt des Corpus Evangelicorum anstelle des konvertierten sächsischen Kurfürsten intervenierte er in den pfälzischen Religionsstreitigkeiten. An eine Rivalität mit dem Kaiser im Reich dachte er nicht. Sein am Widerstand des Fränkischen Kreises und speziell des Würzburger Fürstbischofs Friedrich Karl von Schönborn gescheiterter Versuch eines Ausgreifens der Hohenzollerndynastie nach Süddeutschland über die fränkischen Sekundogenituren ging keineswegs über die Ambitionen herkömmlicher dynastischer Außen- und Reichspolitik hinaus. Kaiser Karl VI. seinerseits hat den militärstarken Monarchen nicht als ernsthaften Rivalen angesehen, sondern ihn eher als einen Reichsfürsten geringeren Ranges behandelt, als einen «Fürsten von Zipfel-Zerbst», wie Friedrich Wilhelm angesichts der gegen ihn in Wien anhängigen Reichshofratsprozesse seiner eigenen Landstände zürnte. Karl VI. hat eben dadurch, nach einer fast fünfzigjährigen, 1686 eingeleiteten und nur vorübergehend getrübten habsburgisch-brandenburgischen Allianz, Friedrich Wilhelm dazu veranlaßt, sich widerwillig dem traditionellen Habsburggegner Frankreich anzunähern. Auf diese Weise konnte, eingeleitet durch einen Geheimvertrag vom April 1739, sich noch unter seiner Regierung jene neue Konstellation anbahnen, die das Reich und Europa nach dem Thronwechsel in Preußen und Österreich gründlich veränderte.

Es war schließlich wiederum die Außenpolitik, die den schweren Konflikt zwischen Friedrich Wilhelm und seinem so ganz anders gearteten Sohn Friedrich eskalieren ließ und in die Nähe einer Kronprinzentragödie führte. Denn die persönlichen Dimensionen der frühzeitig beginnenden Auseinandersetzung zwischen König und Thronfolger mußten sich zu einem politischen Richtungskonflikt auswachsen, als die dynastischen Heiratspläne zwischen den Hohenzollern und dem Welfenhaus seit 1725 zu einer Entscheidung über eine politische Neuorientierung Preußens zu werden drohten. Die welfischen Hausinteressen, die Georg I. von England-Hannover und sein Sohn Georg II. mit dem Projekt einer Doppelheirat zwischen Wilhelmine und Friedrich mit dem Prinzen von Wales und der Prinzessin Amalie verfolgten, trugen den Streit in den Berliner Hof und die preußische Königsfamilie hinein, wo sich zwei einander erbittert befehdende Parteien bildeten. Die mit ihrer eigenen untergeordneten und glanzlosen Rolle höchst unzufriedene Königin Sophie Dorothea machte sich zur bedenkenlosen Fürsprecherin der welfischen Hausinteressen, indem sie die englischen Heiratspläne für ihre beiden ältesten Kinder beharrlich gegen die österreichhörigen Hauptratgeber des Königs durchzufechten versuchte, während dieser unter dem Einfluß des vom Prinzen Eugen gekauften Ministers Friedrich Wilhelm von Grumbkow und des Grafen Seckendorff darin eine Fronde gegen seine Politik und Person erblickte, sogar an eine Verschwörung des Thronfolgers gegen sich mit fremden Mächten glaubte. Dadurch mußte das schlechte Verhältnis zwischen Vater und Sohn vollends irreparabel werden. Aus dieser Konstellation erwuchsen der gescheiterte Fluchtversuch Friedrichs 1730, der Prozeß gegen ihn und seine Mitverschworenen, die anschließende Begnadigung nur durch einen Akt vollständiger Unterwerfung, die erzwungene Heirat Friedrichs mit der ungeliebten Braunschweigerin Elisabeth Christine 1733, einer Nichte der Kaiserin Elisabeth, die ihm immerhin eine eigene Hofhaltung als Basis für seine «Selbstbildung» in Schloß Rheinsberg einbrachte, wo er fern von Berlin und Potsdam seine eigene Herrschaft vorbereiten konnte.

Gegen Ende von Friedrich Wilhelms Regierung, die seit 1734 immer wieder von Krankheit und Schmerzen überschattet wurde, konnte sich so in der Distanz eine Entspannung zwischen Vater und Sohn anbahnen, die, mitbedingt durch die wenig glückliche außen- und reichspolitische Entwicklung der letzten Jahre, geradezu in eine Versöhnung zwischen ungleichen Herrschernaturen mündete. Die Abkehr des reichstreuen und loyalen zweiten preußischen Königs vom Hause Österreich bestärkte den vom Trauma der Zwangsheirat geprägten Thronfolger nur in seiner anti-österreichischen Einstellung wie in seiner Hinwendung zur französischen Kultur und Geisteswelt. Er brachte den strengen Regierungsgrundsätzen Friedrich Wilhelms nun ein besseres Verständnis entgegen und zeigte sich voll bereit, deren Ziele einer politisch-militärisch-ökonomischen Machtsteigerung Preußens zu akzeptieren und auf seine Weise weiterzuführen. Demgegenüber mußte der regierende Monarch schließlich einsehen, daß es auch einem absoluten Herrscher seines Zuschnitts, den die verständliche Prinzessinnenopposition seiner Tochter Wilhelmine in ihren «Memoiren» zu einem despotischen Haustyrannen stilisierte, nicht gelungen war, den Nachfolger ganz nach seinen Vorstellungen zu formen. Dennoch legte er die Regierungsgeschäfte zuletzt beruhigt und zuversichtlich in die Hände des Sohnes. Dieser wiederum bediente sich in seinen «Denkwürdigkeiten zur Geschichte des Hauses Brandenburg» (1747) des Bildes von der Eiche, die aus der Eichel erwächst, um die Leistung des Vorgängers zu charakterisieren, den er zusammenfassend unter die großen «Neuordner der Staaten» zählte. Und er fügte hinzu, Friedrich Wilhelm habe «so tiefe Spuren seines weisen Wirkens in seinem Land hinterlassen, daß sie bleiben werden, so lange der preußische Staat besteht». Dieses Urteil Friedrichs als Historiker dürfte in der Folge seine Gültigkeit in jeder Hinsicht behalten haben. Friedrich Wilhelm I. gehört im Positiven wie in allem Negativen, das die Nachwelt mit Preußen seit seiner Regierung verbunden hat, zu den Strukturbegründern dieses Staatswesens, zu den langfristig prägenden Herrscherpersönlichkeiten der Hohenzollernmonarchie.

Friedrich II., der Grosse
(1740 – 1786)

von Johannes Kunisch

Jedem Leser dieses Essays dürfte bewußt sein, daß über keinen anderen König aus dem Hause Hohenzollern so viel nachgedacht und geschrieben worden ist wie über Friedrich II. Dabei hat schon die Frage, ob ihm die frühzeitig mit seinem Namen verbundene Größe wirklich zuerkannt werden kann, zu heftigem Streit geführt. Aber wie immer seine Person und sein Lebenswerk auch eingeschätzt werden mögen: unbestreitbar ist, daß es keinen unter den Herrschern seiner Zeit und keinen unter den preußischen Königen gegeben hat, der mit einer solchen Fülle außerordentlicher Talente begabt war. So sind die Auseinandersetzungen um das Schicksal und die Bedeutung seiner Persönlichkeit immer wieder auch darauf zurückzuführen, daß er von den Zeitgenossen wie von der Geschichtsschreibung als außerordentlich facettenreich und vielfach auch widersprüchlich wahrgenommen wurde und insofern ein Bild vermittelt, das je nach Blickwinkel und Vorverständnis Bewunderung oder Skepsis hervorgerufen hat.

Schon die Einschätzung der aufeinanderfolgenden Lebensstufen wirft eine Fülle von Problemen auf. Während dem Kronprinzen im Konflikt mit seinem bedingungslose Unterwerfung fordernden Vater Anteilnahme und Sympathie zuteil geworden sind und der Musenhof von Rheinsberg in der Aura epikuräischer Heiterkeit und ungetrübter Lebensfreude erschien, wurde mit dem Herrschaftsantritt, dem Schlesienabenteuer und der gleichzeitigen Veröffentlichung des «Antimachiavell» eine Diskrepanz im Denken und Handeln des Königs sichtbar, die sein Erscheinungsbild unter den Zeitzeugen wie in der Historiographie nachhaltig getrübt hat. Auch das zweifellos heroische Durchhalten des «roi connétable» während des Siebenjährigen Krieges ist ebenso maßlos bewundert wie kritisiert worden. Erst mit dem «Alten Fritz» verklärt sich das Bild, bevor dann die Illustrationen von Daniel Chodowiecki, Adolf Menzel und Carl Röchling/Richard Knötel das Ihre dazu beigetragen haben, den Mythos des weisen und gütigen Staatsdieners und des unermüdlich tätigen Landesvaters zu begründen.

Friedrich II., der Große, König von Preußen
1740–1786

Auch die so unendlich vielfältigen Gebiete kulturellen und wissenschaftlichen Mäzenatentums, auf denen sich Friedrich von seinem Herrschaftsantritt bis ins hohe Alter hervorgetan hat, sind anerkennend und bewundernd eingeschätzt worden, haben ihm zugleich aber auch den Vorwurf eingetragen, ein Eklektiker und Traditionalist gewesen zu sein, der den tiefgreifenden Stil- und Bewußtseinswandel vor allem der 1770er und 1780er Jahre nicht mehr erfaßt habe. Auch seine Fähigkeiten und sein Geschmack auf musikalischem Gebiet sowie seine ausgedehnte Bautätigkeit in Berlin und Potsdam sind nicht zuletzt wegen eines Fehlgriffs wie dem Neuen Palais in Zweifel gezogen worden. So hat man eingewandt, daß er auf diesen Gebieten weder Originelles noch Weiterführendes zu leisten vermochte. Vielmehr habe er als ein typischer Vertreter des Ancien régime zu gelten und sei einem Kanon althergebrachter Selbstdarstellungsmuster verpflichtet geblieben.

Einer solchen Einschätzung kann prinzipiell kaum widersprochen werden. Nur sollte dabei nicht außer acht gelassen werden, daß sich solche Urteile auf Bereiche beziehen, denen sich Friedrich – eigenem Bekunden nach – letztlich zu seiner Zerstreuung gewidmet hat. Insofern sind sie für das Erscheinungsbild seiner Persönlichkeit zwar nicht unerheblich, aber eher doch als am Rande stehend zu betrachten. Der einzigartige Rang, der Friedrich dem Großen unter den Herrschern des 18. Jahrhunderts und den preußischen Königen gebührt, liegt vielmehr auf einem anderen Gebiet. Denn keiner hat sich so intensiv wie er mit dem Wesen und den Grundprinzipien seines Fürstenamtes auseinandergesetzt. Dabei ist sicherlich nicht zu übersehen, daß es immer wieder tiefe Brüche zwischen seiner in intensiven Quellenstudien erarbeiteten Herrschaftsauffassung und seinem konkreten, in elementarer Weise machtorientierten Handeln als Staatsmann und Feldherr gegeben hat. Jacob Burckhardt hat mit der ihm eigenen Nüchternheit den lapidaren Satz aufgestellt, daß politische Größe egoistisch sein und alle Vorteile ausbeuten müsse. Sie betrachte es von vornherein als ihre Aufgabe, sich zu behaupten und sich zu steigern. Macht bessere den Menschen überhaupt nicht – vor allem, wenn er der Überzeugung sei, ein ernsthaftes Objekt für das Fatum und den Nachruhm zu sein. Unverkennbar ist gleichwohl, daß sich Friedrich von dem frühen Essay «Considérations sur l'état présent du corps politique de l'Europe» (1738) und dem Antimachiavel bis zu seinen Reflexionen über Regierungsformen und Herrscherpflichten von 1777 beharrlich und mit schonungsloser Offenheit Rechenschaft über seinen Status und die Möglichkeiten und Grenzen seines Staates abzulegen versucht hat. Auch an seinen Geschichtswerken, seinen Politischen Testamenten und der Fülle seiner

Lehrschriften ist ablesbar, wie er bestrebt war, im Sinne eines pragmatischen Realismus persönliche und sachliche Schlußfolgerungen aus dem zu ziehen, was ihn die Geschichte und die eigene Erfahrung gelehrt hatte. Gewiß spielten dabei auch autobiographische Aspekte und – wie in der Korrespondenz mit Voltaire immer wieder nachweisbar – literarische Ambitionen eine Rolle. Offenkundig ist jedoch, daß er über das persönliche Schicksal hinaus Grundprinzipien seiner Zeit in Bereichen wie der Staatsauffassung, des literarischen Diskurses oder des Heerwesens wie kein anderer zu erfassen und theoretisch zu begründen vermochte. Und darin liegt nicht nur etwas Neues, sondern wirkliche Größe und der unbestreitbare Rang dieses Herrschers.

Trotz der dramatischen Jugendgeschichte, deren traumatische Schatten – daran kann kein Zweifel bestehen – für Friedrichs gesamtes Leben prägend geblieben sind, trotz der nicht weniger bedeutsamen Kronprinzenjahre in Neuruppin und Rheinsberg: die wirkliche Lebensgeschichte dieses Königs beginnt mit dem Herrschaftsantritt, genauer mit dem Entschluß, sich Schlesiens zu bemächtigen. Jacob Burckhardt hat den bemerkenswerten Gedanken geäußert, daß ein Erbfürst sich im Gegensatz zu anderen Potentaten ohne Einspruch und Gefahren sogleich in den vollständigen Besitz der Macht versetzt sehe, «in welcher er Größe entwickeln kann». Allerdings, gibt Burckhardt zu bedenken, könne dieser auch durch die Verführung zu Willkür und Genuß «weiter vom Erreichen der Größe entfernt und von Anfang an nicht zur Entwicklung aller inneren Kräfte angespornt» werden. Bei Friedrich dem Großen indessen war zu Befürchtungen dieser Art keine Veranlassung. Denn mit dem Einmarsch in Schlesien wenige Monate nach seinem Herrschaftsantritt fand er sich in einer Konstellation wieder, die ihn alle seine geistigen und physischen Kräfte und alle Ressourcen seines Landes anzuspannen nötigte. Seine Herrschaft begann durch die kaltblütige Ausnutzung der mächtepolitischen Konjunkturen des Jahres 1740 mit dem Ernstfall; und bei diesem Ernstfall ist es trotz Flötenkonzert und Tafelrunde im Marmorsaal von Sanssouci während seines ganzen Lebens geblieben. Ein biographischer Abriß muß deshalb dieses Ereignis in den Mittelpunkt einer Würdigung stellen und alle anderen Aspekte eines so vielfältig bedeutsamen Königtums vernachlässigen. Dabei müssen, wie Burckhardt sagt, auch «sittliche Ideale der Menschheit» beiseite geschoben werden: «denn das große Individuum ist ja nicht zum Vorbild, sondern als Ausnahme in die Weltgeschichte gestellt».

Es ist ein generelles Kennzeichen des absoluten Fürstenstaates, daß sein auf unumschränkte Machtbefugnisse gerichteter Herrschaftsanspruch, die Durchdringung von Staat und Gesellschaft und die Durchsetzung seiner außenpolitischen Machtprätentionen personelle und materielle Ressourcen erforderte, über die keine der europäischen Monarchien wirklich verfügte. Der Hof als gesellschaftliche Veranstaltung, das Heerwesen und eine allein dem Fürsten verpflichtete Bürokratie waren die Instrumente, mit deren Hilfe diese Ziele zu verwirklichen versucht wurden. Dem Absolutismus ist es gelungen, auf allen diesen Gebieten staatlichen Handelns große Fortschritte zu erzielen. Aber er war zugleich auch gezwungen, zur Bewältigung dieser Aufgaben eine hohe und in der Regel permanente Verschuldung in Kauf zu nehmen. Das bedeutete: Abhängigkeit von ausländischen Krediten oder Subsidien, von Bankiers oder Financiers, von Anleihen bei ständischen Institutionen und Kreditwerken, von Ämterschöpfungen oder der Auflage von Staatspapieren.

Allein Preußen machte hier eine Ausnahme. Denn es war Friedrich Wilhelm I., dem Vater, mit dem Prinzip strikter Sparsamkeit gelungen, nicht nur die Schuldenlast, die er von seinem Vater übernommen hatte, zu tilgen und verpfändete Güter zurückzukaufen, sondern einen Staatsschatz anzulegen, der sich im Jahre 1740 auf beinahe 8 Millionen Taler belief und in Fässern gelagert in den Kellerräumen des Berliner Schlosses aufbewahrt wurde. Die Gesamtsumme der Einnahmen und Ausgaben des preußischen Staatshaushaltes betrug im Todesjahr Friedrich Wilhelms I. etwa 7 Millionen Taler. Davon wurden 5 Millionen für die Bedürfnisse des Militärs aufgewendet. Aus den übrigen Einnahmen bestritt der König nicht nur die Kosten für Hofhaltung und Staatsverwaltung, sondern auch die Rücklagen für den Staatsschatz. Hier tritt also ein Element der Staatsbildung zutage, das einzigartig dasteht in der Staatenwelt des vorrevolutionären Europa. Es muß als eine der beiden entscheidenden Voraussetzungen für jenen Vorsprung an politischer Mobilität eingeschätzt werden, die den Thronfolger, Friedrich II., bei seinem Regierungsantritt im Jahre 1740 befähigte, den Aufstieg Preußens in den Kreis der europäischen Hegemonialmächte ins Werk zu setzen.

Neben der Ordnung der Finanzen widmete sich Friedrich Wilhelm I. mit Vehemenz dem Ausbau des Heerwesens. Es ist schwer erkennbar, welche Absichten ihn dazu bewogen haben, den Kriegsstand der preußischen Armee um das Doppelte, von 40 000 auf 80 000 Mann, zu vergrößern, zumal er im Gegensatz zum Großen Kurfürsten vor jedem außenpolitischen Wagnis zurückschreckte und nach dem Prinzip seines Vaters gehandelt hat, um der Wohlfahrt seines Landes willen den Frieden zu bewahren und Krieg und Unruhe solange wie möglich von ihm fernzuhalten. Offenkundig ist zwar, daß er die Ohnmacht Preußens in den weltpolitischen Auseinandersetzungen des Spanischen Erbfolgekrieges und des Nordischen Krieges als persönliche Schmach und Zurücksetzung empfunden hat. Im übrigen aber erscheinen seine außenpolitischen Pläne von einem dynastischen Ehrgeiz und einem Machtkalkül geprägt zu sein, wie es im Konkurrenzkampf der rivalisierenden Höfe überall in Europa hervortritt. Zugleich aber besaß er ein ausgeprägtes Gespür dafür, daß die innere Konsolidierung des brandenburgisch-preußischen Staates nicht einfach um seiner selbst willen vorangetrieben werden sollte, sondern im Dienste eines durch Generationen hindurch sich vollziehenden Aufstiegs stand, in dessen unaufhaltsame Dynamik er auch den Thronfolger einzubeziehen hoffte. Kurfürst Friedrich Wilhelm, schrieb er 1722 in seinem «Politischen Testament», hat das rechte Flor und Ansehen in unser Haus gebracht; mein Vater hat die königliche Würde erworben; ich habe das Land und die Armee instand gesetzt. «An euch, mein lieber Successor, ist es, was eure Vorfahren angefangen haben, zu soutenieren und jene Prätentionen und Länder herbeizuschaffen, die unserem Hause von Gott und rechtswegen zugehören. Betet zu Gott und fanget niemals einen ungerechten Krieg an. Aber wozu ihr ein Recht habt, da lasset nicht ab.» Deshalb bat er den Kronprinzen, «die Armee wohl zu conservieren und sie mehr und mehr zu verstärken». «So werdet ihr», schrieb er, «eine formidable Puissance sein für eure Feinde und in Europa die Balance halten können, wenn es von euch abhängt. Und wer die Balance halten kann, wird immer etwas dabei profitieren und respektabel sein für Freund und Feind.»

Der Thronfolger, der große König, hat viele der Ratschläge, die ihm der Vater in seinem «Politischen Testament» einzuschärfen versuchte, durchaus befolgt. Er hat die Armee, die ihm Friedrich Wilhelm I. hinterlassen hat, nicht nur konserviert, sondern noch einmal so sehr verstärkt, daß sie zu Beginn des Siebenjährigen Krieges einen Sollstand von 141 000 Mann hatte und unter den am Kriege beteiligten Mächten nur von der Armee des Kaiserhauses übertroffen wurde. Auch hat er trotz der vier Kriege, die er während seiner Regentschaft geführt hat, trotz der kostbaren Sammlungen, die er vor allem in Frankreich zusammentragen ließ, und trotz der Repräsentationsbauten, mit denen er in seinen Residenzen Berlin und Potsdam standesgemäß in Erscheinung zu treten wünschte, das Kunststück fertiggebracht, dem Thronfolger auch seinerseits einen Staatsschatz zu hinterlassen, und zwar in der beträchtlichen Höhe von 54 Millionen Talern. Auch hat er sich ganz im Sinne einer Machtsteigerung des Hauses Brandenburg, wie sie dem Vater vorgeschwebt hat, mit Hingabe und Eifer an den inneren Ausbau des von den Vorfahren Erreichten gemacht und darüber hinaus seine Aufgabe darin gesehen, die Prätentionen und Länder herbeizuschaffen, auf die das Haus Brandenburg Ansprüche glaubte geltend machen zu können. Nur ein Prinzip ließ er außer acht, das für den Vater wie für den Großvater noch absolut bindende Kraft besessen hatte: den Grundsatz, keine ungerechten Kriege zu führen.

Als Friedrich Wilhelm I. seine väterliche Instruktion für den Thronfolger niederschrieb, war der Kronprinz erst zehn Jahre alt und konnte zu Befürchtungen hinsichtlich eines Machthungers, wie er dann nach wenigen Monaten seiner Regentschaft mit kaum gezügelter Vehemenz hervorbrechen sollte, noch keine Anhaltspunkte geliefert haben. Um so mehr überrascht die Hartnäckigkeit, mit welcher der König gerade auf diesem Punkt beharrte. Die Versuchung, sich nach den Prinzipien gewalttätiger Usurpation die «conjonctures favorables» zunutze zu machen, war in den Staatenbeziehungen des Ancien régime offenbar so tief verwurzelt, daß es auch in einer Dynastie, deren machtpolitische Aspirationen sich bisher in engen Grenzen hielten, solcher Mahnungen bedurfte. «Point de paix, point de Prussien», schrieb er; «das ist das beste für euch und euer Land, für eure Wohlfahrt und Gloire». Zwar unterstrich er, daß der Bogen hoch gespannt werden müsse; doch verband er mit diesem Grundsatz ehrgeiziger Selbstbehauptung wiederum die beschwörende Aufforderung, um Gottes willen keinen ungerechten Krieg anzufangen. Seid kein Aggressor, schärfte er dem Kronprinzen ein; denn Gott hat die ungerechten Kriege verboten und fordert Rechenschaft für jeden, der durch solch einen Frevel zu Tode kommt. «Leset die Historie; dann werdet ihr sehen, daß ungerechte Kriege niemals gut ausgegangen sind».

Nun ist bekannt, daß Friedrich der Große von dieser Norm, die durch Generationen hindurch auch im Hause Brandenburg als unumstößliche Richtschnur in Geltung stand, abgewichen ist und mit der gewaltsamen Annektion des Herzogtums Schlesien wenige Monate nach seiner Thronbesteigung einen Tatbestand geschaffen hat, der nicht nur von den Zeitgenossen, sondern auch von der neueren Historiographie als eines der sensationellsten Verbrechen der neuzeitlichen Geschichte empfunden worden ist. Aber auch, wenn man angesichts der auf den Grundsatz unbedingter Expansion verpflichteten Machtpolitik aller Fürstenstaaten des Ancien régime ein solches Urteil für unangemessen hält und im Kontext eines aufs äußerste zugespitzten Konkurrenzkampfes der Mächte für einen milderen Spruch plädiert, so bleibt der Überfall auf Schlesien doch ein Gewaltakt, der die preußische Politik in eine Jahrzehnte dauernde Zerreißprobe geführt hat. Denn die eindeutig unrechtmäßige und im Handstreich erzwungene Eroberung Schlesiens stellte selbst im Rahmen dessen, was nach den Maßstäben absolutistischer Staatsräson noch hinnehmbar erschien, die Verletzung aller Spielregeln des Staatensystems dar. Preußen blieb deshalb bis zum Beginn der 1790er Jahre hinein von den Revisionsbestrebungen des Wiener Hofes bedroht und war zu ständiger Wachsamkeit und äußerster Anspannung aller dem Staate verfügbarer Ressourcen gezwungen.

Die später vorgebrachten Rechtsdeduktionen für diesen Zugriff waren ebenso fadenscheinig wie nebensächlich. Sie dienten lediglich als Vorwand für eine Machtpolitik, die den Prinzipien territorialer Arrondierung und fortschreitender Vergrößerung verpflichtet war und nur darauf wartete, unter rücksichtsloser Ausnutzung der herrschenden Konjunkturen vollendete Tatsache zu schaffen. Ein schlagkräftiges Heer, ein wohlgefüllter Staatsschatz, Ehrgeiz und der unbändige Wunsch, sich einen Namen zu machen, waren – wie sich der König selbst vernehmen ließ – die Motive seines Handelns. Das Ultimatum, das er in Wien überreichen ließ und das nach bewährtem Muster eine Garantieerklärung für das Kaiserhaus mit der Forderung nach Sanktionierung des Übergriffs verband, war selbst in der bedrohlichen Lage, in die er den Wiener Hof gebracht hatte, unannehmbar. Er spekulierte vielmehr – wie sich erweisen sollte: zu Recht – auf die Wahrscheinlichkeit, daß sich nach der Besitzergreifung Schlesiens in einer Atmosphäre hochgespannter Rivalität auch andere Staaten an der Aufteilung der habsburgischen Erbschaft beteiligen würden. Er setzte auf das in der Hegemonialpolitik der großen Mächte vielfach angewandte Prinzip des «droit de possession», das die ebenfalls auf Expansion bedachten Konkurrenten in Zugzwang brachte und schließlich in einen großen internationalen Konflikt führen mußte.

Dabei glaubte Friedrich, ein kalkuliertes Risiko insofern einzugehen, als in der europäischen Mächtekonstellation des Jahres 1740 einer der beiden weltpolitischen Kontrahenten, England oder Frankreich, auf jeden Fall auf seine Seite treten mußte. Da sich beide Mächte überworfen haben, schrieb er in kühler Berechnung seines Handlungsspielraums, und England nicht tatenlos zusehen kann, wenn Frankreich sich im Reich engagiert, biete sich immer die Möglichkeit zu einem guten Bündnis. Und in der Tat: im Juni 1741 trat Frankreich auf seine Seite, gefolgt von Bayern, Sachsen und Spanien. Aus dem schlesischen war ein europäischer Krieg geworden, der erst im Jahre 1748 beendet werden konnte. Hinzu trat die Überlegung, mit Schlesien eine Provinz zu erwerben, die nicht nur der Arrondierung seines «Königreiches der Grenzen» diente, sondern zugleich auch so beschaffen war, daß Preußen im

Konzert der Mächte dann wirklich eine eigenständige Rolle zu spielen in der Lage war.

Graf Kaunitz, der spätere österreichische Staatskanzler, hat 1749, also unmittelbar nach Abschluß des Aachener Friedens und der internationalen Anerkennung der Annektierung Schlesiens durch Preußen, den Versuch unternommen, sich und dem Kaiserhaus Rechenschaft darüber abzulegen, welche Veränderung der mächtepolitischen Konstellation sich aus dem durch Preußen aufgeworfenen Schlesienproblem ergab. Was den König betreffe, schrieb er in einer grundlegenden und weit ausholenden Denkschrift, so verdiene dieser ohne Zweifel in die Kategorie der natürlichen Feinde – noch vor dem Osmanischen Reich – eingestuft und somit als der ärgste und gefährlichste Nachbar des Erzhauses betrachtet zu werden. Was die österreichische Monarchie durch den Verlust von Schlesien für einen ungemein großen Schaden erlitten habe, brauche er nicht zu unterstreichen. Aber selbst wenn der finanzielle Verlust verschmerzt werden könne, so sei mit Schlesien «nicht etwa ein auswärtiges Glied, sondern ein haupt-Theil des Körpers abgerißen» worden. Und überdies habe Schlesien einem Feind, der eine an Zahl überlegene, mit allem wohlversehene und disziplinierte Armee beständig auf den Beinen habe und zugleich das Geld «in den Coffres liegen hat», um noch weitere Armeen aufzustellen und zu unterhalten, die Wege frei gemacht, «bey anderwärts entstehenden Unruhen, und wann Er es nur seinem Interesse gemäß findet, in das Hertz der Erb-Länder einzubrechen, und der gantzen Monarchie den letzten tödtlichen Streich beyzubringen».

Nach der Annektierung Schlesiens kehrten sich also die strategischen Verhältnisse zwischen Österreich und Preußen um. Denn trotz der Barriere, welche die Sudeten einem Angreifer aus Norden und Osten in den Weg legten, standen Böhmen, Mähren und die österreichischen Erbländer einschließlich ihrer Hauptstädte nun unter der ständigen Bedrohung eines preußischen Angriffs. Hinzu kam, daß mit Schlesien eine außerordentlich bevölkerungsreiche Provinz in den preußischen Staatsverband inkorporiert werden konnte – ein Gebiet von mehr als 35 000 qkm Größe, das die Gesamteinwohnerzahl der Monarchie um etwa ein Drittel auf insgesamt 3,3 Millionen steigen ließ.

Auch für die Biographie Friedrichs des Großen bedeutete die Annektierung Schlesiens eine entscheidende Zäsur. Sie war, schreibt Theodor Schieder, die «in jeder Hinsicht über sein Leben entscheidende Tat». In seiner «Histoire de mon temps» äußerte der König zwar die Überzeugung, daß ein Fürst sich selbst und vor allem seinem Volke Respekt verschaffen müsse und Mäßigung eine Tugend sei, die ein Staatsmann in diesen verderbten Zeiten nicht immer walten lassen könne. Deshalb sei es beim Thronwechsel im Hause Habsburg nötiger gewesen, «Beweise von Entschlossenheit als von Sanftmut zu liefern». «Das war», schrieb er rückblickend, «der Weg, sich Ruhm zu erwerben und die Macht des Staates zu vergrößern». Doch gestand er sich zugleich auch ein, daß mit «den großen Unternehmungen», zu denen ihn so vieles gereizt habe, Tatsachen geschaffen worden waren, die die preußische Geschichte im allgemeinen und die des Königs im besonderen nicht nur geprägt, sondern auch mit schweren Hypotheken belastet haben. Sein Leben sei zu kurz, sagte er in später Einsicht in das ganze Ausmaß der mächtepolitischen Desorientierung, die sein Zugriff auf Schlesien nach sich zog, um die Kaiserin wieder in Sicherheit zu wiegen. Von allen europäischen Mächten, schrieb er im «Politischen Testament» von 1752, «haben wir Österreich am tiefsten gekränkt. Nie wird es den Verlust von Schlesien verschmerzen, nie vergessen, daß es nun sein Ansehen in Deutschland mit uns teilen muß. Seine jetzige Politik zielt darauf ab, die Armee zu reorganisieren, die Finanzen in Ordnung zu bringen und so lange Frieden zu halten, bis alle diese Vorkehrungen abgeschlossen sind». So müsse seine Politik nunmehr darauf gerichtet sein, «die Kabinette Europas daran zu gewöhnen, uns in der Stellung zu sehen, die uns dieser Krieg gegeben hat»; und er hoffte, «daß viel Mäßigung und viel Gleichmut gegenüber allen Nachbarn uns dahin führen wird». Doch blieb die außenpolitische Lage ungeachtet dieser Vorsätze auch weiterhin aufs höchste gespannt. Kaunitz jedenfalls unterstellte, der König werde in keinem Augenblick daran zweifeln, «daß Schlesien dem Durchlauchtigsten Erzhauß gantz ohnverschmertzlich falle» und zu seiner Rückgewinnung keine Gelegenheit versäumt werde. Daraus folge von selbst, schrieb er in seiner Denkschrift von 1749, daß die preußische Politik zur Erhaltung ihrer Eroberung ständig darauf gerichtet sei, Österreich zu schwächen und an der Ausführung seiner Revisionsabsichten zu hindern. So werden, prophezeite er, beide Höfe auch in Zukunft «in der grösten Eifersucht und ohnversöhnlichen Feindschafft» miteinander leben.

Schon im Jahre 1740 sind deshalb die Weichen gestellt worden für den gesamten Lebensweg des Königs. Er hatte, wie er unmittelbar nach dem Einmarsch in Schlesien am 16. Dezember 1740 im stolzen Bewußtsein des Eroberers an seinen Minister Podewils schrieb, tatsächlich «den Rubikon überschritten». Dieses Wort, erwachsen aus der Euphorie eines heiß ersehnten Augenblicks, sollte seine Gültigkeit für die ganze Dauer seiner Regentschaft behalten. «Laß die Neider und Ignoranten nur reden!», notierte er drei Tage später in einem Brief an Jordan. «Sie werden niemals der Kompaß für meine Pläne sein, sondern nur der Ruhm.» In jenen Dezembertagen entschied sich das Schicksal König Friedrichs II. von Preußen; sie bestimmten seinen historischen Rang im positiven wie im negativen Sinn. Denn der Preis für den aus preußischer Perspektive so naheliegend, ja notwendig erscheinenden Zugriff auf Schlesien war die unaufhörliche Sorge vor einem erneuten Waffengang, dessen Ziel nicht nur die Rückgewinnung einer annektierten Provinz sein konnte, sondern – wie der österreichische Staatskanzler Kaunitz formulierte – «la réduction de la Maison de Brandebourg à son état primitif de petite puissance très secondaire». Durch diese Eroberung, äußerte der König selbst in seinem Politischen Testament von 1752, «haben wir den Neid ganz Europas erregt und alle unsere Nachbarn aufgeschreckt». So folgte auf die beiden Schlesischen Kriege der 1740er Jahre und einen nur als Interim zu betrachtenden Friedensschluß der Siebenjährige Krieg, der ungeachtet seiner bis in die überseeischen Kolonialgebiete Englands und Frankreichs reichenden Perspektive ein Konflikt war, der in erster Linie um die Revision der Schlesienfrage zugunsten Österreichs und um die russischen Hegemonialansprüche in Ostmitteleuropa geführt wurde.

Im Kalkül der großen Allianz dieses dritten der Schlesischen Kriege lag es, Preußen durch die Abtrennung seiner Randgebiete und die Reduzierung seiner Armee so sehr zu schwächen, daß seine «Ruhehaltung» in Zukunft gewährleistet war. Der Endzweck des Krieges, heißt es in einer offiziösen Verlautbarung des Wiener Reichshofrates, bestehe darin, Preußen um des allgemeinen europäischen Interesses willen in solche Mittelmäßigkeit zu versetzen, «daß es wieder ein Staat vom anderen Range und den übrigen weltlichen Kurfürsten gleich würde. Sonst müssen», heißt es weiter, «die Staaten in Europa vom ersten Range in beständiger Besorgnis schweben, in von Preußen zu erregende Kriege verwickelt zu werden ... Dadurch würde das Europäische und besonders teutsche System und Gleichgewicht der Gefahr noch weiterer Zerrüttung immer ausgesetzt verbleiben». Und damit der «preußischen übermächtigen Militär-Monarchie» nicht die Quelle gelassen werde, nach einer kurzen Erholungspause alsbald einen neuen Krieg anzufangen und «sich allein gegen die ersten Europäischen Mächte zu regen», müsse der Friede von solcher Beschaffenheit sein, daß das Kurhaus Brandenburg «sich sobald nicht wieder in überlegene Kriegs-Verfassung» setzen könne, «also wohl auf Mittel zu denken wäre, wie eine baldige Wiederherstellung einer großen Kriegsmacht könnte erschweret werden». Der König selbst galt aus dieser Perspektive längst als «heros monstrueux», der «aus

Länder- und Ruhmsucht (und) um den Namen eines großen außerordentlichen Heldens und Eroberers davon zu tragen», zu ständiger Besorgnis Anlaß gab. Man verwies dabei auf den Völkerrechtslehrer Emer de Vattel und leitete aus seinem Verdikt über die Unruhestifter, «die grausamen Feinde aller Menschen», das Recht zum Zusammenschluß der Gutwilligen her, um einen solchen Fürsten «niederzuwerfen, zu strafen und ihm eine Macht zu entreißen, die er mißbraucht hat».

Wie immer solche polemisch zugespitzten und ja durchaus nicht uneigennützigen Argumente im einzelnen auch zu bewerten sein mögen: sie machen selbst in einer auf das Wesentliche beschränkten Auswahl deutlich, daß der König im Falle eines neuen Waffengangs mit einer Kriegsentschlossenheit seiner Gegner zu rechnen hatte, die nicht nur der Zurückgewinnung eines annektierten Landstrichs galt, sondern den Staat mit seiner «militärischen Regierungs-Verfassung» und den «kriegerischen, zur Ruhe nicht fähigen Gemüths-Neigungen» seines Königs im Kern zu treffen beabsichtigte. Er mußte darauf gefaßt sein, daß ihm als «Friedens- und Ruhe-Störer» nicht nur ein hinzuerworbenes Territorium, sondern der Gesamtbestand der Monarchie streitig gemacht würde.

So entbrannte ein Krieg, der nach Auffassung des dänischen Ministers Johann Hartwig Graf Bernstorff «nicht um ein mittelmäßiges oder vorübergehendes Interesse» geführt wurde, «nicht um ein paar Waffenplätze oder kleine Provinzen mehr oder weniger, sondern um Sein oder Nichtsein der neuen Monarchie, die der König von Preußen mit einer Kunst und einer Schlagfertigkeit in die Höhe gebracht hat, welche die eine Hälfte von Europa überrascht und die andere getäuscht hat. Der Krieg ist entbrannt, um zu entscheiden, ob diese neue Monarchie, zusammengesetzt aus verschiedenen Bestandteilen, noch ohne die ganze für sie notwendige Festigkeit und Ausdehnung, aber ganz und gar militärisch und mit der ganzen Begehrlichkeit eines jugendlichen, mageren Körpers, bestehen bleiben wird; ob das Reich zwei Häupter haben und der Norden Deutschlands einen Fürsten behalten soll, der aus seinen Staaten ein Heerlager und aus seinem Volk eine Armee gemacht hat, und der, sofern man ihm Muße läßt, seine Staatsgründung abzurunden und zu befestigen, als Schiedsrichter der großen europäischen Angelegenheiten dastehen und für das Gleichgewicht unter den Mächten den Ausschlag geben wird».

Auch an dieser glänzenden Analyse eines in den Staatenbeziehungen erfahrenen Mannes – eines Zeitgenossen wohlgemerkt – wird noch einmal deutlich, daß der Kampf gegen den König von Preußen im Rahmen dessen, was im Ancien régime an militärischen Energien freigesetzt werden konnte, unter dem Gesetz äußerster Gegensätze gestanden hat. Gewiß sind auf seiten der neben Österreich und Rußland auch Frankreich, Schweden und das Reich umfassenden Koalition, die Friedrich dem Großen im Siebenjährigen Krieg gegenüberstand, schwerwiegende Fehler begangen worden. «Wie viele günstige Gelegenheiten», urteilte der König über seine Gegner, «haben sie ungenutzt verstreichen lassen, wie viele gute Gelegenheiten verpaßt!» Nur so ist ja letztlich auch erklärlich, wie es überhaupt zu dem «Mirakel des Hauses Brandenburg» hat kommen können. Doch müssen Kriegspolitik und Kriegführung der Alliierten gleichwohl als ein Verfahren eingeschätzt werden, das unter den Bedingungen eines Koalitionskriegs das Äußerste an Schlagkraft und Energie zuwege brachte. Im Siebenjährigen Krieg waren «der Stoß der Interessen» und «das Prinzip der Feindschaft» keineswegs so schwach ausgeprägt, wie dies Clausewitz sonst für das Zeitalter der Kabinettskriege anzunehmen geneigt ist. Vielmehr wurde in diesem Krieg unter den Hauptkontrahenten im Geiste äußerster Feindseligkeit und unter Aufbietung aller verfügbaren Kräfte gerungen. Wie stark dabei nicht nur religiös und weltanschaulich bedingte Gegensätze, sondern auch persönliche Antipathien eine Rolle spielten, ist besonders von Kaiserin Maria Theresia überliefert. «Sie können sich darauf verlassen», schrieb sie im Dezember 1758 während der Besetzung Dresdens durch preußische Truppen an die Kurfürstin Maria Antonia, «daß ich wütend bin auf dieses Ungeheuer und daß ich jedes erdenkliche Mittel und den letzten verfügbaren Mann dazu verwenden werde, Sie aus dieser Sklaverei zu befreien. Der liebe Gott wird doch schließlich Mitleid mit uns haben und dieses Monstrum vernichten.»

Dazu ist es nun bekanntlich nicht gekommen, obwohl das mächtepolitische Szenarium, wie es sich zu Beginn des Siebenjährigen Krieges darstellte, die Sache des Königs als wenig aussichtsreich erscheinen ließ und statt des ungeschmälerten Fortbestandes der Monarchie eher die «déstruction totale de la Prusse» wahrscheinlich machte. Was sind die Gründe für dieses Mirakel, für dieses erneute «renversement», das sich selbst dem König der rationalen Durchdringung zu entziehen schien? Wie kann heute – nach über zweihundert Jahren – erklärt werden, was sich schon den Zeitgenossen und unmittelbar Betroffenen als rätselhaft darstellte? Ist nicht selbst die nach Methoden der Quellenkritik und der Anhörung aller Beteiligten verfahrende Geschichtswissenschaft überfordert, auf diese Frage eine Antwort zu geben?

Zunächst muß festgehalten werden, daß es hier um einen Sachverhalt von außerordentlicher Vielschichtigkeit geht. Er dürfte mit einigen Stichworten nicht zu entschlüsseln sein. Aber selbst wenn darauf verzichtet werden muß, alle Einzelfaktoren, die für den Ausgang dieses Kräftemessens von Bedeutung gewesen sind, anzuführen und zu erörtern, soll doch der Versuch unternommen werden, unter einem der zentralen Aspekte des Mirakels einer Lösung des Problems näher zu kommen. Es ist die Frage, welche Bedeutung Friedrich dem Großen für den ungeschmälerten Fortbestand des preußischen Staates zuzumessen ist.

Es ist offenkundig, daß es das Temperament des Königs, seine Ruhmbegierde und sein Machtkalkül gewesen sind, die den preußischen Staat aus dem Range einer Mittelmacht an der Peripherie des europäischen Staatensystems in den Mittelpunkt der mächtepolitischen Verwicklungen auf dem Kontinent gerückt haben. Die ungeheueren Impulse, die Mobilisierung aller geistigen und materiellen Ressourcen in Staat und Gesellschaft, aber auch die Leiden und Entbehrungen der Bevölkerung infolge des fortwährenden Kriegführens sind ganz unmittelbar mit dem Entschluß verknüpft, sich mit dem hergebrachten Status seines Königreichs nicht mehr abzufinden und im Konzert der Mächte eine eigenständige Rolle zu spielen. Aber von entscheidenderer Bedeutung für die Einschätzung des Königs ist nun, daß er nicht nur der Initiator dieses Vabanquespiels gewesen ist. Vielmehr muß ihm zugute gehalten werden, daß auch das Standhalten, die Wahrung des mit der Erwerbung Schlesiens verbundenen Ranges im Kreise der Hegemonialmächte, ohne das ganze Gewicht seiner Persönlichkeit nicht erklärt werden kann. Denn nicht nur durch die Dimensionen seines Machtkalküls, sondern nicht weniger auch durch die Unerbittlichkeit seines Selbstbehauptungswillens ist er weit über das hinausgewachsen, was als das typische Erscheinungsbild eines Monarchen seiner Zeit zu gelten hat. Besonders als Heerführer, als wahrhafter «Roi connétable», hat er sich bewährt und in vier zermürbenden Kriegen den mehrfach drohenden Untergang seines Königreichs abzuwenden vermocht. Gerade in dieser Rolle hat er ein eigenes, sich immer schärfer ausprägendes Profil gewonnen, zumal es im 18. Jahrhundert keineswegs mehr selbstverständlich war, daß ein Souverän tatsächlich und nicht nur formal den Oberbefehl über seine Truppen führte.

Die außerordentliche Angespanntheit der politischen Lage, in die sich der König durch die Annektierung Schlesiens hineinmanövriert hatte, erforderte eine Entschlossenheit der Kriegführung, wie sie sonst im Ancien régime nicht üblich war. Sein unbeirrbares Streben, Preußen in den Kreis der großen Mächte hineinzuführen, mußte zwangsläufig ein strategisches Konzept zur Folge haben, das sich von dem der anderen Mächte des europäischen Staatensystems in wesentlichen Punkten unterschied. Dabei profitierte er von einer Reihe struktureller Vorteile, die mit seinem Status als kriegführender Souverän verknüpft waren. So stellte der zeitweise als Prinzenerzieher am preußischen Hof tätige Jakob Friedrich von Bielfeld in seinen «Institutions politiques» fest, daß ein Monarch in seinen Unternehmungen sowohl in Kriegs- als auch in Friedenszeiten im Unterschied zu einem republikanisch verfaßten Staatswesen generell befähigt sei, «ins Große zu gehen». Ein kriegerisch gesinnter König könne darüber hinaus bewirken, daß die Truppen «mit mehr Ehrliebe und Tapferkeit» fechten als unter einem Feldherrn, «der ein Unterthan ist wie der geringste Soldat».

Auch der österreichische Feldmarschall Daun, einer der Hauptkontrahenten Friedrichs des Großen im Siebenjährigen Krieg, wies in einem Handschreiben an Kaiserin Maria Theresia darauf hin, daß sich der König von Preußen bei seinen Manövern im Vorteil befinde, weil er zugleich Souverän und kommandierender General sei und sich mit keiner Widerrede aufzuhalten habe. Deshalb müsse er in erster Linie durch einen Feldzug zu überwinden gesucht werden, indem er an der Verwirklichung seiner Ziele gehindert wird und sich dabei mehr als in einer Schlacht durch unterschiedliche Manöver schwächt.

In den «Staats-Betrachtungen über den gegenwärtigen Preußischen Krieg in Teutschland», einer Streitschrift des Wiener Hofes aus dem Jahre 1761, wird ebenfalls auf den gravierenden Unterschied der Kriegsgegner hingewiesen. Das Gleichgewicht unter den europäischen Staaten, heißt es dort, hänge nicht allein von der äußeren Stärke der Mächte ab, «sondern zugleich von dem inneren Geist eines regierenden mächtigen Fürsten», seinen «Leidenschaften und Talenten». Denn «ein zum Krieg gleichsam geborenes und durch viele Erfahrungen ausgearbeitetes Talent weiß im Kriegführen mehr auszurichten und mehr Vorteil aus einem jeden ihm günstigen Vorfall zu ziehen, als ein Ruhe und Friede liebender Fürst, der nicht mit gleichen Talenten zum Kriegführen begabet, wenn er auch von gleicher Macht wäre. Neben den Leidenschaften und Talenten zum Kriegführen ist auch ein großer Vorteil ..., wenn ein kriegender Fürst, der Eyfer und Talent zum Kriegführen besitzet, selbst zu Felde lieget und obrister Befehlshaber ist. Der König von Preußen nun besitzet außer der Herrsch- und Ländersucht auch eine große Passion und vieles Talent zum Kriegführen». Und er «führet nun nicht allein seinen eigenen Krieg gegen Österreich, Rußland und das Reich par lui même, sondern er dirigiert auch den Hannöverschen Krieg auf Engelländische Kosten gegen Frankreich und Teutschland mit Genehmhaltung des Königs von Engeland ganz alleine». Und weil er selbst kommandiere, heißt es weiter, und niemandem für seine Maßnahmen Rechenschaft schuldig sei, könne er «kühnere, verwegenere und gefährlichere Unternehmungen, so aufs Glück ankommen, wagen, die ein commandierender General, der mit von Cabinets-Befehlen abhanget, ohne Verantwortung, wenn der Ausschlag unglücklich und zu viel gewagt hieße, sich nicht trauen darf». In dem Umstand also, daß die beiden miteinander verbündeten Kaiserinnen, Maria Theresia und Elisabeth von Rußland, nicht anders als aus dem Kabinett Krieg führen können, bestehe der außerordentliche Vorteil der preußischen Waffen.

Ähnlich urteilt auch Georg Friedrich von Tempelhoff – ein Offizier und Schriftsteller, der selbst am Siebenjährigen Krieg teilgenommen hat. Auch der größte General, schrieb er, könne und dürfe nicht wagen, «was ein König unternehmen kann, der sich an der Spitze seiner Truppen befindet. Dieser darf in keiner Lage, sie sei so kritisch wie sie wolle, auf Verhaltensbefehle warten, darf keinen Unterfeldherrn zu Rat ziehen und kann gleich den entscheidenden Augenblick ergreifen». Niemand beneide ihn und dürfe ihn zur Verantwortung ziehen. «Ein jeder beeifert sich vielmehr, seine Befehle mit Anstrengung aller seiner Kräfte zu vollstrecken, weil er seinen Herrn entweder zum unmittelbaren Zeugen seines Verhaltens hat oder doch zu haben glaubt ... und er auf der Stelle Belohnung und Strafe zu erwarten hat. Besitzt der Fürst überdies die Eigenschaften eines vollkommenen Heerführers und großen Mannes, so läßt sich im militärischen Fach fast nichts Großes, Erhabenes und Außerordentliches denken, was er nicht mit der Hoffnung eines glücklichen Erfolges unternehmen könnte». Auch die Zeitgenossen erfaßten demzufolge sehr genau die unterschiedlichen Bedingungen, unter denen auf beiden Seiten Krieg geführt wurde. So unterstrich man immer wieder, daß die Oberbefehlshaber der verbündeten Armeen auf die Einhaltung von Kabinettsordres verpflichtet waren und im Vergleich zu den Planungen des Königs nur Maßnahmen ergreifen durften, deren Risiko absolut berechenbar erschien. Sie waren Feldherrn, sagt Clausewitz, «die im Auftrag handelten, und deswegen Männer, in welchen die Behutsamkeit ein vorherrschender Charakterzug war».

Neben der abweichend bemessenen Befehlskompetenz fiel noch ein weiterer Unterschied zwischen den Oberkommandierenden der Alliierten und ihrem preußischen Kontrahenten ins Gewicht. Denn der König war nicht nur Souverän und Feldherr in einer Person, sondern zugleich auch derjenige, dem die politische Tragweite seiner Entscheidungen immer vor Augen stand. Er war sich der Schwäche und Grenzen seiner Machtposition von Anfang an bewußt und verhehlte sich nicht, daß er angesichts der begrenzten

Ressourcen, die ihm zur Verfügung standen, die Ermattung noch weniger als die Niederwerfung aller seiner Gegner erreichen konnte. Deshalb glaubte er, nach dem Grundsatz handeln zu müssen, alles auf eine Karte zu setzen und schnelle Entscheidungen herbeizuführen. Denn er hoffte, die Verbündeten in großen Schlachten dergestalt einzuschüchtern, daß sie von ihren Kriegszielen abließen und schließlich in einen den Status quo ante bestätigenden Frieden einzuwilligen bereit waren.

In der Tat ist es ihm gelungen, eine gewisse moralische Herrschaft über seine Gegner zu erringen und sie durch die zupakkende Entschlossenheit seiner ersten Feldzüge dahin zu bringen, daß sie nach den ersten entmutigenden Erfahrungen einen politischen Offensivkrieg – widersinnig genug – andauernd in der taktischen Defensive führten. Insofern gelangte er – gewissermaßen notgedrungen – zu einer Bevorzugung des Schlachtprinzips und setzte sich damit in Widerspruch zu den strategischen Anschauungen seiner Zeit, die das Mittel der Schlacht lediglich als ein Verlegenheitsinstrument gelten ließen. Er befolgte, heißt es in Tempelhoffs «Geschichte des siebenjährigen Krieges», «zuweilen Grundsätze, die neu, kühn und über den Gesichtskreis seiner Vorgänger in der Kriegskunst waren. Wenige Menschen haben das Herz, eine neue Bahn zu betreten, weil dies eigenes Denken, mannichfaltige Verbindungen und eine große Entschlossenheit erfordert, geheiligten Vorurtheilen Trotz zu bieten. Der König hingegen wählte nicht selten ungebahnte Wege und schuf sich neue Systeme, weil sein philosophischer und im Denken geübter Geist dabei öfter Gelegenheit fand, seine Geisteskräfte in ihrer völligen Stärke wirken zu lassen. Verirrte er sich auch zuweilen und kam nicht zu dem Ziel, das er sich vorgesetzt hatte: so hielt doch die Art, wie er sich aus den Irrwegen herauswickelte, seine Gegner ab, aus seinen Fehlern alle die Vortheile zu ziehen, die sie daraus ziehen konnten und daraus gezogen haben würden, wenn er nicht das gewesen wäre, was er war».

So gelang es ihm, sich am Ende gegen alle seine Widersacher zu behaupten und die Arrondierung seines Staates, die er mit der Besitzergreifung von Schlesien zu erreichen versucht hatte, endgültig sicherzustellen. Er ist über den hemmungslosen, durchaus persönlich motivierten Expansionsdrang seiner ersten Regierungsjahre hinaus in eine Herrschaftsauffassung hineingewachsen, die sich hingebungsvoll und uneigennützig an den Erfordernissen seines immer angefochten bleibenden Staates orientierte und keine Abweichungen mehr von einem durch Staatsvernunft und Mäßigung vorgezeichneten Weg zuließ. Je mehr ihm zu Bewußtsein kam, welche weitreichenden, innen- wie außenpolitischen Konsequenzen mit dem Zugriff auf Schlesien verbunden waren, desto entschiedener ergriff er sein Herrscheramt als eine Aufgabe, die ihm harte Pflichten und ein hohes Maß an Selbstentäußerung auferlegte. Sie konnte nicht mehr der Ruhmbegierde eines einzelnen, sondern nur noch der Bewahrung des mühsam Erreichten gelten. Zwar nahm Friedrich im Bewußtsein ungeschmälerter Omnipotenz nach wie vor für sich in Anspruch, allein und ohne Mitsprache von irgendeiner Seite darüber zu befinden, was dem Staatszweck im allgemeinen und der Wohlfahrt des Landes im konkreten gemäß sei. Aber anders als die Repräsentanten des klassischen Absolutismus ließ er sich nach der Weichenstellung von 1740 in Dienst nehmen von Prinzipien, die ihn auf den Weg einer nüchternen und kalkulierbaren Politik führten. «Ehre», schreibt Theodor Schieder, «verstand Friedrich der Große wohl in erster Linie als Standesethos des Fürsten, er verschmolz diesen Gedanken aber mit dem Staatswohl und tat damit einen für die Geschichte des politischen Denkens wichtigen Schritt». Denn «das Ich des Königs» wurde nun nicht mehr einfach mit dem Staat identifiziert, wie es dem Zeitalter Ludwigs XIV. entsprochen hatte, «sondern es wurde herausgefordert, im Falle der Not alle Entbehrungen auf sich zu nehmen, um den Staat aus seiner Existenzbedrohung zu retten».

In diesem Zusammenhang muß schließlich auch die berühmte Sentenz zur Sprache kommen, die Jacob Burckhardt in seinem Essay über «Das Individuum und das Allgemeine» hinsichtlich dessen, was als «historische Größe» bezeichnet werden kann, über das Moment der Seelenstärke gesagt hat. Sie allein vermag es, schreibt er, «im Sturme zu fahren». Sie stelle nicht nur die passive Seite der Willenskraft dar, sondern sei etwas von ihr ganz Verschiedenes. Denn: «Schicksale von Völkern und Staaten, Richtungen von ganzen Civilisationen können daran hängen, daß ein außerordentlicher Mensch gewisse Seelenspannungen und Anstrengungen ersten Ranges in gewissen Zeiten aushalten kann». Die neuere mitteleuropäische Geschichte, fährt er fort, sei dadurch bedingt, daß Friedrich der Große dies von 1759 bis 1762 in hohem Maße vermochte. «Bloße Kontemplation ist mit einer solchen Anlage unvereinbar; in dieser lebt vor allem wirklicher Wille, sich der Lage zu bemächtigen, und zugleich eine abnorme Willens*kraft*, welche magischen Zwang um sich verbreitet und alle Elemente der Macht und Herrschaft an sich zieht und sich unterwirft. Dabei wird sie von ihrem Überblick und Gedächtnis nicht beirrt, sondern handhabt die Elemente der Macht in ihrer richtigen Koordination und Subordination, ganz als gehörten sie ihr von Hause aus».

Die über die Person hinausweisende Bedeutung des Königs kann demzufolge darin gesehen werden, daß er den ungeheueren Anfechtungen, in die er sich und seinen Staat durch den Eklat von 1740 gestürzt hat, am Ende standzuhalten vermochte. Allerdings bleibt die Frage, ob denn die Größe, die in diesem Lebenswerk ohne Zweifel zum Ausdruck kommt, einen offenkundigen Rechtsbruch schließlich doch legitimieren kann. Thomas Mann hat in seinem während des Ersten Weltkriegs geschriebenen Essay «Friedrich und die große Koalition» dafür plädiert, daß der König nicht im Recht gewesen sei, «sofern Recht eine Konvention, das Urteil der Majorität, die Stimme der ‹Menschheit› ist. Sein Recht», fährt er fort, «war das Recht der aufsteigenden Macht, ein problematisches, noch illegitimes, noch unerhärtetes Recht, das erst zu erkämpfen, zu schaffen war. Unterlag er, so war er der elendeste Abenteurer, ‹un fou›, wie Ludwig von Frankreich gesagt hatte. Nur wenn sich durch den Erfolg herausstellte, daß er der Beauftragte des Schicksals war, nur dann war er im Recht und immer im Recht gewesen». War er wirklich ein Agent der Vorsehung? Angesichts des unwiderruflichen Untergangs des von ihm so maßgeblich mitgeprägten Staates erscheint immerhin Skepsis angebracht.

Friedrich Wilhelm II.
(1786 – 1797)

von David E. Barclay

I.

Was ist historische Größe? An dieser Frage scheiden sich seit Jahrhunderten die Geister, gerade auch in neuerer Zeit, als Zeitschriftenredakteure und Kommentatoren, aus Anlaß der aktuellen Jahrtausendwende, mehrfach Verzeichnisse der «Größten» des vergangenen Jahrhunderts oder der letzten tausend Jahre zusammenstellten. Zu den vielen Historikern, die sich im Laufe der Jahrhunderte zur ganzen Problematik der historischen Größe geäußert haben, gehört unter anderem der englische Historiker Edward Gibbon. Am bekanntesten ist vielleicht die für ihn typisch zynische Bemerkung über den Kaiser Trajan: «Trajan trachtete nach Ruhm; und, solange die Menschheit ihren Beifall lieber ihren Zerstörern als ihren Wohltätern spendet, wird der Durst nach militärischem Ruhm immer das Laster der großartigsten Gestalten sein.»

Gibbons Bemerkungen erschienen 1776 im ersten Band seiner berühmten «History of the Decline and Fall of the Roman Empire». Sie hätten bestimmt seinem schon längst legendär gewordenen preußischen Zeitgenossen, Friedrich II., gelten können – einem Mann, der in Europa nicht nur wegen seiner militärischen Leistungen, sondern auch wegen seiner philosophischen, musischen und literarischen Fähigkeiten gefeiert und bewundert wurde. In Preußen jedoch galt er in seinen letzten Lebensjahren keineswegs als «Wohltäter» im Gibbonschen Sinne, sondern vielmehr als harter, barscher Zyniker und Misanthrop, als – in den Worten seines verbitterten Bruders, des Prinzen Heinrich – «sehr böser Mensch», ja sogar als «Ungeheuer». Als Friedrich im August 1786 starb, war Heinrich eher erleichtert als bestürzt – eine Haltung, die, nach den Beobachtungen des französischen Besuchers Graf Mirabeau, den Gefühlen der meisten Untertanen des «großen» Königs entsprach.

Sein Nachfolger, der nunmehrige König Friedrich Wilhelm II., gälte wohl den Einsichten Gibbons nach weder als «Zerstörer» noch als «Wohltäter» der Menschheit, und weder Gibbon noch irgendein anderer Historiker wäre auf die Idee gekommen, Friedrich Wilhelm II. als «groß» zu bezeichnen. Es war Friedrich Wilhelms Los, einer Legende auf den preußischen Thron zu folgen, einem Mann, der immerhin fast ein halbes Jahrhundert Schicksal und Werden Mitteleuropas maßgeblich beeinflußt hatte. Bis zu seinem Tod 1797 im Alter von 53 Jahren war Friedrich Wilhelm II. dagegen eine Regierungszeit von nur 11 Jahren beschieden – mit der wichtigen Ausnahme Friedrichs III., 1888, die kürzeste Regierungszeit in der Geschichte der preußischen Monarchie zwischen 1701 und 1918. Hinzu kommt, daß Friedrich Wilhelm II. von Anfang an sowohl seitens vieler zeitgenössischer Beobachter überwiegend negativ beurteilt wurde, als auch, zumindest bis vor ein paar Jahren, von späteren Historikern. Friedrich II. selbst mißtraute seinem Neffen und machte aus seiner Skepsis über dessen Führungseigenschaften kein Hehl. Auch der schon erwähnte Graf Mirabeau äußerte sich recht abfällig über Friedrich Wilhelm II. in seinem bekannten vierbändigen, 1788 erschienenen Werk «De la monarchie prussienne sous Frédéric le Grand, avec un appendice contenant des recherches sur la situation actuelle des principales contrées de l'Allemagne», worin er allerdings auch zu negativen Urteilen über das ganze preußische Staatswesen, einschließlich Friedrichs II. selbst, gelangte. Einige Jahre später zeichnete der französische Graf Ségur ein ähnlich kritisches Porträt in seiner «Histoire des principaux événements du règne de Frédéric Guillaume II» (1800), einer Arbeit, die verschiedene Aspekte der späteren Kritik an Persönlichkeit und Regierungsstil dieses Herrschers vorwegnahm. So entstand das Bild eines Mannes, der zwar wohlwollend und sogar großzügig gewesen sei, durchaus intelligent und musisch begabt, aber gleichzeitig epigonenhaft, der Wollust und dem Okkultismus, der Mätressen- und Günstlingswirtschaft ergeben.

Im beginnenden 21. Jahrhundert können wir jedoch – ohne das gängige Urteil über Friedrich Wilhelm II. nur des historischen Revisionismus' wegen in Frage zu stellen – verschiedene neue Maßstäbe setzen, um einen Monarchen zu betrachten, und ihn nicht hauptsächlich wegen seines Beitrags zur Entwicklung eines zentralisierten Macht- und Beamtenstaats bemessen. Schließlich gibt es die preußische Monarchie nicht mehr, Preußen hat zu existieren aufgehört, und im Zeitalter der Globalisierung scheint der unitär geformte Staat eher ein historisch bedingtes als ein zeitübergreifendes Phänomen zu sein. So sollte man Leistungen und Versäumnisse eines Monarchen wie Friedrich Wilhelm II. nicht mehr im Rahmen der «borussischen» oder der nationalliberalen Historiographie des 19. und frühen 20. Jahrhunderts untersuchen, sondern innerhalb der Möglichkeiten und Grenzen seiner eigenen Zeit.

Friedrich Wilhelm II., König von Preußen
1786–1797

Und dabei kann man zu neuen Erkenntnissen gelangen, wie beispielsweise anläßlich des 200. Todestags Friedrich Wilhelms II. 1997, als eine großangelegte Potsdamer Ausstellung nebst umfassendem Katalog seine Beziehungen zur Kunst und Kultur seiner Zeit neu bewertete. Vor allem muß er als Herrscher in einer Zeit radikalen Umschwungs betrachtet werden, als König, der mit unvorhergesehenen, vorwiegend aus Frankreich herrührenden revolutionären Tendenzen ringen, und sich gleichzeitig den unveränderten machtpolitischen Realitäten der geographischen Mittellage Preußens stellen mußte.

II.

Schon bei seiner Geburt am 25. September 1744 war es klar, daß der kleine Prinz Friedrich Wilhelm (II.) eines Tages den preußischen Thron besteigen sollte. Infolge der Kinderlosigkeit seines seit 1740 regierenden Onkels, Friedrichs II., fiel die Thronfolge auf dessen jüngeren Bruder, August Wilhelm (1722–1758), der den Titel «Prinz von Preußen» trug und mit Luise von Braunschweig-Wolfenbüttel-Bevern verheiratet war. Aus dieser Ehe stammten Friedrich Wilhelm II. und seine Schwester Wilhelmine (1751–1820), die spätere Gemahlin des Prinzen von Oranien und Erbstatthalters der Niederlande. August Wilhelm – Stammvater sämtlicher späteren preußischen Herrscher – war eine stattliche Figur, die sowohl in ihrem äußeren Erscheinungsbild als auch in ihrer Persönlichkeitsstruktur an den Vater, Friedrich Wilhelm I., erinnerte, auch wenn August Wilhelm als entschieden liebenswürdiger von seinen jüngeren Geschwistern bewundert wurde. Doch sein Leben endete tragisch, im Zusammenhang eines für das Haus Hohenzollern keineswegs ungewöhnlichen Familienzwistes. Während des Siebenjährigen Krieges 1757 wurde der Prinz von Preußen durch Friedrich II. wegen seines vermeintlichen Versagens im Gefolge des Fiaskos seiner Truppen in Böhmen und der Lausitz auf rüde und verletzende Weise gedemütigt. Von solcher Behandlung zutiefst erschüttert, zugleich seines Kommandos enthoben, starb August Wilhelm 1758, Sechsunddreißigjährig, nicht zuletzt auch deshalb, weil er seine Depressionen nicht ärztlich behandeln ließ.

So avancierte der inzwischen dreizehnjährige Prinz Friedrich Wilhelm zum preußischen Thronfolger, ohne seinen früh verstorbenen Vater näher kennengelernt zu haben, denn seit seinem dritten Lebensjahr wuchs er getrennt von seinen Eltern auf und wurde auf seinen königlichen Beruf vorbereitet. Von Anfang an genoß er eine vorzügliche, von seinem königlichen Onkel bis ins kleinste Detail vorgeplante Erziehung. Und die Ergebnisse dieser Erziehung waren keineswegs unbefriedigend, auch wenn Friedrich II. sich schon früh von seinem Neffen enttäuscht zeigte. Der Erzieher, den Friedrich II. auf Empfehlung des Präsidenten der Berliner Akademie der Wissenschaften, Pierre-Louis Moreau de Maupertuis, ausgesucht hatte, der Schweizer Nicolas Beguelin, war zuvor am Joachimstalschen Gymnasium in Berlin tätig gewesen. Kein preußischer Monarch hatte zuvor eine ähnlich aufwendige und zeitgemäße Erziehung genossen. Bereits im Alter von fünf Jahren konnte der Prinz lesen und schreiben, als Sechsjähriger sah er den damals am preußischen Hof weilenden Voltaire als Darsteller in französischen Theaterstücken. Auch seine militärische Ausbildung erfolgte aufs Sorgfältigste. 1751 wurde ihm zu diesem Zweck der gebildete und belesene Major Adrian Heinrich von Borcke als Militärbegleiter bzw. -gouverneur zur Seite gestellt. Friedrich II. betonte in einer Instruktion gegenüber von Borcke, der Prinz müsse neben dem Kriegshandwerk vor allem Philosophie und Geschichte lernen, ansonsten solle man ihn seinen Neigungen gemäß unterrichten: «Wenn das Kind Lust haben sollte, lateinisch, polnisch oder italienisch zu lernen, so soll dies nur von ihm abhängen. Zeigt er aber keine Neigung dafür, so soll man ihn nicht dazu zwingen, ebensowenig zur Musik... Es ist von größter Wichtigkeit, ihm Geschmack für das Militärwesen beizubringen. Deshalb müssen Sie ihm bei jeder Gelegenheit sagen..., daß jeder Mann von Geburt, der nicht Soldat ist, nur ein Elender ist.»

Der junge Prinz scheute sich nicht vor den ihm auferlegten militärischen Verantwortungen, obgleich er sich in der Position des Feldherrn niemals heimisch zu fühlen vermochte. Im Siebenjährigen Krieg und im Bayerischen Erbfolgekrieg stand er seinen Mann, und auch die eigene Regierungszeit war durch langandauernde Kriegshandlungen geprägt. Wie viele Angehörige des Hohenzollernhauses wies er eine ausgeprägte musikalische und künstlerische Begabung auf, wenngleich Friedrich Wilhelm, anders als sein Onkel, nicht selbst komponierte, sich jedoch schon früh fürs Geigen- und Cellospiel begeisterte. Als vortragender Musiker brillierte er in diesem Genre. Literarisch war er überaus belesen, und auch hier, ganz im Gegensatz zu Friedrich II., mit dem zeitgenössischen Aufklärungsschrifttum vertraut, nicht zuletzt mit den Werken Jean-Jacques Rousseaus und Edmund Burkes.

So wurde aus dem Prinzen ein intelligenter, vielseitig interessierter, durchaus anziehender junger Mann, hochgewachsen und attraktiv, wenn auch schon früh mit einer Neigung zur übermäßigen Leibesfülle, die ihm später den Beinamen «Dicker Wilhelm» eintrug. Aber trotz seiner Umgänglichkeit, trotz persönlicher Liebenswürdigkeit und geistiger Offenheit, waren beim Kronprinzen gewisse Persönlichkeitsmerkmale nicht zu übersehen, die Friedrich II. berechtigterweise Grund zur Sorge gaben. So fehlten Friedrich Wilhelm vollständig der Arbeitseifer und das Konzentrationsvermögen seines Vorgängers, und in der Politik fiel es ihm schwer, einer geraden Linie zu folgen. Er war ein Mann, der, ähnlich wie Ludwig XV. in Frankreich, den *douceur de vie* des Ancien Régime genoß, aber gleichzeitig ein gewisses Mißtrauen gegen seine Mitmenschen hegte. So hatte er zeitlebens nur zu wenigen Personen ein echtes Vertrauensverhältnis, vor allem zu seinem Lehrer Beguelin und zu Wilhelmine Encke, der Liebe seines Lebens.

Wie es von einem europäischen Fürsten seines Zeitalters erwartet wurde, ging Friedrich Wilhelm schon früh eine dynastische Ehe mit Prinzessin Elisabeth von Braunschweig (1746–1840) ein. Aber selbst gemessen an den eher großzügigen Maßstäben des 18. Jahrhunderts galt der Lebenswandel der Prinzessin als skandalös, und nach der Geburt ihrer Tochter Friederike 1767 kam es zwei Jahre später zur Scheidung. Kurz darauf heiratete der Thronfolger Friederike Luise, Prinzessin von Hessen-Darmstadt (1751–1805), die ihm sechs Kinder gebar, unter anderem 1770 den künftigen König Friedrich Wilhelm III. Die Ehe blieb, obgleich offensichtlicherweise mehrfach vollzogen, liebelos. Anders war dies mit Wilhelmine Encke (1753–1820). 1767 traf der damals 23jährige Thronfolger die Dreizehnjährige, Tochter eines Musikanten der Königlichen Kapelle. Sogleich entwickelte sich ein leidenschaftliches Liebesverhältnis, das sich unter anderem in Begegnungen am Havelufer, nahe der Pfaueninsel und des Heiligen Sees abspielte, welche Orte später zu den Lieblingsplätzen des Königs und zum Mittelpunkt der von ihm maßgeblich beeinflußten Bautätigkeit im Potsdamer Raum werden sollten. Der neuen zeitgenössischen Gefühlsströmung des *Sturm und Drang*, der *Empfindsamkeit* und der *sensibilité* entsprechend, verliebten sich die beiden stürmisch ineinander und schlossen 1770 ein Blutsbündnis. Von den insgesamt fünf Kindern des Paares überlebte nur eine Tochter die Eltern. Johann Gottfried Schadow hat nach dem frühen Tod des Sohnes Alexander 1787 auf königlichen Auftrag das Grabmal in der Neustädtischen Kirche zu Berlin errichtet.

Friedrich Wilhelm kümmerte sich nicht nur um seine unehelichen Kinder, sondern auch um Wilhelmine Encke selbst. Ein wenig wie in Rousseaus «Nouvelle Héloïse» oder in George Bernard Shaws «Pygmalion», versuchte der Thronfolger seiner Geliebten, die weder dumm noch einfach, freilich auch nicht standesgemäß und hoffähig war, die Erziehung einer Grande Dame zu vermitteln. Auf Drängen seiner Berater trennte er sich jedoch zu Beginn der 1780er Jahre von Wilhelmine, blieb ihr aber bis zum Lebensende eng verbunden. 1782 arrangierte er eine Scheinehe zwischen ihr und seinem Kämmerer Johann Friedrich Ritz, der sich regelmäßig in seiner Umgebung aufhielt und nach der Thronbesteigung 1786 erheblichen Einfluß gewann, freilich nicht in jenem Maße wie die Chefberater Ewald Friedrich Graf von Hertzberg, Hans Rudolf von Bischoffwerder und Johann Christoph Woellner. Wilhelmine Encke hingegen verstand es ihrerseits, sich erfolgreich gegen die Machenschaften der ihr feindlich gesinnten Rosenkreuzer in der Umgebung des Königs zu behaupten, unter anderem mittels Inszenierung eigener Geisterbeschwörungen, welche den dafür äußerst empfänglichen Charakter Friedrich Wilhelms ansprachen. Das sicherte ihr auch die finanzielle Unterstützung des Königs, der ihr mehrere Immobilien, unter anderem das «Palais Lichtenau» unweit des gerade geschaffenen Marmorpalais in Potsdam, zuwies. 1796 erhielt sie den Titel einer Gräfin von Lichtenau. Auch führte Friedrich Wilhelm einen regen Briefwechsel mit seiner vielseitig interessierten «besten Freundin». Ob sie darüber hinaus eine wirklich maßgebliche politische Rolle hinter den Kulissen spielte, ist bis heute nicht klar erwiesen. Jedenfalls ließ ihr der König nicht zuletzt detaillierte Beschreibungen der Ereignisse an den verschiedenen Kriegsschauplätzen zukommen.

Wilhelmine Encke war nicht die einzige Liaison des Monarchen. Nach seiner Thronbesteigung ließ sich Friedrich Wilhelm II. zweimal morganatisch verehelichen, was gewisse politische und theologische Probleme aufwarf, die in seinem Sinne unter Hinweis auf die Zustimmung Luthers und Melanchthons zur morganatischen Ehe des Landgrafen Philipp des Großmütigen von Hessen gelöst wurden. Die erste dieser beiden Ehen «zur linken Hand» schloß Friedrich Wilhelm mit Julie von Voss-Buch, spätere Gräfin Ingenheim. Nach deren Tod 1789 folgte eine weitere mit Sophie Gräfin Dönhoff, die dem König zwei Kinder gebar, unter anderem Friedrich Wilhelm Graf von Brandenburg, den späteren preußischen Ministerpräsidenten der Reaktion 1848–1850. Die Gräfin Dönhoff entwickelte jedoch politischen Ehrgeiz, was 1793 zur Lösung ihrer Verbindung mit dem König beitrug. Schließlich lernte er bei seinem Aufenthalt in Frankfurt am Main während des Revolutionskriegs gegen Frankreich die attraktive Sophie von Bethmann kennen, doch zu einer dritten morganatischen Ehe kam es nicht.

Kurzum: Friedrich Wilhelm II. war stets ein Mann von robuster Leidenschaftlichkeit, die, in seinem Fall vielleicht von etwas ungewöhnlichem, ja unbändigem Ausmaß, doch im Kontext seiner Zeit zu verstehen ist. Mätressen und Liebhaber waren im Zeitalter des Absolutismus keineswegs ungewöhnlich – man denke etwa an Ludwig XIV., Ludwig XV. oder Katharina II. –, und hinzu kamen die leidenschaftlichen Bewegtheiten der Spätaufklärung und der Frühromantik, der *sensibilité* und der *Einfühlsamkeit*, des jungen Werther und der Nouvelle Héloïse, verkörpert nicht nur in Menschen wie Friedrich Wilhelm II., sondern auch in Zeitgenossen wie dem etwas jüngeren Prinzen von Wales, künftigen König Georg IV. Schließlich war es das Jahrhundert Casanovas, des «Tom Jones» und des «Don Giovanni», ein Zeitalter sowohl der Sinnlichkeit als auch der Vernunft wie der Aufklärung.

Vor allem aber war es eine Epoche des Umbruchs und des Übergangs, was vielleicht zum Teil die Empfänglichkeit eines musisch begabten und belesenen Mannes wie Friedrich Wilhelm für das Rosenkreuzertum und für das Irrationale überhaupt erklären mag. Bekanntlich war das 18. Jahrhundert die große Zeit der Ausbreitung des Freimaurertums und der Geheimgesellschaften. Bis in die höchsten Gesellschaftsschichten Preußens waren die Freimaurer vertreten. Friedrich der Große war 1738 noch als Kronprinz den Freimaurern beigetreten, die ab 1740 seine erhöhte Protektion genossen. Das Freimaurertum darf durchaus als typische Erscheinung des aufgeklärten Jahrhunderts gelten. Die neuere Forschung hat zudem hervorgehoben, wie vielseitig und widersprüchlich das Phänomen «Aufklärung» gewesen ist – ein Phänomen, das sich nur schwer auf einen Nenner bringen läßt, ob man ihn nun mit den Schlagworten «Rationalismus» oder «Säkularisierung», «Suche nach Freiheit» oder «Geist der Reform», «Optimismus» oder «Vernunft» etikettiert. Gerade im Blick auf das Freimaurertum läßt sich ersehen, wie flüssig die Grenzen zwischen Rationalismus und gleichzeitigem Hang zum Irrationalen, zwischen Reformfreundlichkeit und obskurer Vorliebe für das Geheimnisvoll-Rätselhafte gewesen sind. «Geheimnis und Geheimnistuerei entfalteten ihre eigene Faszination, man vermutete übersinnliche Kräfte bei den den meisten Mitgliedern ‹Unbekannten Oberen›, traute ihnen ungeheuren Einfluß zu. Tatsächlich wucherte im Schatten der Aufklärung der Irrationalismus – auch in anderen Sektoren trieb Wundergläubigkeit eigenartige Blüten, ‹Träume eines Geistersehers› waren keine Seltenheit, Hochstapler wie Cagliostro machten daraus ein Geschäft.» (Horst Möller)

Ab Mitte des 18. Jahrhunderts breiteten sich zeitweilig, in Preußen wie andernorts, gewisse Bünde aus, die antiaufklärerisch gesinnt waren, unter anderem der Orden der «Gold- und Rosenkreuzer alten Systems». Maßgeblich für die Entscheidung des preußischen Kronprinzen, 1781 dem Orden beizutreten, war der zunehmende Einfluß seiner Ratgeber Woellner und Bischoffwerder, die auch in seiner Regierungszeit Schlüsselstellungen im Staat bzw. am Hof bekleiden sollten. Als junger Offizier während des Bayerischen Erbfolgekrieges hatte Bischoffwerder den preußischen Kronprinzen 1778 kennengelernt; danach avancierte er zu dessen Generaladjutanten. Über Bischoffwerder lernte Friedrich Wilhelm den vormaligen Prediger, nunmehrigen Landwirt und Schriftsteller Woellner kennen, einen durchaus intelligenten und fähigen, zugleich jedoch überaus ehrgeizigen Mann, der von einem seiner vielen Feinde einmal als «intriganter und betrügerischer Pfaffe» beschrieben wurde. Bischoffwerder und Woellner waren beide Rosenkreuzer, und durch ihr Werben wurde Friedrich Wilhelm unter dem Namen «Ormenus» gleichfalls im Orden aktiv. In diesem Zusammenhang nahm Friedrich Wilhelm an nächtlichen Geisterbeschwörungen teil. Vermutlich war Woellner selbst der «Unbekannte Obere», dem sich Friedrich Wilhelm bis zu seinem Austritt aus dem Orden 1792 mit Eifer und Engagement anvertraute, wie aus seinen langen (und langatmigen), unveröffentlichten Schriften zu Fragen des Rosenkreuzertums zu ersehen ist.

Der preußische Thronfolger war also ein höchst schillernder Mann, anfällig für die widersprüchlichsten Strömungen seiner Zeit, Musiker und Mäzen, Libertin und Ästhet zugleich, naiv und weltgewandt, großzügig aber auch verschlossen-vorsichtig, leicht beeinflußbar, doch mißtrauisch seinen Mitmenschen gegenüber, offen für gemäßigte Reformen, wenngleich sich seiner eigenen Macht und Autorität durchaus bewußt. Die Widersprüche seiner Zeit und seines Wesens offenbarten sich in der Innen- und Außenpolitik Preußens während seiner Regierungszeit.

III.

In der Literatur wird stets darauf verwiesen, daß Friedrich der Große seinen von ihm wenig geschätzten Thronfolger von fast allen Regierungsgeschäften auszuschließen bemüht war. Gleichwohl versuchte Friedrich Wilhelm in den letzten Lebensjahren des Onkels, sich mit den ihm bevorstehenden Aufgaben vertraut zu machen. So hörte er Vorlesungen von Woellner über Fragen der Innen-, und von Graf Hertzberg über Probleme der Außenpolitik. Letzterer, der in den letzten Lebensjahren Friedrichs des Großen als Kabinettsminister die Rolle eines Außenministers übernommen hatte, genoß das Vertrauen des alten Königs und war am Zustandekommen des antiösterreichischen Fürstenbundes 1785 maßgeblich beteiligt. Er wollte sich gleichzeitig für die Zukunft absichern und nahm deshalb, mehr oder weniger vertraulich, an den Vorbereitungsvorträgen beim Kronprinzen teil. Nach der Thronbesteigung des neuen Königs genossen er, Woellner, Bischoffwerder und Ritz besonders einflußreiche Stellungen am Hof und im Staat: Ritz als Geheimer Kämmerer des Königs, Bischoffwerder als Kabinettsminister und ab 1789 Generaladjutant mit besonderen Vollmachten für die Gestaltung der Außen- und Militärpolitik, Hertzberg als Kabinettsminister und Leiter der preußischen Außenpolitik, Woellner gleichfalls als Kabinettsminister und überdies Inhaber einer stattlichen Zahl von Stellen und Ämtern von vor allem innenpolitischer Relevanz. Obwohl es etwas übertrieben wäre, von einer Günstlings- oder Kamarillawirtschaft während der Regierungszeit Friedrich Wilhelms II. zu sprechen, konnten die genannten und einige weitere Ratgeber ihre zahlreichen Rivalen von den Schaltstellen der Politik fernhalten, zumindest zeitweilig – zumal die monarchische Regierungsmacht unter Friedrich Wilhelm II. nicht mehr so eindeutig in den Händen des Herrschers selbst konzentriert war, wie zu Zeiten Friedrichs des Großen. So versuchte Prinz Heinrich, Kriegsheld und Bruder des verstorbenen Königs, vergeblich, seinen Neffen von der proenglischen Politik des Grafen Hertzberg abzubringen und ihn auf eine frankreichfreundliche Linie einzuschwören.

Woellner selbst war ein gutes Beispiel für die Widersprüchlichkeit der preußischen Innenpolitik nach 1786. So konnte er gleichzeitig reformfreundliche und repressive Ansichten vertreten. 1785 beispielsweise verfaßte er eine Studie «Zur Abschaffung der Leibeigenschaft», worin er kritisch bemerkte, daß die Leibeigenschaft nicht nur unmenschlich sei, sondern auch den Interessen eines modern verwalteten Staates widerspräche, denn «eine ganze Nation fängt an zu vegetieren und ein Thier: und Pflantzen: Leben zu führen». Drei Jahre später freilich zeichnete er für das umstrittene Religionsedikt verantwortlich, das, wie Otto Hintze bemerkte, vielleicht doch «nicht ganz so schlimm war» wie sein Ruf. Mit seinen verschärften Zensurbestimmungen und seiner Bevorzugung der lutherischen Orthodoxie bereitete es jedoch der zunehmend politischer werdenden bürgerlichen Öffentlichkeit in Preußen arge Schwierigkeiten. So kam Friedrich Nicolais «Allgemeine Deutsche Bibliothek» in Bedrängnis, wobei gesagt werden muß, daß der König selbst schärfer zugunsten der kirchlichen Orthodoxie auftreten wollte, als es Woellner lieb war, zumal nach 1794. Deshalb mußten sich Universitätslehrer – unter ihnen kein Geringerer als Immanuel Kant in Königsberg – den neuen Zensurmaßnahmen anpassen und sich gegebenenfalls verwarnen lassen.

Trotz der verschärften Zensur waren Friedrich Wilhelm II. und seine Ratgeber insgesamt keineswegs reformfeindlich, auch wenn das preußische Regierungssystem größtenteils weiterhin friderizianisch blieb – was einmal mehr die Widersprüchlichkeit dieser Übergangs- und Umbruchzeit offenbart. Auf der einen Seite wurde das *Allgemeine Landrecht für die Preußischen Staaten* 1791 gedruckt und danach erneut umgearbeitet, ehe es 1794 endgültig in Kraft trat. Dieses Werk, das schon zu Lebzeiten Friedrichs des Großen begonnen und hauptsächlich durch Carl Gottlieb Svarez und Ernst Ferdinand Klein ausgearbeitet worden war, stellte gewissermaßen den Höhepunkt der rechtsstaatlichen Entwicklung Preußens im 18. Jahrhundert dar, auch wenn die endgültige Fassung die Macht und Autorität des Monarchen nicht so stark bzw. nicht durch ein System von Gesetzen eingeschränkt hatte, wie dies Svarez ursprünglich vorgeschwebt hatte.

Im Grunde jedoch nahm Preußen unter Friedrich Wilhelm II. nur relativ wenige Reformen in Angriff, wie sie beispielsweise Mirabeau in einem 1787 veröffentlichten «Brief» an den neuen König anmahnte. In seinem innersten Wesen blieb der preußische Staat – wie vor allem die Forschungen von Otto Hintze, Reinhart Koselleck, Gerd Heinrich, Horst Möller und Wolfgang Neugebauer gezeigt haben – letztendlich kameralistisch und auf die Strukturen des alten Kabinetts bzw. des Generaldirektoriums angewiesen. Dies kann kaum überraschen, denn bis zum revolutionären Umbruch nach 1789 galt Preußen mit Recht als der modernste und verwaltungstechnisch effektivste Staat Europas. So blieb es auch nach 1786 beim System des Spätabsolutismus. Allerdings betont die neuere Forschung auch, daß Allgegenwärtigkeit und Wirksamkeit der Strukturen des friderizianischen Staates nicht zu überschätzen sind, denn bis zum Zusammenbruch des Staates 1806 gab es in Preußen eine Reihe althergebrachter, regionalspezifischer Institutionen, die über den Tod Friedrich Wilhelms II. hinaus Bestand haben sollten. «Erst sehr langsam drang der Griff des Staates in die adlige und die niedere städtische Gerichtsbarkeit vor. Das Nichtabsolutistische des preußischen Absolutismus war für die Zeitgenossen des 18. Jahrhunderts in Preußen allgegenwärtig, der Starke Staat war es noch nicht» (Wolfgang Neugebauer). Reformen gab es sicherlich, so z. B. auf dem Gebiet der Regierungsmonopole oder in der Militärverfassung (Gründung des Oberkriegskollegiums 1787). Trotzdem fügte sich die Regierung Friedrich Wilhelms II. nahtlos in den Kontinuitätszusammenhang der vorangegangenen Regentschaft, auch und gerade hinsichtlich des sich vorbereitenden Übergangs Preußens zum zentralisierenden Beamtenstaat des 19. Jahrhunderts.

Doch der Umbruch, der dann später so schicksalhaft für die Zukunft der preußischen Monarchie werden sollte, kündigte sich auch schon vor 1789 an. Vor allem auf dem Gebiet der militärischen und der Außenpolitik Friedrich Wilhelms II. wurde dies spürbar, denn Preußen war in erster Linie ein Militärstaat. Fast alle europäischen Staaten mußten im 18. Jahrhundert mit enormen Ausgaben für Militärzwecke rechnen; 1787/88 gab Preußen fast zwei Drittel seiner Einnahmen für solche Zwecke aus, und im letzten Regierungsjahr Friedrich Wilhelms II. (nach dem Zustandekommen des Baseler Friedens 1795) waren es immerhin noch über 70 Prozent. Ohne es vielleicht jemals bewußt wahrzunehmen, mußte der König während seiner elfjährigen Regierungszeit mit einem fast unlösbaren Widerspruch kämpfen, der für diese Übergangszeit höchst bezeichnend war: einerseits Großmacht- und Kabinettspolitik im alten Stil zu treiben, andererseits den neuen revolutionären Kräften der Zeit Rechnung zu tragen.

Die erste Gelegenheit, mit den Kräften des «Zeitalters der demokratischen Revolutionen» (Robert R. Palmer) konfrontiert zu werden, kam in den Niederlanden, wo Friedrich Wilhelms Schwester Wilhelmine und sein Schwager, der Erbstatthalter Wilhelm V., in einen Zweikampf mit der sogenannten «Patriotenpartei» verwikkelt waren. Diese Gruppierung wollte unter anderem die Machtansprüche des Hauses Oranien, mit dem das Haus Hohenzollern seit langem und aufs engste verschwägert war, zurückschrauben, und 1787 kam es zu einer Krise, als Anhänger der Patrioten die Erbstatthalterin auf dem Weg zu ihrem Schloß in Den Haag anhielten, belästigten und sie dann nach Nijmwegen zurückschickten. Die erzürnte preußische Prinzessin forderte ihren königlichen Bruder auf, ihr Satisfaktion zu gewähren, was dieser auch tat: eine preußische Invasionsarmee von 20000 Mann unter dem Oberbefehl des Herzogs von Braunschweig fiel in die Niederlande ein, besetzte Amsterdam, zwang die Patrioten zu Kompromissen und führte den Erbstatthalter nach Den Haag zurück.

Obwohl die Auseinandersetzung mit den niederländischen Patrioten einen Vorgeschmack auf das kommende revolutionäre Zeitalter verhieß, fand der preußische Einmarsch ganz im Stil hergebrachter Großmachtpolitik statt, die in vollem Einklang mit der englandfreundlichen und frankreichfeindlichen Haltung des Grafen Hertzberg stand; hatten die Franzosen doch versucht, ihren eigenen Einfluß zugunsten der Patrioten zur Geltung zu bringen, wogegen die Engländer, wie seit eh und je, die französische Machtstellung in dieser Region einhegen wollten. Vergleichbare Wege, nun aber im Zusammenhang mit seiner komplizierten Politik gegenüber Österreich, beschritt Preußen zwei Jahre später, als im August 1789 die Stände in Lüttich – einem fürstbischöflich regierten Teil des Reiches, umgeben von den österreichischen Niederlanden – in Aufstand gerieten. Diesmal jedoch unterstützte

Preußen das Anliegen der Aufständischen, nicht zuletzt, um damit Druck auf Österreich auszuüben, das damals in einen gemeinsamen Krieg mit Rußland gegen das Osmanische Reich verwickelt war, den Preußen mit Blick auf seine Ostgrenzen rasch beenden wollte. Durch vereinten Druck der Preußen und der Briten kam es 1790 zur Konvention von Reichenbach zwischen Preußen und dem Habsburger Reich unter dessen neuem Kaiser Leopold II. Österreich zog sich vom türkischen Krieg zurück, und danach kam es fünf Jahre lang zu einer allerdings eher mißmutig betriebenen Kooperation zwischen Österreich und Preußen, die nie besonders effektiv funktionierte und vor allem hinsichtlich der kriegerischen Auseinandersetzungen mit dem revolutionären Frankreich immer neue Defizite aufwies.

In Preußen gab es zuerst nur geringes Interesse an einer Konfrontation mit dem revolutionären Frankreich, und zu kriegerischen Handlungen mußte man Friedrich Wilhelm II. geradezu zwingen, wozu vor allem die Agitation der Exilfranzosen und die zunehmend aggressive Politik der *Assemblée legislative* 1791/92 maßgeblich beitrugen. So waren es vor allem die französischen *émigrés,* die den Anstoß zur bekannten Pillnitzer Erklärung der beiden mitteleuropäischen Großmächte im August 1791 gaben. Im gleichen Jahr verlor Hertzberg seine Stellung, und zwar zugunsten des Einflusses von Bischoffwerder, der für das Zustandekommen des Pillnitzer Treffens zwischen Friedrich Wilhelm II. und Leopold II. maßgeblich verantwortlich war, und mithin auch für die Erklärung der beiden Monarchen, welche das Wohlergehen des französischen Königspaars als im Interesse aller europäischen Monarchen liegend einforderte. Daran anschließend kam es im Februar 1792 zu einem formellen Bündnis zwischen Preußen und Österreich, und zwei Monate später erklärte Frankreich den beiden Großmächten den Krieg.

Was dann geschah, ist oft erzählt worden. Mangelnde Koordination zwischen der preußischen und österreichischen Kriegführung sowie eine lustlos agierende politische Führung trugen zum Versagen der beiden Mittelmächte im Westen bei, beginnend mit der berühmten Niederlage bei Valmy im September 1792. Danach kam es zu einem langanhaltenden Auf und Ab, wobei die Preußen militärisch gar nicht so schlecht gegen die angeblich patriotisch begeisterten Franzosen abschnitten, wie dies öfters behauptet wird. Nach einer Reihe von Niederlagen Ende 1792/Anfang 1793 kam es zu einer vorläufigen Umkehr, als im März der Reichskrieg gegen Frankreich erklärt wurde, die Alliierten große Teile des von den Franzosen besetzten Rheinlands und Belgiens zurückerobern konnten und ein französisches Heer in Mainz durch preußische

Truppen eingekesselt und belagert wurde. Friedrich Wilhelm II. nahm persönlich an vielen Kampfhandlungen teil, von der Offensive im Sommer und Herbst 1792 bis hin zur Belagerung von Mainz, die mit der Kapitulation der Franzosen am 23. Juli 1793 endete. Es folgten preußische Siege im September bei Pirmasens und Ende November bei Kaiserslautern. Aber Friedrich Wilhelm, der monatelag im Feldlager gestanden hatte, interessierte sich allmählich immer weniger für den Kriegsverlauf im Westen. Nach dem Sieg bei Pirmasens ließ der preußische König ein *Te Deum* in Berlin anstimmen und kehrte in seine Hauptstadt zurück. Die Zusammenarbeit mit Österreich war schon längst fragwürdig geworden, zumal sich der Krieg zu einer teuren Angelegenheit entwikkelte, trotz ansehnlicher britischer Subventionen, die ab April 1794 einen großen Teil der Kriegskosten trugen. Diese konnten jedoch nicht verhindern, daß die beiden mitteleuropäischen Großmächte bis Ende 1794 Belgien, Holland und den größten Teil des Rheinlands an die Franzosen verloren.

Im darauffolgenden Jahr schloß Preußen den Baseler Frieden mit Frankreich und trat aus der ersten Koalition aus. Dieser Friedensvertrag ist, ähnlich wie später die Olmützer Punktation von 1850, von der historischen Forschung oft kritisiert worden. Auch Otto Hintze, der die «Notwendigkeit» des Vertrags akzeptierte, führte ihn auf die «Schwäche, Zerfahrenheit und Erfolglosigkeit der ganzen vorangegangenen Politik und Kriegführung» zurück. Obwohl die preußische Politik unter Friedrich Wilhelm II. nicht immer konsequent war, ist das negative Urteil Hintzes einseitig. Die Entscheidung, den Separatfrieden mit Frankreich auszuhandeln, wurde nicht nur vom König selbst, sondern von fast allen seinen Ratgebern befürwortet, unter anderem auch von Karl August von Hardenberg, dem späteren Reformer und ab März 1795 Leiter der Verhandlungen mit den Franzosen. Durch den Vertrag erkannte Preußen die französische Übernahme des linken Rheinufers an. Preußen sollte zudem neutral gegenüber Frankreich bleiben, ein Zustand, der elf Jahre lang, bis zur Katastrophe des Jahres 1806, anhielt. In der Tat waren die Kriegskosten beträchtlich – schon 1794 war der Staatsschatz leer, und Preußen mußte mit weiteren Schulden rechnen. Aus damaliger Sicht war an eine Fortsetzung des Krieges im Westen nicht zu denken.

Neuere Forschungen haben gleichwohl gezeigt, daß die deutschen Bündnismächte durchaus in der Lage gewesen wären, sich erfolgreich gegen das revolutionäre Frankreich zu behaupten. Der französische Sieg war keineswegs vordisponiert und wurde nur dadurch möglich, daß sich Friedrich Wilhelm II. aus naheliegenden strategischen und politischen Gründen stärker mit der Ostgrenze seines Landes und mit der Zukunft Polens zu befassen hatte. Handelte es sich hier doch nicht nur um den räuberischen Überfall Rußlands und der beiden mitteleuropäischen Großmächte auf einen geschwächten, zur Verteidigung seiner Landesgrenzen unfähigen Staat; vielmehr war Polen gerade für Preußen von erstrangiger Bedeutung, weil es hier zu verhindern galt, daß ein sächsischer Wettiner auf den polnischen Thron gelangte. Die zweite polnische Teilung von 1793 brachte Preußen neben Danzig und Thorn weite Gebiete Polens fast bis nach Warschau. Der anschließende, durch Tadeusz Kosciuszko geleitete Revolutions- und Widerstandskrieg Polens führte 1794 zu weiteren preußischen Kriegshandlungen, an denen Friedrich Wilhelm II. erneut persönlich beteiligt war. Diesmal erwies sich die preußische Kriegführung als inkonsequent und schwankend, und Preußen überließ es Rußland, den polnischen Aufstand zu unterdrücken. Am Zustandekommen der dritten und letzten Teilung Polens, einige Monate nach der Unterzeichnung des Baseler Friedens, war Preußen wiederum beteiligt. Es gewann litauische Gebiete und polnisches Kernland um Warschau. Wie der Briefwechsel mit Katharina II. zeigt, nahm Friedrich Wilhelm II. ein reges persönliches Interesse an den Details der polnischen Teilung; suchte der König doch die Möglichkeit zum Territorialerwerb in Polen als notwendig für «la surêté militaire et locale de Mes anciens Etats» zu rechtfertigen.

Mit der Erwerbung des polnischen Territoriums, das jetzt «Neu-Ostpreußen» hieß, hatte sich der preußische Staat erheblich vergrößert und nach Osten verschoben. Daß dieser Gewinn freilich der großen revolutionären Herausforderung durch Frankreich in keiner Weise Rechnung trug, mag als Beweis dafür gelten, daß sich der preußische Staat in seiner Struktur und Politik unter Friedrich Wilhelm II. prinzipiell wenig verändert hatte. Es blieb bei einer «relativen Antiquiertheit» (Horst Möller), in fortgesetzter Orientierung an den Normen des friderizianischen Zeitalters.

IV.

Wenn so die Politik Friedrich Wilhelms II. altmodisch und rückwärtsorientiert anmutete, kann dies von der kulturellen Entwicklung seines Landes ganz und gar nicht behauptet werden. Im Gegenteil: nach der in den letzten Regierungsjahren Friedrichs des Großen eingetretenen Erstarrung zeigten sich nun wichtige Anzeichen eines kulturellen und geistigen Neuanfangs. Wie die Ausstellung 1997 über Friedrich Wilhelm II. und die Künste gezeigt hat, war der König für die geistigen Strömungen seiner Zeit überaus empfänglich. Seine Offenheit für neue Entwicklungen zeigte sich am eindrucksvollsten auf dem Gebiet der Musik und des Theaterwesens, der Gartenbaukunst und der Architektur – Felder, auf denen sich der monarchische Gestaltungswille besonders stark und öffentlichkeitswirksam zu artikulieren vermochte.

Angesichts seines langjährigen Engagements und seiner eigenen künstlerischen Begabung spielte Friedrich Wilhelm eine besondere Rolle als Mäzen und Mitwirkender bei der Neugestaltung des Musik- und Theaterlebens in Berlin und Potsdam. So gab er wesentliche Impulse zur Entwicklung einer deutschen Oper und zur Umwandlung des alten Berliner Theaters in ein Nationaltheater, was sich angesichts der Stagnation während der Regierungszeit seines Vorgängers als besonders notwendig erwies. 1796 bekam das Nationaltheater einen neuen Direktor, August Wilhelm Iffland, der das Berliner Theater zu einer der wichtigsten Bühnen Europas ausbaute. Der König modernisierte zudem die Opern- und Theaterbauten in Berlin, Charlottenburg und Potsdam und veranlaßte entsprechende Neubauten, wie beispielsweise das von Carl Gotthard Langhans entworfene Potsdamer Stadttheater. Unter dem Einfluß dieser Entwicklungen kamen bedeutende musikgeschichtliche Ereignisse zustande, so beispielsweise die Berliner Aufführung der «Zauberflöte» 1794 oder die berühmte Aufführung von Glucks «Iphigenie auf Tauris» 1795.

Mit den hervorragenden Musikern seiner Zeit – vor allem mit Haydn – stand Friedrich Wilhelm II. in fruchtbarer persönlicher Verbindung, und manche von ihnen erhielten seine finanzielle Unterstützung. Zwar gelang es nicht allen bekannten zeitgenössischen Musikern, nach Berlin oder Potsdam zu übersiedeln. Friedemann Bach etwa, der nach Berlin eingeladen werden sollte, um an der dortigen Marienkirche zu wirken, scheiterte am Protest Berliner Bürger, die an seinem unsteten Lebenswandel Anstoß nahmen. Mozart hielt sich 1789 in Berlin und Potsdam auf, musizierte dort gemeinsam mit dem König, schrieb ihm sechs Streichquartette sowie sechs Klaviersonaten für die Prinzessin Friederike Charlotte, für welche er die stattliche Summe von 100 Talern in Gold erhielt. Obwohl es nicht vollauf bewiesen werden kann, daß Mozart ein Stellenangebot von Friedrich Wilhelm II. erhielt, spricht einiges für die Ansicht, daß ein derartiges Angebot erfolgte – nicht zuletzt deswegen, weil der König den großen Musiker offenbar sehr schätzte und seine Witwe nach dessen frühem Tod 1791 finanziell unterstützte. Auch der junge Beethoven kam 1796 an den preußischen Hof, wo er zwei Sonaten komponierte, die er in Anwesenheit des begeisterten Königs zum besten gab.

Das Interesse Friedrich Wilhelms II. an Architektur und Gartenbaukunst war rege, wiewohl seine Kontakte zu den führenden Architekten seiner Zeit nicht jene Intensität besaßen, wie jene zur Musik- und Theaterwelt. Es gibt keine Anzeichen dafür, daß der König persönliche Beziehungen zu den bekannten Architekten Heinrich Gentz und David Gilly pflegte. Dennoch nahm er regen Anteil am Übergang vom Rokoko zum Klassizismus, wie er sich auch in Preußen am Ende des 18. Jahrhunderts vollzog. Friedrich Wilhelm von Erdmannsdorff und Carl Gotthard Langhans wurden nach Berlin und Potsdam berufen. Ersterer war für die Umgestaltung der königlichen Wohnräume im Berliner Stadtschloß und im Schloß Sanssouci verantwortlich, Langhans erhielt den Auftrag, die Innenräume des von Carl von Gontard entworfenen Marmorpalais zu gestalten. Die Umformung der Landschaft an der Havel und am Heiligen See lag Friedrich Wilhelm II. ganz besonders am Herzen. Durch seine Bemühungen wurde die Region vom Schlößchen auf der Pfaueninsel bis zur Gotischen Bibliothek am Heiligen See zu einem festen Bestandteil des gesamten Garten-, Park- und Baukomplexes der «Insel Potsdam». Die Gotische Bibliothek war in mancherlei Hinsicht besonders interessant – bezeugte sie doch ein sehr persönliches Interesse des Königs an der Hinwendung zur Gotik als «vaterländischer» Stilgattung. Marmorpalais, Neuer Garten und Orangerie offenbarten des Königs Hang zu einer – wenn man so will – bürgerlich-privaten Lebensauffassung.

Bei alledem beschränkte sich die baukünstlerische Aktivität Friedrich Wilhelms II. nicht auf den Potsdamer Raum. Das Belvedere im Garten des Schlosses Charlottenburg, vor allem aber das 1789 entworfene und 1791 fertiggestellte Brandenburger Tor in Berlin, das bis heute berühmteste Symbol dieser Stadt, verdankte seine Errichtung dem Mäzenatentum des Königs. Von Langhans entworfen, wies es mit seiner Orientierung zum Griechischen, mit den Athener Propyläen als Vorbild, auf das große Zeitalter des preußischen Klassizismus hin. Es ist nicht mit letzter Sicherheit zu klären, ob Form und Gestalt des Brandenburger Tors vom König selbst oder von Langhans entworfen wurden; sicher ist jedoch, daß Friedrich Wilhelm das ganze Bauvorhaben genau verfolgte und den Plänen bis ins einzelne zustimmte.

V.

1794 begann der rapide gesundheitliche Verfall des massiv übergewichtigen Königs. An einer Vielzahl von Krankheiten leidend, starb der Monarch nach langem qualvollen Leiden am 16. November 1797. Besaß Friedrich Wilhelm II. historische Größe? Mit Sicherheit war er kein herausragender Politiker, und zur Fortentwicklung des preußischen Staatswesens trug er selbst relativ wenig bei, zumindest kaum aus eigener Initiative. Doch läßt sich die historische Leistung eines Mannes wie Friedrich Wilhelms II. nicht nur auf Grund seines Anteils am Aufstieg des inzwischen versunkenen preußischen Militär- und Beamtenstaats ermessen. Wenn Preußen im 21. Jahrhundert irgendwie weiterleben sollte, dann vor allem doch wohl im Zusammenhang mit seinem kulturellen Erbe. Und gerade auf diesem Gebiet ist die Leistung Friedrich Wilhelms II. nicht zu unterschätzen. Ein Mann, der Mozart unterstützte und Beethoven förderte, der Erdmannsdorff und Langhans, Schadow und Iffland begünstigte, verdient mit Sicherheit mehr als nur eine Fußnote in der preußisch-deutschen Geschichtsschreibung. Friedrich Wilhelm II. war in erster Linie ein Mann des Übergangs, eine Figur voller Widersprüche, ein «Herrscher des Nichtmehr und des Noch-nicht» (Wolf Jobst Siedler).

Friedrich Wilhelm III.
(1797 – 1840)

von Thomas Stamm-Kuhlmann

Nach dem Großen Kurfürsten und Friedrich II. war er der Hohenzoller mit der längsten Regierungszeit. Er regierte, als die Preußen die Schlacht von Leipzig gewannen, und er ritt als Sieger in Paris ein. Man könnte ihn als den Überwinder Napoleons bezeichnen. Und doch ist er nahezu unbekannt. Man frage einmal Hochschullehrer der Neueren Geschichte, die sich etwas fernab der politischen Geschichte bewegen, wie denn der König hieß, der zur Zeit des Reichsdeputationshauptschlusses, zur Zeit der Pariser Julirevolution, aber auch zur Zeit des Erlasses der Steinschen Städteordnung in Preußen regierte. Vielleicht kennen sie nicht einmal den Namen.

Diese merkwürdige Anonymität eines Monarchen, nach dem auch die Universitäten von Berlin, Bonn und Breslau benannt waren – Bonn trägt den Namen noch heute –, hat aber vielleicht gerade mit der Grandiosität der Epoche, welche die seine war, zu tun. Denn wir bewegen uns in einer Zeit, in der Deutschland so fruchtbar an Talenten und Genies war wie selten vorher und nachher. Als Zeitgenosse Kants, Goethes und Beethovens hat man es schwer, unter den Geistesgrößen zu strahlen. Das große Reformwerk aber, das seit 1807 unter seiner Regentschaft durchgeführt wurde, gilt als Leistung der Minister, Beamten und berufsmäßigen Militärs. Unter ihnen finden sich wieder große Namen: Stein, Hardenberg, Schön, Vincke, Beuth, Scharnhorst, Gneisenau, Clausewitz, Humboldt, Fichte, Schleiermacher.

So blieb von ihm lange Zeit kaum mehr, als daß er «der Mann der Königin Luise» war. Und sie, ihrerseits, ein Jahrhundert lang die Kultfigur der «national» eingestellten Schichten, dürfte außerhalb von Liebhaberkreisen heute kaum jemanden mehr interessieren. Zu viele Brüche liegen dazwischen. Werden überhaupt heute noch Vorbilder aus der Historie bezogen – und an der Zulässigkeit solcher Traditionsstiftungen meldet die Wissenschaft zu Recht Zweifel an – wird man heutigen Schülern die Flugblattaktionen der «Weißen Rose» nahezubringen versuchen, aber nicht unbedingt die Flucht der typhuskranken Königin von Königsberg nach Memel über die Kurische Nehrung im Jahre 1807.

Hiermit aber sind wir gleich im Zentrum des Problems, das ein Problem der Geschichtsschreibung selbst ist. Daß die preußischen Reformen eine Leistung des Beamtenstaats sind, haben Beamte hervorgehoben, vor allem auch solche Beamte oder Beamtenkinder, die als Professoren die führende Kraft jener Bildungsschicht darstellten, die man die «deutschen Mandarine» genannt hat. So entstand über lange Strecken eine «Geheimratshistorie», denn Geheimräte waren sie beide: die Professoren, die die Reformzeit erforschten, und diejenigen Akteure, die zuvor die Reformen geplant und ausgeführt hatten.

Bei beiden, den Staatsmännern wie den Geschichtsschreibern, kam der König schlecht weg, genauso wie auch bei den Radikalen auf der äußersten Linken. Friedrich Engels, unter Friedrich Wilhelms III. Herrschaft geboren, hat ihn spöttisch bedacht, aber vor allem auch Franz Mehring, der lange Zeit der kommunistischen Geschichtsschreibung über Preußen die Wege vorgegeben hat. Die Historiker haben bis zur Mitte des 20. Jahrhunderts derart unter dem Bann der bürgerlichen und zuletzt auch proletarischen Emanzipationsproblematik gestanden, daß sie die Distanz nicht aufbrachten, die man benötigt, will man dem Phänomen des spätabsolutistischen Königtums gerecht werden. Diese Distanz aufzubringen, heißt lediglich, die Kunst des Verstehens weiter zu kultivieren, wozu die Kenntnis des eigenen blinden Flecks gehört. Es heißt nicht, auf Werturteile zu verzichten.

Es ist aber nun ein Teil der bürgerlichen Emanzipationsproblematik, daß eine wesentlich von bürgerlichen Elementen und bürgerlichem Geist bestimmte Bürokratie im Spätabsolutismus dem Monarchen die Macht neidete. Es ist nicht übertrieben zu sagen, daß ein großer Teil der Macht vom spätabsolutistischen Herrscher auf seinen Staatsapparat übergeht, so daß er weitgehend nur noch der formal absolutistische Herrscher ist, der zwar alle Vorgänge an sich ziehen kann, den man jedoch auch zu überspielen bemüht ist. Das hatte schon unter Friedrich dem Großen begonnen und setzte sich unter Friedrich Wilhelm III. und unter den vier Nachfolgern, die bis zum Ende der Hohenzollernmonarchie noch kommen sollten, fort. Mit der Bestimmung des Umfangs der Machtanteile von Königtum, Bürokratie, traditionell begünstigten Schichten, etwaiger Repräsentation und erwachender Öffentlichkeit werden die Historiker noch lange zu tun haben.

Auffällig ist aber eins: Alle Nachfolger haben mehr Prominenz erlangt als Friedrich Wilhelm III. Ohnehin hat die Prominenz eines

Friedrich Wilhelm III., König von Preußen
1797–1840

Monarchen wenig mit seiner realen Macht zu tun, sonst dürfte nicht Ludwig II. Bayerns bekanntester Herrscher sein.

Die Nachfolger haben entweder erfolgreich Angriffe auf ihre konstitutionelle und außerkonstitutionelle Macht abgewehrt (wie Friedrich Wilhelm IV. und Wilhelm I.), sie haben Wirkung als Symbol enttäuschter Liberalisierungshoffnungen gewonnen (wie Friedrich III.), oder sie haben sich durch ständige Profilierungsversuche selbst unablässig in die Öffentlichkeit gespielt, wie Wilhelm II. und wiederum Friedrich Wilhelm IV.

Die Machtproben, die Friedrich Wilhelm III. bestand, waren dagegen weniger offensichtlich. Und die Öffentlichkeit liebte er ganz und gar nicht. Statt dessen kannte man zwei Anekdoten von ihm: daß er es, nach seiner Thronbesteigung, für überflüssig hielt, wenn nunmehr jeweils beide Türflügel vor ihm geöffnet wurden, und daß er am liebsten in einem schlichten Zweispänner ausfuhr, den er selbst lenkte. Heinrich Heine hat den Anblick geschildert, wie er sich ihm im Jahre 1822 bot, und er hat auch auf die Bedeutung verwiesen, die dahinter steckte: «Das Haupt bedeckt die gewöhnliche Offiziersmütze, und die Glieder umhüllt ein grauer Regenmantel. Aber das Auge des Eingeweihten sieht den Purpur unter diesem Mantel und das Diadem unter der Mütze. Sehen Sie, wie der König freundlich wiedergrüßt.»

Dieser Monarch wollte also am liebsten zunächst unerkannt bleiben, um dann in seinem wahren Wert desto eindeutiger geschätzt zu werden. Und daß es ihm damit ernst war, das letzte Wort zu behalten, wenn politische Entscheidungen zu treffen waren, ist unzweifelhaft und in einer jüngsten Untersuchung zur Außenpolitik, die 1806 in die Katastrophe von Auerstedt führte, noch einmal belegt worden. Die Verantwortung für den Verlauf jener Krise, so urteilte vor kurzem der Cambridger Historiker Brendan Simms, trug der König von Preußen selbst. Um Einfluß im königlichen Kabinett zu erlangen, wetteiferten die Minister teilweise darum, die Stimmungsschwankungen Friedrich Wilhelms zu antizipieren, und wirkten somit verstärkend auf die Unsicherheiten des Königs ein. Nach der Katastrophe trat er beiseite, um seine energischen Minister Stein und Hardenberg Reformen veranstalten zu lassen, deren Notwendigkeit er selbst vage spürte. Doch Hardenbergs wurde er zuletzt überdrüssig, und nur der Tod dieses Staatskanzlers, den man damals Preußens Großwesir genannt hat, im Jahre 1822 enthob Friedrich Wilhelm der Notwendigkeit, sich von ihm zu trennen. Die letzten zwei Jahrzehnte seiner Regierungszeit hindurch ließ Friedrich Wilhelm, überwiegend aus Kraftlosigkeit, der Bürokratie so weit die Zügel locker, daß wesentliche Veränderungen, wie die Gründung des Deutschen Zollvereins, ohne Aufsehen zu erregen angebahnt werden konnten. In Bereichen aber, die er sich zur Herzensangelegenheit machte, steigerte sich sein schon von Anbeginn an gelegentlich spürbarer Starrsinn immer weiter. Wenn diese Beharrlichkeit des Königs in seinem Steckenpferd, den Kirchen- und Bekenntnisfragen, sich mit einer absolutistischen Staatsgesinnung paarte, wie sie seinem Kultusminister, dem Freiherrn zum Altenstein, eigen war, dann konnte dies Gewissensbedrückung und Emigration für mehrere tausend seiner Staatsbürger bedeuten. Es konnte das Land in eine jener Verfassungskrisen stürzen, wie sie auch solche Staaten schon erleben konnten, die noch keine geschriebene Verfassungsurkunde besaßen. So geschah es, als zu Ende der 1830er Jahre «Altlutheraner», also evangelische Gegner der von Friedrich Wilhelm III. seit 1817 durchgesetzten Union der evangelischen Bekenntnisse, aus Pommern und Schlesien auswanderten, weil sie nur in Übersee Glaubensfreiheit zu finden meinten.

Auffällige Wesenszüge, wie der Wunsch, nicht im Mittelpunkt stehen zu müssen, für den es eine große Anzahl von Belegen gibt, sowie eine Neigung zum Starrsinn, der jahrelang ein erstaunlicher Wankelmut gegenübergestanden hatte, lassen die Frage nach dem Charakter dieses Fürsten aufkommen. Eine Symptomatik, die dicht an der Oberfläche liegt, macht ihn leicht deutbar und hat schon Zeitgenossen, darunter Hardenberg, zu Charakterskizzen herausgefordert. Pedantische Genauigkeit, regelmäßiges Leben nach der Uhr, Sparsamkeit bis zum Geiz, Mißgunst gegenüber solchen, die leichtlebiger waren, und häufige Depression angesichts der Unerfüllbarkeit seines eigenen Korrektheitsideals lassen Friedrich Wilhelm III. als Zwangsneurotiker erscheinen. Pessimismus bei allem, was er anfing, ein enges Gewissen und geringes Vertrauen in die eigenen Kräfte rechtfertigen es, diese Zwangsneurose in ein melancholisches Temperament übersteigert zu sehen. Entgegen der seit Hippokrates umlaufenden landläufigen Meinung ist der Melancholiker keineswegs immer ein genialer Mensch, sondern tendiert häufig, wie klinische Studien gezeigt haben, zu peinlicher Ordnungsliebe und hat eher einen beschränkten Kompetenzbereich. Damit einher gehen ein überempfindliches Gewissen und eine ausgeprägte Furcht vor dem Gewissenskonflikt.

Beschränktheit war es, was zeitgenössische Beobachter diesem König attestiert haben. Aus dieser Beschränktheit heraus wählte er seine Lektüre und die Theateraufführungen. Geriet er unter Druck, wich er auf Nebendinge aus, wie die Existenzkrise des Jahres 1807 zeigte, als er seine Zeit damit füllte, Uniformen zu entwerfen und zu verändern, weil er sich offensichtlich den strategischen Entscheidungen des Feldzugs nicht gewachsen fühlte. Ebenso wurde das kurz nach dem Tilsiter Friedensschluss in dem abgelegenen Zufluchtsort Memel angesetzte Topfschlagen und Blindekuhspiel anläßlich des Geburtstages der Prinzessin Louise Radziwill durch manche Beobachter als peinlich empfunden.

Schon zu Lebzeiten Friedrich Wilhelms III. hat man diesen Charakter mit der Kindheitsgeschichte des Königs zu erklären gesucht. Es war bekannt, wie karg Friedrich der Große die Etats der Prinzen bemessen hatte, die seine Nachfolger werden sollten. Das hatte für seinen Neffen, den späteren Friedrich Wilhelm II., gegolten, aber auch für dessen Sohn, der uns hier interessiert. Friedrich Wilhelm III. war 1770 zur Welt gekommen und also fast erwachsen, als der Alte Fritz starb. Wärme um sich her zu erzeugen, war Friedrich der Große unfähig. Die Ehe des preußischen Thronfolgers und der Darmstädter Prinzessin Friederike Luise war ebenfalls schlecht. Von diesen Voraussetzungen her darf man eine ungünstige Konstellation für die Entwicklung des Prinzen annehmen. Unsere Beurteilung der familiären Grundsituation wird freilich durch die Ausgestaltung der Hofgesellschaft erschwert; bildete doch ein absolutistischer Königshof eine Agglomeration einzelner Haushalte mit jeweils der Möglichkeit, unterschiedliche Mikroklimata zu erzeugen, aber auch mit der Unklarheit, die durch das Zusammenwirken zahlreicher Betreuungspersonen, von der ersten Amme über Kinderfrauen, Lehrer und militärische Ausbilder bis zum offiziell bestallten prinzlichen Gouverneur, entstand.

Beginnen wir mit dem, was wir verläßlich wissen, so müssen wir konstatieren, daß der erste offiziell ausgesuchte Erzieher des Prinzen, der ehemalige Legationssekretär Behnisch, bei den Zeitzeugen als grämlicher Hypochonder verschrien war, daß er sich aber offensichtlich um eine einfühlsame Pädagogik bemüht hat. Behnisch bekam den Prinzen anvertraut, als dieser drei Jahre alt war. Mit elf Jahren erhielt Friedrich Wilhelm zusätzlich einen militärischen Gouverneur, der Behnisch übergeordnet wurde. Dieser, der sechzigjährige Oberst Karl August von Backhoff, konnte bald an Friedrich den Großen melden: «Ew. K. M. mir vorzüglich erteilten Allerh(öchsten) Befehl, aus dem Prinzen einen Soldaten zu machen, alleruntertänigst zu befolgen, wird mir nicht schwer, denn obwohl der Prinz generaliter eine sehr große Wißbegierde haben, so ist dennoch die gründliche Erlernung der Kriegskunst bei Ihnen kein bloßer Trieb, sondern eine heftige Leidenschaft, so daß in den militärischen Lektionen nichts Ihre Aufmerksamkeit stören kann und Sie sich selbst zu solchen treiben.»

Die intellektuelle Entwicklung des Prinzen verlief eher durchschnittlich. Man scheint auch möglichst lange überragende Persönlichkeiten von ihm ferngehalten zu haben. Ein hochbegabter Mann unter den frühen Lehrern des Prinzen war allerdings der Illuminat und spätere Sympathisant der Französischen Revolution, Franz Michael Leuchsenring, der Unterricht in Dialektik erteilte, aber nicht lange in seiner Umgebung blieb. Ihm folgte später der Popularphilosoph und Koautor Moses Mendelssohns, der Gymnasialprofessor Johann Jakob Engel.

Erst der Tod des Alten Fritz am 17. August 1786 befreite den neuen König Friedrich Wilhelm II., der 42jährig die Regierung antrat, aus unwürdiger Abhängigkeit. Auch sein Sohn, der jetzt zum Kronprinzen avancierte, kam in den Genuß einer Erhöhung seines Etats, der 1774 auf 2400 Taler festgelegt worden war, und nunmehr 4232 Taler ausmachen sollte. Gegen Ende der Amtszeit des letzten prinzlichen Oberhofmeisters, Karl Adolph Reichsgraf von Brühl, umfaßte der kronprinzliche Haushalt sogar mehr als 24000 Taler.

Kurz vor seinem siebzehnten Geburtstag wurde Friedrich Wilhelm konfirmiert, und zwar durch den reformierten Hofprediger Friedrich Samuel Gottfried Sack, einen Verteidiger der Aufklärung gegen das 1788 durch Friedrich Wilhelm II. erlassene Religionsedikt. Im Glaubensbekenntnis des Prinzen, das durch Sack veröffentlicht wurde, hieß es: «Ich weiß, daß leider auch unter den Protestanten zwei Hauptkirchenparteien entstanden sind. Ich halte sie in allem Wesentlichen des christlichen Glaubens für vereiniget und die eine so gut als die andere.» Solange sie jedoch getrennt blieben, wolle der Kronprinz sich indes zur evangelisch-reformierten Kirche bekennen. Gerade auf reformierter Seite aber war gegen Ende des 18. Jahrhunderts die Bereitschaft groß, eine Union aller Protestanten herzustellen. Ob Sack freilich die bürokratische und rechthaberische Art gebilligt hätte, in der sein Zögling später die Kirchenunion herbeigeführt hat, darf bezweifelt werden.

Die politische Moral, die der Kronprinz bei Johann Jakob Engel, dem Autor eines «Fürstenspiegels», und später bei dem Autor des Preußischen Allgemeinen Landrechts, Carl Gottlieb Svarez, lernen konnte, war fortschrittlich. So warnte Svarez den Thronfolger davor, aus der Kirchenoberhoheit des Staates das Recht zu einem positiven Glaubenszwang abzuleiten, wie er damals gerade von den restaurativen Beratern Friedrich Wilhelms II. aus dem Orden der Rosenkreuzer durchgesetzt werden sollte. Svarez sprach sich auch gegen jeglichen Eingriff in den Gang der Rechtsprechung, «Machtspruch» genannt, aus. Engel empfahl intern eine internationale Schiedsgerichtsbarkeit, die der Vermeidung von Kriegen dienen sollte.

Die Französische Revolution rief zunächst keinen Kurswechsel der preußischen Außenpolitik hervor. Doch als sich Friedrich Wilhelm II. 1791 mit dem neuen Kaiser Leopold II. im sächsischen Schloß Pillnitz traf, wurde das anders. Leopold verband in seiner Person aufgeklärten Reformabsolutismus mit einer konsequenten Durchsetzung des dynastischen Interesses. Schließlich war es seine Schwester Marie Antoinette, deren Handlungsfreiheit wie die ihres königlichen Gemahls, Ludwigs XVI., durch die Revolutionäre eingeschränkt wurde. Kronprinz Friedrich Wilhelm nahm an der Begegnung in Pillnitz teil, ohne daß wir etwas über die Eindrücke wüßten, die er dabei gesammelt hat.

Von der österreichischen Politik und den Rosenkreuzern am eigenen Hof auf einen grundsätzlich gegenrevolutionären Kurs gedrängt, entschloß sich Friedrich Wilhelm II. dazu, in den Krieg einzutreten, der zwischen Österreich und Frankreich ausgebrochen war. Mit 81 000 Soldaten, mehrheitlich Preußen und Österreichern, brach der Herzog von Braunschweig am 30. Juli 1792 von Koblenz auf, um nach Paris zu marschieren, die monarchische Ordnung wiederherzustellen und den Revolutionären eine Lehre zu erteilen. Der Kronprinz bekam diesmal eine eigene Brigade übertragen, die er nach Frankreich führen sollte. Der Herzog von Braunschweig hatte freilich aus seinen Zweifeln an dem Unternehmen keinen Hehl gemacht. Nur dann gab es für ihn eine Chance auf Erfolg, wenn die französische Armee tatsächlich so zerrüttet war, wie die französischen Emigranten behaupteten.

Der Kronprinz teilte diese Skepsis. Ihm fiel auch auf, daß sich in Frankreich die einfachen Leute für ihr Land und dessen Politik verantwortlich fühlten, was im absolutistischen Obrigkeitsstaat unerwünscht war. Vor allem aber mißbilligte er die strategische Entscheidung seines Vaters, zu deren Folgen es gehörte, daß am 20. August 1792 die Invasionsarmee bei Valmy in der Champagne mit ostwärts gerichteter Front den Verteidigern von Paris entgegen trat. So meinte der Kronprinz, nachdem der Herzog von Braunschweig schon nach zweihundert Schritt Avancement den Halt befohlen hatte: «Es war auch wohl noch das Beste, denn was wollten wir eigentlich tun?» Als sich am nächsten Morgen die Dunkelheit hob, stellte sich heraus, daß die Franzosen die Höhen von Valmy verlassen hatten. Am 30. September 1792 trat die verbündete Interventionsarmee den Rückzug an, und im Winter desselben Jahres sah man sich bereits genötigt, auf dem rechten Rheinufer, in Frankfurt, Hochheim und Königstein, zu kämpfen.

Die Winterpause dieses Feldzugs wurde mit großem gesellschaftlichem Glanz in Frankfurt am Main verbracht. Bei dieser Gelegenheit wurde eine Begegnung der ältesten preußischen Königssöhne mit den Töchtern des Herzogs Karl von Mecklenburg-Strelitz arrangiert, die in Darmstadt bei ihrer Großmutter aufwuchsen. Schon nach viermaligem Zusammentreffen binnen dreier Tage ließ der König von Preußen den Kronprinzen rufen, um ihm förmlich den Wunsch zu eröffnen, er möge eine der beiden Mecklenburger Prinzessinnen zu seiner Braut wählen. Mit demselben Auftrag sollte er zu seinem Bruder Ludwig gehen. Friedrich Wilhelm und Ludwig scheinen von Anbeginn mit dem Projekt einverstanden gewesen zu sein. Sie einigten sich schnell untereinander, und im April 1793 wurde die Verlobung offiziell gemacht.

Das Jahr 1793 verging mit dem Bemühen, die französische Armee wieder aus dem Rheinland zu vertreiben. In seinen Briefen an die Braut Prinzessin Luise gibt der Kronprinz seiner Langeweile Ausdruck. Aus den Verschanzungen bei verschiedenen Belagerungen schreibt er ihr, wie sinnlos ihm das alles vorkomme.

Die Sinnlosigkeitserfahrung wiederholt sich im nächsten Jahr. Nachdem die Prinzen zu Weihnachten 1793 mit ihren mecklenburgischen Bräuten getraut worden waren, mußte Friedrich Wilhelm erneut ins Feld rücken. Diesmal ging es nach Polen. Der Kronprinz fand Polen ein «unseliges Land» und ärgerte sich über den Feldzugsplan. Aber mehr noch: «Und im Grunde was geht es uns denn eigentlich an, sind sie nicht Herren und Meister in ihrem Lande mögen sie doch thun was sie wollen.» Nur die «verpfluchte Allianz» mit den Teilungsmächten Österreich und Rußland zwinge Preußen dazu, seine Kräfte in Polen zu vergeuden. Beide Kriege, am Rhein und in Polen, seien «nicht den Teufel wert».

Erst die überlegenen russischen Kräfte des Generals Grafen von Suworow haben den Feldzug durch die Eroberung Warschaus entschieden. Preußen erhielt seinen Anteil an der Beute, Polen war ausgelöscht. Mit Frankreich dagegen mußte am 5. April 1795 in Basel Frieden geschlossen werden, wobei Preußen das linke Rheinufer preisgab.

Der Kronprinz hatte nicht nur die Weisheit der Entschlüsse seines Vaters bezweifelt. Er war auch unwillig darüber gewesen, daß der Vater ihn und sein Truppencorps nur für ein Detachement vorgesehen hatte, und daß er keine Gelegenheit bekam, bei einer Hauptaktion unter den Augen des Vaters zu zeigen, was in ihm steckte. Diese Vorsicht mag durch die gewöhnliche Rücksichtnahme auf die Erhaltung des Thronerben bestimmt gewesen sein, für den Betroffenen war sie allemal schwer hinzunehmen.

Es zeigte sich bald, daß der alte König sich selbst zu wenig geschont hatte. In den Jahren 1793 und 1794 war seine Gesundheit angeschlagen. Der Kronprinz mußte damit rechnen, daß er in nicht allzu ferner Zeit selbst in die Verantwortung gerufen werden würde. Manche Beobachter, darunter der Graf Mirabeau, hatten erwartet, daß Karl Wilhelm Ferdinand von Braunschweig als «Connétable» des preußischen Königreichs eine dominierende Rolle übernehmen werde. Es fehlte ihm jedoch offensichtlich an Entschlossenheit dazu.

Zu den engsten Vertrauten Friedrich Wilhelms III. in seinen jüngeren Jahren zählten neben dem erfolgreichen General Ernst Friedrich Philipp Karl von Rüchel der Adjutant Karl Leopold von Köckritz. Nach der Ansicht der Oberhofmeisterin Gräfin Voß war Köckritz «un brave homme, mais borné». Ausgerechnet dieser beschränkte Offizier blieb bis 1814 einer der Hauptratgeber des Königs. Sein Einfluß wog manchmal den eines Stein oder Hardenberg auf, was bereits von der zeitgenössischen Publizistik nach dem Frieden von Tilsit bemerkt worden ist.

Schon bald meldeten sich auch unberufene Berater, die den Thronerben auf den Skandal der Verschleuderung erbeuteter polnischer Güter unter Friedrich Wilhelm II. hinwiesen und ihm andeuteten, daß die ganze Regierungsspitze neu organisiert werden müsse. In einer eigenen Denkschrift, die unter dem Titel «Gedanken über die Regierungskunst» in die Sammlungen von Staatsschriften aus der Feder der Hohenzollern aufgenommen worden ist, hat der Prinz bemerkt, «gesunde reine Vernunft, richtige Beurteilung und die strengste Gerechtigkeitsliebe» seien die Haupteigenschaften eines Regenten. «Allzu große Gutherzigkeit artet in Schwäche aus, und dieser ist einer der gefährlichsten Abwege, vorzüglich für einen Fürsten.»

Nachdem er am Morgen des 16. November 1797 die Nachricht bekommen hatte, daß der König im Sterben liege, sagte Friedrich Wilhelm, bevor er endlich mittags die Fahrt nach Potsdam ans Sterbelager seines Vaters antrat, zur Kronprinzessin Luise: «Meine Zeit der Prüfungen beginnt, und das stille Glück, dessen wir uns erfreut haben, geht zu Ende.» Er erreichte den Vater nicht mehr lebend.

Seine erste Regierungshandlung scheint darin bestanden zu haben, die bekannteste und vertrauteste Mätresse seines Vaters, die Gräfin Lichtenau, unter Arrest zu stellen. Eine Untersuchungskommission hoher Beamter und Richter kam allerdings in einem siebzig Folioseiten langen Bericht zu dem Ergebnis, daß der Gräfin nichts vorzuwerfen sei, auch ihr Besitz ihr rechtens zugehöre. Unter Ausschaltung der ordentlichen Gerichtsbarkeit und mithin in Form eines «Machtspruchs» verfügte der neue König aber doch, daß der Gräfin nur ein aus eigener Initiative gekauftes Haus und eine jährliche Pension von 4000 Talern bleiben sollten, sie selbst wurde in die Festung Glogau verbannt. Jahre später erst, 1811, konnte Friedrich Wilhelm sich dazu durchringen, einzuräumen, «daß diese Angelegenheit durch einen Drang verdrießlicher Umstände zu leidenschaftlich behandelt worden ist, und eigentlich wie man sagt, übers Knie gebrochen wurde».

Man kann in dem ganzen Schritt ein Zeichen des Neids gegen den Vater sehen, der sich in erotischer Hinsicht viele Freiheiten genommen hatte, zu denen Friedrich Wilhelm nicht fähig war. Er selbst schwelgte in allerlei Phantasien und tändelte mit Schauspielerinnen und Sängerinnen, doch scheint keine Leidenschaft dabei gewesen zu sein.

Der neue König entließ umgehend einige der exponiertesten Berater seines Vaters, darunter den Generaladjutanten Hans Rudolf von Bischoffwerder und den Minister Johann Christof von Woellner, die auch für den Geist der religiösen Gesinnungsschnüffelei verantwortlich gemacht wurden, welche mit dem Religionsedikt von 1788 in Preußen eingezogen war. Seinem eigenen Selbstverständnis nach ist Friedrich Wilhelm zeit seines Lebens ein toleranter Fürst gewesen.

Im Februar 1798 verlieh der König einer neu berufenen Finanzkommission eine ausführliche Instruktion, in der eine Reihe von Reformvorhaben aufgelistet war. Ziel der Reformen sollte es sein, die Staatseinnahmen zu steigern, um einerseits die Schuldenlast verringern zu können, andererseits jedoch auch Verbesserungsmaßnahmen, wie eine Solderhöhung der Armee, bezahlen zu können.

Zu den Reformforderungen, die um 1800 allerorten in Mitteleuropa diskutiert wurden, gehörte die Aufhebung der feudalen Agrarverhältnisse. Die Leibeigenschaft der Bauern sollte abgeschafft, und ihnen sollte die Möglichkeit geboten werden, sich von ihren Hand- und Spanndiensten und von ihren Abgaben zu befreien. Fortschrittliche Ökonomen erwarteten sich hiervon eine Stimulierung des Wirtschaftswachstums auf dem Land. Friedrich Wilhelm war hierfür sehr aufgeschlossen; er mußte jedoch bald erkennen, welch massiver Widerstand ihm aus eingefleischten sozialen Interessen entgegenschlug. Der Beamtenapparat in den Provinzen verbündete sich häufig mit den Nutznießern der überlieferten Verhältnisse am Ort, und so mußte Friedrich Wilhelm, wie schon seine Vorgänger, seinen Reformeifer auf den königlichen Grundbesitz der Domänengüter beschränken. Ähnlich wie den Agrarreformen erging es dem Projekt, das in der Finanzkommission erörtert wurde, und das darauf abzielte, die Grundsteuererträge zu erhöhen. Auch dieses Vorhaben verfing sich in der gut organisierten Interessenwahrnehmung der Rittergutsbesitzer.

Die «Reformen vor der Reform» blieben also bescheiden; doch zeigten sie, daß die militärische Niederlage des Landes lediglich die Hemmnisse für Erneuerung aus dem Weg geräumt hat, daß eine Reformgesinnung aber durchaus bestand. Der «alte friderizianische Staat», dessen Zusammenbrechen unter den Schlägen der napoleonischen Armee stets den dramatischen Höhepunkt in den Darstellungen der Jahre nach 1800 bildet, war überdies ja selbst erst ein halbes Jahrhundert alt. Reformbedürftig, weil von Anbeginn an unzulänglich, war nicht so sehr der «friderizianische Staat» als die absolutistische Regierungsform an sich. Wir müssen uns heute angewöhnen, den Absolutismus als eine unzulängliche Übergangsform zwischen dem Mittelalter und der modernen repräsentativen Regierungsform anzusehen. Das Hauptgebrechen dieser Übergangsform war die Unterdrückung jedweder Art von Repräsentation. Da aber nun einmal die Kontrolle durch ein parlamentarisches Repräsentationsorgan ein wesentliches Element eines soliden staatlichen Finanzgebarens ist – was sowohl für die Bewilligung von Steuern als auch für die Garantie von Staatsschulden gilt – hat der absolutistische Staat immer an den Folgen seiner Selbstverkrüppelung gelitten. Diese Folgen mußte Preußen bis zum Jahre 1848 tragen; die Märzrevolution selbst ist eine von ihnen.

Der Absolutismus war eine Staatsform, die nur selten zu Hochleistungen imstande war, dann nämlich, wenn es sich beim Regenten um eine geniale Ausnahmepersönlichkeit handelte. Dieser Sachverhalt war auch Friedrich Wilhelm III. bewußt, ebenso wie die Tatsache, daß er selbst keine solche Ausnahmepersönlichkeit war. In seinen «Gedanken über die Regierungskunst» hat er diesem Wissen Ausdruck verliehen.

Die «Prüfungen», die der junge König kommen sah, stellten sich schon 1798 ein, als die Gegner des revolutionären Frankreich das Königreich Preußen aufforderten, den zu Basel geschlossenen Frieden wieder aufzugeben und sich in die «Zweite Koalition» einzureihen. Andererseits aber richtete Frankreich das Ansinnen an Preußen, es möge sich mit diesem Staat der angewandten Aufklärung gegen Österreich, Rußland und Großbritannien verbünden. In dieser Lage des Hin- und Hergerissenseins zwischen den zwei großen machtpolitischen und gleichzeitig ideologischen Lagern Europas entschied sich der König für Neutralität, ein System, das auch von seinen Ministern und Kabinettsräten getragen wurde. Preußen wußte, welche Gefahren aus seiner Mittellage resultierten, und es wußte, daß es immer in Gefahr war, den Kampfboden abzugeben, der unter dem Kräftemessen der Kolosse zerstampft werden würde. Gleichzeitig aber hing Friedrich Wilhelm zu jenem Zeitpunkt noch der Täuschung an, daß es möglich sei, sich aus den Händeln der Welt herauszuhalten und Hände und Gewissen rein zu lassen.

Die Hände waren erstmals in Gefahr, besudelt zu werden, als Frankreichs Alleinherrscher Napoleon Bonaparte dem König den Vorschlag machte, Preußen möge aus Frankreichs Händen das Kurfürstentum Hannover empfangen. Damit glaubte Napoleon, England Schaden zugefügt zu haben. Andererseits war Hannover das Gebiet, das Preußen benötigte, um zwischen seinen Westgebieten und dem brandenburgischen Kernland eine Landbrücke herzustellen. Es sich anzueignen, bedeutete jedoch einen blanken Raub. Noch waren die Verhandlungen über eine Allianz auf dieser Basis nicht abgebrochen, da traf in Berlin ein eigenhändiges Schreiben Zar Alexanders I. ein. Die russische Armee war an der Grenze zu Preußen aufmarschiert und drohte, das Land gewaltsam in die «Dritte Koalition» gegen Napoleon zu zwingen. Als deshalb Preußen im September 1805 mobil machte, geschah es primär, um die Integrität des eigenen Territoriums zu sichern. Ein Besuch des Zaren in Potsdam endete damit, daß die im Jahr 1802 bei einem Treffen in Memel gestiftete persönliche Freundschaft der beiden Monarchen bekräftigt wurde und Preußen sich zur bewaffneten Vermittlung zwischen der Koalition und Frankreich verpflichtete. Die Art aber, in welcher der preußische Außenminister Christian Heinrich Kurt Graf von Haugwitz diese Vermittlung ausübte, war geeignet, Mißtrauen zu säen.

Napoleon nämlich wartete nicht ab, sondern ließ seine Truppen vom Heerlager in Boulogne, wo er die Invasion Englands vorbereitete, nach Ulm und später bis nach Austerlitz in Mähren marschieren. An beiden Orten wurden Österreicher und Russen vernichtend geschlagen. Die Schlacht von Austerlitz war bereits entschieden, als Haugwitz bei Napoleon in Schloß Schönbrunn nahe Wien eintraf. Die geänderten Machtverhältnisse fanden ihren Ausdruck darin, daß Haugwitz keine Vermittlung mehr ausübte, sondern mit einem veritablen preußisch-französischen Allianzvertrag nach Berlin zurückkehrte. Ob Haugwitz diese Wendung nach einer geheimen Instruktion Friedrich Wilhelms III. vollzogen habe, war einst Gegenstand gelehrten Streits. Sicher ist, daß Graf Haugwitz allen Anlaß hatte, aus der Unzufriedenheit des Königs mit dem russischen Allianzprojekt den Schluß zu ziehen, eine Festlegung Preußens auf den offensichtlichen Sieger Frankreich entspreche nunmehr dem königlichen Wunsch. Der König wollte den Schönbrunner Vertrag aber auf jeden Fall nachverhandeln. Haugwitz kehrte jedoch aus Paris mit einer verschlechterten Version des Paktes zurück, den man nunmehr ratifizieren mußte.

Inzwischen war das Jahr 1806 angebrochen. Als Gewinn war nur noch die Beute Hannover geblieben. Dafür bezahlte Preußen mit einer englischen Kriegserklärung und der Wegnahme seiner

Flotte. Nadelstiche an den westlichen Grenzen zwischen dem preußischen und dem französischen Machtbereich aber und das Gerücht, Napoleon wolle die Rückgabe Hannovers an England als Preis für einen Frieden mit diesem Land anbieten, versetzten Preußen in die Position des Düpierten.

Der König, dem die Neutralität bisher eine Herzensangelegenheit gewesen war, folgte nun dem Stimmungsumschwung, der sich in Berlin angebahnt hatte. Der einst auf Neutralität hin orientierte, dann als Mann Frankreichs geltende Minister Haugwitz ebenso wie der zweite Außenminister Karl August von Hardenberg empfahlen nun einen harten Kurs gegenüber Frankreich. Unter den jungen Offizieren machte sich Kampflust breit. Gleichzeitig waren der König und seine altgedienten Generale von Pessimismus erfüllt. Denn wenn Preußen sich jetzt, im Sommer und Herbst 1806, Napoleon entgegenstellen wollte, stand es allein, und mußte noch damit rechnen, daß die europäischen Mächte eine Niederlage Preußens als gerechte Strafe für opportunistisches Taktieren betrachteten.

Friedrich Wilhelm berief wieder den Herzog von Braunschweig zum Oberbefehlshaber, zog aber auch selbst ins Feld. Man positionierte sich in Thüringen, um einem französischen Marsch auf Berlin den Weg verlegen zu können. In der Doppelschlacht von Jena und Auerstedt entschieden am 14. Oktober 1806 teils die überlegene Fechtweise der französischen Armee, teils Führungsfehler der Preußen, teils der unvermeidliche historische Zufall. Nachdem der Herzog von Braunschweig durch einen Treffer ins Gesicht außer Gefecht gesetzt worden war, unterließ es der König, für alle sichtbar und entschlossen den Oberbefehl an sich zu ziehen, was die Desorganisation der preußischen Armee verschlimmerte. Daß die preußische Niederlage auf beiden Schauplätzen aber in einen totalen Zusammenbruch des Verteidigungssystems und weiter Teile der staatlichen Strukturen mündete, war ein Resultat mangelnden Widerstandswillens der Truppenführung, aber auch Ergebnis des Verhaltens einer Zivilbevölkerung, die noch in den traditionellen Formen des eingehegten Krieges dachte und von Napoleons brutaler, die Schonräume nicht achtender Kriegführung überrumpelt wurde.

Friedrich Wilhelm floh mit seinen Truppen zunächst nordwärts, dann nach Osten, überquerte die Oder und kam erst in Königsberg zum Stehen. Nach der Winterpause wurde früh im Jahr 1807 der Krieg in Ostpreußen wieder aufgenommen, nunmehr an der Seite der russischen Armee. Im Vertrag von Bartenstein schlossen Friedrich Wilhelm und Alexander ein enges Kriegsbündnis, und Alexander sicherte zu, sich für die Wiederherstellung Preußens im

Umfang von 1806 einzusetzen. Doch auch diese zweite Phase des Krieges schlug fehl, und Alexander willigte in einen Waffenstillstand ein, dem sich Preußen wohl oder übel anschließen mußte. Auf zwei im Memelfluß bei Tilsit festliegenden Flößen verhandelten Napoleon und Alexander über die Aufteilung der Welt, während der König von Preußen vom Flußufer aus zusehen mußte. Als er schließlich in die Verhandlungen einbezogen wurde, verbesserte das seine Position keineswegs. Napoleon verachtete den König von Preußen als einen Dummkopf, aber auch der loyale Minister Hardenberg konnte nicht umhin, in seinem Tagebuch festzuhalten, daß der König linkisch sei und mit Napoleon schlecht zurechtkomme. Alexander erwies sich hier als wesentlich gewandter. Auch die vom Generalfeldmarschall Kalckreuth vorgeschlagene, von erfahrenen Diplomaten mit Sorge betrachtete Begegnung der Königin Luise mit Napoleon bewirkte keine Milderung der Friedensbedingungen für Preußen.

Als Friedrich Wilhelm und Luise in Memel ihre provisorische Hauptstadt eingerichtet hatten, war Preußen durch den in der Nacht vom 9. auf den 10. Juli 1807 unterzeichneten Friedensvertrag von Tilsit um die Hälfte seines Territoriums und seiner Einwohner verkleinert. Es erwies sich als notwendig, die durch die verfehlte Außenpolitik bis 1806 belasteten Minister und Beamten zu entlassen und durch die Wahl der neuen Staatsführung einen Neuanfang zu signalisieren. Auf Empfehlung des ebenfalls verabschiedeten Hardenberg rief der König den Minister Freiherrn vom Stein nach Memel, obwohl er diesen erst im Dezember 1806 mit einer wütenden Kabinettsorder zum Teufel geschickt hatte. Stein erwies sich als loyal und kam sofort, erhielt aber diesmal auch die Vollmachten, die denen eines Premierministers entsprachen. Friedrich Wilhelm versuchte, die seit Jahren an ihn herangetragenen Reformvorschläge aufzugreifen und nun mittels eines Konseils zu regieren. Teils aber waren die dafür vorgesehenen Personen ungeeignet, teils entsprach dieser Regierungsstil nicht der Sorge des Königs, er könne von einem Kreis begabter Staatsmänner an die Wand gedrückt werden.

Bereits nach einem Jahr hatte sich der Kredit des mit viel Vorschußlorbeeren bedachten Stein verbraucht. Als die französische Geheimpolizei einen kompromittierenden Brief Steins abgefangen hatte, in dem von der Vorbereitung eines Volksaufstands gegen Napoleon die Rede war, folgte der König seiner Gemahlin und Hardenberg und ließ Stein im November 1808 fallen. Er regierte die folgenden anderthalb Jahre mit wenig glänzenden Ministern, ließ den größten Teil des von Stein eingeleiteten Reformwerks aber unangetastet. Das Zögern, in den von Österreich 1809 entfesselten Krieg gegen Frankreich einzutreten, sowie die allgemeine materielle Not, während die Früchte der Reformen noch auf sich warten ließen, untergruben 1809 die Autorität des Königs so weit, daß er daran dachte, «die Zügel der Regierung dem zu überlassen, den die Nation für würdiger erkennt und der mehr dem Vertrauen meiner irregeleiteten Landsleute entspricht». Das eigenmächtige Losschlagen des Husarenmajors Ferdinand von Schill verschlimmerte die Lage noch. Nachdem ein großer Teil der Frankreich geschuldeten Kriegskontribution abgetragen war, räumte jedoch die französische Armee Berlin. Das Königspaar kehrte am 23. Dezember 1809 in seine angestammte Hauptstadt zurück. Bereits im folgenden Jahr verlor der König seine Gemahlin durch eine Lungenentzündung, ein Ereignis, das ihm das echte Mitgefühl seiner Untertanen eintrug und das zu einem «Tod am gebrochenen Herzen» verklärt wurde.

Frankreich bedurfte jetzt Preußens als eines Juniorpartners in einem zunehmend gegen Rußland gerichteten System. Man signalisierte dem König, daß er nunmehr frei sei, Hardenberg wieder zu berufen, der im Juni 1810 zum Staatskanzler und Chef des Staatsministeriums mit außergewöhnlichen Vollmachten ernannt wurde.

Hardenberg, der dem König gegenüber selbstbewußt, aber in geschmeidigen Formen auftrat, leitete eine zweite Phase des Reformwerks ein, wieder zunächst, ohne auf nennenswerten Widerstand beim König zu treffen. Dieser hatte sich auf die Neugestaltung der Armee konzentriert. Aus einem eigenhändigen Reformprogramm, das Friedrich Wilhelm schon im Sommer 1807 zu Papier gebracht hatte, läßt sich entnehmen, daß Friedrich Wilhelm in militärischen Dingen einen sicheren Blick für die Notwendigkeiten besaß. So hatte er während des Feldzuges erkannt, daß auch die preußische Armee sich an die aufgelöste Fechtweise würde gewöhnen müssen, die von den amerikanischen Freiheitskämpfern entwickelt und in der französischen Revolutionsarmee allgemein praktiziert wurde. Schon 1797 hatte Friedrich Wilhelm eine Reformkommission darauf aufmerksam gemacht, daß das entwürdigende System der preußischen Soldatenrekrutierung geändert werden müsse. Seit 1806 aber hatte er begonnen, dem Obersten Gerhard Johann David von Scharnhorst Gehör zu geben, der dringend empfohlen hatte, dem erfolgreichen Gegner die Rezepte seines Erfolges abzuschauen. So ist die Militärreform neben der 1817 begonnenen Neugestaltung der Landeskirche das persönlichste Reformvorhaben Friedrich Wilhelms III. geworden.

Ebenso stark wie im Heer behauptete sich der Primat des Monarchen in der Außenpolitik. Geheime Kontakte nach Rußland hatten nie aufgehört, aber mit der Zuspitzung des französisch-russischen Gegensatzes wurde Preußen im Jahr 1811 erneut gedrängt, Partei zu ergreifen. Während Hardenberg dem König in einer umfangreichen Denkschrift auseinandersetzte, weshalb man sich aus Gründen des Anstands und der Ehre auf die Seite Rußlands schlagen müsse, vertrat Friedrich Wilhelm die Ansicht, daß auch das Zarenreich genügend Treulosigkeiten aufzuweisen habe, und daß das Überlebensinteresse des Staates eine Allianz mit Frankreich erforderlich mache. Sie wurde dann auch am 24. Februar 1812 abgeschlossen.

Bevor Napoleon mit seiner Grande Armée in Russland einfiel, hielt er in Dresden noch einmal Hof. Auch Friedrich Wilhelm mußte ihm die Ehre seines Besuches erweisen. Sein Abscheu gegen Napoleon blieb dabei grundsätzlich erhalten. Das Wiederanknüpfen mit Rußland zur Jahreswende 1812/13 in Tauroggen wurde dadurch erleichtert, daß das gegen Rußland gestellte preußische Kontingent nur am linken Flügel der französischen Front disloziert war und den Marsch auf Moskau nicht mitmachen mußte. Eine weitgehend intakte Armee konnte mit ehemals preußischen Offizieren, die in russische Dienste getreten waren, schnell über eine Neutralisierung einig werden.

Welchen Anteil hatte Friedrich Wilhelm III. an dem Aufbruch des Frühlings 1813? Wir wissen, daß er die Weihnachtstage und den Jahreswechsel 1812/13 hinüber damit befaßt war, über eine Neuordnung der politischen Arrangements nachzudenken. Die Niederlage Napoleons im Rußlandfeldzug wollte Friedrich Wilhelm III. zunächst nutzen, um einen Frieden herzustellen, der durch Österreich nach der Maxime «Leben und leben lassen» vermittelt werden sollte. Erst wenn die französische Armee ein zweites Mal die Memel überschritten haben würde, sollte dies das Signal «zum allgemeinen Aufbruch, auch für Preußen sein». Zu Recht kritisierte Hardenberg an dieser Überlegung, daß dann Napoleon Gelegenheit bekäme, mindestens bis zum kommenden Sommer sich zu regenerieren und ein neues Heer aufzustellen. Wie sich zeigen sollte, war Napoleon sogar in den wenigen Monaten bis zum März hierzu in der Lage.

Analog zur Wende von 1805 ist gemutmaßt worden, der König habe dem Befehlshaber des preußischen Korps im Rußlandfeldzug, dem General Johann David Ludwig von Yorck, eine geheime Weisung erteilt. Doch hätte dies bedeutet, daß Friedrich Wilhelm schon im August 1812, als der letzte hierfür in Frage kommende Offizier den König verließ, um Yorck aufzusuchen, eine Abkehr von Napoleon ins Auge gefaßt habe. Dies erscheint angesichts des Respekts vor der Macht Napoleons, der noch die Überlegungen vom Jahreswechsel bestimmte, unwahrscheinlich. Friedrich Wilhelm III. wirkte nun einmal oft zweideutig, weil er es scheute, bei zwei Optionen eindeutig einer den Vorzug zu geben und die andere damit ins Nichts verschwinden zu lassen. Lieber hielt er sich alle Möglichkeiten offen, solange es eben ging.

Hardenberg scheint dagegen schon sehr früh das Verleugnen der Tat Yorcks und das Festhalten am französischen Bündnis als eine reine «Maske» betrachtet zu haben, unter deren Schutz man sich neu positionieren konnte. Doch auch in seinem Fall ist es fraglich, ob dies anfangs mehr bedeuten sollte als das Streben nach Aufwertung Preußens zum Rang einer Macht, die wieder selbständig mitreden konnte.

Im Februar 1813 entfaltete sich dann eine Volksstimmung in Preußen, die sofortige entschiedene Aktionen zur Beendigung der französischen Herrschaft über Deutschland forderte. Selbst der ängstliche, dem Lager der Restauration angehörende Berliner Prediger, Prinzenerzieher und spätere Außenminister Johann Peter Friedrich Ancillon warnte jetzt, daß der König sich unbedingt an die Spitze der Bewegung stellen müsse, wolle er nicht hinweggefegt werden.

Um nicht zu einer französischen Geisel zu werden, verließ der König am 20. Januar das von französischen Garnisonen umlagerte Berlin und verlegte seine Residenz nach Breslau. Hier wurde am 17. März 1813 durch eine Note Hardenbergs der Bruch mit Frankreich vollzogen. Den Aufruf «An Mein Volk» hat Theodor Gottlieb von Hippel entworfen, lediglich den Aufruf «An Mein Kriegsheer» hat Friedrich Wilhelm eigenhändig konzipiert.

Der König blieb anschließend beim Heer; auf dem Schlachtfeld von Leipzig ging er am 18. Oktober 1813 seinem Gefolge vorübergehend verloren, so weit hatte er sich exponiert. Die Kapitulation von Paris am 30. März 1814 und der feierliche Einzug der verbündeten Monarchen am nächsten Tag mögen sich als besondere Höhepunkte im Leben des Königs anbieten. Allerdings gehörte es zu seinem Charakter, daß er sich Triumphe nicht gestattete; und so sorgte er auch persönlich dafür, daß seine siegreiche Rückkehr in die heimatliche Hauptstadt nicht zu einer Demonstration überschäumenden Stolzes wurde.

Auf dem Wiener Kongreß, zu dem er am 25. September 1814 eintraf, erschien Friedrich Wilhelm III. den Delegierten als der «Schatten» bzw. der «Lakai» des russischen Zaren Alexander. Er zwang seinen Chefunterhändler Hardenberg dazu, in erster Linie die russische Position zu unterstützen, selbst dann, wenn er keineswegs von deren Richtigkeit überzeugt war: so groß war inzwischen das Gefühl der Verpflichtung gegenüber Alexander geworden, und so gut konnte Alexander den König manipulieren.

Die Meldung von Napoleons Flucht aus Elba und dessen neuerlicher Popularität in Frankreich nahm Friedrich Wilhelm mit Gelassenheit auf. Napoleons Niederlage bei Waterloo aber hielt er keineswegs für endgültig, sondern sagte zu seinem Sohn Wilhelm: «Hat er dies mal nur drei Tage von Elba bis Frankreich gebraucht, so wird er vielleicht von seinem künftigen Exil vierzehn Tage gebrauchen, aber wiederkommen wird er doch.»

Während Preußens Kongreßbevollmächtigter Wilhelm von Humboldt meinte, insgesamt habe Preußen auf dem Wiener Kongreß nicht schlecht abgeschnitten, konnte der König lange Zeit die Tatsache nicht verwinden, daß es ihm nicht gelungen war, seinen treulosen Alliierten von 1806, den König von Sachsen, zu entthronen und sich dessen Land ganz anzueignen. Statt dessen hatte er den von den Delegierten Großbritanniens und Österreichs, Castlereagh und Metternich, vermittelten Kompromiß annehmen müssen, der ihm nur einen Teil Sachsens, einen wesentlichen Teil zwar, doch ohne die Stadt Leipzig, sowie das Rheinland von Saarbrücken bis Emmerich, dazu Westfalen, übertrug.

Noch bevor in Paris das zweite Mal Frieden mit Frankreich geschlossen wurde, kehrte Friedrich Wilhelm in seine Hauptstadt zurück. Von jetzt an bewegte sich sein Leben in ruhigeren Bahnen. Er konnte sogar daran denken, sich wieder eine Lebensgefährtin zu suchen. Nachdem verschiedene Kandidatinnen geprüft worden waren, ging der König 1824 mit der jungen Gräfin Auguste Harrach, die er bei einem Teplitzer Kuraufenthalt kennengelernt hatte, eine morganatische Ehe ein. Die öffentliche Meinung in Berlin wie auch die Stimmung der königlichen Kinder war gegen diese Vermählung eingestellt, doch haben sich die Kinder Friedrich Wilhelms schließlich so gefügt, wie sie das auch in ihren eigenen Heiratsangelegenheiten tun mußten: Friedrich Wilhelm, der Kronprinz, war mit dem Druck konfrontiert, der auf seine Gemahlin, die bayerische Prinzessin Elisabeth, ausgeübt wurde, damit sie zum evangelischen Glauben übertrete. Wilhelm, der zweite Sohn, mußte unter Schmerzen dem Wunsch entsagen, seine Jugendliebe Elisa, Tochter der preußischen Prinzessin Luise und des Fürsten Anton Radziwill, zu ehelichen, weil sie nicht ebenbürtig sei.

Je mehr sich die Stellung Preußens wieder festigte, desto weniger war der König noch bereit, die Reformer gewähren zu lassen. Gegenüber Hardenberg, der 1811 mit der radikalen Gewerbefreiheit einen großen Schritt unternommen hatte, gewannen die ständisch und zunftbezogen denkenden Reformgegner zusehends sein Ohr. Zwar war es Hardenberg 1815 noch gelungen, dem König ein öffentliches Verfassungsversprechen abzuringen. Doch ließ sich Friedrich Wilhelm von den Anhängern der Restauration überzeugen, daß in der Öffentlichkeit, im Beamtenapparat und vor allem im Bildungswesen radikale Elemente, Liberale, Demokraten und Anhänger der Volkssouveränität, aber auch gefährliche Rationalisten und Leugner der sogenannten «positiven Religionswahrheiten» einen so bedrohlichen Einfluß gewonnen hätten, daß man ihnen keinesfalls das Forum einer gesamtstaatlichen parlamentarischen Repräsentation einräumen dürfe. Nicht nur Ancillon meinte, wer Generalstände berufe, wie in Frankreich 1789 geschehen, werde auch eine Revolution heraufbeschwören. So verschleppte der König Hardenbergs Verfassungsentwurf, schickte den Kanzler lieber auf eine Italienreise und erließ schließlich 1823 ein Gesetz, das nur Provinzialstände auf der Ebene der damals acht Provinzen der Monarchie anordnete.

In seinem zunehmenden Starrsinn gegen den «Zeitgeist» wurde Friedrich Wilhelm auch durch den österreichischen Staatskanzler Fürst Metternich bestärkt. Wilhelm Ludwig Georg Fürst zu Sayn-Wittgenstein-Hohenstein, ein Altmeister dunkler Finanzgeschäfte und zeitweise preußischer Polizeiminister, vor allem aber Oberkammerherr und enger Vertrauter Friedrich Wilhelms seit etwa 1800, öffnete Metternich Zugänge zur Seele des Königs und schuf die Möglichkeit, Hardenberg zu überspielen. So wurden 1819 in den Besprechungen Friedrich Wilhelms mit Metternich in Teplitz die Grundlagen für die Karlsbader Beschlüsse gelegt. Rechtsstaatliche Bedenken gegen die Verwendung mitgelesener Post als Belastungsmaterial gegen die Opposition waren Friedrich Wilhelm III. unbekannt. Die Demagogenverfolgung fand seine herzliche Zustimmung.

Nach Hardenbergs Tod im Jahr 1822 wurde das Staatskanzleramt nicht mehr fortgeführt. Friedrich Wilhelm gewöhnte sich wieder einen Regierungsstil an, wie er 1806 die besondere Kritik Steins und anderer Reformer hervorgerufen hatte: Er regierte erneut «aus dem Kabinett», mit einem «Kabinettsminister» (lange Zeit der farblose Graf Lottum, der bei ihm auch die Sachen der anderen Minister vortrug) und mit seinem Generaladjutanten Job von Witzleben. Dieser hatte Köckritz abgelöst und besaß, zum Glück für Preußen, einen etwas weiteren Horizont. Zeitweise amtierte Witzleben auch als Kriegsminister.

Der Stil der Kabinettsregierung bewirkte, daß in dem größer gewordenen Staatsgebiet der Spielraum für die Bürokratie wuchs. Was in den Jahrzehnten bis 1840 an Modernisierungsschritten in der preußischen Verkehrs- und Gewerbepolitik unternommen wurde, war das Werk der Geheimräte, unter denen Christian Peter Wilhelm Beuth und Karl Georg Maassen hervorragen, nur mit dem Finanzminister Friedrich von Motz vergleichbar. Doch ist

Friedrich Wilhelm III. weder der «Gründer» der Universität Berlin, die lange seinen Namen trug, noch der ebenfalls nach ihm benannten Bonner Universität gewesen. In diesen Fällen gaben der Kabinettsrat und spätere Justizminister Karl Friedrich Beyme sowie Hardenberg den Ausschlag.

Kriegerische Verwicklungen deuteten sich 1820 an, als eine Intervention der Großmächte, der sogenannten Heiligen Allianz, gegen liberale Umsturzbewegungen in Italien und Spanien für notwendig gehalten wurde. Der König von Preußen, der auf dem hierüber beratenden Kongreß von Laibach (1821) nicht einmal erschienen ist, wünschte keine Beteiligung seiner Armee an solchen Operationen. Er war vorsichtig, weil seine alte Kriegsscheu wiedergekehrt war, und weil er zu Recht fürchtete, eine Überanstrengung des preußischen Machtpotentials könne die immer noch labilen Staatsfinanzen vollständig zerrütten.

Seine Friedensliebe trug auch maßgeblich dazu bei, daß die französische Julirevolution nicht in einen europäischen Flächenbrand mündete. Ganz anders als Zar Nikolaus I., der inzwischen durch die Verehelichung mit der Prinzessin Charlotte von Preußen Friedrich Wilhelms Schwiegersohn geworden war, meinte er, die Revolution lasse sich auf Frankreich beschränken, und ein Vorgehen mit Waffengewalt analog zu dem unseligen Feldzug von 1792 sei nicht erforderlich. Diese Zurückhaltung behielt er auch bei, als die belgische Bewegung zur Unabhängigkeit von dem 1815 geschaffenen Königreich der Vereinigten Niederlande die Furcht weckte, Frankreich könne sich wieder wie in den 1790er Jahren mit einem Netz revolutionärer Tochterrepubliken umgeben.

Auch einen religiös motivierten Kreuzzug gegen die Türkei lehnte Friedrich Wilhelm ab und ließ lieber durch seinen General von Müffling den Frieden von Adrianopel (1829) vermitteln. Die größten Belastungen für Preußen kamen in den folgenden Jahren von innen: Im Streit um die Verpflichtung von Eltern aus gemischt konfessionellen Ehen zur Kindererziehung im katholischen Bekenntnis ließ es Friedrich Wilhelm auf eine äußerste Konfrontation mit dem Klerus seiner Rheinprovinz und der polnischen Gebiete des Königreichs ankommen. Dieser Streit, den erst der Nachfolger beigelegt hat, gab einen Vorgeschmack des Kulturkampfes der Bismarckzeit und fand seinen traurigen Höhepunkt darin, daß am Ende der Regierungszeit Friedrich Wilhelms III. gleichzeitig die Erzbischöfe von Köln sowie von Gnesen-Posen, von Droste zu Vischering und von Dunin, an der Ausübung ihrer Ämter gehindert und in Verbannung von ihren Amtssitzen festgehalten waren.

Statt von einer Restaurationszeit unter Friedrich Wilhelm III. zu sprechen, wie es die übliche Periodisierung der Geschichtsbücher vorgibt, ist es treffender, eine Periode anzugeben (etwa ab 1819), in der eine Restaurationspartei einen überwiegenden Einfluß im preußischen Staat gewann. Einen völligen Stillstand der Reformen hat es nicht gegeben, und viele Beamte sind im Lauf ihres Lebens sowohl modernisierend als auch restaurativ in Erscheinung getreten. Dennoch war im letzten Lebensjahrzehnt Friedrich Wilhelms III. ein Empfinden lähmender Stagnation in Preußen vorherrschend. 1839 berichtete der russische Gesandte Peter von Meyendorff, die Regierung treffe kaum mehr Entscheidungen. Die Maschine laufe nur noch aus eigenem Antrieb, und man leide unter einem «Marasmus der alten Männer». Die Minister und Beamten waren mit dem König zusammen alt geworden. Von ihnen waren keine Anstöße mehr zu erwarten.

Friedrich Wilhelm III. hat seinen siebzigsten Geburtstag nicht mehr erlebt. Lange Zeit als ein Musterbeispiel einer robusten, stattlichen Erscheinung geltend, begann er in Wahrheit jenseits der Sechzig stark zu altern. Das Leben verbrauchte sich jetzt schnell, und eine längerdauernde Fiebererkrankung raffte ihn schließlich dahin. Am 7. Juni 1840 ist Friedrich Wilhelm III. im Kreis seiner Familie im Königlichen Palais Unter den Linden gestorben. Er hinterließ ein Testament, das nicht vollzogen war, aber als gültig anerkannt wurde. Darin schärfte er seinen Nachfolgern ein: «Auf der Unbeschränktheit der Königl(ichen) Macht beruht vorzugsweise die Stellung, welche Preußen in dem allgemeinen Staatensystem einnimmt, und da eine Änderung dieses Grundpfeilers der Monarchie letztere selbst nachteilig berühren und wankend machen würde, so bestimme ich hierdurch, daß kein künftiger Regent befugt sein soll, ohne Zuziehung sämtlicher Agnaten in dem Königlichen Hause eine Änderung oder Einleitung zu treffen, wodurch eine Veränderung der jetzigen Verfassung des Staats, namentlich in Beziehung auf die ständischen Verhältnisse und die Beschränkung der Königl(ichen) Macht bewirkt oder begründet werden könnte.» Mit diesem, womöglich gar nicht von ihm formulierten Text hat Friedrich Wilhelm III. seine Nachfolger auf die Beibehaltung des Absolutismus verpflichten wollen. Er hat ihnen damit eine schwere Hypothek hinterlassen.

Friedrich Wilhelm IV.
(1840 – 1861)

von Winfried Baumgart

Friedrich Wilhelm IV. ist einer der in der Öffentlichkeit weniger bekannten Hohenzollernkönige; aber dafür ist er einer der farbigsten und schillerndsten. Seine überaus reiche Persönlichkeit zu erfassen ist schwer, sein politisches Wirken zu beurteilen dagegen leicht. Er war im Grunde eine Künstlernatur. Politik zu betreiben war ihm zuwider; er tat es nur aus Pflichtgefühl. Mit der Kunst, besonders mit der Architektur, beschäftigte er sich nicht nur um ihrer selbst willen, sondern auch, um den Plackereien und Widrigkeiten des politischen Alltags zu entfliehen. Seit seinem Regierungsantritt 1840 hat er sich den politischen und geistigen Kräften der Zeit, dem Liberalismus und Nationalismus, innerlich mit ganzer Kraft entgegengestemmt. Nach außen hat er ihnen aus Einsicht in die Notwendigkeit, aber doch gezwungen und zähneknirschend, mancherlei Zugeständnisse gemacht.

Diese ausgesprochen doppelte Natur haben Zeitgenossen in der Regel nicht erkannt, und sie haben sich daher mit der Enträtselung seiner Persönlichkeit schwergetan; aber auch Historiker haben trotz des Vorteils der Rückschau und der Distanz und trotz der Existenz einer Fülle intimer Quellen das Janusgesicht dieses Königs nicht immer klar herausgearbeitet. Da Friedrich Wilhelm IV. ein eifriger Briefeschreiber war, ist es eigentlich gar kein Kunststück, herauszufinden, daß er durch und durch eine Schauspielernatur war – ein Mensch, der anderen und auch sich selbst viele Gespinste vorgaukeln konnte, die man beileibe nicht für bare Münze nehmen darf, auch wenn er oft genug vorgab, daß man ihm in die innersten Falten seiner Seele hineinschauen könne. Dabei hatte er eine gut ausgebildete Gabe der Selbstironie, die sich auf seine körperlichen wie auf seine geistigen Eigenschaften bezog. Seine Korpulenz und seine daher wenig militärische Erscheinung konnte er leicht selbst bespötteln, wenn er etwa Familienbriefe mit «Dicky» oder «Butt» unterschrieb. Gefährlich ist es, sich bei der Lektüre seiner außerordentlich blumig und schwülstig, aber oft auch witzig und einfallsreich geschriebenen Briefe von Gefühlen der Sympathie anstecken und leiten zu lassen. Im Grunde waren fast alle seine Aussagen Masken, die etwas verbergen sollten oder mit denen er blenden und verführen wollte.

In einem Brief vom September 1848 an seinen Busenfreund Bunsen ließ er ausnahmsweise diese allen seinen Briefen zugrundeliegende Berechnung anklingen: «Ich schreibe dies in warmem Strome der Gefühle und bin mir doch klar selbst bewußt, daß das, was ich sage, eiskalte und gewisse Wahrheit sey.» Der österreichische Gesandte in Berlin, Georg Esterházy, nannte den König «den vollendetsten Komödianten der Gegenwart», der es verstehe, mit seiner «sogenannten ‹Pietät›» andere Menschen zu «dupiren». Und der Leiter der Politischen Abteilung im preußischen Außenministerium, Hermann Ludwig Balan, über dessen Schreibtisch die Briefe des Königs gingen, sofern sie an des Königs Mitsouveräne in Europa gerichtet waren, vermerkte im Juni 1853 in seinem Tagebuch: «Es offenbart sich in allen diesen Dingen ein unbesiegbarer schauspielerischer Instinkt.»

I.

Woher hatte Friedrich Wilhelm IV. diesen «schauspielerischen Instinkt»? Er hat ihn in früher Jugend entwickelt und ausgebildet und ihm sein Leben lang freien Lauf gelassen.

Friedrich Wilhelm wurde 1795 als ältester Sohn von sieben Kindern des Königs Friedrich Wilhelm III. und seiner Gemahlin Luise geboren. 1800 wurde ihm und seinem Bruder Wilhelm, 1797 geboren, Friedrich Delbrück als Lehrer und Prinzenerzieher zugeteilt. Dieser ging behutsam auf Friedrich Wilhelms sich überreich entfaltende Gefühlswelt ein. 1809 wurde er durch den Theologen, Hofhistoriker und späteren preußischen Außenminister Johann Peter Friedrich Ancillon abgelöst, der, allerdings vergebens, den Verstandeskräften des Thronfolgers den Vorrang zu geben versuchte. Denn auch er mußte seinen Schützling immer wieder mündlich und brieflich ermahnen, seine Neigungen und Gefühlswallungen stärker zu kontrollieren und sich ernsthafter auf seinen künftigen Beruf vorzubereiten. Er beklagte mit einem Wort der 1810 früh verstorbenen Königin Luise, daß sein Zögling immer noch «der Raub des mächtigen Augenblicks» sei und «ernste angestrengte, freiwillige Arbeit» meide. «Sie haben die Neigung, sich ausschließlich, wenn Sie sich selbst bestimmen, nur mit der Kunst und namentlich mit dem ewigen Zeichnen zu beschäftigen.»

Dabei war Friedrich Wilhelm früh mit dem bitteren Ernst der politischen Lage seines Landes konfrontiert worden. 1806 mußte er mit der gesamten Königsfamilie nach der Niederlage von Jena

Friedrich Wilhelm IV., König von Preußen
1840–1861

und Auerstedt die Flucht nach Ostpreußen antreten, die ihn schließlich bis nach Memel führte. Die Befreiungskriege hat er von 1813 bis 1815 persönlich mitgemacht und die Verfolgung Napoleons als Kreuzzug gegen Revolution und Chaos empfunden. Für seine politische Bildung waren dies tiefprägende Erlebnisse, die aber seinen Abscheu gegen die Politik überhaupt und gegen alles Militärische nur noch steigerten. Erholung und Entspannung suchte er in der Lektüre romantischer Schriftsteller und beim Zeichnen von Landschaften, Kirchen, Schlössern und Villen, was ihn in eine ferne, idyllische heile Welt entrückte. Er las die «Geschichten aus Tausendundeiner Nacht», James Macphersons Ossian-Lieder, die Dichtungen von Schlegel und Tieck. Sein Lieblingsdichter war der heute weitgehend vergessene Friedrich de la Motte Fouqué, der in seinen Romanen die germanische Heldenwelt und das mittelalterliche Rittertum mit seinen christlichen und höfischen Tugenden und seiner gegliederten Feudalordnung verherrlichte. Bilderwelt und Sprache seiner Vorbilder haben den Prinzen so weit beflügelt und verzückt, daß er sich 1816/17 daranmachte, einen eigenen Roman zu schreiben, der Fragment geblieben ist, stark autobiographische Züge trägt und eine orientalische Märchenwelt heraufbeschwört.

Literarisch ist dieses Romanfragment, das 1997 von Frank-Lothar Kroll unter dem Titel «Die Königin von Borneo» veröffentlicht wurde, recht anspruchslos. Auch die sonst schon in Friedrich Wilhelms frühen Briefen anzutreffende eigenwillige Bildersprache ist hier nur schwach entwickelt. Aber der Drang, in eine zauberhafte entrückte Welt einzutauchen, ist allenthalben spürbar. Der «Raub des mächtigen Augenblicks» ist in den Tagebüchern und Briefen an seine Geschwister indes viel eindringlicher nachzuvollziehen. Im Juli 1815 sah Friedrich Wilhelm zum ersten Mal den Rhein: «Ich tauchte meine Rechte in den Rhein und bekreuzte mich. Welch ein göttlicher Strohm: ... O Dio – Dies ist die schönste Gegend von allen deutschen Landen!!!!!!!!!! Mir ist's wie ein Traum.» Genauso wie eine Landschaft ihn hinreißen konnte, begeisterte er sich für ein architektonisches Ensemble. Als er im Sommer 1834 die russische Hauptstadt besuchte, schrieb er an seinen Bruder Karl: «Petersburg hat ihr (seiner Gemahlin Elisabeth) und allen meinen Herren und Damen einen übermenschlichen Eindruck gemacht. ... Die Verschönerungen von Petersburg übersteigen wirklich alle Begriffe!!!!!!! ... Und die Säule ..., ich habe den Kopf ganz verdreht.»

Im Gegensatz zu Friedrich Wilhelms Schriftstellerei ist seine Hinterlassenschaft auf dem Gebiet der Bautätigkeit anspruchsvoller. Allerdings war er auch hier im Grunde Dilettant. Seine zahlreich überlieferten Skizzen sind mit schnellen Strichen hingeworfen und gehen nie ins Detail. Das überließ er dem großen Architekten und Baumeister Karl Friedrich Schinkel und dessen Schülern Ludwig Persius und Friedrich August Stüler. Am Park von Sanssouci erwarb er 1826 einen Gutshof, ließ ihn von Schinkel und Persius im neoklassizistischen Stil umbauen und den ihn umgebenden Park von Peter Joseph Lenné im englischen Stil umgestalten. Er selbst beteiligte sich mit zahlreichen Skizzen an der Neuschöpfung. Jeder, der heute diesen «Charlottenhof» besucht, wird sich dem Zauber, den dieses Bau- und Gartenkunstwerk ausstrahlt, nicht entziehen können. Der Kronprinz lieferte hier den Anstoß; die Ausführenden und eigentlichen Künstler waren seine Fachleute.

Ähnliches gilt für die zahlreichen weiteren Ausbauten, deren sich der Kronprinz und König annahm: Burg Stolzenfels am Rhein südlich von Koblenz, die Wiederaufnahme des Ausbaus des Kölner Domes Anfang der 1840er Jahre und die Restaurierung der Marienburg in Westpreußen sind nur die prominentesten Beispiele. Sie verkörpern die Sehnsucht Friedrich Wilhelms nach vergangener Mittelalterherrlichkeit.

Eine andere, diesmal ganz religiös bestimmte steingewordene Sehnsucht des Königs ist die Friedenskirche unterhalb des Schlosses von Sanssouci. Hier handelt es sich nicht um einen Um- oder Ausbau eines vorhandenen Grundbaus, sondern um eine völlige Neuschöpfung der 1840er Jahre, die im Revolutionsjahr 1848 eingeweiht wurde und als seine und seiner Gemahlin Grablege konzipiert war. Am Entwurf der Kirche arbeitete der König intensiv seit 1841. Als unmittelbares Vorbild dienten ihm die im basilikalen Stil erbaute Kirche San Clemente in Rom und für den Turm der Campanile von Santa Maria in Cosmedin. Persius führte den Bau im Detail aus. Er ist der Höhepunkt der Bautätigkeit des Königs im Potsdamer Raum und versinnbildlicht seinen Wunsch, sich als Friedensfürst in die Linie der Hohenzollern einzureihen. Die Verwendung des Basilikenstils offenbart seine Idee, in der Kirchenpolitik auf die Urkirche der Christenheit zurückzugehen. Auf der gleichen Linie liegt seine Vorstellung, das seit der Reformation ausgeübte landesherrliche Kirchenregiment zu überwinden, auf den Summepiskopat des preußischen Königs zu verzichten und eine Episkopalverfassung in der preußischen Kirche wiedereinzuführen.

Da Friedrich Wilhelm IV. bei der Verwirklichung dieser Idee zu große Widerstände entgegenschlugen, versuchte er sie über einen merkwürdigen Umweg durchzusetzen. Anfang der 1840er Jahre verhandelte er mit der englischen Regierung über die Errichtung eines gemeinsamen anglo-preußischen Bistums in Jerusalem. 1841 wurde es gegründet. Nach dem englisch-preußischen Vertrag sollte die Besetzung des Bischofsstuhls zwischen England und Preußen alternieren, so daß nach dem Tod des 1842 geweihten ersten anglikanischen Bischofs der von Preußen benannte Schweizer Samuel Gobat, vom Erzbischof von Canterbury geweiht, 1846 eingesetzt wurde. Er amtierte bis zu seinem Tod 1879.

Die Potsdamer Friedenskirche verkörpert neben der Rückwendung zur Urkirche nicht zuletzt eine Italiensehnsucht, die sich in der Jugend des Kronprinzen herausgebildet hatte. Durch intensive Beschäftigung mit der antiken und mittelalterlich-christlichen Bauwelt Roms hatte sich Friedrich Wilhelm Kenntnisse angeeignet, die jeden Kenner der damaligen Zeit in Staunen versetzten. 1819/20 wollte er zum ersten Mal nach Italien reisen, um am Italienmythos der damaligen Zeit teilzuhaben. Doch sein Vater, Friedrich Wilhelm III., wußte um die Verführbarkeit seines kunstseligen Sohnes und lehnte das Vorhaben ab, um dessen Kunstbesessenheit nicht noch weiter anzufachen. 1828 wurde der Wunsch aber schließlich doch erfüllt, und Friedrich Wilhelm schwelgte zwei Monate lang im Land seiner Träume.

Ein anderer Grund für Friedrich Wilhelm III., den ersten Italienwunsch seines Sohnes abzulehnen, waren Heiratspläne, die er für ihn schmiedete. Er schickte ihn statt nach Italien auf Brautschau durch Süddeutschland. Bei einem Aufenthalt am Münchener Hof verliebte sich der Kronprinz in Prinzessin Elisabeth Ludovika, die 1801 geborene Tochter des bayerischen Königs Maximilian I. Das Problem war, daß Elisabeth katholisch war und eine Heirat ohne ihren Übertritt zum protestantischen Glauben kaum möglich schien. Dadurch verzögerte sich die Eheschließung. Der Sohn erwirkte die väterliche Einwilligung zu einer Kompromißlösung: Elisabeth stellte den Glaubensübertritt für die Zeit nach der Eheschließung in Aussicht, nachdem sie intensive Unterweisung im neuen Glauben erfahren haben würde. So fanden die Vermählung 1823 und der formale Übertritt 1829 statt. Die Ehe war glücklich, aber kinderlos, so daß ab etwa 1830 klar war, daß Friedrich Wilhelms Bruder Wilhelm, in der Persönlichkeitsstruktur sein genaues Gegenteil, Thronerbe sein würde. Elisabeth spielte in der preußischen Politik, anders als die Gemahlin Wilhelms, Augusta, oder die Gemahlin von dessen Sohn Friedrich Wilhelm (Friedrich III.), Viktoria, kaum eine Rolle, auch nicht im Hintergrund.

II.

Bei seinem Regierungsantritt 1840 sandte Friedrich Wilhelm IV. verschiedene Signale in die Öffentlichkeit aus, die Anlaß zur Hoffnung auf eine Liberalisierung des autokratischen preußischen Staatswesens gaben. Preußen (wie auch Österreich) hatte im Gegensatz zu den meisten anderen deutschen Staaten weder 1815, nach dem Wiener Kongreß, noch nach der Revolutionswelle von 1830 eine Verfassung erlassen, obwohl Friedrich Wilhelm III., zuletzt 1820 im Staatsschuldengesetz, mehrmals Versprechen dazu abgegeben, sie aber nie eingelöst hatte. Bei seinem Regierungsantritt machte der neue König nun viele Repressionsmaßnahmen der vergangenen zwei Jahrzehnte rückgängig. So beendete er die «Kölner Wirren», welche die Beziehungen zwischen dem katholischen Volksteil und den protestantischen Behörden in der Rheinprovinz vergiftet hatten. Als Zeichen der Versöhnung gelobte er beim eindrucksvollen Dombaufest 1842 in Köln die Vollendung der gewaltigen Bauruine. Von den «Göttinger Sieben», die der König von Hannover 1837 wegen ihres Widerstandes gegen seine einseitige Aufhebung der Verfassung des Landes verwiesen hatte, nahm Friedrich Wilhelm einige in hohe akademische Ämter auf. Ernst Moritz Arndt, der 1819 auf Grund der Karlsbader Beschlüsse seinen Lehrstuhl in Bonn hatte aufgeben müssen, bekam diesen wieder zurück.

Aber schon die in der damaligen Zeit anachronistisch wirkenden Huldigungszeremonien im Oktober 1840 vor der ostpreußischen Ritterschaft in Königsberg und dann vor den versammelten Ständen in Berlin machten deutlich, daß Friedrich Wilhelms Blicke hinsichtlich der Verfassungsfrage rückwärtsgewandt waren. In einer mystisch und sakral anmutenden Rede forderte er die Versammelten auf, ihm im Streben nach «Ehre, Treue ..., Licht, Recht und Wahrheit» beizustehen. Es war fortan typisch für die zentralen Maßnahmen in der Innen- und Außenpolitik des Königs zwischen 1840 und 1858, daß er bereit war, wenn auch zögernd, widerstrebend und gestoßen, einen Schritt nach vorn zu tun, diesen aber umgehend bereute und sich dann anschickte, wieder zwei Schritte zurückzugehen.

Friedrich Wilhelms Vorstellung vom Königsamt war durchdrungen von der Auffassung vom Gottesgnadentum, also von der Überzeugung, daß der Monarch sein Amt von Gott verliehen bekommen habe und in erster Linie ihm für sein Tun und Lassen verantwortlich sei, nicht dem Volk, wie es die moderne Lehre von der Volkssouveränität besagte. Wieder waren es Schriftsteller der

Romantik, darunter besonders Novalis, und Vertreter des christlich-germanischen Konservativismus mit ihrem Gedanken von der Wiederbelebung des königlichen Gottesgnadentums, die Friedrich Wilhelm beeindruckten. So bezeichnete Novalis in seiner 1798 erschienenen Schrift «Glauben und Liebe» den Monarchen als «einen höhergeborenen Menschen», als einen «Idealmenschen»; der König sei «ein zum irdischen Fatum erhobener Mensch». Friedrich Wilhelm nahm diese Gedanken begierig in sich auf und offenbarte sie einmal seinem Intimus Bunsen 1844 in folgender Weise: «Es gibt Dinge, die man nur als König weiß, die ich selbst als Kronprinz nicht gewußt und nun erst als König erfahren habe.» Die Beziehung zu seinem Volk verstand Friedrich Wilhelm im patriarchalischen Sinn nach der Lehre vom Patrimonialstaatsgedanken Carl Ludwig von Hallers. Das Volk könne ihm gegenübertreten und ihn beraten in Gestalt der alten Stände (des Adels, der Bürger, der «Landleute»); ansonsten reduziere sich das gegenseitige Verhältnis auf Schutzgewährung des Vater-Königs einerseits und Treueverhalten des Volkes andererseits.

In den 1840er Jahren kündigte sich mit der beginnenden industriellen Entwicklung die Notwendigkeit des Baus von Eisenbahnlinien in Preußen gebieterisch an. Die Regierung mußte die dafür notwendigen finanziellen Mittel durch Staatsanleihen aufbringen. Deswegen war es unumgänglich, die Landstände der acht preußischen Provinzen damit zu befassen. Da es wegen der überregionalen Aufgabe von Bahnbauten, z. B. der Linie von Berlin nach Königsberg, kaum praktikabel erschien, die Landstände einzeln zu versammeln, tat Friedrich Wilhelm 1847 nach langem Zögern den mutigen Schritt, sie zusammen einzuberufen. Dieser «Vereinigte Landtag» verstand sich aber nicht als altes landständisches Organ, sondern als neue konstitutionelle Versammlung und forderte vom König die künftige periodische Einberufung. In seiner Eröffnungsrede am 11. April 1847 machte der König seine antikonstitutionelle Haltung unmißverständlich klar, als er ankündigte, «daß ich es nun und nimmermehr zugeben werde, daß sich zwischen Unsern Herr Gott im Himmel und dieses Land ein beschriebenes Blatt, gleichsam als eine zweite Vorsehung eindränge, um Uns mit seinen Paragraphen zu regieren und durch sie die alte, heilige Treue zu ersetzen». Solche Beschwörungen waren vergebens; sie wurden durch das Revolutionsjahr 1848 ad absurdum geführt.

Die Märzrevolution 1848 in Berlin und das Verhalten, zu dem Friedrich Wilhelm IV. von den Revolutionären gezwungen wurde, haben ihn in tiefster Seele getroffen. Die Wunden vernarbten nie wieder. Schon in seiner Kindheit hatte er die Revolution und ihre Folgen bewußt erlitten. Die Erlebnisse von 1848 wurden für ihn zum Alptraum. «Die Revolution», so belehrte er 1849 Arndt, «ist das Aufheben der göttlichen Ordnung, das Verachten, das Beseitigen der rechten Obrigkeit, sie lebt und atmet ihren Todeshauch, so lange unten oben und oben unten ist.» Als es am 18. März 1848 zu den ersten Barrikadenkämpfen am Schloßplatz in Berlin, zu Dutzenden von Toten und am 21. März zum «Umritt» des Königs durch die Straßen der Hauptstadt kam und er sich dabei eine schwarz-rot-goldene Armbinde, das Zeichen der neuen nationalrevolutionären Farben, umlegte sowie am 22. März sein Haupt vor den Särgen der Barrikadentoten – der «Märzgefallenen» – entblößte, war er zutiefst gedemütigt und zunächst völlig demoralisiert.

Der König mußte nun Konzession auf Konzession an die liberalen Forderungen machen, so daß sein Land vorübergehend in eine «revolutionäre Monarchie» verwandelt wurde, in der er als Monarch in den Hintergrund zu treten und der Volksvertretung in Gestalt der preußischen Nationalversammlung bzw. der Bürgerwehr das Sagen zu überlassen hatte. Friedrich Wilhelm «effacirte» sich, wie ein immer wieder von ihm selbst gebrauchtes Wort lautete. Nach den Straßenkämpfen in Prag und Paris im Juni 1848, in denen das Militär gegenüber den Barrikadenkämpfern wieder die Oberhand gewann, und nach den mühsam sich hinziehenden Verfassungsdebatten in Frankfurt und Berlin formierten sich auch in Preußen die konservativen Kräfte aufs neue. Schon im Juni regte sich beim König Widerstandsgeist, als er sich gegenüber seinem (neuerdings im konstitutionellen Sinn verantwortlichen) Ministerium weigerte, seine Kommandogewalt über die Armee – das Herzstück der monarchischen Macht in Preußen – mit diesem zu teilen. Seiner Schwester Charlotte, die mit dem Zaren Nikolaus I. verheiratet war, schrieb er am 15. Juli 1848, daß er «ein ganz klein bißchen wieder zu regieren anfange».

Als sich im September 1848 gar die preußische Nationalversammlung der Frage der Kontrolle über die Armee bemächtigte, entwickelte der König ein Kampfprogramm, das auf die Auflösung der Nationalversammlung in Preußen und auf die Wiederherstellung des Deutschen Bundes in Deutschland hinauslief. «Die Einsicht, die ich von den Dingen habe, lehrt mich unwidersprechlich, daß dies die letzte Stunde ist, um den Thron, Preußen, Teutschland, ja den Begriff der von Gott eingesetzten Obrigkeit in Europa zu retten. Jetzt oder nie!» Im Oktober 1848 stellte sich schließlich heraus, daß der Passus, das königliche Amt sei «von Gottes Gnaden» verliehen, aus der von der preußischen Nationalversammlung ausgearbeiteten Verfassung eliminiert werden sollte. Nun bäumte sich im Innern des Königs alles auf, und er setzte mit Hilfe der Armee (des Oberbefehlshabers in den Marken,

Friedrich Graf von Wrangel) und des neuen Ministeriums unter Friedrich Wilhelm Graf von Brandenburg sein Kampfprogramm durch: Über Berlin wurde der Belagerungszustand ausgerufen, die Nationalversammlung erst nach Brandenburg verlegt und dann aufgelöst.

Da der König wegen dieser rigorosen Maßnahmen eine Neuauflage der Revolution befürchten mußte, versuchte er über die eigenen militärischen Vorbereitungen hinaus (Einschließung Berlins mit Truppen) sich auch beim Zaren rückzuversichern. Dieser hatte ohnehin die scheinbaren konstitutionellen Anwandlungen Friedrich Wilhelms seit 1840 und vollends die Märzkonzessionen von 1848 mit größtem Argwohn beobachtet und schließlich als Aufkündigung des Bandes der Heiligen Allianz empfunden, die zuvor Berlin und St. Petersburg besonders eng verbunden hatte. Obwohl er tatsächlich nach der Berliner Märzrevolution, aber in erster Linie, um den Status quo des aufgeteilten Polen zu sichern, militärische Maßnahmen getroffen hatte, lehnte Nikolaus den Hilferuf des preußischen Königs vom September mit Schärfe ab. Er kenne nicht mehr das alte Preußen; es habe aufgehört zu existieren und sei in Deutschland aufgegangen (das sind Anspielungen auf die berühmten Worte des Königs vom 21. März, daß Preußen fortan in Deutschland aufgehe). Einer Macht, die ihre alten Traditionen verleugne, könne er nicht zu Hilfe kommen; sie solle sich aus den konstitutionellen Fangarmen selbst befreien. Wenn dies allerdings geschehen sei oder wenn in Preußen gar die Republik die Oberhand gewinnen sollte, dann werde er ihn nicht im Stich lassen.

Der König und die konservativen Kreise in Preußen schafften es tatsächlich aus eigenen Kräften, das Ruder am Jahresende 1848 wieder herumzureißen. Um die Reaktion nicht zu nackt und brutal erscheinen zu lassen, fügte sich Friedrich Wilhelm unter größtem Widerstreben dem Drängen des Grafen Brandenburg, dem Volk eine Verfassung von oben zu gewähren, sie zu «oktroyieren» (Dezember 1848). Das war ein psychologisch geschickter Schachzug. Natürlich erschien darin das königliche Amt als «von Gottes Gnaden» abgeleitet, und außerdem waren dem König genügend Vorrechte beim Gesetzgebungsverfahren vorbehalten, so daß in Preußen die Monarchie stark blieb, auch wenn sie konstitutionell wurde.

Die Ereignisse in Frankfurt verliefen, anders als jene in Wien, wo der Oktober 1848 ebenfalls einen Wendepunkt darstellte, mit denjenigen in Berlin nicht synchron. Hier steuerte die revolutionäre Entwicklung noch ihrem Höhepunkt zu, der erst im Mai 1849 erreicht wurde. Im April des Jahres wurde dem preußischen König von einer nach Berlin gereisten Frankfurter Deputation die deutsche Kaiserkrone angetragen. Das Angebot sollte die schwierige Frage einer Neukonstituierung Deutschlands unter Einbeziehung Österreichs lösen: Unter preußischer Führung und unter Ausschluß Österreichs sollte ein «engeres Deutschland» geschaffen werden, dieses wiederum unter Einschluß Österreichs einen lokkeren Staatenbund, das «weitere Deutschland», bilden. Friedrich Wilhelm ließ dieses Vorhaben, das auf einem kühnen Gedanken Heinrich von Gagerns beruhte, durch die brüske Ablehnung der ihm angetragenen Kaiserkrone scheitern. Auf die Gründe wird noch einzugehen sein.

Obwohl 1849 die Revolution in Preußen als überwunden gelten konnte, war die größere deutsche Frage damit noch nicht geklärt. Preußen und Österreich rivalisierten 1849/50 um deren Lösung. Friedrich Wilhelm ließ sich von seinem nunmehrigen engsten Berater, Josef Maria von Radowitz, dazu drängen, sie auf dem Gagernschen Modell aufbauend anzupacken. Nach Vorstufen kam es im Frühjahr 1850 zur Bildung der «Erfurter Union», die konstitutionell aufgezogen war, also auf einem Zwei-Kammer-Parlament basierte. Der König konnte sich, wenn auch widerstrebend, damit abfinden, da Radowitz die föderalen und monarchischen Elemente in der Unionsverfassung gestärkt hatte und die Verhandlungen zum weiteren Ausbau der Union, vor allem auch in Richtung Süddeutschland, von Regierung zu Regierung und von Fürst zu Fürst (also nicht auf revolutionärem Wege von der Frankfurter Nationalversammlung aus) geführt werden sollten. Der Versuch scheiterte jedoch im Herbst 1850 an der abwartenden Haltung der deutschen Fürsten, mehr noch am österreichischen Widerstand, der vom russischen Zaren kräftig gestärkt wurde. Auf einem preußisch-österreichischen Treffen im mährischen Olmütz im November 1850 blieb Preußen nichts anderes übrig, als den Radowitz-Plan zu begraben und auf anschließenden Konferenzen in Dresden zum Status quo ante 1848, also zum Deutschen Bund, der in den Märztagen 1848 faktisch untergegangen war, zurückzukehren. Die deutsche Frage war damit aber nur vorläufig ad acta gelegt.

Die Revolution hatte den Bestand der preußischen Monarchie weniger substantiell gefährdet, als das etwa in Österreich oder in Bayern der Fall gewesen war. Dieses Ergebnis war nicht zuletzt auf das Vogel-Strauß-Verhalten des Königs («effaciren» nannte er es) im März/April 1848 und sein Einknicken vor den Forderungen der Revolutionäre zurückzuführen. Weil er die Truppen nach den ersten Barrikadenkämpfen am 18. März aus Berlin herauszog und es nicht auf weiteres Blutvergießen ankommen ließ, hat er der gefährlichen Lage – innerlich hin- und herschwankend – die Spitze genommen.

III.

Wie stand Friedrich Wilhelm IV. zur Frage der deutschen Einheit, wie sie 1848 aufgeworfen wurde?

In allen entscheidenden Lebensabschnitten – genauer gesagt in den Jahren der Befreiungskriege, dann während der deutsch-französischen Rheinkrise 1840 und in den Revolutionsjahren 1848/50 – lassen sich bei Friedrich Wilhelm IV. durchaus deutsch-nationale Gedanken feststellen. Vokabeln wie «deutsches Volk», «Reich», «Deutschland» (bei ihm stets «Teutschland») benutzte er häufig. Sein Nationalismus war aber ein höchst persönlicher und nur schwer greifbarer und unterschied sich von den liberalen Varianten fundamental. Was sich in politischer Hinsicht aus den überlieferten Quellen herausschälen läßt, ist eine schwärmerische Verklärung des 1806 untergegangenen Alten Reiches und die Verherrlichung des mittelalterlichen Kaisertums mit seiner komplizierten Struktur, des Kurfürstenkollegs, der kurfürstlichen Ämter, z. B. des Erztruchseß oder des Erzfeldherrn.

Eine Verwirklichung solcher nebelhaften Vorstellungen, die ihm ja von den genannten romantischen Schriftstellern eingegeben waren, ließ sich im 19. Jahrhundert schlechterdings nicht bewerkstelligen. Friedrich Wilhelm IV. vermochte ihnen dennoch in seinen künstlerischen Vorhaben Ausdruck zu verleihen, indem er nämlich die linksrheinischen Burgruinen Rheinstein, Sooneck, Stahleck und Stolzenfels ausbauen, die Marienburg in Westpreußen wiederherstellen oder den Kölner Dom vollenden ließ und alle diese Vorhaben als nationale Werke apostrophierte. König Ludwig I. von Bayern ist ihm mit entsprechenden Vorstellungen an die Seite zu rücken.

In den ersten Revolutionsmonaten 1848 schlugen diese kulturnationalen Ausdrucksformen des Königs ins Politische um. Sie stellten seine schwärmerischen, aber hilflosen Antworten auf die Deutschland-Pläne des Frankfurter Parlaments dar. In der damaligen Diskussion wirkten sie irreal, ja geradezu surreal. So schrieb er in Briefen an enge Vertraute von der Wiedererrichtung des alten Heiligen Römischen Reiches und eines Königskollegs; von der Bildung von «Reichwehrherzogtümern» (also einer militärischen Organisation), mit dem preußischen König als erblichem «Reicherzfeldherrn», eines Amtes, das er selbst aus den Händen des neuen österreichischen (deutschen) Kaisers als Lehen empfangen solle; und von ähnlichen anachronistischen Plänen.

Gegen Ende des Jahres 1848 verschoben sich diese Pläne weg von der undurchführbaren Mittelalterschwärmerei hin zu Gagerns

Idee vom «engeren» und «weiteren» Bund. So stellte sich Friedrich Wilhelm IV. in einer Denkschrift vom 21. Dezember «das große Ganze» – das zukünftige Deutsche Reich – aus folgenden drei Teilen bestehend vor: «1. aus dem Bundesstaate Teutschland unter dem Königskollegium (= Kurfürstenkolleg), 2. aus dem teutschen Staatenbunde, i. e. der Bundesstaat plus der kaiserlichen (österreichischen) Erblande und 3. aus dem großen Reichsbunde – zunächst das *ganze Teutschland* und *das ganze Österreich.*» Das waren keineswegs absurde Vorstellungen, da sie weitverbreiteten Auffassungen jener Monate entsprachen. Sie bekamen aber einen bemerkenswert großdeutsch-nationalistischen Zungenschlag, wenn der preußische König am Schluß die Hoffnung aussprach, daß diesem «Großen Reich» dermaleinst auch die verlorengegangenen Länder «Belgien, Niederland, die Schweiz *und andere*» angeschlossen werden sollten.

Bezeichnend ist, daß in allen solchen Plänen, sofern sie 1848/49 Österreich einbezogen, vom preußischen «Reichserzfeldherrn»-Amt gesprochen wurde. Hier muß man tatsächlich einmal hinter die vom König errichtete Nebelwand schauen. Dann entpuppt sich seine Schwärmerei als doppeldeutig: Im Vordergrund ist das verklärte Bild von der mittelalterlichen Lehensordnung zu sehen, mit dem Kaiser an der Spitze und dem (preußischen) Steigbügelhalter an dessen Seite. Aus dem Hintergrund jedoch lugt das handfeste Streben des Königs nach der militärischen Obergewalt, also der entscheidenden Machtposition im künftigen Reich, hervor. Der Historiker des 19. Jahrhunderts Leopold von Ranke hat das durchaus auch schon so gesehen, die neuere Forschung hat es indes aus dem Auge verloren. Ranke schrieb in einer 1873 verfaßten Abhandlung zu den Reichsverfassungsplänen des preußischen Königs: «Was Friedrich Wilhelm im Auge hat, ist eine über das gesammte außerösterreichische Deutschland sich erstreckende oberhauptliche Autorität Preußens. Nur erschien das alles in Formen, an denen Reminiscenz und Phantasie so vielen Antheil haben, daß die Idee unverständlich für die Mitlebenden blieb.»

Nichts anderes steckte auch hinter den Radowitzschen Unionsplänen von 1849/50, die der König voll mittrug, weil sie seinen eigenen Vorstellungen weitgehend entsprachen. Fürst Schwarzenberg in Österreich und Zar Nikolaus I. in Rußland haben ihren machtpolitischen Kern durchschaut und deshalb diese gewaltige Erstarkung der Mitte Europas torpediert. Es ist wieder typisch für Friedrich Wilhelm, daß er von einmal gefaßten Vorstellungen nie ganz abließ und sie je nach den Umständen wieder aufleben lassen konnte. Als er am 16. Dezember 1850 seinen neuernannten Ministerpräsidenten, Otto Freiherr von Manteuffel, nach Olmütz schickte, gab er ihm die Instruktion mit, sich für die «Konstituierung ganz Deutschlands unter Preußens Suprematie mit allgemeinem deutschem Parlament und Gericht» einzusetzen. Diesen Plan mußte er indes begraben. Eine neue Möglichkeit zu seiner Verwirklichung ergab sich zu Beginn des Krimkriegs 1853/54, als der König vor der Entscheidung stand, sich entweder auf die Seite Rußlands oder auf die Seite der beiden Westmächte Frankreich und England zu stellen. Er schickte einen Sondergesandten, den Grafen Albert Pourtalès, nach London, um dort seinen Übertritt ins westmächtliche Lager möglichst teuer anzubieten. Unter den Bedingungen, die er stellte, fand sich die Forderung nach Garantie der «Militäreinheit» («unité militaire») Deutschlands unter preußischer Führung. Das scheinbar devote Verhalten in diesen Krisensituationen 1848/50 und 1853/54, Österreich in der deutschen Frage und in der Stellung in Mitteleuropa selbstverständlich den Vortritt zu lassen, verbarg das handfeste Bestreben, Preußens Machtstellung zu heben.

Die Frage, warum Friedrich Wilhelm IV. die Möglichkeit ausschlug, sich an die Spitze der deutschen Einheitsbewegung zu stellen, als ihm Anfang April 1849 die deutsche Kaiserkrone angeboten wurde, läßt sich leicht beantworten. Das Angebot kam aus seiner Sicht «von unten», vom Volk, gewissermaßen aus der Gosse. Es lief seiner Vorstellung vom Gottesgnadentum schnurstracks zuwider. In seiner offiziellen Antwort an die Frankfurter Deputation, die ihm die Kaiserkrone antrug, wußte der König die Form noch zu wahren und sprach den Herren seinen Dank und seine Wertschätzung aus. Die Ablehnung war dennoch deutlich: Ein solches Angebot könne nur von den «gekrönten Häuptern» Deutschlands ausgehen. In intimen Briefergüssen gab Friedrich Wilhelm seinem Abscheu indes freien Lauf. Am bekanntesten ist das Bild, das er in einem Brief an Bunsen im Dezember 1848 benutzte: vom «imaginären Reif, aus Dreck und Letten gebacken», an dem «der Ludergeruch der Revolution» hafte. Er variierte es in jenen Wochen mehrfach. An anderer Stelle sprach er von der «Lumpenkrone der Paulskirche» oder vom «Hundehalsband», mit dem man ihn an die Revolution habe ketten wollen. Gegenüber Königin Victoria schrieb er noch einigermaßen vornehm von der «Krone aller Schande ..., welche die rebellischen Thoren zu Frankfurt a/M die unerhörte Frechheit hatten», ihm aufdrängen zu wollen. In einem Brief an die Schwester Charlotte in St. Petersburg legte er jede königliche Vornehmheit ab: «Du hast die Abfertigung der Frankfurter Menschen-Esel-Hunde-Schweine- und Katzen-Deputazion gelesen. Sie heißt auf grob-deutsch: ‹Messieurs! Ihr habt mir ganz und gar nicht das Recht, das Aller-Mindeste zu biethen. ... wacht auf, wenn Eure Besoffenheit es zuläßt. Die Sache en question, mach ich mit meines Gleichen ab. Doch das noch zur Weg Zehrung. Werdet Ihr unnütz so renn ich Euch (d. h. innere Feinde so gut als äußere) um und Dumm›.» Mit derartigen zoologischen Schmeicheleien belegte er auch das gesamte Frankfurter Parlament und dessen Produkt, die Reichsverfassung, wenn er vom «Sau-Parlament» sprach, das die «Schweineverfassung» oder die «hundswütige Konstitution» fabriziert habe.

Was die eigene preußische oktroyierte Verfassung anbelangte, die der König im Februar 1850 unter größtem Widerstreben obendrein noch beeidigen mußte, so war sein ganzes Sinnen und Trachten in den folgenden Jahren darauf gerichtet, sie im Sinne des monarchischen Prinzips zu revidieren oder sie gar ganz abzuschaffen. Die letzte Alternative war allerdings im Kräfteparallelogramm des damaligen preußischen Staates so gut wie unmöglich. Denn selbst im konservativen Lager war man sich über das Vorgehen uneins. Es gab genug Stimmen, darunter die des neuen Ministerpräsidenten Manteuffel, die dafür plädierten, mit der Verfassung zu leben, sie aber von innen her unschädlich zu machen. Diesem Zweck dienten etwa das Zurechtschneidern des Wahlrechts, um eine entsprechende Zusammensetzung der Zweiten Kammer, der Volksrepräsentation, zu erreichen, oder Änderungen in der Zusammensetzung der Ersten Kammer, die schließlich weitgehend in die Hand des Königs gelegt wurde. Zwischen 1853 und 1857 sind neun verfassungsändernde Gesetze erlassen worden, welche die monarchische Gewalt tatsächlich wieder stärkten. Betrieben wurde auch die Wiederbelebung der Provinzialstände und des Staatsrats, also von Institutionen, die mit dem neuen Parlament konkurrierten und den alten ständischen Ideen des Königs entsprachen. Ein weiteres Mittel war die Praktizierung der «Lückentheorie» als nachträglicher Indemnitätseinholung, wie sie Bismarck nach 1862 in spektakulärer Weise anwandte, um am Parlament vorbei Gesetze zu erlassen und sich hernach die rückwirkende Zustimmung der Kammern zu verschaffen.

Der eigentliche Wunsch Friedrich Wilhelms IV. war es allerdings, die Verfassung ganz abzuschaffen, im günstigsten Fall auf legalem Wege, indem man die Kammern ermunterte, für die Selbstabschaffung zu votieren; im äußersten Fall durch einen Staatsstreich. Der König hätte dann – in seinen Vorstellungen zumindest – seine Lieblingsidee umsetzen können, an Stelle der Verfassung einen königlichen Freibrief huldvoll zu erlassen, danach ständische Organe fröhlich Urständ feiern, diese die laufenden staatlichen Abgaben genehmigen zu lassen, die Gesetzgebung aber wieder ganz in seine Hände zu nehmen. So klagte er gegenüber Kaiser Franz

Joseph Ende September 1853, daß das Ministerium Brandenburg ihn seinerzeit gezwungen habe, «eine miserable, französisch moderne Constituzion zu beschwören!!!! Enfin; es ist geschehen u mein Wort ist mir heilig u ich brech' es nicht. Ich *kann*, ich *darf* u *will* aber grade mit Hülfe der beschwornen Gesetze *aus denselben herauskommen*. Wenn Gott mir beysteht, ... so *ersetze* u tödte ich die französischen ‹Ideologieen› durch ächt-teutsche, ständische Einrichtungen.»

Es kam zwar nie mehr – im Unterschied zum damaligen Österreich – zur Aufhebung der Verfassung in Preußen, aber doch zu ihrer mehrfachen Durchlöcherung zugunsten des monarchischen Prinzips. Im Februar 1854 frohlockte Friedrich Wilhelm in einem Brief an Guido von Usedom, daß beide konservativen Parteien in der Zweiten Kammer «eine zeitgemäße Wiederherstellung Preussens aus der Noth von 48» wünschten «u (aus) dem Gesetzesdreck des ‹Ministeriums der rettenden That› (heraus wollten). In kurzer Zeit kommt die Beseitigung eines erzrevolutionären § der unsinnig glatten Verfassung daran.»

IV.

Die nächste große Krise nach der Revolution von 1848 war eine außenpolitische – der Krimkrieg von 1853 bis 1856. Hier offenbarte sich noch einmal in aller Schärfe der doppelbödige Charakter Friedrich Wilhelms IV., außerdem der völlige Verlust seiner Reputation in Europa.

Schon bald nach seinem Regierungsantritt wurde Friedrich Wilhelm im In- und Ausland ein dankbares Objekt für Karikaturen. In Preußen wurde 1842/43 für einige Monate die Pressezensur aufgehoben, mit der Folge, daß Karikaturen des Königs schnell ins Kraut schossen. Daraufhin wurde die Zensur wieder eingeführt. In der Revolution von 1848/49, als erneut Pressefreiheit herrschte, wurde der König häufig als personifizierte Sektflasche dargestellt. Auch unrühmliche Vergleiche mit Friedrich dem Großen, der ihm im Traum erschien, aus dem Grab aufstand oder im Park von Sanssouci wandelte, waren in den Witzblättern an der Tagesordnung. Im Krimkrieg wurde Friedrich Wilhelm IV. dann vom englischen «Punch» «King Cliquot» (nach der Sektmarke «Veuve Cliquot») getauft und entsprechend abgebildet. In einem «Tribute to King Cliquot» 1854, als klar wurde, daß sich Preußen aus dem Krieg heraushalten würde, hieß eine Bildunterschrift: «Bella gerant alii, tu felix Prussia, bibe.» Die Karikierung des preußischen Königs fand selbst Eingang in die Spalten der seriösen Londoner «Times».

Am 3. Oktober 1855 veröffentlichte sie einen ätzend scharfen antipreußischen Artikel, in dem Friedrich Wilhelm als «degenerierter Nachfolger Friedrichs des Großen» apostrophiert wurde. In den Augen der preußischen Bevölkerung bedeute das preußische Königtum «fremde Unterjochung und nationale Degradierung. ... Die Tage dieser jämmerlichen deutschen Dynastie sind gezählt.»

Auch in der Korrespondenz der europäischen Außenministerien kam der preußische König kaum besser weg. In Paris wurde er als «ce fantasque roi de Prusse» bezeichnet, in London als «the miserable craven king» oder als «the Russian Prefect». Auch im eigenen Außenministerium in Berlin schlug man oft genug die Hände über dem Kopf zusammen. Der schon erwähnte Leiter der Politischen Abteilung Balan notierte im Juli 1854 nach Erhalt eines Handschreibens Franz Josephs an den preußischen König: «Welch ein Gegensatz zu den mit selbstgemachten Worten u. Superlativen überhäuften Lucubrationen u Gefühlsergüssen des Königs! Man könnte weinen, wenn man dieses Preussen an dieser unzerstörbar elastischen Persönlichkeit sich so nach u nach zerreiben sieht.» Selbst des Königs eigener persönlicher Militärbevollmächtigter in St. Petersburg, Oberstleutnant Hugo Graf zu Münster-Meinhövel, seufzte zur selben Zeit in einem Privatbrief über die «unheilschwangere Königliche Korrespondenz: Der König schreibt schwülstig mit tausend Zwischensätzen, Parenthesen, Witzeleien, Betheuerungen, mit Ausdrüken, die man nicht versteht. Der Kaiser ist montirt, die Kaiserin (Friedrich Wilhelms Schwester Charlotte) dito, ersterer versteht deutsche Abhandlungen nicht, letztere weder deutsche, noch andere.»

Woher rührt dieses allenthalben in den Quellen anzutreffende äußerst abschätzige Urteil über Friedrich Wilhelm IV.?

Zu Beginn der orientalischen Krise, aus welcher der Krimkrieg hervorging, entwickelte der preußische König eine Reihe von Lösungsideen, die am Kern der Sache vorbeigingen und an sich auch gar nicht praktikabel waren. So schützte er vor, daß es in der russisch-türkischen Auseinandersetzung um das Los der in der Türkei lebenden 13 Millionen orthodoxen Christen gehe, während jedermann in Europa klar war, daß die russischen Kriegsmaßnahmen und die Kriegsrüstungen der Westmächte gar nichts mit der Emanzipation der Christen in der Türkei zu tun hatten, sondern mit der machtpolitischen Frage, ob Rußland das Übergewicht im Orient und in Südosteuropa beanspruchen könne oder ob es seine Ansprüche in diesem Raum zurückschrauben müsse. Zur Lösung der vermeintlichen Religionsfrage schlug der König ein gemeinsames europäisches Protektorat über sämtliche Christen im Osmanischen Reich vor, wobei Rußland den Schutz über die Orthodoxen, Frankreich und Österreich den über die Katholiken und England sowie Preußen den über die so gut wie gar nicht vorhandenen Protestanten übernehmen sollten. In Briefen an die englische Königin tat er sich wichtig mit der Nachricht, daß die USA im Windschatten der europäischen Krise eine Insel im östlichen Mittelmeer erwerben oder Kuba in der Karibik den Spaniern wegnehmen wollten. Seinem Revolutionstrauma gab er in Briefen an den Zaren Ausdruck, daß die Höllenhunde der Revolution in Europa losgelassen würden, wenn Preußen in den Krieg eintrete.

In der Tat waren die Briefe, die Friedrich Wilhelm seinen Mitsouveränen in Europa schrieb, sowohl von der Qualität als auch von der Quantität her oft eine Zumutung. Die Eindrücke Balans und Münsters wurden schon angesprochen. Die Ausdrucksweise des Königs hatte sich im Vergleich zu den oben erwähnten überschäumenden Beschreibungen über seine Rheinreise 1815 oder über diejenige nach St. Petersburg 1834 nicht geändert. Der schwülstige, überladene, effektheischende, altertümelnde, französelnde Stil, die vielfachen Unterstreichungen, die oft gar nicht zählbaren Ausrufezeichen waren sowohl Ausdruck für den Überschwang seines Gemüts als auch für sein Unvermögen, sich nüchtern und klar auszusprechen. Seine romantische Natur, die er sich in seiner Jugend einverleibt hatte, konnte er im Mannesalter nicht ablegen. Auch seine mündlichen Äußerungen klangen den Zuhörern seltsam und verschroben. Das Zeugnis Ernst Ludwig von Gerlachs, der 1855 einmal als juristischer Fachvertreter an einer Ministersitzung unter Vorsitz des Königs teilnahm, ist niederschmetternd: «Dies lange Reden, die starken Akzente, das Bewußtsein, daß ihm niemand glaube, seit achtzehn Jahren sei er gewohnt, daß, so oft er etwas sage, das Gegenteil verstanden werde! ... Wie kann Preußen bestehn? Gegen ein solches Conseil ist selbst die zweite Kammer (das Volkshaus) Weisheit.» Diese Aussage karikiert Friedrich Wilhelms Anspruch, als König ein von Gott besonders begnadeter Mensch zu sein.

Was die Quantität der königlichen Briefe im Krimkrieg anbelangt, so ist sowohl die Vielzahl als auch der Umfang der einzelnen Stücke gemeint. Der Gipfel in dieser Hinsicht ist das Schreiben, das Friedrich Wilhelm am 24. Mai 1855 an Königin Victoria richtete, um ihr gegenüber die Abberufung seines Gesandten Bunsen aus London zu begründen. In der Veröffentlichung (in Kurt Borries' Buch über «Preußen im Krimkrieg») nimmt es neun engbedruckte Seiten ein und dürfte im Original Dutzende von grünen Briefbögen, mit königsblauer Tinte beschrieben, umfassen – eine Zumutung für die Adressatin.

In einer knappen Skizze der Politik Friedrich Wilhelms IV. im Krimkrieg kommt es auf folgende Hauptpunkte an: Alte und neue veröffentlichte Quellen ergeben, daß der König selbst Richtlinien und Einzelheiten der Politik gegenüber den anderen Großmächten bestimmt hat und keine der vielfältigen Kräfte, die auf ihn einwirkten – sei es das eigene Außenministerium, sei es sein Bruder Wilhelm, mit dem er über die zu befolgende Politik im Frühjahr 1854 hart aneinandergeriet, oder seien es Hofkreise –, ihm ihre Politik aufzwingen konnte. Als Anfang 1854 sowohl der Zar als auch die Westmächte versuchten, Preußen jeweils auf ihre Seite in den Krieg hineinzuziehen, igelte sich Friedrich Wilhelm ein und ließ als seinen Refrain in Ost und West vernehmen, daß er eine «souveräne Neutralität» befolgen werde. Aber in einer gesamteuropäischen Auseinandersetzung war diese Linie nicht mit dem Anspruch zu vereinbaren, ein Land mit Großmachtstatus zu führen. Er drohte zwischen alle Stühle zu geraten, zumal Österreich deutlich zu den Westmächten neigte, und versuchte immer wieder, die Folgen dieses riskanten Beiseitestehens klein zu halten.

Das gelang je länger, je weniger. An der Jahreswende 1855/56, nachdem eine vorläufige Kriegsentscheidung auf der Krim zugunsten der Westmächte gefallen war (Eroberung der Schlüsselfestung Sevastopol im September 1855), war das Verkriechen ins preußische Schneckenhaus nicht mehr möglich: Das Kriegstheater würde sich 1856 weg von der Krim nach Nord- und Mitteleuropa verlagern; denn Österreich und Schweden hatten entscheidende Schritte zum Kriegseintritt gegen Rußland getan. Neue Fronten wären an der Ostseeküste, in Schlesien/Galizien und am Rhein aufgebaut worden. Preußen hätte in der Falle gesessen und sich entweder auf Gnade und Ungnade der antirussischen Koalition ausliefern oder im Falle des Kampfes an Rußlands Seite dessen Sturmbock bilden müssen. Friedrich Wilhelm war bereit, den Rubikon zu überschreiten und sich der europäischen Koalition anzuschließen. Die in dieser Situation getroffene Entscheidung des neuen Zaren, Alexanders II., die Friedensbedingungen anzunehmen und den Krieg zu beenden, hat Preußen und Europa vor einem großen Krieg, dem Weltkrieg, bewahrt.

Objektiv gesehen, hat das ständige Schaukeln des Königs zwischen den Fronten, seine Vogel-Strauß- und Krebsgang-Politik, sich in gewisser Hinsicht ausgezahlt: Preußen hatte sich nicht die Feindschaft des mächtigen Nachbarn Rußland zugezogen; durch dessen erzwungenen Verzicht auf die Vormachtrolle in Europa hat die preußische Politik nach Friedrich Wilhelm – unter Bismarck – ihre Erfolge in Mitteleuropa und schließlich die deutsche Einigung 1870/71 verbuchen können. Es ist aber auch die andere Sicht legitim, die darauf hinweist, wie es Friedrich Wilhelms Bruder Prinz Wilhelm immer wieder getan hat, daß ein rechtzeitiges klares Wort Preußens im Verein mit den Westmächten und Österreich den Zaren überhaupt vor einem Krieg hätte zurückhalten müssen und dann der opferreiche Krimkrieg überhaupt nicht ausgebrochen wäre.

Hinter den Kulissen hat Friedrich Wilhelm im Krimkrieg ein Steckenpferd geritten. Es handelte sich um das Fürstentum Neuenburg in der Schweiz. Diese Episode macht deutlich, daß er hinter seiner skurrilen Politik auch höchst handfeste und eigensüchtige Ziele und Interessen verfolgen konnte und einen ungeheuren Aufwand, eine Donquichotterie betrieb, um diese Interessenpolitik hinter einem Schleier von Appellen, Beschwörungen und weinerlichen Jeremiaden zu verbergen.

Bevor Friedrich Wilhelm im Januar/Februar 1854 seinen Entschluß zu «souveräner Neutralität» faßte, hat er das Kriegspotential Preußens in die Waagschale der Westmächte werfen wollen. Eine der Bedingungen wurde in anderem Zusammenhang schon genannt: Garantie der militärischen Oberherrschaft Preußens in Deutschland. Die weitere Bedingung, die Integrität Deutschlands zu garantieren, war in solcher Situation eigentlich selbstverständlich. Außergewöhnlich war aber die dritte Bedingung, die Friedrich Wilhelm in den Mittelpunkt stellte, nämlich die Wiedereinsetzung in seine Rechte als Fürst von Neuenburg in der Schweiz. Diese Rechte, die das preußische Königshaus durch die Personalunion Preußens mit Neuenburg im Jahre 1707 erworben hatte, waren Friedrich Wilhelm im Zuge des «Sonderbundkriegs» in der Schweiz 1847 de facto verlorengegangen, als das Fürstentum in die schweizerische Konföderation hineingezwungen wurde.

Damals schon, Ende 1847, hatte Friedrich Wilhelm die siegreichen Schweizer Republikaner als radikale Sekte bezeichnet, die «wissentlich vom Christentum, von Gott, von jedem Rechte, das besteht, ... abgefallen» sei, ihre Herrschaft «durch Mord, Blut und Thränen» errungen habe und nun ganz Europa gefährde. Auf einer internationalen Konferenz in London im Mai 1852 hatte Friedrich Wilhelm seine Rechte auf Neuenburg anerkannt bekommen. Aber dieses Protokoll blieb ein papierner Anspruch.

Nun, im Krimkrieg, spürte der König Oberwasser, um im Schweizer Kanton das royalistische System wiedereinzuführen. Seinem Gesandten Bunsen in London und dem Sondergesandten Pourtalès, den Bunsen auf den Leib geschickt bekam, hämmerte er im Januar 1854 ein, daß die Wiederherstellung der Legitimität seines «lieben treuen, unter die Füße der Gottlosen getretenen Ländchens am Jura» und seiner Autorität dort die Conditio sine qua non für seinen Anschluß an die Westmächte sei. Er ließ der englischen Regierung sogar versprechen, daß er, wenn sich Zar Nikolaus in der Türkei-Frage harthörig zeige, das Schwert für England ziehen wolle: «Doch (hört! hört!) nur dann, *wenn England mir mein Neuenburg gewährleistet.*»

Eine abschlägige Antwort Englands war vorauszusehen: Man wollte sich angesichts der gewaltigen Dimension der orientalischen Krise nicht noch zusätzlich eine kleine, aber kräftezehrende Krise in der Schweiz leisten, ganz abgesehen davon, daß die öffentliche Meinung in England (und in Europa) eine Intervention zum Zweck der Restauration der königlichen Rechte dort nie zugelassen hätte. Der König zog sich schmollend in sein Schneckenhaus zurück und spielte nun den Beleidigten.

Nach dem Krimkrieg kam es im September 1856, mit Wissen und Wollen Friedrich Wilhelms, zu einem royalistischen Putsch in Neuenburg. Im Zuge eines republikanischen Gegenstoßes wurden 530 Royalisten gefangengesetzt. Es kam zu Rüstungen in der Schweiz und in Preußen, ein Krieg schien unvermeidlich. Nur durch Vermittlung Napoleons III. gelang im Mai 1857 ein Ausgleich, nach dem die gefangenen Royalisten freigelassen wurden und der König nun auf seine Rechte auf Neuenburg förmlich verzichtete.

Die Neuenburger Angelegenheit macht deutlich, daß Friedrich Wilhelm IV. durchaus gewillt war, einen Krieg gegen eine kleine Macht anzuzetteln und sogar an einem großen Krieg teilzunehmen. Der König, der vor Europa so beredt als Friedensfürst posierte und sich als Denkmal die Friedenskirche in Sanssouci setzte, war auch nicht immer friedlicher als andere Souveräne oder Politiker seiner Zeit.

V.

Im Mai 1856 machten sich bei Friedrich Wilhelm IV. erste Anzeichen einer bedrohlichen Krankheit bemerkbar. Ab Sommer 1857 setzte eine Reihe von Schlaganfällen ein, die zunächst zu Wortfindungsstörungen (Aphasie) und bald zu körperlichem Verfall führten. Die eigentliche Ursache war eine Zerebralsklerose – eine typische Alterserscheinung. Von «geistiger Umnachtung» zu sprechen, wie das früher im Zusammenhang mit der zur Ekstase neigenden Natur des Königs oft geschah, ist medizinisch nicht richtig. Im Oktober 1857 wurde sein Bruder Wilhelm «mit der Stellvertretung in den Regierungsgeschäften» beauftragt. Die Stellvertretung wurde dreimal verlängert. Ein Jahr darauf stellten die Ärzte die Regierungsunfähigkeit des Königs fest, und Wilhelm wurde nunmehr mit der ständigen Regentschaft betraut. In der Nacht zum 2. Januar 1861 starb der König nach dreieinhalbjährigem Leiden.

Will man Bilanz ziehen über Persönlichkeit und Regierungstätigkeit dieses skurrilen, schwarmgeistigen Königs, so ist zunächst ein Blick auf die bisherige Historiographie angebracht. Ranke hat ein vornehmes, aber treffendes Urteil abgegeben: «Er hatte vielleicht mehr Gemüth, als der Staat ertragen kann.» Weiter schreibt er: «Seine ideale Anschauung stieß mit den Realitäten der Dinge vielfältig zusammen. ... Er war entfernt davon, sich glücklich zu fühlen.» Ein Zeitgenosse Rankes, der liberale Historiker Heinrich von Sybel, schreibt, daß Friedrich Wilhelm wie «der Sohn einer vergangenen Zeit, der Bürger einer anderen Welt, der Redner einer fremden Sprache» gewirkt habe. Historiker der Reichsgründungszeit haben weit unfreundlicher über den König geurteilt. Bald nach der Jahrhundertwende wurde es im wesentlichen still um ihn.

Seit Ende der 1980er Jahre ist eine bemerkenswerte Renaissance in der Beschäftigung mit Friedrich Wilhelm und seiner Zeit festzustellen. Gleich mehrere Biographien und Studien wurden publiziert, Tagungen und Ausstellungen organisiert. Der Amerikaner David E. Barclay sieht in Friedrich Wilhelm IV. einen Visionär, der ein «Gesamtkunstwerk» habe schaffen wollen, in dem er Kunst, Architektur, eine bestimmte Vorstellung vom Königtum, Rückgriffe auf eine imaginäre Mittelalterherrlichkeit, Politik und Religion zusammenzufügen versucht habe. Dirk Blasius erblickt den Schlüssel zur Erklärung der Person Friedrich Wilhelms in der Psychopathologie. Wenn er den König als Psychopathen bezeichnet, meint er das nicht abwertend, sondern im medizinisch deskriptiven Sinn. Der König sei der Typus einer «selbstunsicheren Persönlichkeit», die in ihrer reifen Lebensphase immer noch stark von den Erfahrungen der Kindheit und Jugend geprägt gewesen sei. Man könnte noch schärfer formulieren, der König sei – ähnlich wie sein späterer Nachfolger Wilhelm II. – nie erwachsen geworden. Frank-Lothar Kroll weist in ähnlichem Sinn auf frühe Einflüsse durch Schriftsteller der Romantik wie Friedrich de la Motte Fouqué, Novalis und Bettina von Arnim hin und belegt diese Beziehungen überzeugend. Schließlich ist Friedrich Wilhelm ja sehr früh – 1847 – von dem Theologen David Friedrich Strauß als «der Romantiker auf dem Thron» bezeichnet worden. Walter Bußmann schließlich hebt zu Recht das Rätselhafte seiner Persönlichkeit hervor, das kaum zu entschlüsseln sei und Ratlosigkeit hinterlasse.

Friedrich Wilhelm IV. bietet zwar Anlaß zu vielen Rätseln. Vereinfacht läßt sich jedoch sagen, daß er eine Doppelgesichtigkeit zeigte, die stärker ausgeprägt und eingeübt war als bei den meisten Menschen. Viele Eigenschaften des «selbstunsicheren Menschentyps» treffen auf ihn zu. Er wollte mehr Schein als Sein vermitteln. Den Tendenzen der Zeit stemmte er sich entgegen mit Rückgriffen auf eine imaginäre, heile patriarchalische Vergangenheit. Er war sich aber auch schmerzhaft bewußt, daß die neuen Kräfte nicht aufzuhalten seien. Viel zu sehr vereinfachend, zwängte er sie in das moralische Bezugssystem von Gut und Böse. In der Tagespolitik konnte er endlos schwanken und zögern. Trotzdem vermochte er verbissen und für Außenstehende oft schwer erkennbar bestimmte Ziele zu verfolgen. Das Schauspielern war der dominierende Zug seines Wesens. Er konnte vieles gewandt und witzig vorgaukeln. Hinter einer Wand von wirren Gedanken und klingelnden Worten sollte das Publikum vergessen, daß er eigentlich einige wenige handfeste Interessen gradlinig bis zur Starrsinnigkeit verfolgte.

Das wohl treffendste Charakterbild stammt von einem mitregierenden Zeitgenossen, Herzog Ernst II. von Sachsen-Coburg-Gotha: «Befehl und Gegenbefehl wechselten bei seinen Entschließungen häufig, und zu seiner eigenen Qual war er sich dieses Mangels an Bestimmtheit und Festigkeit bewußt; er suchte darüber durch Raisonnements und Gründe sich gleichsam selbst zu berauschen und zu täuschen. Er gelangte darin zu einer gewissen Virtuosität, so daß er die stärksten seiner Fictionen schließlich ohne Frage selbst geglaubt hat. Bei diesem leidenschaftlich bewegten Innern vermochte einzig die tiefe Sehnsucht nach einem inneren Frieden mit Gott ihm einen relativen Ruhepunkt zu gewähren.»

Wilhelm I.
(1861 – 1888)

von Jürgen Angelow

Ein Blick auf den Schreibtisch Kaiser Wilhelms I. im Babelsberger Schloß verrät einen Hang zum Belanglosen. Militärische Mitbringsel aus den Einigungskriegen, reiterliche Souvenirs, sentimentaler Nippes und persönliche Photographien haben neben wichtigen Staatsakten zu seinen Lebzeiten dort Platz gefunden. Sie verraten die Disposition ihres Besitzers zur verdinglichten Erinnerung, seine Bereitschaft, Bindungen einzugehen, sich Weggefährten und denkwürdige Ereignisse immer wieder ins Gedächtnis zu rufen. Offenbar sind für die Beurteilung seiner Person triviale Details und liebgewordene Marotten von Wichtigkeit. Vor allem lassen sich bereits hier Rückschlüsse auf seine charakterliche Wesensart treffen. Persönliche Anlagen aber sind für die Bewertung eines Monarchen gewiß ebenso relevant, wie dessen politische Befähigung.

Friedrich Wilhelm Ludwig, von seinen Eltern kurz Wilhelm genannt, wird am 23. März 1797 geboren, während der Französischen Revolution, einige Monate vor Beginn der Regierungszeit seines Vaters, Friedrich Wilhelms III. Am 9. März 1888 stirbt er, wenige Tage vor seinem 91. Geburtstag. Dazwischen liegt eine an Gegensätzen und Ereignissen reiche Zeit voller Umbrüche, die er als preußischer Prinz, als Prinzregent, als König und schließlich als deutscher Kaiser miterlebt. Viele Jahre ist er mehr Zuschauer als Akteur. Denn wirklich in die Geschichte gestaltend eingreifen kann er erst jenseits seines 60. Lebensjahres, als er selber längst nicht mehr daran glaubt. Und jetzt, im Vollbesitz der Macht, verfügt er über die Gabe, Verantwortung zu delegieren, anderen den Vortritt zu lassen. Die Gipfel seiner Karriere liegen im Greisenalter. Sie beginnen zu einem Zeitpunkt, da er sich langsam auf ein ruhiges Ausklingen seines Lebens vorbereitet und in seinen «Letztwilligen Aufzeichnungen» die Höhepunkte seines bisherigen Daseins bereits hat Revue passieren lassen. In der nun folgenden überraschenden Wendung ähnelt die Lebensgeschichte Wilhelms anderen deutschen Biographien des 19. Jahrhunderts. Dies hat damit zu tun, daß sich die historische Zeit nach der Jahrhundertmitte zu-

Wilhelm I., deutscher Kaiser, König von Preußen
1861/71–1888

mindest für die Deutschen sichtbar beschleunigt und Figuren, die lange im Schatten gestanden haben, plötzlich in ein helles Licht taucht.

Im übrigen weist die Biographie Wilhelms in dieser Beziehung auch einige Besonderheiten auf, hat doch ihr Protagonist große Mühe, sich im Strudel der immer schneller sich bewegenden Ereignisse zurechtzufinden. Die ständig wechselnde Szenerie dieser wie in Brillanten gefaßten Zeitspanne verlangt eine rasche Beobachtungsgabe, analytische Fähigkeiten und Risikobereitschaft, die den biederen Charakter und das schlichte Auffassungsvermögen Wilhelms überfordern. Und so gehen die wichtigsten Ereignisse auch der Reichsgründungszeit im Grunde über ihn hinweg. Gewiß gibt Wilhelm dabei keine schlechte Figur ab, aber wirklich selbst gestaltet hat er doch eigentlich kaum. Seine Leistung besteht wohl darin, in entscheidenden Momenten der Geschichte passiv geblieben zu sein und begabteren Köpfen den Vortritt gelassen zu haben. Er ist fähig, sowohl die eigene Unvollkommenheit als auch die Überlegenheit anderer anzuerkennen und letztere für sich zu nutzen. Und obwohl er stets weniger aus Einsicht als vielmehr aus Intuition und Wesensart handelt, ist er damit unfreiwillig modern, läßt er doch den Typus des allein regierenden Monarchen hinter sich und nähert sich dem Ideal des konstitutionellen Königtums.

Einschneidende Erlebnisse prägen den Charakter Wilhelms seit der frühen Kindheit. Da sind zunächst einige unbeschwerte Kindheitsjahre, die Wilhelm im Schoße seiner Familie abwechselnd auf den Schlössern in Berlin, Charlottenburg und Potsdam sowie auf den Landsitzen in Paretz und Kaninchenwerder verbringt. Abrupt wird diese Idylle 1806 durch den militärischen Zusammenbruch der preußischen Monarchie unter den Schlägen der napoleonischen Armeen beendet. Es folgen die strapaziöse Flucht der Königsfamilie nach Memel und 1810 der Verlust der von ihren Söhnen vergötterten Mutter. Der frühe Tod der Königin Luise ist von den Zeitgenossen mit der französischen Besetzung und den Umständen von Flucht und Demütigung in Verbindung gebracht worden. Auch Wilhelm hat diese Legende verinnerlicht und daraus antifranzösische Ressentiments abgeleitet, die immer wieder in ihm aufleben. So wird er seine Franzosenfeindschaft durch die Revolutionen von 1830 und 1848 bestätigt sehen. Noch zu Beginn des deutsch-französischen Krieges 1870 nimmt er am Grabe seiner Mutter symbolisch Abschied, um mit diesem Akt zur inneren Mobilisierung der Deutschen gegen den «Erbfeind» im Westen beizutragen. Jahre später – Wilhelm steht bereits im 90. Lebensjahr – erwägt Bismarck einen möglichen Angriffskrieg gegen Frankreich.

Da gibt der alte Kaiser seinen staunenden Generalen zu verstehen, er selber werde das Kommando führen, wie weit er käme, wüßte Gott allein.

Bis zu ihrem Tod trägt Königin Luise für die Erziehung der preußischen Prinzen Sorge. Nach ihren Vorgaben erhalten sie eine vielseitige und praktische Ausbildung in Landwirtschaft, Religion, Geschichte, Geographie, Mathematik, Deutsch und Französisch. Die Umsetzung ihres philanthropischen Erziehungsideals obliegt Johann Friedrich Delbrück, einem der fähigsten Reformpädagogen seiner Zeit. Doch während sich Wilhelm im Gegensatz zu seinem älteren Bruder Friedrich Wilhelm in schulischen Dingen als weniger begabt und aufnahmefähig erweist – seine Mutter erkennt in ihm viele Eigenschaften ihres oft einfältigen Gatten und schildert ihn als «einfach, bieder und verständig» –, entwickelt er in militärischer Hinsicht schon frühzeitig großes Interesse. Auch hierin unterscheidet er sich von seinem hochbegabten älteren Bruder, der seine militärischen Aufgaben zwar pflichtbewußt, jedoch ohne innere Begeisterung versieht. Im zehnten Lebensjahr beginnt die militärische Unterweisung Wilhelms. Sein Lehrer, Oldwig von Natzmer, versteht es, die vorhandenen Neigungen seines Zöglings in die gewünschten Bahnen zu lenken und ihn zu einem passionierten Soldaten zu erziehen. Dies ist angesichts der äußeren Umstände eine Lebensfrage für die preußische Monarchie. Vor dem Hintergrund der Niederlage und der französischen Besatzung liegt es auf der Hand, daß Preußen seine Stellung als Großmacht nur dem Schwert verdankt und sie auf gleiche Weise auch verspielen kann. Da letzteres für unabsehbare Zeit bevorzustehen scheint, wird auch die Wiederaufrichtung der Monarchie – diese Tatsache ist ebenso unstrittig – nur auf militärische Weise erfolgen.

Wie üblich, avancieren die Prinzen reibungslos außerhalb der Norm. An seinem zehnten Geburtstag wird Wilhelm zum Fähnrich ernannt, zu Weihnachten 1807 erhält er das Leutnantspatent. Doch bald soll sich auch Gelegenheit zur praktischen Betätigung bieten. Für die charakterliche Entwicklung des heranwachsenden Prinzen jedenfalls spielt die Teilnahme am antinapoleonischen Befreiungskrieg eine herausragende Rolle. Am 27. Februar 1814 erhält der 16jährige seine Feuertaufe bei Bar-sur-Aube und begeistert sich am Pfeifen der Kugeln. Spätere Gefechte werden von ihm in derselben naiv-unreflektierten Weise rezipiert. Der jugendliche Prinz wird ausgezeichnet und befördert: Aus den Befreiungskriegen kehrt er als Major zurück, dekoriert mit dem Eisernen Kreuz und dem russischen Georgsorden. Dieser Orden bedeutet ihm viel. Über ein halbes Jahrhundert später, im Januar 1871, wird er ihn bei der Kaiserproklamation tragen. Ein Blick auf die engen politischen, militärischen und dynastischen Beziehungen zwischen Berlin und St. Petersburg verrät, daß ihm der russische Orden nicht ohne Grund verliehen worden ist. Über die Waffenbrüderschaft und alle politischen Konjunkturen der darauf folgenden Jahre hinaus bleibt Wilhelm immer ein Russophiler. Seine Freundschaft zum Großfürsten und späteren Zaren Nikolaus, dem Gatten seiner Schwester Charlotte, hat bis zu dessen Tod im Jahre 1855 Bestand. Und auch danach wird Wilhelm manche Entscheidung im russischen Sinne treffen. Zum Zeitpunkt seiner ersten großen Rußlandreise im Jahre 1817 bekleidet er als 20jähriger bereits den Rang eines Obersten und verfügt über ein Kommando bei der Garde. Drei Jahre später ist er Generalmajor und Chef der Ersten Gardedivision. 1825 gehört er als Kommandierender General des Dritten Armeekorps zu den Spitzenmilitärs der preußischen Monarchie. Nach und nach zieht Wilhelm immer neue militärische Kompetenzen an sich. Diese Freiräume öffnen sich ihm rasch und ohne Komplikationen, da der Thronfolger in militärischen Belangen nur wenig Interesse zeigt.

Aber auch auf der politischen Bühne sammelt Wilhelm in den Jahren nach den napoleonischen Kriegen wichtige Erfahrungen und Einsichten. Zwar hat sich Preußen nach dem Wiener Kongreß von 1814/15 äußerlich dem Restaurationskurs Metternichs angeschlossen und politisch im Sinne der Heiligen Allianz festgelegt, doch bald leben in seinem Innern die zunächst zurückgestellten Reformgedanken der Ära Stein-Hardenberg wieder auf. Namentlich auf dem Gebiet der Wirtschafts- und Handelspolitik kommt der Staat den bürgerlichen Gesellschaftsschichten weit entgegen, so daß sich ihnen lukrative Betätigungsfelder eröffnen. Gewiß zählt Prinz Wilhelm allein durch seine Erziehung und seine familiären Bindungen zum konservativen Establishment Preußens, doch ein bornierter Vertreter dieser Richtung ist er nicht. Er kritisiert die devote Außenpolitik Berlins gegenüber seinen Partnern, vor allem gegenüber Rußland, und fordert Gleichrangigkeit, obwohl ihm die Pflege eines freundschaftlichen Verhältnisses zu St. Petersburg sehr am Herzen liegt. Sein politisches Weltbild ist keineswegs orthodox konservativ. Wilhelms Überlegungen berühren nur selten abstrakte Theorien. Was ihm nicht einsichtig ist, wird verworfen. Dies zeigt sich, als 1819 der Streit um die preußische Landwehr geführt wird, dessen Resultat in der zeitweiligen Ausschaltung wichtiger Reformkräfte unter den preußischen Militärs durch reaktionäre Hofkreise besteht. Gerade auf dem Gebiet der Militärorganisation kann sich der Prinz profilieren. Ideologische Argumente beiseite schiebend, plädiert Wilhelm dafür, die Landwehr zu erhalten und sie den Linienregimentern anzugliedern, um ein gleichermaßen schlagkräftiges wie kostengünstiges Heer zu besitzen. In dieser, seiner ureigenen Domäne sucht Wilhelm konservative Einsichten mit praktischen Erfordernissen in Übereinstimmung zu bringen und tritt damit den Beweis an, daß er seine konservativen Grundüberzeugungen stets mit einem frischen Wind Pragmatismus verbindet.

In den 1820er Jahren werden Charakter und Wesensart des Prinzen weiter gefestigt. Sein persönliches Umfeld ist die abgeschlossene und oberflächliche Welt des Hofes mit ihren politischen Kombinationen und Ränken. Alexander von Humboldt hat diese Umgebung als einen Ort bezeichnet, an dem Geistlosigkeit, Roheit und Unwissenheit regieren würden: «Man lehne mit Wissen und Willen jede Kenntnis des anderen Lebens, der anderen Meinungen und Strebungen ab, wolle die übrige Welt, auch die nächste ignorieren, sich einschließen in hohler Absonderung und elendem Stolze.» Auch die preußischen Prinzen sind von diesem Urteil nicht ausgenommen: Ihre zahllosen Affären und derben «Kavalierstouren» sprechen sich herum und sorgen für einiges Aufsehen. Ein preußischer Offizier reimt darauf: «Was in schnöden Unzuchtgruben kaum getraut ein Wüstling sich – allerhöchste Lotterbuben wagten solches öffentlich! Kann für Sitt und Frauenehre ein zerschlagenes Schädelein, wenn es noch so vornehm wäre – ein zu hoher Preis wohl sein?» Besonders verrufen ist Prinz Karl, von dem behauptet wird, daß es keinen Paragraphen des Strafgesetzbuches gebe, gegen den er nicht verstoßen habe.

In dieser flachen und distanzierten Umgebung, in der Empfindungen kaum von Belang sind, können Gefühlsangelegenheiten leicht zum Spielball politischer Interessen werden, was Wilhelm nun auch am eigenen Leibe schmerzhaft erfährt. Bereits 1820 hat sich die Romanze des Prinzen mit der bildschönen 17jährigen Prinzessin Elisa von Radziwill, einer Jugendfreundin, herumgesprochen. Bald fühlt sich Wilhelm zu Elisa in Liebe hingezogen, was angesichts der Festlegungen für die preußische Thronfolge eine Verlegenheit darstellt, da die Verbindung nicht auf Ebenbürtigkeit beruht. Nach sechs Jahren verzehrenden Wartens, einem abenteuerlichen Adoptionsprojekt, und einer Reihe sich widersprechender juristischer Gutachten schafft König Friedrich Wilhelm III. endlich Klarheit, indem er seinem Sohn eine eheliche Verbindung mit Elisa verbietet. Wilhelm hat sich diesem väterlichen Verdikt und damit der Tradition des Hauses Hohenzollern loyal unterworfen. Seine Gefühle sind im Schachspiel politischer Interessen und dynastischer Kombinationen ohne jede Bedeutung gewesen. Doch eine sentimentale Erinnerung an Elisa hat er sich zeitlebens bewahrt. Noch als 60jähriger beklagt er den Schmerz, der ihm durch die Trennung zugefügt worden sei. Eine tiefe Ernsthaftigkeit habe ihn seitdem nicht mehr verlassen.

Am 11. Juni 1829 endlich wird Wilhelm mit der Weimarer Prinzessin Augusta verheiratet, der jüngsten Tochter des Großherzogs von Sachsen-Weimar und dessen Gattin Maria Pawlowna, einer Schwester des Zaren. Nicht nur an ihrem Äußeren hat er einiges auszusetzen, er findet die 17jährige bereits von gereiftem Verstand und scharfer Denkkraft und wird ihr nahelegen, ihre Urteile «in Einklang mit ihrem Alter und mit ihrem Geschlecht zu halten». Später muß er ihre geistige Überlegenheit anerkennen, was seinem Selbstwertgefühl abträglich ist. Vor allem ist die Weimarer Partie opportun, da sie die dynastischen Beziehungen zu Rußland verstärkt. Zwar basiert die Ehe zwischen Wilhelm und Augusta weniger auf innigen Gefühlen als auf politischen Vernunftgründen, worüber sich beide von Anfang an im Klaren sind, dennoch ist ihre Beziehung nicht ganz so unglücklich verlaufen, wie es hätte sein können. Nach und nach stellen sich zum Respekt auch Vertrauen und Freundschaft ein. Doch ist Wilhelm gehalten, seiner energischen Gattin im häuslichen Bereich die meisten Kompetenzen abzutreten. Zunächst kümmert sich Augusta um die Erziehung der beiden Kinder. 1831 wird Prinz Friedrich Wilhelm, der spätere 99Tage-Kaiser, und 1838 Prinzessin Luise geboren. Aber auch bei der Einrichtung der eigenen Gemächer gibt Augustas extravaganter Geschmack den Ton an. Wilhelm fügt sich und setzt lediglich die Aufstellung eines eisernen Feldbettes und einer geliehenen Badewanne durch. Ungeachtet aller getroffenen Arrangements verläuft ihre Ehe relativ kühl und ist immer wieder starken Belastungen ausgesetzt. Im Alter schließlich, als Augusta nach einer Operation an den Rollstuhl gefesselt ist und ihre Umgebung mit ihren Launen traktiert, zieht sich Wilhelm mehr und mehr zurück. Zu Spannungen führen auch ihre ausgesprochen politischen Neigungen, die namentlich dann zum Problem werden, wenn die liberalisierende Augusta ihren politischen Prinzipien mit Hilfe ihres Gatten Geltung zu verschaffen sucht, hinter seinem Rücken Intrigen spinnt oder sich gar seinen politischen Gegnern anschließt. Sogar mit einem Hörrohr belauscht sie die Gespräche des im Alter schwerhörig gewordenen Kaisers, um besser informiert zu sein. In den späten Jahren ihrer gemeinsamen Ehe wird Wilhelm seine Frau mit respektvoller Scheu betrachten und ihr aus dem Wege gehen.

Nachdem er bis dahin kaum politische Verantwortung für die Geschicke Preußens hat übernehmen müssen, eröffnet ihm der Tod seines Vaters, Friedrich Wilhelms III., am 7. Juni 1840 deutlich erweiterte Betätigungs- und Entscheidungsmöglichkeiten. Sein älterer Bruder besteigt als Friedrich Wilhelm IV. den Thron. Der Kinderlosigkeit des neuen Herrschers wegen firmiert Wilhelm nun als designierter Thronfolger mit dem Titel «Prinz von Preußen». Noch vor seinem Ableben ist von Friedrich Wilhelm III. die folgenschwere Bestimmung durchgesetzt worden, daß eine staatsrechtliche Fortentwicklung Preußens nur unter Zustimmung aller Agnaten des königlichen Hauses erfolgen darf. Wilhelm besitzt damit die Möglichkeit, die Einführung einer Verfassung, die namentlich im Lager des Liberalismus gefordert wird, zu hintertreiben. Da er von diesem Recht ausgiebig Gebrauch gemacht hat und sogar gegen jene altmodische Ständevertretung des «Vereinigten Landtages» Stellung bezieht, die sein Bruder Schritt für Schritt einzuführen sucht, um der liberalen Opposition den Wind aus den Segeln zu nehmen, gilt er in bürgerlichen Kreisen bald als Reaktionär und Scharfmacher. So ist es kaum verwunderlich, daß sich die Vorboten der Revolution vor allem gegen ihn richten. Während der Hungerunruhen des Jahres 1847 werden einige Scheiben seines Berliner Palais eingeworfen. Doch ungeachtet aller Divergenzen kommt es nicht zu einem Bruch zwischen König und Thronfolger, da Wilhelm niemals die Grenzen der Loyalität überschreitet und die Befehle seines Bruders auch gegen seine Überzeugung zu erfüllen bereit ist.

Mit Ausbruch der Märzrevolution von 1848 begreift Wilhelm, daß die Zeit des starren Verweigerns endgültig vorbei ist. Er gehört zu den Unterzeichnern jenes Patents vom 18. März, in dem die Einführung einer Verfassung zugesagt wird. Auch die Aufhebung der Pressezensur wird von ihm befürwortet, allerdings an die düstere Prognose gekoppelt, daß Deutschland sich nunmehr in kurzer Zeit zur Republik wandeln werde. Andererseits plädiert Wilhelm dafür, die «Ruhe und Ordnung» in der Hauptstadt notfalls auch militärisch durchzusetzen. Er steht in enger Verbindung zu General von Prittwitz, dem am 18. März das Kommando der Berliner Garnison anvertraut wird, verbunden mit dem schwerwiegenden Befehl, die Menge vor dem Schloßplatz zu zerstreuen. Mit der vom König selbst befohlenen Aktion löst Prittwitz eine Eskalation der Ereignisse aus, die schließlich dem Prinzen angelastet wird. Bald entstehen überall Barrikaden, gegen die das Militär verlustreich vorgeht. Wilhelm erscheint als Anstifter des Blutvergießens. Er habe den Einsatz der Artillerie gegen das Volk angeordnet. So geht er als «Kartätschenprinz» in das kollektive Bewußtsein ein. Vorgefertigte Meinungen und Stereotypen werden auch künftig sein Bild in der Öffentlichkeit beherrschen. Abgestoßen wendet sich das liberale Bürgertum von ihm ab. Und auch in der aristokratischen Führungsschicht geht man vorsichtig auf Distanz, sich die Frage vorlegend, ob es nicht ratsam wäre, sich dieses besonders diskreditierten und glücklosen Mannes zu entledigen. Die Karriere Wilhelms scheint beendet, als ihn sein Bruder nach einem scharfen Wortwechsel auffordert, außer Landes zu gehen, und der Hof gleichzeitig das Projekt einer Abdankung des Prinzen zugunsten seines unmündigen Sohnes entwirft. Doch in London, das er am 27. März unter dem falschen Namen Oelrichs erreicht, wendet sich sein Geschick. In Gesellschaft anderer prominenter Emigranten, die hier den Fortgang der Revolution auf dem Kontinent «aus der Loge» betrachten, wie Metternich schreibt, überwindet er bereits im April seinen Tiefpunkt und ringt sich zu einer Anerkennung der eingetretenen konstitutionellen Veränderungen durch. Von nun an sieht er es als seine patriotische Pflicht an, dem neuen Preußen genauso willig seine Dienste anzubieten wie einst dem altem. Bereits am 8. Juni wird er seine Wandlung vor den verdutzten Abgeordneten der Berliner Nationalversammlung mit den Worten aktenkundig machen, daß er der konstitutionellen Monarchie seine Kräfte weihen werde, so wie es das Vaterland von ihm erwarte. Getreu dieser Ankündigung bleibt Wilhelm bei der Liquidierung der Nationalversammlung im November 1848 mäßigend im Hintergrund. Er glaubt sogar, seinen Bruder nach dem Sieg der Gegenrevolution ausdrücklich vor einem Abgehen von den einmal eingeschlagenen konstitutionellen Prinzipien warnen zu müssen.

Vor dem Hintergrund dieses abrupten Sinneswandels in der Revolution von 1848 stellt sich erneut die Frage nach den politischen Prinzipien des Prinzen. Zweifellos hat das Erleben und Erleiden des revolutionären Geschehens keineswegs dazu geführt, Wilhelms bereits feststehende konservative Grundsätze zu revidieren. Er hat an ihnen ungeachtet aller politischen Konjunktionen durchgehend festgehalten. Doch einige, für sein späteres Leben wichtige Lektionen hat er dennoch gelernt. Zunächst die, daß es allemal ratsamer ist, sich dem Lauf der Ereignisse anzupassen, um aus der Bewegung heraus Einfluß auf sie zu gewinnen, anstatt den Versuch zu unternehmen, sich dem Unvermeidlichen starr entgegenzustellen. Eine weitere Erfahrung liegt darin, die eigene Person zur rechten Zeit zurückzunehmen und anderen Köpfen den Vortritt zu lassen. Und schließlich hat bei ihm auch das demütigende Erlebnis seine Spuren hinterlassen, dem Geschick ohnmächtig ausgeliefert zu sein und abwarten zu müssen.

Zwar hat der Prinz aus Einsicht die Einführung einer konstitutionellen Verfassung für Preußen befürwortet, den auf einen nationalen Verfassungsstaat gerichteten Zielen der Frankfurter Paulskirche jedoch steht er ablehnend gegenüber. Nach der auch von ihm gutgeheißenen Zurückweisung der von der Paulskirche angebotenen Kaiserkrone durch seinen königlichen Bruder im April 1849 bekommt Wilhelm im Juni desselben Jahres die Gelegenheit, als Kommandeur einer Operationsarmee sein angeschlagenes militärisches Image im Kampf gegen die badisch-pfälzischen Revolutionstruppen wieder aufzupolieren und gleichzeitig den letzten revolutionären Brandherd in Deutschland auszutreten. Gründlich und mit gebotener Vorsicht geht Wilhelm zu Werke, militärische Risiken vermeidet er. Nach der Kapitulation von Rastatt am 23. Juli und dem darauf folgenden unnachsichtigen Strafgericht gegenüber den unterlegenen Anhängern der Revolution gilt der Ruf des Prinzen in den Reihen der Armee und des höfischen Establishments wieder als gefestigt. Die gekrönten Häupter Europas und des Deutschen Bundes zeichnen ihn für seinen Anteil an der Niederwerfung der Revolution mit sieben hohen Orden aus.

Gleichsam rehabilitiert, geht er in den Folgejahren militärischen Verwaltungsaufgaben in den preußischen Westprovinzen nach. Doch seine politischen Ambitionen lassen ihn in zentralen Entscheidungssituationen immer wieder auf den Plan treten. Nachdem er bereits 1849 im kleinen Kreis eine kriegerische Konfrontation mit dem Habsburgerreich zur Lösung der deutschen Frage nicht hat ausschließen wollen, plädiert er während des Konfliktes mit Österreich um die Unionsverfassung im Spätherbst 1850 offen für eine militärische Lösung. Es gelingt ihm sogar, dem unentschlossenen König, der sich momentan im Fahrwasser der Kriegspartei um Josef Maria von Radowitz befindet, die Mobilmachungsorder abzuringen. Doch eine diplomatische Intervention Rußlands führt Berlin schmerzhaft die Grenzen seiner Vorgehensmöglichkeiten vor Augen. Schließlich wird das Unionsprojekt nebst preußischer Mobilmachung im Vertrag von Olmütz gestoppt. König Friedrich Wilhelm IV. schickt sich an zu retten, was noch zu retten ist, und setzt eine gemäßigte Regierung ein. Kronprinz Wilhelm, der zu den lautesten Kriegstrompetern gezählt hat, wird mit den Argumenten des Abgeordneten Otto von Bismarck konfrontiert, der zu den energischsten Befürwortern dieser preußischen «Realpolitik» um den neuen Ministerpräsidenten Otto von Manteuffel zählt. Für Wilhelm bedeuten der diplomatische Rückzug Preußens und das anschließende Scherbengericht eine untilgbare Schande. Das Argument, einen Krieg zurückzuweisen, dessen einziger Grund verletzte Eitelkeit ist, bleibt ihm im Augenblick vollkommen fremd. Den Namen des konservativen Abgeordneten Bismarck aber wird sich Wilhelm merken, es wird nicht die letzte Begegnung beider Männer sein.

Im März 1850 siedelt das Kronprinzenpaar nach Koblenz über, wo Wilhelm den Posten eines Militärgouverneurs der Westprovinzen antritt. Der liberalere Geist des Rheinlandes, einer Hochburg der sich immer rascher vollziehenden Industrialisierung, entspricht namentlich Augustas Naturell, die sich nunmehr stärker vom Berliner Gängelband befreit sieht und ihrem Sohn, Friedrich Wilhelm, eine liberale Ausbildung an der Bonner Universität ermöglicht. Doch auch Wilhelm nimmt von hier aus immer energischer Partei für einen gemäßigt-liberalen Konstitutionalismus. Bereits im Ausklang der Revolution tritt er entschieden für die Beibehaltung der Verfassung ein, die allerdings im konservativen Sinne ausgelegt werden soll, um das Land regierbar zu halten. Nun gehört er zu den Anhängern jener gemäßigten Gruppe innerhalb der preußischen Führungsschicht, die sich um das «Preußische Wochenblatt» versammelt und gegen die altkonservative «Kreuzzeitungs-Partei» um die beim König einflußreichen Brüder Leopold und Ernst Ludwig von Gerlach scharf polemisiert. Die publizistische Fehde, in deren Verlauf auf beiden Seiten mit gleicher Münze heimgezahlt wird, zeigt zweierlei: Zum einen annonciert sie das gewachsene Gewicht der öffentlichen Meinung in den Jahren nach der Revolution, zum anderen die Tatsache, wie uneinig sich das staatliche Establishment vor dem Hintergrund der neuen politischen Herausforderungen präsentiert.

Auch Wilhelm gerät in die Kampflinie. So diffamiert ihn die «Kreuzzeitung» als «Prince Egalité», was angesichts seiner Ansichten und Aktivitäten genauso unzutreffend und ungerecht ist, wie das völlig konträre Etikett eines «Kartätschenprinzen» einige Jahre zuvor. Geläutert durch die Revolution, entwickelt der Kronprinz im bereits fortgeschrittenen Alter eine seiner wichtigsten Fähigkeiten: Er lernt das Ausbalancieren von Gegensätzen in einer kontrastreichen Zeit, die zwischen Tradition und Moderne hin- und hergerissen wird, den Ausgleich verschiedener Interessen und die Gratwanderung zwischen kompromißloser Revolutionsabwehr und vorsichtigen Reformschritten. Diese Fertigkeit zielt auf gesellschaftliche Stabilisierung und evolutionäre Fortentwicklung gleichermaßen. Sie ist einem konstitutionellen Monarchen würdig, der sich nach und nach vom Zwang absolutistischen Selbstregierens befreit und die Rolle eines akzeptierten Moderators gesellschaftlicher Konflikte annimmt. Wilhelm aber verinnerlicht dies alles nicht aus Einsicht, sondern aus Intuition und charakterlicher Veranlagung. Er ist nicht zum Alleinregieren geschaffen, komplexe Situationen überfordern ihn. Er besitzt nur wenig Risikobereitschaft, dafür aber um so mehr Harmoniebedürfnis. Nicht nur in der preußischen Innenpolitik vertritt er eine vermittelnde Position. Auch auf außenpolitischem Terrain plädiert er für einen nüchternen Pragmatismus. Zwar bringt er dem durch Staatsstreich an die Macht gekommenen Franzosenkaiser Napoleon III. keine Sympathien entgegen, schätzt aber anfänglich dessen Beitrag zur Stabilisierung Europas nach der unruhigen Revolutionsära. Andererseits ist er bereit, die persönliche Zuneigung zu seinem langjährigen Freund, Zar Nikolaus I., zurückzustellen, um das russische Ausgreifen ins südöstliche Europa zu stoppen. Während des Krimkrieges steht Wilhelm im Lager der Westmächte und sieht sich empfindlichen Angriffen seitens der eher russophilen «Kreuzzeitungspartei» ausgesetzt, die nach und nach alle liberal-verdächtigen Gewährsmänner des Prinzen aus ihren Ämtern verdrängt. Die hierbei in Anwendung gebrachten Mittel der Intrige sind ihm verhaßt. Als er es nach der Entlassung des liberalen Kriegsministers Eduard von Bonin auf eine Machtprobe mit seinem königlichen Bruder ankommen läßt, geht er aus ihr als Verlierer hervor und sieht sich infolgedessen auf die rein militärisch-fachlichen Kompetenzen eines Inspekteurs der Infanterie beschränkt. So muß er wenigstens keine Politik unterstützen, die ihm falsch erscheint oder seine Loyalität gegenüber dem König ständigen Anfechtungen aussetzt. Andererseits nimmt er nun Einfluß auf die rasche und einheitliche Umbewaffnung des preußischen Heeres mit dem Zündnadelgewehr.

Im April 1857 zieht Wilhelm die Bilanz eines 60jährigen Lebens. Alle Höhepunkte, so meint er, lägen bereits hinter ihm. Nunmehr sieht er einem langsamen Ausklingen seines Daseins entgegen. Er wäre zu diesem Zeitpunkt sicher überrascht gewesen, wenn er erfahren hätte, daß sein eigentlicher Auftritt in der Weltgeschichte noch vor ihm liegt. Dieser aber kündigt sich im Sommer 1857 mit der Krankheit seines Bruders, einem Gehirnleiden, und dessen Regierungsunfähigkeit erst an. Entsprechend der preußischen Verfassung übernimmt Wilhelm zunächst die Stellvertretung des Monarchen und am 7. Oktober 1858 gegen den erbitterten Widerstand der hochkonservativen Kamarilla auch offiziell die Regentschaft. Im Sinne seiner Überzeugung, dem liberalen Zeitgeist ein Stück entgegenkommen zu müssen, beschwört er – gegen den Rat seines königlichen Bruders – die Verfassung, entläßt das Ministerium Manteuffel und kündigt in einer programmatischen Ansprache liberale Reformen an. Die Zeit der Starre scheint nunmehr durch eine «Neue Ära» überwunden. So jedenfalls wird der Berliner Machtwechsel in liberalen Kreisen kommentiert. Und tatsächlich kursiert bald ein Katalog von Reformplänen, der die staatliche Verwaltung ebenso betrifft, wie Handel und Verkehr, Justiz und Steuern. Kernstück aber bleibt der Plan einer umfassenden Heeresreform, mit deren Hilfe Preußen seine militärische Geltung und damit sein politisches Gewicht erhöhen will. In der noch ungelösten nationalen Frage aber soll der erprobte Weg «moralischer Eroberungen» fortgesetzt werden, den Berlin mit der Forcierung des Zollvereins und einer an nationalen Interessen orientierten Sicherheitspolitik seit Jahrzehnten erfolgreich beschreitet.

Doch die Hoffnungen der Zeitgenossen werden enttäuscht, denn den angekündigten Reformschritten folgen keine entsprechenden Gesetze. Diese werden entweder im preußischen Herrenhaus zu Fall gebracht oder aber durch Querelen im Abgeordnetenhaus selbst. Und auch in der nationalen Frage scheint Berlin schlecht beraten, als es im April 1859 entgegen der öffentlichen Meinung im Konflikt Österreichs mit dem mit Frankreich verbündeten Sardinien-Piemont neutral bleibt. Zwar wird das preußische Heer mobilisiert, jedoch nicht in Marsch gesetzt. Statt dessen verhandeln in Frankfurt preußische und österreichische Unterhändler über die Frage der Mobilmachung und der Führung des deutschen Bundesheeres. Eine Einigung kommt nicht zustande, da das preußische Hilfsangebot an bedeutende Konzessionen Wiens in der deutschen Frage gekoppelt wird und Wilhelm außerdem nicht bereit ist, sich als Oberbefehlshaber einer aus allen nichtösterreichischen Armeekorps des Bundesheeres bestehenden Streitmacht der Bundeskriegsverfassung zu unterwerfen. Inzwischen stecken die Österreicher eine Niederlage nach der anderen ein und schließen am 11. Juli endlich einen Vorfrieden, der sie zwar die Lombardei kostet, ihnen gleichzeitig aber die Bewegungsfreiheit in der deutschen Frage beläßt. Wilhelm sieht sich dem öffentlichen Vorwurf ausgesetzt, selbstsüchtig und pflichtvergessen gehandelt zu haben. Infolgedessen unter Aktionszwang geraten, greift er den in allen Kreisen der Gesellschaft populären Gedanken einer Bundesreform auf, ohne mit seinem Projekt einer Machtteilung zwischen Preußen und Österreich Erfolg zu haben. Doch kann er sich in der Folge wenigstens als «Defensor germaniae» vor den Ansprüchen des Franzosenkaisers präsentieren und damit in den Augen der deutschen Nationalbewegung politisches Terrain gutmachen. Namentlich unter liberalen Publizisten und im norddeutschen Bildungsbürgertum beginnt sich immer stärker die Auffassung durchzusetzen, daß die Hohenzollernmonarchie noch am ehesten dazu berufen sei, die nationale Einheit Deutschlands herzustellen. Vor allem zwei Argumente tragen zur Attraktivität Preußens bei, und lassen die Rechnungen des Prinzregenten aufgehen, durch «moralische Eroberungen» hervorzutreten: Preußens wirtschaftliche und handelspolitische Vormachtstellung in Deutschland und seine tatsächliche Schutzfunktion gegenüber der immer offener revisionistischen Politik Napoleons III.

Als am 2. Januar 1861 Friedrich Wilhelm IV. nach langem Leiden stirbt, tritt Prinzregent Wilhelm dessen Nachfolge an und setzt sich, das Gottesgnadentum seiner Herrschaft betonend, am 18. Oktober desselben Jahres in Königsberg die Krone eigenhändig aufs Haupt. Adolf Menzel hat jenen denkwürdigen Moment der Nachwelt überliefert, als in der mittelalterlich dekorierten Schloßkirche just ein Sonnenstrahl auf den König fällt, während er Zepter und Reichsschwert mit emporgestreckten Armen den versammelten Würdenträgern und geladenen Gästen entgegenhält. Die liberale Öffentlichkeit aber nimmt die Zeremonie mit Erstaunen hin, sie ist geeignet, die Entfremdung zwischen Wilhelm und den Repräsentanten des Liberalismus, die durch die unvollendeten Reformen seit 1858 begonnen hat, nur noch zu vertiefen.

Eine Neuerung wenigstens treibt Wilhelm entschieden voran: die gründliche Umstrukturierung der preußischen Heeresverfassung. Nach den Plänen Albrecht von Roons, den Wilhelm im Dezember 1859 zum Kriegsminister ernennt, soll die Präsenzstärke der preußischen Armee der gestiegenen Bevölkerungszahl angepaßt und damit das Scharnhorstsche Ideal der Allgemeinen Wehrpflicht endlich durchgesetzt werden. Doch während die Herstellung der damit verbundenen größeren Wehrgerechtigkeit auf öffentliche Zustimmung zählen kann, führt die Eingliederung der Landwehr in das System der regulären Heeresorganisation unter endgültiger Abschaffung ihrer Autonomie zum Widerstand der Liberalen, die hierin eine politische Provokation erblicken. Da Wilhelm einen möglichen Kompromiß zwischen Konservativen und Liberalen in der Frage der Heeresreform schon deshalb für unmöglich hält, weil er einer gleichzeitigen Herabsetzung der Dienstzeit von drei auf zwei Jahre seine Zustimmung verweigert, spitzt sich der Konflikt weiter zu. Schließlich werden die Kammern bei allen Beratungen zur Reform ausgeklammert, da es sich dabei – so argumentieren Wilhelm und seine Berater – um eine Angelegenheit der Krone handeln würde. Den Landtag will der König nur noch über deren Kosten abstimmen lassen. Doch dieser verweigert ihm nach einer Atempause von einigen Monaten die Zustimmung und fordert, gestärkt durch einen Wahlsieg, immer energischere Mitsprache in der umstrittenen Heeresangelegenheit. Nach der Landtagsauflösung vom März 1862 und einem eindeutigen Wahlsieg der liberalen Opposition plädieren die Minister erneut für einen Kompromiß, den der König wiederum ablehnt. Es folgt die Weigerung des Landtages, die notwendigen Mittel für die Heeresreform in Höhe von sechs Millionen Talern zu gewähren, gekoppelt an die Aufforderung, alle bisher getroffenen Reorganisationsmaßnahmen wieder rückgängig zu machen. Damit wird der Regierung angesichts der starren Haltung des Monarchen in einem sich zuspitzenden Konflikt die verfassungsmäßige Basis endgültig entzogen. Nach dem Rücktritt zweier Minister löst sie sich auf. Die Situation scheint völlig verfahren, da Wilhelm einerseits an der monarchischen Gewalt unbeirrt festhält und den Kampf gegen die Liberalen mit äußersten Mitteln zu führen bereit ist, andererseits aber bis zu einem gewissen Punkt durchaus gemäß der Verfassung regieren will. Wohl um die Reihen der konservativen Mitstreiter fester zu schließen, bringt Wilhelm in dieser Lage eine Abdankung zugunsten seines Sohnes, des liberalen Kronprinzen Friedrich Wilhelm, ins Spiel. Es ist zwar spekulativ, aber durchaus reizvoll, die kontrafaktische Überlegung anzustellen, welche Folgen ein solcher Schritt für die deutsche Geschichte gehabt hätte. Wahrscheinlich wäre die nationalstaatliche Einigung der Deutschen auf einem anderen, weniger blutigen Wege zustande gekommen. Manche schwere Hypothek wäre ihnen damit erspart geblieben. Doch Wilhelm entschließt sich zu einem letzten Versuch, die überlieferten königlichen Rechte gegen die aufsässigen Liberalen zu wahren, indem er den in Wartestellung gehaltenen, als gewalttätig geltenden Otto von Bismarck mit der Bildung eines Kampfministeriums betraut. Damit ist «der schärfste und zugleich letzte Bolzen der Reaktion» verschossen, wie ein liberaler Publizist lakonisch feststellt. Viele Jahre später wird Bismarck in seiner Überlieferung des alles entscheidenden Babelsberger Gesprächs vom 22. September 1862 für sich selbst die dominierende Rolle reklamieren. Zwar wird er an dieser Stelle seine berühmt gewordenen Worte weitergeben, daß er wie ein «churbrandenburgischer Vasall» gefühlt habe, dessen Lehnsherr in Gefahr gewesen sei, doch wird aus der Schilderung neben dem royalistischen Bekenntnis vor allem die Überlegenheit des Vasallen hervorgehen.

Die Bereitschaft des Monarchen, sich unterzuordnen und den riskanten Unternehmungen Bismarcks zu vertrauen, kennzeichnet bereits den Beginn ihrer Zusammenarbeit. Ebenso die Tatsache, daß Wilhelm an einem einmal gefaßten Entschluß festhält und durch seine persönliche Geradlinigkeit eine unerläßliche Vertrauensbasis schafft. Bismarck seinerseits bringt Entschlußkraft und Einfallsreichtum in die Partie, Eigenschaften also, über die Wilhelm nicht in gleichem Maße verfügt. Die beiden werden ein Erfolgsduo. Zwar bleibt ihre Beziehung nicht ohne Spannungen, erweist sich jedoch als haltbar und vielversprechend. Zunächst geht die Rechnung des Monarchen, mit Bismarcks Hilfe den aufsässigen Landtag zur Räson zu bringen, auf. Der scheinbar mißglückte Auftakt jener vielbeachteten «Eisen und Blut»-Rede des neuen Ministerpräsidenten vor der Budgetkommission des preußischen Landtages, die im liberalen Lager mit Hohn und Spott quittiert wird, ist dabei von zentraler psychologischer Tragweite. Von nun an sind alle Brücken zwischen Monarch und Parlament abgebrochen, dem König bleibt keine andere Wahl, als seinen Konfrontationskurs unbeirrt auf Leben und Tod fortzusetzen. In den Augen Augustas kämpft Wilhelm dabei eine aussichtslose Schlacht. In Bismarck erkennt sie den bösen Geist an der Seite ihres Mannes. Von seiner Frau entsprechend angesteckt, klagt Wilhelm gegenüber Bismarck larmoyant, er wüßte bereits, wie alles enden würde: Man werde beiden den Kopf abschlagen, «da vor dem Opernplatz, unter meinen Fenstern».

Doch der Kampf gegen die Opposition nimmt nunmehr schärfere Züge an: Nach der zu erwartenden Ablehnung des Haushaltes wird der unbotmäßige Landtag am 13. Oktober 1862 kurzerhand nach Hause geschickt. Der König erklärt, sein Haus dennoch weiterführen zu müssen und darüber später Rechenschaft ablegen zu wollen. Bismarck attestiert ihm mit einer eigenwillig konstruierten «Lückentheorie»: Die Verfassung habe den Fall nicht vorgesehen, daß sich eine der drei Gewalten der Verabschiedung des Budgets entziehen würde. Deshalb sei derjenige, der die tatsächliche Macht im Lande habe, verpflichtet, das Staatsleben fortzuführen. Doch der Konflikt schwelt weiter. Er führt fortgesetzt zu drakonischen Maßnahmen und bald auch zum Zerwürfnis zwischen Wilhelm und seinem Sohn, dem Kronprinzen Friedrich Wilhelm. Auch Augusta wird nicht müde, den eingeschlagenen Kurs zu mißbilligen. Sie bemüht sich ohne Erfolg, ihren Gatten Bismarck zu entfremden. Bald erscheint der Heeres- und Verfassungskonflikt wie eine riesige Hypothek am politischen Horizont Preußens, dessen Auswirkungen noch vollkommen unabsehbar sind. Innenpolitisch führt kein Weg aus ihm heraus, erst das Spielen der nationalen Karte durch Preußen unter Ausnutzung militärischer Konflikte bereitet schließlich jenen Kompromiß vor, der die zutiefst zerstrittenen Lager nach Jahren wieder an einen Tisch bringen wird.

Den ersten Streich zur Lösung der nationalen Frage führt Berlin, als es im Frühjahr 1864 die Exekution des Deutschen Bundes gegen Dänemark zur Verhinderung einer dänischen Annexion Schleswigs in einen Krieg der beiden deutschen Vormächte gegen Dänemark wendet, aus dem am Ende namentlich Preußen Gewinn zieht. Wilhelm hat bei dieser Gelegenheit vor allem den Schneid der preußischen Truppen im Auge gehabt, deren militärisches Bravourstück, die Erstürmung der Düppeler Schanzen, auf seine ausdrückliche Initiative hin erfolgt. Den zweiten Streich bereitet Bismarck aus den ungelösten Problemen des ersten vor, wobei nun die Hauptgegner an der Donau sitzen und der König, anders als im Spätherbst des Jahres 1850, angesichts des kriegsgeübten österreichischen Heeres und vieler Warnungen aus anderen deutschen Herrscherhäusern kalte Füße bekommt. Doch Wilhelm begreift auch, daß zwei Hähne auf einem Mist nicht krähen können, weshalb er sich schließlich Bismarcks Kriegskurs anschließt. Obwohl letzterer auch eine friedliche Option für möglich hält, hat er dem Konflikt das diplomatische Terrain geebnet und für die außenpolitische Isolation des österreichischen Rivalen Sorge getragen. Zudem erweist sich sein Antrag auf Bildung eines aus Wahlen hervorgegangenen deutschen Parlaments als geschickter Appell an das kollektive Bewußtsein der entstehenden Nation. Nach den Plänen Helmuth von Moltkes, der bereits in Schleswig sein operatives Genie unter Beweis gestellt hat, marschieren am 21. Juni 1866 preußische Heereskolonnen konzentrisch in Böhmen ein. Sie vereinigen sich am 3. Juli in der Nähe der kleinen Festung Königgrätz, wo die österreichische Nordarmee eine Defensivstellung bezogen hat, und entscheiden damit den Ausgang des Krieges. Der fast 70jährige König sieht sich unvermittelt in seine Jugend zurückversetzt. Wieder, wie 1814, begeistert er sich am Pfeifen der Kugeln und fühlt sich angesichts der Todesgefahr ruhig und behaglich. Nachdem er sich nur widerwillig hat in den Konflikt hineinziehen lassen, will er den Feldzug nun bis zum äußersten Triumph auskosten und beharrt darauf, vom Besiegten das zu erlangen, «was Armee und Land zu erwarten berechtigt sind». Im darauf folgenden, teils heftige Formen annehmenden Streit belehrt ihn Bismarck über die besondere Stellung Preußens in Europa, die Weitblick und Mäßigung angeraten sein läßt. Dennoch hat sich Preußen im Prager Friedensschluß gewaltig vergrößert, wenngleich nicht auf Kosten Österreichs und Sachsens. Viel stärker fällt allerdings die Auflösung des Deutschen Bundes und die nun gegebene Möglichkeit einer politischen Neugestaltung Deutschlands ins Gewicht.

Der 1867 gebildete Norddeutsche Bund legt in Anlehnung an die Reichsverfassung von 1849 den Oberbefehl über Armee und Flotte, die Leitung der Außenpolitik, die alleinige Entscheidung über Krieg und Frieden sowie die völkerrechtliche Vertretung aller ihm angeschlossenen norddeutschen Gliedstaaten in die Hände des preußischen Monarchen. Da auch Süddeutschland durch Schutz- und Trutzbündnisse sicherheitspolitisch mit Preußen verknüpft wird, zeichnen sich hier bereits die Konturen eines deutschen Nationalstaates ab. Zweifellos hat das Zusammenfallen von preußischer Macht- und Hegemonialpolitik mit den Bedürfnissen des liberalen Bürgertums nach nationalstaatlicher Zentralisation im Inneren und Schutz nach außen dazu geführt, die liberale Opposition in die Defensive geraten zu lassen, da sich im Nachhinein scheinbar die Richtigkeit des königlichen Konfrontationskurses im

Heeres- und Verfassungskonflikt erweist. Der Kanonendonner von Königgrätz ist noch nicht verhallt, als die Liberalen bei den Wahlen zum preußischen Abgeordnetenhaus eine empfindliche Niederlage einstecken müssen. Endlich wird der erhoffte innenpolitische Rutsch zugunsten der Krone Realität, wodurch sich für Wilhelm die Voraussetzung ergibt, den Konflikt mit den Liberalen aus einer Position der Stärke heraus zu lösen. Doch Bismarck rät davon ab und setzt sich mit seiner Auffassung durch, die Konfliktlage durch Kompromißbereitschaft und kluges Taktieren aufzulösen. Am 3. September 1866 erteilt ihm der Landtag für die seit 1862 ohne gesetzlichen Etat geführte Verwaltung Indemnität. Damit gehört der Verfassungskonflikt der Vergangenheit an. Er hat die Liberalen geschwächt, gespalten und mehrheitlich auf einen regierungsloyalen Kurs gezwungen. Zwar wird Wilhelm den Erfolg als Lohn für seine Unnachgiebigkeit werten, zugleich aber von nun an der entstehenden Bismarckschen Diktatur kaum mehr etwas entgegensetzen. Auch in der Folge wird er lediglich die Früchte der von ihm abwartend und skeptisch beobachteten «Revolution von oben» seines Ministerpräsidenten einsammeln. Unwillig und zunehmend unfähig, ihn zu ersetzen, wird sich Wilhelm fügen, nicht ohne sich gelegentlich aufzubäumen und laut Klage zu führen: Bismarck vertrage durchaus keinen Widerspruch mehr, man könne mit ihm über viele Dinge nicht diskutieren, es sei schwer, unter Bismarck Kaiser zu sein. Doch ohne wirkliche Alternative bleibt dem Monarchen nur übrig, die periodisch wiederkehrenden Rücktrittsgesuche seines Kanzlers abzuweisen und Machtproben besser aus dem Wege zu gehen. Dies fällt um so leichter, da er mit Bismarck in den politischen Grundpositionen übereinstimmt, ihm vertraut, und in der äußeren Form der Machtausübung der Willensakt des Herrschers stets mit Sorgfalt gewahrt bleibt.

Den Ausbruch des Krieges gegen Frankreich im Sommer 1870 erlebt der preußische König als Marionette Bismarckscher Verschlagenheit. In dessen diplomatischem Verwirrspiel kommt ihm unfreiwillig die Rolle des durch französische Zudringlichkeit herausgeforderten Landesvaters zu, dessen gutes Gewissen, den Krieg nicht verschuldet zu haben, den Deutschen moralischen Halt gibt. Die für den Ausgang des Ringens so notwendige Begeisterung der Massen aber ist ihm suspekt, er wünscht Gehorsam, keinen revolutionären Enthusiasmus. Und obwohl er scheinbar im Mittelpunkt der Szenerie steht, gehen die Ereignisse eigentlich auch diesmal über ihn hinweg. Mit Kriegsausbruch ist Wilhelm der Oberste Kriegsherr Deutschlands und befehligt ein Millionenheer. Wieder delegiert er die Verantwortung in geschicktere Hände. Moltke obliegt die Gesamtleitung der Operationen, doch läßt es sich der «greise Heldenkönig» nicht nehmen, in die Anfangsschlachten persönlich einzugreifen und durch befohlene Frontalangriffe sinnlose Verluste zu verursachen. In den großen Kapitulationen von Sedan und Metz erweist sich Wilhelm als ritterlicher Sieger, später nicht mehr. Denn Frankreich setzt den Krieg nach der Gefangennahme Napoleons III. und der Ausrufung der Republik fort. Paris, von der Kommune beherrscht, wird von den deutschen Armeen eingeschlossen, seine Belagerung zieht sich über Monate hin.

Wenige Tage vor der Kapitulation der französischen Hauptstadt vollzieht sich jener denkwürdige Akt, den Anton von Werner in einem heroisierenden Gemälde festgehalten hat. Wilhelms Ruhm wird durch ihn ein für allemal feststehen. Es ist der Höhepunkt seiner späten Karriere. Nach anstrengenden, im Falle Bayerns auch noch kostspieligen diplomatischen Vorbereitungen, nach ernsten Zerwürfnissen zwischen Wilhelm einerseits und Bismarck sowie dem Kronprinzen andererseits um das Arrangement und den zu führenden Titel, schließlich nach den bei Auseinandersetzungen dieser Art beinahe obligatorischen Abdankungsdrohungen und Weinkrämpfen wird am 18. Januar 1871 im Spiegelsaal des Schlosses von Versailles das Deutsche Kaiserreich proklamiert. Es handelt sich um ein militärisches Zeremoniell, bei dem der 73jährige Wilhelm in dürren, vom Blatt abgelesenen Worten den deutschen Fürsten das nötige Einverständnis hierzu erklärt. Daraufhin verliest Bismarck, durch den zermürbenden Streit verstimmt, beinahe tonlos, in geschäftlicher und unfeierlicher Art eine Proklamation an das deutsche Volk. Der Rede des künftigen Reichskanzlers schließt sich das protokollarische «Hoch» des Großherzogs von Baden auf «Kaiser Wilhelm» an. Abgesehen vom nahen Grollen der Belagerungsgeschütze und den Klängen eines Musikkorps wohnt der Situation also nur wenig Heroisches inne, nicht zu vergleichen mit der überlieferten Version des Hofmalers. Doch von nun an wird Wilhelm den Titel «Deutscher Kaiser» tragen, was für ihn keine größere Bedeutung besitzt als ein militärischer Dienstgrad. Freilich schwingt dabei auch immer ein flaues Gefühl mit, die nicht unbegründete Angst nämlich, daß Preußen im neuen Reich seine Stellung und Eigenart verlieren könne. Sogleich, «nach vollbrachtem Kaiserakt», berichtet Wilhelm seiner Gattin, wie sehr es ihn mit Schmerz erfülle, «den preußischen Titel verdrängt zu sehen!» Er sei noch am Vortag so nervös gewesen, daß er ernstlich erwogen habe, zugunsten seines Sohnes zurückzutreten. Spätere Geschichtsschreiber werden die nationale Einigung der Deutschen sehr zu Unrecht vor allem ihm zuschreiben, um damit einen Kontrapunkt zur Bismarckverehrung nach 1890 zu setzen.

Für das Symbolhafte des Kaisertitels, seine Integrationskraft, besitzt Wilhelm zunächst nur wenig Verständnis. Dem teilweise geschmacklosen Kaiserkult und den unzähligen Devotions- und Loyalitätsbekundungen begegnet er mit soldatischer Reserviertheit. Doch wird er sich auch daran gewöhnen und schließlich sogar damit kokettieren. Indes beginnt sich sein politischer Horizont nach einem 1873 erlittenen Schlaganfall einzuengen. Persönlich verliert er immer mehr an Flexibilität. Er will in geordneten und überschaubaren Verhältnissen leben. Als Monarch nimmt er kaum Anteil am wirtschaftlichen Aufschwung des Reiches. Den innenpolitischen Kämpfen begegnet er aus einer erstarrenden konservativen Grundüberzeugung mit abnehmendem Interesse. Im Kulturkampf sieht er die Fortsetzung des Ringens der mittelalterlichen deutschen Kaiser gegen das weltliche Machtstreben der Päpste. Er beschuldigt die katholischen Beichtväter der Aufwiegelung zu Ungehorsam und Streik. Zwischen Sozialdemokraten und Liberalen läßt er keinen Unterschied gelten. Zwei Attentate im Mai und Juni 1878, bei dessen zweitem er durch eine Schrotladung schwer verletzt wird, von dessen Folgen er sich aber bald wieder körperlich regeneriert, bilden den Anlaß, den Reichstag aufzulösen und alle sozialistischen Parteien und Verbände zu verbieten, ohne daß die Hintergründe der Mordanschläge jemals gründlich aufgeklärt werden.

Auf dem Gebiet der Außenpolitik heißt Wilhelm die verhängnisvolle Annexion Elsaß-Lothringens gut, die das deutsch-französische Verhältnis auf Dauer vergiftet, und setzt auf die Allianz der drei schwarzen Adler, ein konservatives Zweckbündnis mit Rußland und Österreich-Ungarn gegen die Kräfte des Umsturzes und der Revolution, die für ihn im Lager des Liberalismus und der Sozialdemokratie wurzeln. Doch ihm entgeht, daß sich das Verhältnis der Drei durch den deutschen Machtzuwachs entscheidend verändert hat. Auch bleibt ihm der Gestaltwandel der Außenpolitik im Zeitalter der Moderne verborgen. So fällt das ihm vertraute dynastische Element, der persönliche Kontakt der Monarchen, immer weniger ins Gewicht. Statt dessen geraten die öffentliche Meinung und mit ihr innenpolitische und gesellschaftliche Antriebskräfte zunehmend stärker ins Zentrum der Entscheidungen. Dies wird evident, als Bismarck nach der auf dem Berliner Kongreß von 1878 erfolgten Zurückweisung der expansiven russischen Balkan- und Orientpolitik und der Verschlechterung des deutsch-russischen Verhältnisses infolge eines ungeschickt abgefaßten Beschwerdebriefes Alexanders II. mit dem Abschluß des Zweibundvertrages vom Oktober 1879 eine folgenschwere politische Rochade zugunsten Österreich-Ungarns vollzieht. Wilhelm sträubt sich dagegen bis zuletzt und hält an seiner prorussischen Einstellung fest.

Zunächst versucht er, den Zündstoff im deutsch-russischen Verhältnis durch persönliche Kontakte mit dem Zaren, seinem Neffen, auszuräumen. Doch Bismarck bleibt ungerührt und isoliert den Monarchen im inneren Machtgetriebe, um den Abschluß des anvisierten Vertrages durchzusetzen. Diesen hält der inzwischen 82jährige schlicht für eine «partie inégale», und im übrigen für eine Illoyalität gegen den Zaren. Als er Anfang Oktober die Vollmacht zum Abschluß dennoch geben muß, ist seine ganze moralische Kraft gebrochen, wie er in einem Brief eingesteht. Der Zusammenhang von außenpolitischen Entscheidungen derartigen Gewichts und einer aus innergesellschaftlichen Pressionen hervorgehenden antirussischen Zoll- und Finanzpolitik bleibt ihm verborgen.

Trotz seines hohen Alters bewältigt Wilhelm ein umfangreiches Pensum gesellschaftlicher Auftritte und politischer Verpflichtungen. Eine pedantische Zeiteinteilung läßt ihn täglich zwischen neun und zwölf Uhr zahlreiche Vorträge der tonangebenden Männer des Reiches entgegennehmen, um sich anschließend pünktlich zum Wachaufzug am Fenster des Berliner Schlosses dem Volk zu zeigen. Dieses tägliche Ritual steht nicht nur beispielhaft für ein Leben nach der Uhr, es ist auch ein Teil kaiserlicher Selbstinszenierung und wird im «Baedeker» als Berliner Sehenswürdigkeit vermerkt. Am Nachmittag folgt die legendäre tägliche Ausfahrt «Unter den Linden» im offenen Landauer, bei der die Berliner und ihre Gäste Gelegenheit haben, den backenbärtigen alten Kaiser aus der Nähe zu betrachten – ein Brauch, der ihm sehr viel Sympathie einbringt, und den er selbst nach den Attentaten nicht aufzugeben bereit ist. Das tägliche Einerlei wird lediglich durch die jährlichen Herbstmanöver sowie obligatorische Bäderreisen unterbrochen, bei denen jedoch gleichermaßen stete Gewohnheiten den Ton angeben. Während Wilhelm bei den Heeresübungen bis zum 83. Lebensjahr hoch zu Roß stundenlange Strapazen über sich ergehen läßt, beachtliche Distanzen zurücklegt und körperliche Leistungsfähigkeit demonstriert, regeneriert er Jahr für Jahr seine Gesundheit jeweils für drei Wochen in Bad Ems und Gastein.

Doch seine Kräfte lassen langsam nach. In den Sattel gelangt er nur noch mit einer Leiter, die man vor den Blicken Unbefugter sorgsam versteckt. Den Greis plagen zunehmende geistige Unempfänglichkeit, um sich greifende Taubheit und längere Krankheiten. Schwächezustände beginnen sich zu häufen. Um so schwerer trifft ihn die Entfremdung, die sich über die Jahre zwischen ihm und seinem Sohn, Kronprinz Friedrich Wilhelm, ausgebreitet hat. «Der Kronprinz ist ein Fremder», sinniert der alte Monarch mehrfach im Kreise von Höflingen. Unter dem Einfluß seiner Gattin Viktoria, einer britischen Prinzessin, würde er sich zu den in

England geltenden Regierungsprinzipien bekennen und eine parlamentarische Regierung einsetzen wollen. Andererseits verbindet ihn mit seinem Enkel, dem Prinzen Wilhelm, ein ausgesprochen inniges Verhältnis. In ihm, nicht in seinem Sohn, sieht er die Gewähr für ein starkes Heer. Namentlich die Geburt seines Urenkels 1882 versetzt ihn in dynastische Begeisterung: «Gott sei gepriesen und vernehme unser Dankgefühl! Somit sind vier Generationen Könige lebend! Welch ein seltenes Ereignis!» Als im Mai 1887 bekannt wird, daß der Kronprinz unheilbar an Kehlkopfkrebs erkrankt ist und wohl nicht mehr lange zu leben habe, beginnt sich der Hof immer stärker auf den vom Kaiser ohnehin bevorzugten Prinzen Wilhelm zu orientieren. Im März desselben Jahres feiert Wilhelm I. seinen 90. Geburtstag. Noch einmal entfaltet das Haus Hohenzollern unter seinem alten Kaiser dabei seinen ganzen Prunk: Zur Gratulation erscheinen zahlreiche in- und ausländische Monarchen und Würdenträger. Sogar der japanische Tenno entsendet einen Prinzen. Doch es soll der letzte Geburtstag Wilhelms werden. Bei einer Flottenbesichtigung anläßlich der Grundsteinlegung zum Bau des Nord-Ostsee-Kanals zieht er sich eine schwere Verkühlung zu, da er sich unbedingt bei stürmischem Wetter auf einer Kommandobrücke den Matrosen zeigen will. Er wird die Erkältung nicht mehr so recht los. Ein schwerer Rückfall Anfang März 1888 ergreift rasch mehrere Organe des kränkelnden Körpers und zwingt ihn vollends ins Bett. Schließlich gibt ein ärztliches Bulletin vom 7. März bekannt, daß eine merkliche Abnahme seiner Kräfte eingetreten sei. Einen Tag später, gerade noch rechtzeitig, wird der gleichfalls bereits todkranke Kronprinz aus seinem Winterdomizil in San Remo nach Berlin zurückbeordert. Der Vater stirbt kurz nach dessen Ankunft, am 9. März, wenige Tage vor seinem 91. Geburtstag.

Die Beerdigung, am 16. März, ist ein Massenereignis. Trotz großer Kälte erscheinen mehr als 200 000 Menschen, um vom «alten Kaiser Wilhelm» Abschied zu nehmen und der Überführung des Sarges vom Berliner Dom ins Charlottenburger Mausoleum beizuwohnen. Dem Sarg des verstorbenen Kaisers folgt Kronprinz Wilhelm, der in wenigen Monaten selbst dessen Krone tragen wird. Wichtige Trauergäste aber sind abwesend: Augusta ist an den Rollstuhl gefesselt und unfähig, der ihrem verstorbenen Mann geltenden Zeremonie beizuwohnen. Bismarck und Moltke, hochbetagt, können ihre schwankende Gesundheit nicht den frostigen Temperaturen aussetzen und bleiben dem Ereignis fern. Der Sohn, jetzt Kaiser Friedrich III., beobachtet, stumm geworden, die Totenfeier seines Vaters vom Fenster des Charlottenburger Schlosses. Er wird ihm in wenigen Monaten nachfolgen.

Angesichts der zahlreichen Trauergäste und der aufrichtigen, beinahe einhelligen Niedergeschlagenheit nach seinem Tod, stellt sich die Frage, womit sich die späte Popularität Wilhelms erklären läßt. Selbst Revolutionäre von 1848, die Wilhelm seinerzeit mit grausamer Härte verfolgt hat, zeigen sich tief bewegt. Unter ihnen charakterisiert Carl Schurz, anläßlich einer Gedächtnisfeier in New York, den verstorbenen Kaiser als den populärsten Monarchen, den das Jahrhundert hervorgebracht habe. Mehr noch, Wilhelm sei «ein wahrhaft populärer Mann» gewesen. Gewiß hat Schurz damit nicht die Tatsache gemeint, daß Wilhelm als Gewährsmann des alten Preußen starr an überkommenen Werturteilen und soldatischen Traditionen festgehalten hat. Das Bild der Öffentlichkeit vom Monarchen schließt noch weitere und durchaus positive Züge ein: Sie gipfeln darin, daß der alte Kaiser als eine moralische Institution und als Integrationsfigur gewirkt hat. Mit ihm haben sich die Massen identifizieren können, hat er doch an ihre Gefühle appelliert, wenn auch unabsichtlich. Seine Sentimentalität, seine späte taktvolle Leutseligkeit und seine gelegentlichen Tränen sind nicht gespielt. Darüber hinaus gilt Wilhelm als Erfüller des nationalen Traums. Er hat das Verlangen der Deutschen nach Einheit gestillt und ist von ihnen dafür noch zu Lebzeiten verehrt und geliebt worden. Nach seinem Tod wird er zum Mythos: Als «Wilhelm der Große» bildet er das höfische Gegenmodell zur Bismarckverehrung und wird gleichzeitig zum Widerpart seines Enkels. Zweifellos besitzt die Rückbesinnung auf Wilhelm viele, auch einander widersprechende Seiten. In ihr manifestiert sich das weit verbreitete Unbehagen am neuen Regierungsstil und an der hektischen Geschäftigkeit des neuen Zeitalters. Gewiß ist Wilhelm sehr oft der richtige Mann zur richtigen Zeit gewesen. Seine Unbeweglichkeit hat Freiräume geöffnet und damit ungewollt gleichzeitig Modernität hervorgebracht. Die Rolle des konstitutionellen Monarchen jedenfalls hat er viel besser ausgefüllt als sein ambitionierter Enkel. Und dennoch gilt Wilhelm um die Jahrhundertwende endgültig als die Verkörperung jener unaussprechlichen Sehnsucht nach einer überschaubaren und vermeintlich besseren Ära, der «guten alten Zeit». Er selbst ist aus ihr hervorgegangen und hat sie gleichsam hinter sich gelassen. Sein Dasein ist von enormer Ausdehnung gewesen, es hat sich vom Ancien régime bis hin zum bürgerlichen Zeitalter gespannt. Dazwischen liegen Begebenheiten für mehr als ein Menschenleben.

Friedrich III.
(12. März 1888 – 18. Juni 1888)

von Hans-Christof Kraus

Ohne Zweifel zählt Friedrich III., der als Deutscher Kaiser und König von Preußen nur neunundneunzig Tage – und zwar als todkranker Mann – regierte, zu den tragischen Gestalten der jüngeren deutschen Geschichte. Ähnlich wie seine Zeitgenossen König Ludwig II. von Bayern oder Kronprinz Rudolf von Habsburg war auch der unglückliche preußische Kronprinz und nur kurzzeitig regierende Monarch ein Idealist, einerseits bewegt von Hoffnungen auf eine glanzvolle, an Traditionen einer großen Vergangenheit anknüpfende Zukunft, und andererseits doch immer wieder eingeholt von den nüchternen Realitäten des politischen Alltags, von den zählebigen Interessen- und Machtkämpfen, denen ein Mann wie er eigentlich nur mit tiefer Verachtung begegnen konnte. Friedrich III. gehörte zur letzten Generation derjenigen Monarchen, die ihr – in mancher Hinsicht durchaus «romantisches» – Selbstverständnis noch aus der Erinnerung an das mittelalterliche Erbe der alten europäischen Monarchien speisten, die aber doch nicht mehr ankamen gegen jene nüchtern-bürokratischen Verwalter ihres Amtes vom Schlage der langlebigen Viktoria von England und Franz Joseph von Österreich oder gegen die sich zuweilen forciert «modern» gebende, dabei aber die Zeichen der Zeit immer weniger wahrnehmende jüngere Monarchengeneration eines Wilhelm II., Nikolaus II. oder Eduard VII.

Im Alten Palais zu Potsdam, das Friedrich der Große einst nach dem Siebenjährigen Krieg erbaut hatte, wurde der preußische Prinz Friedrich als ältester Sohn des Prinzen Wilhelm am 18. Oktober 1831 geboren. Früh stand fest, daß Friedrich – angesichts der Kinderlosigkeit des eigentlichen Kronprinzen und späteren Königs Friedrich Wilhelms IV. – den preußischen Thron besteigen würde, und seine Erziehung war von Anfang an auf dieses Ziel ausgerichtet. Die Kindheit des jungen Prinzen dürfte angesichts der nicht sehr glücklichen Ehe seiner Eltern wohl kaum unbeschwert gewesen sein. Wilhelm, der Prinz von Preußen, hatte seine deutlich jüngere Frau Augusta aus dem berühmten Hause Sachsen-Weimar nur aus Gründen der dynastischen Räson geheiratet; die

Unterschiede in den Temperamenten und Interessen beider Ehepartner ließen sich nicht ausgleichen. Augusta war eine kluge, hochgebildete, noch vom alten Goethe geförderte und beeinflußte Frau, die ihren Mann – allerdings durchweg erfolglos – sowohl geistig als auch politisch zu dominieren versuchte. Dieser wiederum verstand es, sich den Ansprüchen seiner Frau immer mehr zu entziehen; Wilhelms Interessen beschränkten sich im wesentlichen auf militärische Angelegenheiten, er war – und nur dies verband ihn später mit seinem Sohn Friedrich – im Gegensatz zum Vater und zum älteren Bruder ein begeisterter Soldat.

So begann die militärische Erziehung des jungen Hohenzollernprinzen sehr früh: Schon als Siebenjähriger wurde Fritz (wie man ihn in der Familie nannte) zum Grenadier im 1. Garde-Landwehrregiment ernannt und als solcher von seinen militärischen Vorgesetzten «einexerziert» – und dies offenbar nicht ohne Erfolg, denn der junge Prinz erfüllte seine militärischen Pflichten mit großem Ehrgeiz; bereits mit elf Jahren nahm er an einem Manöver teil. Indes sorgte Augusta dafür, daß auch die zivile Seite der Erziehung ihres Sohnes nicht zu kurz kam. Der fraglos bedeutendste unter den Privatlehrern Friedrichs war der klassische Philologe Ernst Curtius, ein begeisterter Hellenist im Stil der Zeit und später Autor einer viel gerühmten, glänzend geschriebenen «Griechischen Geschichte». Klugerweise verzichtete der Lehrer darauf, seinen Schüler mit dem schwierigen Studium des Altgriechischen zu belasten. Er versuchte vielmehr, die Begeisterung des Jungen für das klassische Altertum, für die großen Denker und geschichtlichen Helden der antiken Welt zu wecken. Und das scheint ihm gelungen zu sein. Gerne wanderte Prinz Friedrich mit seinem Lehrer, dessen «freisinnige» Anschauungen bekannt waren, durch das Riesengebirge, den Harz und die Sächsische Schweiz. Zeitlebens hat der Schüler, wie beider Briefwechsel belegt, ein enges persönliches Vertrauensverhältnis zu Curtius unterhalten.

In die technischen Realitäten der Gegenwart, deren Bedeutung auch von gekrönten Häuptern nicht mehr unterschätzt werden durfte, führte den späteren Kronprinzen ein junger preußischer Artillerieleutnant namens Werner Siemens ein, der seinem Schüler Vorträge über Stromerzeugung und elektrische Telegraphie hielt und ihm daneben die selbst erfundenen Zeiger- und Drucktelegraphen der Eisenbahn Berlin-Potsdam vorführte. Die sehr hohen Erwartungen der gestrengen Eltern konnte der junge Fritz allerdings, trotz aller Anstrengungen, nicht erfüllen. Seinem Vater genügten die soldatischen Leistungen des jugendlichen Prinzen ebensowenig wie der Mutter dessen geistige Fortschritte. Augusta lobte zwar den aufrichtig-ehrlichen Charakter ihres Sprößlings, beklagte

Friedrich III., deutscher Kaiser, König von Preußen
12. März 1888 – 18. Juni 1888

jedoch Friedrichs «Mangel an geistiger Energie», und sie fügte hinzu: «Charakterstärke und Geistesstärke, namentlich Stärke und Logik des Gedankens, stehen nicht auf gleicher Höhe». Daß hieraus Minderwertigkeitsgefühle entstehen mußten, von denen die Jugend und auch noch die frühen Mannesjahre des kommenden Thronfolgers überschattet wurden, war unvermeidlich. Verstanden fühlte sich der junge Fritz eigentlich nur von seinem Onkel Friedrich Wilhelm IV., dem «Romantiker auf dem Thron», der in mancher Hinsicht, vor allem in seiner Begeisterung für die alte deutsche Reichstradition, die Ideenwelt des Neffen beeinflußte.

Die revolutionären Ereignisse des Jahres 1848 prägten den leicht zu beeindruckenden siebzehnjährigen Prinzen nachhaltig und hinterließen, wie nicht anders zu erwarten, tiefe Spuren in seinem politischen Bewußtsein. Den Ausbruch der Unruhen erlebte er direkt vor Ort, im Berliner Kronprinzenpalais Unter den Linden, aus dem die Familie am 19. März der Gewalt weichen mußte; einen Tag später wurde das Gebäude von Revolutionären besetzt und zum «Nationaleigentum» erklärt. Die Familie versteckte sich erst in Spandau, dann in Potsdam, schließlich auf der Pfaueninsel, bevor sich der den Aufständischen besonders verhaßte Prinz Wilhelm auf königlichen Befehl am 22. März heimlich ins englische Exil begeben mußte. Die in diesen Tagen empfundenen Gefühle der Angst, Unsicherheit, Verzweiflung, auch der Demütigung hat Prinz Friedrich niemals vergessen. Die von einigen Revolutionären, allen voran dem Literaturwissenschaftler und Historiker Gervinus, öffentlich propagierte Abdankung des preußischen Königs zugunsten seines Neffen Friedrich (also unter Umgehung des Prinzen Wilhelm in der Thronfolge) nahm man im Hause Hohenzollern – mit Ausnahme Augustas, die sich schon als zeitweilige Regentin für ihren minderjährigen Sohn gesehen hatte – nicht wirklich ernst.

Schon im Mai kehrte der Prinz von Preußen wieder in sein Land zurück, und seit der zweiten Jahreshälfte begannen sich die politischen Verhältnisse langsam zu normalisieren. Freilich kam König Friedrich Wilhelm IV. um das Zugeständnis einer gemäßigt freiheitlichen Verfassung, die er im Dezember seinem Volk selbst oktroyierte, nicht herum. Der preußische Monarch mußte seine Macht auf den Gebieten der Gesetzgebung und der öffentlichen Finanzbewilligung fortan mit einem gewählten Parlament teilen – und eben hierin bestand für die Folgezeit das wohl wichtigste Resultat der vorangegangenen Revolution. Der junge Hohenzollernprinz begann nun langsam in seine Rolle als künftiger Thronfolger hineinzuwachsen. Gemäß der Tradition seines Hauses trat er im Mai 1849 in den aktiven Militärdienst ein als Angehöriger der

Leibkompanie des 1. Garderegiments zu Fuß. 1851 wurde er zum Hauptmann befördert und übernahm im folgenden Jahr die in Potsdam stationierte 6. Kompanie seines Regiments; 1855 wurde er – dreiundzwanzigjährig – in den Rang eines Obersten erhoben.

Doch dazwischen gab es ein Intermezzo, das für jene Zeit vollkommen neu war: Vor allem auf Drängen seiner Mutter studierte Prinz Friedrich in den Jahren 1850 bis 1852 einige Semester an der nach den Befreiungskriegen neubegründeten Universität Bonn; er avancierte somit zum ersten akademisch Gebildeten unter den Prinzen des Hauses Hohenzollern. Augusta hatte diesen Studienort vielleicht nicht ohne Bedacht gewählt, lehrten hier doch einige Berühmtheiten des freiheitlich-nationalen und liberalen Deutschlands, die ihren Sohn in nicht geringem Maße geistig prägen sollten. Zuerst lebte dort noch immer der alte Ernst Moritz Arndt, seit den Befreiungskriegen wortmächtiger Prophet der deutschen Nationalbewegung und der Verbindung von Einheit und politischer Freiheit. Noch wichtiger für den jungen Studenten wurde Friedrich Christoph Dahlmann, Historiker und Staatswissenschaftler, auch er – wie Arndt – ehemaliges Mitglied der Frankfurter Paulskirchenversammlung und einer der großen Verehrer der englischen Verfassung. Dahlmann war freilich ein eher konservativer Liberaler, der jede Revolution verabscheute, für gemäßigte politische Reformen eintrat, eine evolutionär-kontinuierliche Entwicklung hin zum modernen Verfassungsstaat propagierte und in Preußen schon früh den Kern einer deutschen Einheitsbewegung erkennen zu können meinte. Der Fleiß des jungen Friedrich ließ jedenfalls nichts zu wünschen übrig; er besuchte pünktlich und regelmäßig seine juristischen, staatswissenschaftlichen und historischen Vorlesungen – und auch bei seinen Kommilitonen scheint der umgängliche und freundliche junge Mann nicht unbeliebt gewesen zu sein.

Noch als neunzehnjähriger Bonner Student hatte Prinz Friedrich 1851 zum ersten Mal englischen Boden betreten, nicht unvorbereitet durch die anglophilen Sympathien seiner Mutter (die England einmal «das Land meiner Träume» genannt hatte) und die entsprechenden Ideen seines akademischen Lehrers Dahlmann. Die Londoner Weltausstellung wurde gebührend bestaunt; das mächtige technische und ökonomische Potential, das die Briten in ihrem monumentalen, für die Ausstellung errichteten Kristallpalast den ausländischen Besuchern darboten, fand uneingeschränkte Bewunderung. Von der königlichen Familie wurde der junge Hohenzoller nicht nur freundlich, sondern geradezu familiär aufgenommen; die seit 1837 regierende Königin Viktoria und Prinzgemahl Albert aus dem Hause Sachsen-Coburg-Gotha scheinen den überaus ansehnlichen – großen, blonden, blauäugigen – und (in den Worten der Queen) «guten und liebenswürdigen» jungen Mann bereits sehr früh in die engere Auswahl der Kandidaten eines künftigen Schwiegersohnes gezogen zu haben.

Jedenfalls fanden die 1840 geborene Princess Royal, die den Namen ihrer Mutter Viktoria trug, und der künftige König von Preußen bald Gefallen aneinander; bei einem Besuch im Sommer 1855 hielt Friedrich um die Hand der jungen Viktoria an und erhielt das Jawort der Eltern: «Große Geradheit, Offenheit und Ehrenhaftigkeit», äußerte Prinzgemahl Albert über seinen künftigen Schwiegersohn, «sind vorzüglich hervorstechende Eigenschaften. Er scheint vorurteilsfrei und in hohem Grade wohlmeinend.» Daß der liberale, von Frau und Tochter vergötterte Coburger sich offenbar nicht geringe Chancen ausrechnete, auf dem Wege des Einflusses auf seine begabte und aufgeweckte Tochter auch die künftige Richtung der Politik Preußens wenigstens mitbestimmen zu können, dürfte keinem Zweifel unterliegen. Und als das Verlöbnis im folgenden Jahr bekannt wurde, begann auch die Gegenseite unruhig zu werden: In einem Privatbrief bemerkte Otto von Bismarck, in diesen Jahren noch preußischer Gesandter am Frankfurter Bundestag, der preußische Hof werde unter einer Königin aus britischem Herrscherhaus sehr bald «von englischen Einflußbestrebungen umgeben» sein; in Preußen werde «britischer Einfluß in der servilen Bewunderung des deutschen Michels für Lords und Gemeine, in der Anglomanie von Kammern, Zeitungen, Sportsmen, Landwirten und Gerichtspräsidenten, den fruchtbarsten Boden finden».

Ungeachtet mancher Widerstände in Berlin, aber auch in London, gab der englische Hof die offizielle Verlobung im Mai 1857 bekannt, und am 25. Januar 1858 wurden Prinz Friedrich und Prinzessin Viktoria in der Kapelle des Londoner St. James-Palastes getraut. Daß der künftige König von Preußen im Ausland heiratete, entsprach nicht den traditionellen Gepflogenheiten; diesen – von manchem Altpreußen übel vermerkten – Faux pas vermochte der junge Bräutigam auch dadurch nicht wieder gutzumachen, daß er in der Uniform eines preußischen Generalleutnants vor den Traualtar trat. Doch die – jedenfalls in den ersten Jahren – sehr glückliche Ehe des jungen Paares räumte manche Bedenken vorerst beiseite, zumal auch der diesseits und jenseits des Kanals dringend erwünschte und erhoffte reiche Kindersegen nicht ausblieb: Bereits am 27. Januar 1859 wurde ein künftiger Thronfolger geboren: Prinz Wilhelm – später der letzte Hohenzoller auf einem deutschen Thron. 1860 folgte Charlotte, 1862 Heinrich, 1864 Sigismund (der schon zwei Jahre später starb), 1866 Viktoria, 1868 Waldemar (der nur elf Jahre alt werden sollte), 1870 schließlich Marie und 1872 das letzte Kind, Margarethe.

Viktoria – seit dem Tode Friedrich Wilhelms IV. im Januar 1861 nun auch offiziell preußische Kronprinzessin – war von Anfang an entschlossen, sich nicht in die Rolle der Ehefrau und Mutter abdrängen zu lassen; sie wollte die Politik ihrer neuen Heimat aktiv mitgestalten. Unter dem Einfluß ihres Vaters Albert, der sich nach der Verheiratung seiner ältesten Tochter auffallend oft in Deutschland aufhielt, meist in Begleitung englischer Minister und einflußreicher Ratgeber, verfaßte die Prinzessin politische Denkschriften, etwa über das (in Preußen noch ungelöste) Problem der parlamentarischen Ministerverantwortlichkeit, in denen sie ihren am «großen Vorbild» Englands geschulten liberalen Überzeugungen keinerlei Zügel anlegte. In langen Briefen nach Hause klagte sie darüber, «wie langweilig, melancholisch und sonderbar mir hier alles vorkommt», und mit der Art und Weise, wie sie sich auch öffentlich über ihre neue Heimat äußerte, erwarb sie sich in Preußen begreiflicherweise keine Freunde. Sooft es ihr möglich war, kehrte sie besuchsweise in ihr «geliebtes England» zurück.

Kronprinz Friedrich sollte und wollte nun, seitdem sein Vater 1858 für den erkrankten König die Regentschaft übernommen hatte, langsam in die politische Verantwortung hineinwachsen; er nahm jetzt regelmäßig an den Kabinettssitzungen teil und vermochte auf diesem Wege erste Einblicke in die politische Entscheidungsfindung des Landes zu gewinnen. Andererseits wagte er nicht – noch nicht –, sich gegenüber seinem herrschaftsstolzen und strengen Vater offen zu den ihm beständig von Frau und Schwiegervater gepredigten politischen Grundsätzen zu bekennen. Respekt vor der Persönlichkeit, aber auch ehrlich empfundene Liebe zu seinem Vater, dem neuen König, verboten es dem Prinzen, sich in politischen Dingen gegen ihn zu erklären, doch das sollte sich bald ändern. Vorerst warf sich Friedrich noch mit Begeisterung auf die repräsentativen Aufgaben seiner Stellung, denen er sich jetzt und auch später stets mit besonderer Anteilnahme widmete. Als Wilhelm I. sich nach der Übernahme der politischen Verantwortung zu einer Krönung entschloß – der ersten seit dem Jahre 1701 –, stand ihm sein Sohn mit Begeisterung bei der Planung und Durchführung dieser Zeremonie zur Seite. Daß aber mit dem, wie der junge Hohenzoller notierte, «unvergeßlich schöne(n), erhebende(n), feierliche(n) Tag der Krönung» am 18. Oktober 1861 nicht nur eine Anknüpfung an alte, längst vergangen scheinende Traditionen beabsichtigt war, sondern daß dieser Krönungsakt vor allem eine bewußt geplante und in Szene gesetzte Demonstration des Gottesgnadentums im Verfassungsstaat (dazu noch am Beginn des sich abzeichnenden schweren Zusammenstoßes zwischen Monarch und Parlament) bedeutete, scheint dem jungen Kronprinzen nicht bewußt gewesen zu sein.

Der zwischen der königlichen Regierung und dem Abgeordnetenhaus seit längerem schwelende Konflikt um die Vermehrung und Reform des preußischen Heeres weitete sich Anfang 1862 zu einem Verfassungskonflikt aus, der mit den Monaten an Schärfe zunahm und sich bald zu einer fast existenzbedrohenden inneren Krise zuspitzte. Die liberale Mehrheit der Abgeordneten war mit einer Heeresreform im Prinzip einverstanden, nur lehnte sie eine drastische Verminderung der Rolle der Landwehr, die als freiheitliche Errungenschaft aus der Zeit der Befreiungskriege angesehen wurde, ebenso ab wie eine Verlängerung der allgemeinen Militärdienstzeit auf drei Jahre. Im September schien aber ein Kompromiß in greifbarer Nähe: Sogar der Kriegsminister Roon trat nun dafür ein, den Vermittlungsvorschlag dreier gemäßigt liberaler Parlamentarier anzunehmen, der darauf hinauslief, die meisten Forderungen der Krone zu bewilligen, dafür aber eine nur zweijährige Dienstzeit zu akzeptieren. König Wilhelm war hierzu indes nicht bereit und beharrte – obwohl von seinen kompromißwilligen Ministern hart bedrängt – auf dem von ihm verlangten dreijährigen Militärdienst für preußische Rekruten.

Damit erreichte der Konflikt seinen Höhepunkt, und nun geriet der König selbst in eine schwere Krise: von seinen Ministern alleingelassen, dachte er ernsthaft an Abdankung. Die entsprechende Urkunde hatte er bereits formuliert, als er am Morgen des 19. September 1862 den eilig herbeibeorderten Kronprinzen empfing, der gerade seine Schwiegermutter, die auf einem Deutschlandbesuch weilende englische Königin, aufgesucht hatte. Doch Friedrich weigerte sich entschieden, dem Ansinnen seines Vaters nachzugeben – obwohl er mit dessen kompromißloser Politik keineswegs einverstanden war. Der einunddreißigjährge Thronfolger traute sich eine Übernahme der vollen politischen Verantwortung in der Krise nicht zu. «Welch entsetzensvolle Lage für mich!», notierte er in sein Tagebuch nach dem entscheidenden Gespräch mit seinem abdankungswilligen Vater: «Ich stellte ihm vor», heißt es weiter, «welch unermeßliches Unheil solch ein unseliger Schritt mit sich bringe für Krone, Land und Dynastie, daß der König wegen Kammerbeschlüsse(n) abdiziere, wodurch sehr gefährlicher Präzedenzfall für die Zukunft in unruhigen Zeiten geboten werde.»

Die große Möglichkeit, die wahre politische Chance seines Lebens, hatte er hiermit verpaßt. Hätte in Kronprinz Friedrich, bemerkte der Historiker Johannes Ziekursch in den 1920er Jahren, «jener verzehrende Tatendrang gelebt, ohne den kein großes politisches Werk gelingt, dann würde er im September 1862 nach der ihm vom Vater gebotenen Krone gegriffen haben, um seine politischen Ideale zu verwirklichen». Aber eben dies tat er nicht, und zwar aus Gründen, die nicht bis ins letzte zu durchschauen sind: Mag es Angst vor der politischen Verantwortung inmitten einer Staatskrise, mag es Loyalität gegenüber dem trotz allem geliebten Vater, mag es schließlich das Faktum gewesen sein, daß er nun einmal keine wirklich bedeutenden oder auch nur originellen politischen Ideale besaß, auf deren baldige Verwirklichung es ihm hätte ankommen können. Vermutlich haben alle der genannten Aspekte eine gewisse Rolle gespielt.

War Friedrich überhaupt ein «liberaler» Fürst im eigentlichen Sinne dieses Begriffs, wie dies bis heute immer wieder behauptet wird? Zweifellos übten seine Frau und sein (allerdings schon Ende 1861 verstorbener) Schwiegervater Albert einen bedeutenden politischen Einfluß auf die politischen Anschauungen des Prinzen aus, doch aus den Tagebuchaufzeichnungen Friedrichs geht hervor, daß er bis Ende 1862 nicht wesentlich von den Überzeugungen seines Vaters abwich. So notierte er etwa 1861, nachdem er mehreren Sitzungen des preußischen Abgeordnetenhauses beigewohnt hatte: «Debatte über Militärvorlage, viel dummes Zeug von der Opposition, durch Roon glänzend widerlegt!»; und einen Tag später: «Wie elend, daß Lebensfragen der Monarchie von faktiösen Opponenten, die nichts von Militaria verstehen, bedroht werden.» Auch die Aufzeichnungen des folgenden Jahres, in dem der Konflikt seinen ersten Höhepunkt erreichte, sind durchzogen von polemischen Ausfällen gegen die «unklaren Hitzköpfe der Fortschrittspartei», den «Nonsens ... der Fortschrittshelden» sowie gegen den «Unsinn», den die Budgetkommission des Parlaments gerade anzurichten im Begriff sei. Und sogar noch drei Wochen vor der Abdankungskrise vermerkte der Prinz in seinem Tagebuch: «Im Abgeordnetenhause gestalten sich die Dinge immer ungünstiger in Militärfrage, jetzt wollen sie sogar zweijährige Dienstzeit als Gesetz durchtreiben. Der arme liebe Papa wird noch viel, viel Herzenskummer durch diese Sache und durch jene unsinnigen Leute leiden.»

Auch das von Prinzessin Viktoria so eifrig und nachhaltig propagierte englische Vorbild besaß für ihren Gemahl, wie im Nachhinein gesagt werden muß, keineswegs diejenige Bedeutung, die man ihm seinerzeit zugemessen hat. Zwar lasen die beiden Anfang 1862 die «Verfassungs-Geschichte Englands seit der Thronbesteigung Georg's III. 1760 bis 1860» aus der Feder von Thomas Erskine May, doch unmittelbare politische Konsequenzen zog

Friedrich aus dieser Lektüre (und anderen Einflußversuchen seiner Gattin) nicht. Er sei «der Letzte», schrieb er im Juli 1863 an seinen alten Lehrer Curtius, «der schablonenmäßig die Verhältnisse anderer Staaten auf den unserigen übertragen will, ohne seine Eigentümlichkeit gelten zu lassen». Ihm gehe es nur um ein striktes Festhalten an den Grundsätzen der bestehenden preußischen Verfassung, die als solche keinesfalls in Frage oder zur Disposition gestellt werden dürfe, und er fuhr fort: «Klugheit und rechtzeitiges Verständnis, um durch zeitgemäßes Nachgeben große Lebensfragen durchzuführen, ist das, was unseren Staatsmännern fehlt.» Darüber hinaus gab es dem Thronfolger sehr zu denken, als er Ende 1863 im Gespräch mit seiner Schwiegermutter erfahren mußte, daß sie, die Königin von England, so der Wortlaut seines Tagebuches, «nichts selbständig vermöge, sondern abhängig sei vom Willen ihrer Minister».

Nur in einem – allerdings entscheidenden – Punkt wich Friedrich von den Anschauungen seines Vaters und vom politischen Kurs des wenige Tage nach der Abdankungskrise ernannten neuen Ministerpräsidenten Bismarck ab: Der Kronprinz war entschieden verfassungstreu, lehnte die Theorie der «Verfassungslücke», mit der die Regierung Bismarck ihre Konfrontationspolitik gegenüber dem Abgeordnetenhaus zu begründen versuchte, strikt ab, und er trat vor allem für eine Einigung mit der liberalen Parlamentsmehrheit ein. Doch nur ein einziges Mal kam es zum öffentlichen Zusammenstoß des Thronfolgers mit der Regierung seines Vaters. Als Bismarck mit Zustimmung König Wilhelms eine – nun in der Tat verfassungsmäßig überaus bedenkliche – «Preßordonanz» zur Knebelung der regierungskritischen öffentlichen Meinung erlassen hatte, wagte Friedrich, der gerade zu Besuch in Danzig weilte, eine öffentliche Stellungnahme, in der es hieß: «Auch ich beklage, daß ich zu einer Zeit hergekommen bin, in welcher zwischen Regierung und Volk ein Zerwürfnis eingetreten ist, welches zu erfahren mich in hohem Grade überrascht hat. Ich habe von den Verordnungen, die dazu geführt haben, nichts gewußt. Ich war abwesend. Ich habe keinen Teil an den Ratschlägen gehabt, die dazu geführt haben.»

Der Vater und König reagierte – von Bismarck mit der alttestamentarischen Anspielung angestachelt, er möge «säuberlich mit dem Knaben Absalom» verfahren – nun mit äußerster Schärfe: «Ich verweise Dir die Danziger Rede auf das entschiedenste, ich verlange, daß Du sie rektifizierst, wenn sie unrichtig wiedergegeben sein sollte; ich verpflichte Dich, keine einzige derartige Aeußerung mehr zu tun. Sollte dies doch geschehen, so erfolgt Abberufung nach Berlin, wo dann bestimmt wird, ob Du Deine Kommandostelle noch behalten kannst.» Friedrich mußte seinem Vater anschließend versprechen, sich künftig nicht mehr öffentlich zur Regierungspolitik zu äußern.

Immerhin machte der Kronprinz in seinem Antwortbrief an den König deutlich, daß er «mit demselben Mut für meine Überzeugung zu wagen und zu leiden verstehe, als Du, lieber Papa, es für die Deinige getan; aus diesem Grunde kann ich nicht meine in Danzig gesprochenen Worte zurücknehmen». Daß er den Vater aber anschließend «demütig um Verzeihung» bat, scheint ihn vor dem Kriegsgericht gerettet zu haben. Heute weiß man, daß Friedrich – obwohl er dies damals und später ableugnen sollte – von seiner Frau zu dieser öffentlichen Stellungnahme getrieben wurde. Auch scheinen ihn einige seiner politischen Berater, darunter der Schriftsteller Gustav Freytag (der den Kronprinzen nach eigener Aussage «mit dem System... verfeinden» wollte), hierzu gedrängt zu haben, während andere, so etwa der altliberale Historiker und Publizist Max Duncker, dringend vor einer öffentlichen Konfrontation, die politisch wirkungslos bleiben mußte, gewarnt hatten. *Eine* Konsequenz zog der Kronprinz allerdings aus dem Verlauf der Danziger Affäre: Er verweigerte fortan strikt seine Teilnahme an den Sitzungen des Staatsministeriums. Dies war eine auf lange Sicht ohne Frage höchst verhängnisvolle Entscheidung, mit der er sich politisch selbst ausgrenzte und in eine, wie der Historiker Heinrich Otto Meisner es ausdrückte, «Selbstverbannung» zurückzog, die schließlich in die politische Isolation münden sollte.

Doch in den nächsten Jahren stand der Kronprinz noch nicht völlig abseits. An den drei Bismarckschen Einigungskriegen hat er aus Überzeugung teilgenommen und sich auch als Heerführer durchaus bewährt, denn «wenn er Pulver roch», so sein Biograph Franz Herre, «schien er ein echter Hohenzoller zu werden, seinen Liberalismus zu vergessen und das Volk in Waffen für die einzig wahre Demokratie zu halten». Im schleswig-holsteinischen Krieg Preußens und Österreichs gegen Dänemark erhielt Friedrich am 18. April 1864 bei der Erstürmung der Düppeler Schanzen seine Feuertaufe; der – allerdings voraussehbare – Sieg erfüllte ihn mit tiefer Genugtuung.

Als sich ein Jahr später die nächste Krise anbahnte und der Konflikt Preußens mit dem Habsburgerreich um die Vorherrschaft in Deutschland langsam aber sicher seinem Höhepunkt zustrebte, reagierte der Prinz jedoch unsicher. Versuchten Frau und Schwiegermutter, den «bösen Bismarck» und seine antiösterreichische Konfrontationspolitik als höchste Gefahr für den Frieden Europas und den Bestand Deutschlands hinzustellen, so vertraten die engeren politischen Berater und Freunde des Prinzen eine andere Auffassung: Sowohl Max Duncker als auch der führende badische Liberale Franz von Roggenbach – ein ehemaliger Bonner Studienfreund des Kronprinzen – versuchten Friedrich von der Richtigkeit des Bismarckschen Kurses zu überzeugen: Jetzt sei die Gelegenheit gekommen, Preußen an die Spitze Deutschlands zu bringen und das Habsburgerreich, das jede wirkliche politische Erneuerung immer wieder verhindert habe, in die zweite Reihe zu verweisen. Trotzdem unternahm der Kronprinz noch im Frühjahr 1866 mehrere vergebliche Versuche, seinen Vater vom Konfrontationskurs des Ministerpräsidenten abzubringen. Als Ende Mai der Krieg ausbrach, hatte er sich allerdings überraschend schnell mit der neuen Lage abgefunden: «Man kann eben nichts mehr tun», schrieb er an den ihm eng befreundeten Herzog Ernst II. von Sachsen-Coburg-Gotha, «als unter den gegebenen Verhältnissen, zu denen man nicht beigetragen hat, sehen, dem Vaterlande zu dienen und zu zeigen, daß man trachtet, innerhalb der von Bismarck heraufbeschworenen Katastrophe großes Unheil nach eigenen Kräften fernzuhalten.»

Nun trat er – für manchen Beobachter überraschend – sehr forsch und entschlossen auf und forderte im Kriegsrat vom 26. Mai 1866 sogar die sofortige Durchführung eines Eroberungskrieges gegen Österreich. Sein Vater ernannte ihn zum Oberbefehlshaber der in Schlesien stationierten Zweiten Armee, die sich freilich, wie die anderen Armeen auch, dem von Moltke entwickelten strategischen Plan ein- und unterzuordnen hatte. Der Feldzug verlief in der Tat fast so, wie der geniale Stratege im Generalstab ihn geplant hatte: Drei preußische Armeen marschierten von der Lausitz, von Thüringen und von Schlesien aus getrennt in Böhmen ein, um die Hauptmacht des Gegners einzukesseln und anschließend in einer großen Umfassungsschlacht zu schlagen. Am 3. Juli fand bei Königgrätz und Sadowa die entscheidende Konfrontation statt; die vom König und Moltke bereits sehnlichst erwartete schlesische Armee des Kronprinzen traf wetterbedingt etwas verspätet, aber gerade noch rechtzeitig ein, um den Gegner zu besiegen; zwar konnte ein Teil der österreichischen Armee entkommen, doch die Entscheidung war gefallen. Der stolze König Wilhelm legte seinem Sohn noch auf dem Schlachtfeld persönlich den «Pour le mérite» um den Hals.

Der preußische Kronprinz verschloß jedoch, trotz aller Freude über den errungenen großen Sieg und über die hohe Auszeichnung, seine Augen keineswegs vor den Schrecken und der Grausamkeit des Krieges; in sein Tagebuch notierte er noch am Tag von Königgrätz: «Das Schlachtfeld zu bereiten war grauenvoll, und es lassen sich die entsetzlichen Verstümmelungen, die sich dem Blicke darstellten, gar nicht beschreiben. Der Krieg ist doch etwas Furchtbares, und derjenige Nichtmilitär, der mit einem Federstrich am grünen Tisch denselben herbeiführt, ahnt nicht, was er heraufbeschwört.»

Im Verlauf der anschließenden Waffenstillstandsverhandlungen zu Nikolsburg kam es zu einer überraschenden Annäherung des Kronprinzen an den bis dahin verabscheuten Ministerpräsidenten. König Wilhelm, vom Siegesrausch gepackt, wollte neben den schon beschlossenen großen Gebietszugewinnen in Norddeutschland auch Teile Bayerns und vor allem Deutsch-Österreichs annektieren, während Bismarck hiervon dringend abriet: das Risiko eines österreichisch-französischen Bündnisses gegen ein in dieser Weise vergrößertes Preußen sei zu groß und gefährde daher den künftigen Bestand des Königreichs. Es gelang Bismarck recht schnell, den Prinzen von der Richtigkeit seiner Argumente zu überzeugen, und beide konnten sich wiederum, wenn auch erst nach langem und zähem Ringen, gegen die ursprünglichen Absichten des Monarchen durchsetzen: «Ich muß sagen», notierte der Thronfolger, «daß Bismarck in dieser Frage ganz korrekt handelt und ich ihm eine wesentliche Stütze leiste – es ist die umgekehrte Welt.» Wilhelm gab, wenn auch widerstrebend, den gemeinsam und entschieden vorgebrachten Gegenargumenten seines Ministerpräsidenten sowie seines Sohnes und Thronfolgers schließlich nach.

«Seltsamer Gegensatz!», resümierte Friedrich am 24. Juli dieses ereignisreichen Jahres, «Ich muß oft auf Bismarcks Seite treten, um dem *wirklich Zeitgemäßen* seiner Ansichten Seiner Majestät gegenüber Gewicht zu verschaffen. Die Zeit aber ist derartig, daß, um zum großen Ziele zu gelangen, Partei- oder Personalrücksichten zurücktreten müssen, wenn es gilt, dem Großen und Ganzen des Vaterlandes Nutzen, Heil und Stärke zu verschaffen.» Doch er fügte sogleich hinzu: «Dabei werde ich mich nicht irremachen lassen über die früheren ungeheueren politischen Fehler unserer Regierung, die ich bekämpfe, auch nicht blindlings annehmen, daß, weil es jetzt oben vernünftig hergeht, Bismarck ‹der Mann seiner Zeit› sei.» Er hatte, wie man sieht, noch immer nicht begriffen, daß er vom Vater und vom Ministerpräsidenten politisch kaltgestellt worden war. Die zeitweilige Vermittlung in Nikolsburg hatte ihn zwar für wenige Tage in das Zentrum der Entscheidungen versetzt, doch an seiner grundsätzlichen Isolierung, die von ihm selbst durch seinen Rückzug aus dem Kabinett mitverschuldet worden war, hatte sich nichts geändert.

In den künftigen Jahren hielt man Friedrich von der großen Politik fern; nicht einmal den Posten eines «Vizekönigs» im eroberten und annektierten Hannover, für den man ihn zeitweilig vorgesehen hatte, mochten ihm König Wilhelm und Bismarck schließlich zugestehen. Statt dessen drängte man ihn zur Übernahme von Repräsentationsaufgaben, die er nicht ungern und zweifellos mit vielem Geschick erfüllte. Immer wieder ging er auf Auslandsreisen, um Preußen und den neu entstandenen Norddeutschen Bund angemessen zu vertreten. Ende 1866 sorgte er in Sankt Petersburg für eine Verbesserung des merklich abgekühlten Klimas zwischen den alten Bundesgenossen, und im Frühjahr 1868 begab er sich nach Rom, wo er als «Sieger von Sadowa» vom neuen preußischen Bundesgenossen, dem jungen Königreich Italien, freundlich willkommen geheißen wurde. Auch heikle Auftritte, etwa einen Kurzbesuch bei Kaiser Franz Joseph in Wien im Oktober 1869, meisterte der überaus liebenswürdig auftretende preußische Kronprinz mit Bravour. Die anschließende Orientreise, die ihn zu den Feierlichkeiten anläßlich der Eröffnung des Suezkanals bis nach Ägypten führte, wurde – nebst einem Abstecher nach Jerusalem – für den Thronfolger zu einem großen Erlebnis, obwohl er bei den Feierlichkeiten in Port Said und Kairo hinter Franz Joseph und der französischen Kaiserin Eugenie in die zweite Reihe der Ehrengäste zu treten hatte.

Vom Kriegsausbruch im Juli 1870 war Friedrich ebenso überrascht wie die meisten seiner Zeitgenossen; von Anfang an zählte er jedoch zu den entschiedensten Verfechtern einer schnellen militärischen Aktion gegen das zweite französische Kaiserreich, das am 15. Juli Preußen den Krieg erklärt hatte. Wieder bewährte er sich als Heerführer: Als Oberbefehlshaber der Dritten Armee, die aus zwei preußischen und zwei bayerischen Korps sowie aus badischen und württembergischen Truppenteilen bestand, siegte er am 4. August bei Weißenburg und am 6. August bei Wörth; auch am Gelingen der entscheidenden Schlacht bei Sedan am 2. September hatte er einen nicht geringen Anteil. Als er mit seiner Armee schon vor Paris stand, wurde der – nun auch in der deutschen Öffentlichkeit als «unser Fritz» äußerst populäre – Kronprinz von seinem Vater zum Generalfeldmarschall ernannt.

Er freute sich zweifellos über diese hohe, noch niemals dagewesene Auszeichnung eines Hohenzollernprinzen, doch er übersah auch jetzt nicht die Kehrseite des Krieges; schon am Abend der Schlacht bei Wörth, die seiner Armee mehr als zehntausend Tote und Verwundete gekostet hatte, notierte er: «Ist es aber nicht eine eigene Fügung, daß ich, der ich viel lieber in Werken des Friedens Anerkennung erntete, verurteilt bin, solch blutige Lorbeeren zu erringen? Möge dereinst der friedliche Teil meiner Aufgabe desto heilbringender sein!» Und einige Wochen später, als sich der Ausgang des Kampfes wider Erwarten in die Länge zog, hieß es in seinen persönlichen Aufzeichnungen: «Trotz aller Siege und der mit denselben zusammenhängenden erhebenden Eindrücke frage ich mich täglich, wie das gegenseitige Zerfleischen nach Art der wilden Tiere trotz aller christlichen Lehren von Tugend und Sittlichkeit, die täglich gepredigt werden und als ein Kennzeichen dieses unseres Zeitalters gelten, immer noch möglich ist.»

Es blieb ihm jetzt und in den folgenden Monaten allerdings nur wenig Zeit, dieser unlösbaren Frage nachzusinnen, denn eine neue wichtige Aufgabe wartete auf den preußischen Thronfolger. Man hatte ihn zum Arrangeur der Kaiserproklamation zu Versailles erkoren, und man wird kaum leugnen können, daß er sich dieser Aufgabe – einschließlich der Ausstattung des berühmten Spiegelsaales im Schloß Ludwigs XIV. – mit Bravour entledigte. Die Zeremonie erfüllte ihn, der die Tradition des 1806 entschwundenen Heiligen Römischen Reiches Deutscher Nation immer besonders hochgehalten hatte, mit tiefer Genugtuung. Die in Wien verwahrten Insignien des alten deutschen Kaisertums hätte er nicht ungern für den Zweck der Proklamation seines Vaters zum neuen «Deutschen Kaiser» ausgeliehen. Dem alten Wilhelm allerdings, der lieber «Kaiser von Deutschland» als bloßes Haupt eines Fürstenbundes geworden wäre, bedeutete der mit großem Pomp zelebrierte Versailler Staatsakt nur wenig.

Sein Sohn, dessen Begeisterungsfähigkeit immer noch ungebrochen war, ließ sich dagegen mitreißen: «Wollte Gott», notierte er in diesen Tagen, «daß... ein freier deutscher Kaiserstaat entstände, der im wahren Sinne des Worts an der Spitze der Zivilisation schritte, der alle edlen Gedanken der modernen Welt entwickeln und zur Geltung bringen könnte, so daß von Deutschland aus die Welt humanisiert, die Sitten veredelt und die Menschen von jener frivolen französischen Richtung abgewendet würden» – damit war die revolutionäre Tradition von 1789 gemeint, die jetzt, in den Wochen der Pariser Kommune, erneut ihr Haupt erhoben hatte. Nichtsdestoweniger verfocht auch Friedrich, wie Bismarck und König Wilhelm, die Annexion Elsaß-Lothringens, für die er ein historisches Recht Deutschlands geltend machte – und gab doch andererseits wiederum seiner Hoffnung Ausdruck, «daß Deutsche und Franzosen statt in gegenseitigem Hasse sich herauszufordern, baldmöglichst sich einander nähern und den friedlichen Wettkampf in Handel, Gewerbe, Industrie und Kunst aufnehmen werden».

Die Reichsverfassung von 1871, die in ihren wesentlichen Grundzügen der des Norddeutschen Bundes von 1867 entsprach, fand Friedrichs Zustimmung nicht. Er hätte sich ein – vielleicht sogar dem Reichstag verantwortliches – Reichsministerium gewünscht, dazu auch eine stärkere Stellung des Kaisers und eine entsprechend schwächere Position der anderen Reichsfürsten. Auch die Schlüsselstellung des Kanzlers, die Bismarck auf sich und seine Bedürfnisse als eigentlicher Lenker der deutschen Politik zugeschnitten hatte, mußte dem Kronprinzen und künftigen Kaiser mißfallen. Die eigentliche Kernidee der Bismarckschen Verfassungskonstruktion, die einen nach freiem, gleichem, geheimem und allgemeinem Wahlrecht gewählten Reichstag eben *nur deshalb* vorsah, weil die eigentliche Souveränität dem – im Bundesrat repräsentierten – deutschen Fürstenbund vorbehalten bleiben sollte, begriff Friedrich offensichtlich nicht. Nur wenige der Reichsfürsten hätten ihrer eigenen politischen Marginalisierung, etwa als Mitglieder eines «deutschen Oberhauses», wie es Ernst II. von Sachsen-Coburg-Gotha erstrebte, zugestimmt – und mit dieser Lage der Dinge mußte sich der Hohenzollernprinz, ob er wollte oder nicht, abfinden.

Gleichwohl war Friedrich, seit 1871 nunmehr Kaiser im Wartestand, entschlossen, die neue Verfassung unbedingt und ohne jede Einschränkung zu achten: «In der nunmehr geeinten Nation werde ich, davon bin ich überzeugt, einen starken Anhalt für meine Gesinnungen finden, zumal ich der erste Fürst sein werde, der den verfassungsmäßigen Einrichtungen ohne allen Rückhalt ehrlich zugetan vor sein Volk zu treten hat», vertraute er am 7. März 1871 seinem Tagebuch an. Er rechnete tatsächlich mit einer nicht mehr allzu fernen Thronbesteigung, zumal sein Vater, Jahrgang 1797, sich bereits im achten Lebensjahrzehnt befand. Doch der alte Herr machte – trotz gelegentlicher gesundheitlicher Unpäßlichkeiten – noch keinerlei Anstalten, von der Bühne abzutreten, und Bismarck wiederum, dessen Stellung als «Schmied» des neuen Reiches jetzt vollkommen unangreifbar geworden war, hielt den Thronfolger weiterhin konsequent von jeder politischen Einflußnahme fern.

Dessen gelegentliche Kontakte zu führenden nationalliberalen Politikern waren eher geeignet, beide Seiten zu verstimmen. Denn seine Überzeugung von einer selbständigen, vom Parlament unabhängigen Stellung des Deutschen Kaisers ließ sich der Kronprinz nicht mehr abhandeln, trotz aller Sympathien für manche der liberalen Forderungen. Und den Liberalen, die Verbindung zu ihm hielten, wurde sehr bald die völlige Einflußlosigkeit des politisch kaltgestellten – und auch finanziell recht knapp gehaltenen – Thronfolgers bewußt. Dazu rieten ihm neue Berater, wie sein Sekretär Karl von Normann, zu einer Annäherung an den Kanzler, der auch im Falle eines baldigen Thronwechsels nicht mehr zu umgehen sein würde. Ein letzter Versuch, auf einen politischen

Posten zu gelangen, scheiterte indes Anfang 1878, als der greise König und Kaiser sich weigerte, seinem Sohn den Posten eines Statthalters im neuen Reichsland Elsaß-Lothringen zuzugestehen.

Friedrich widmete sich also in erster Linie seinen stets mit besonderem Engagement wahrgenommenen Repräsentationsaufgaben: vom Kostümfest in Rokoko-Ausstaffierung mit dem Krückstock Friedrichs des Großen bis hin zur Truppeninspektion in Marschallsuniform – der Kronprinz machte überall eine gute Figur. Wenn er überhaupt noch zu den politischen Zeitfragen Stellung nahm, dann nach dem Motto: «Ja – aber». Den unseligen Kulturkampf des preußischen Staates gegen die katholische Kirche, den wohl schwersten innenpolitischen Mißgriff Bismarcks, bejahte er grundsätzlich – nur die vom Kanzler und Ministerpräsidenten angewandten Methoden fand er etwas zu hart. Immerhin ließ er sich Jahre später, Ende 1883, von Bismarck dazu überreden, als monarchischer Friedensbote beim neuen Papst Leo XIII. im Vatikan vorzusprechen.

Auch der Bismarckschen Sozialpolitik der 1880er Jahre stand der Thronfolger mit seinen wirtschaftsliberalen Überzeugungen eher kritisch gegenüber. Nicht, daß er keinen Anteil am sozialen Elend seiner Zeit genommen hätte – im Gegenteil: Es ist bekannt, daß er immer wieder in unauffälliger Zivilkleidung die Armenbezirke im Berliner Osten aufsuchte, um sich aus erster Hand über die Kehrseite der mit großen Hoffnungen begrüßten «Gründerzeit» zu informieren. Das soziale Engagement des Kronprinzen und übrigens auch seiner Frau ging jedenfalls weit über das in dieser Zeit Übliche hinaus. Beide setzten sich tatkräftig für verschiedene, nicht nur kirchliche, soziale Hilfsorganisationen, etwa in der Gesundheitsfürsorge, ein. Man übernahm die Protektion neu errichteter Kinderheime für die Unterschichten und förderte die Einrichtung und den Ausbau städtischer Fortbildungsschulen in den Arbeitervierteln der in dieser Zeit rasch expandierenden Hauptstadt.

Im Frühjahr 1878 schien die baldige Thronfolge erstmals in greifbare Nähe gerückt. Binnen kurzer Frist wurde auf den alten Kaiser zweimal ein Attentat verübt; beim ersten des Klempnergesellen Max Hödel am 11. Mai war Wilhelm unverletzt geblieben, doch durch das zweite, am 2. Juni von Karl Nobiling mit einer Schrotflinte verübte, wurde er schwer verletzt. Kronprinz Friedrich hatte sofort die Stellvertretung seines inzwischen zweiundachtzigjährigen Vaters anzutreten – nicht aber die Regentschaft, durch die ihm größere Befugnisse verliehen worden wären, von der Bismarck dem blessierten alten Monarchen aber dringend abgeraten hatte. Wie zu erwarten, kam es zu Zusammenstößen zwischen dem «Stellvertreter» des Kaisers und dem nunmehr fast allmächtigen Kanzler, der sich jetzt auf dem Höhepunkt seines Ruhmes befand: nicht einmal an einer Sitzung des Berliner Kongresses, der vom 13. Juni bis zum 13. Juli dieses Jahres tagte und einen Ausweg aus der Balkankrise suchte, nahm Friedrich teil. Dafür hatte er das Sozialistengesetz zu unterzeichnen und auch die – von ihm allerdings wochenlang hinausgezögerte – Unterschrift unter das Todesurteil des vermutlich geisteskranken Attentäters Hödel zu leisten. Der «eiserne Kanzler» ersparte dem Thronfolger wahrlich nichts, bis der nach langer Erkrankung wieder genesene alte Kaiser am 5. Dezember feierlich in die Reichshauptstadt einzog und sofort erneut die, wie er selbst sich ausdrückte, «Pflichten meines fürstlichen Berufes» übernahm.

Auch im Hinblick auf die Außenpolitik des Reiches blieben die Vorstellungen des Kanzlers und Kaisers auf der einen, des Kronprinzenpaares auf der anderen Seite miteinander unvereinbar. Die konsequente Anglophilie und die damit einhergehende Russophobie des Thronfolgers mußte Bismarck als realitätsfremde ideologische Träumerei ablehnen. In der Tat war Friedrichs Lieblingsidee eines (implizit gegen Frankreich und das Zarenreich gerichteten) aus Deutschland, Österreich-Ungarn und Großbritannien bestehenden Dreibundes weder in den 1870er, noch in den 1880er Jahren durchführbar, da die britische Weltmacht an einer solchen Verbindung nicht interessiert war. Und selbst wenn ein deutsch-britisches Bündnis zustande gekommen wäre, hätte dies mit einem Schlag zu einer französisch-russischen Einheitsfront gegen Berlin und Wien geführt, die das Reich wiederum von Großbritannien abhängig gemacht und seinen außenpolitischen Handlungsspielraum entschieden eingeengt hätte. Bismarcks Kurs, an der – sicherlich prekären – Verbindung mit dem Zarenreich zur Verhinderung einer russisch-französischen Annäherung unbedingt festzuhalten, entsprach zweifellos den Realitäten der Zeit – und dazu ebenfalls den Traditionen der preußischen Außenpolitik, die seit langem stets darauf angewiesen war, mit dem übergroßen östlichen Nachbarn zu einem Modus vivendi zu gelangen. Darüber hinaus war der Kanzler nicht bereit, das Reich zum «Festlandsdegen» des – seinerseits wiederum in traditioneller «splendid isolation» verharrenden – Inselreichs werden zu lassen. Solange jedenfalls Bismarck in der Wilhelmstraße die Richtlinien der deutschen Außenpolitik bestimmte, vermochte die «englische Option» Friedrichs und Viktorias als diplomatische Alternative keinen Fußbreit Bodens zu gewinnen.

So blieb den beiden nichts anderes übrig, als ihre Aktivitäten auf die Bereiche des Sozialen und des Kulturellen zu beschränken.

Der Kronprinz war von seinem Vater zum Protektor der königlichen Museen in Berlin ernannt worden, und Friedrich tat denn auch alles ihm Mögliche, um den Rang und das Ansehen der Kunstsammlungen in der neuen Reichshauptstadt zu erhöhen; doch an die Bedeutung etwa der Münchener oder der Dresdener Galerien und Sammlungen reichten die Berliner nicht heran. Friedrich beschäftigte sich ebenfalls mit den baulichen Veränderungen der Hauptstadt, so war er u. a. an der Planung des – erst nach seinem Tode vollendeten – Neubaues des Berliner Doms am Lustgarten gegenüber dem alten Stadtschloß der Hohenzollern beteiligt. Mit hohen Geldsummen unterstützte er die archäologischen Unternehmungen seines alten und weiterhin hochgeschätzten Lehrers Ernst Curtius, der im Verlauf seiner Ausgrabungen in Olympia auf den Hermes des Praxiteles stieß. Auch an der Überführung des Pergamon-Altars auf die Museumsinsel war der Kronprinz beteiligt, und das unter seiner Protektion geplante und begonnene Renaissance-Museum auf der Museumsinsel sollte 1904 auf Befehl Wilhelms II. den Namen «Kaiser-Friedrich-Museum» erhalten.

Ungeachtet dieser späteren noblen Geste des Sohnes gegenüber seinem verstorbenen Vater blieb das Verhältnis zwischen den Eltern und ihrem ältesten Sohn, dem jungen Prinzen Wilhelm, äußerst problematisch. Der durch seinen verkrüppelten linken Arm von Geburt an behinderte spätere Thronfolger genügte den hohen Anforderungen seiner Eltern weder in geistiger noch in sonstiger Hinsicht. Die überaus strenge Erziehung und der Drang, das angeborene körperliche Manko durch allzu forsches und selbstsicheres Auftreten zu kompensieren, taten ein übriges. Der Vater zeigte kein Interesse an seinem Sohn, während die Mutter ihm ihre Zuneigung verweigerte; bereits den Fünfjährigen beschrieb sie in einem Privatbrief als «unverständig, dumm und konfus». Friedrich und Viktoria brauchten sich also im Grunde nicht zu wundern, wenn ihr Sohn gerade im Hinblick auf seine politischen Ansichten stets darum bemüht war, sich von den Auffassungen seiner Eltern entschieden abzusetzen, dafür aber dem Großvater und dem «eisernen Kanzler» seine – vorerst noch – uneingeschränkte Bewunderung zu zeigen. Der Bruch zwischen den Generationen hatte sehr früh stattgefunden und sollte sich als unheilbar erweisen.

1885 kam es noch einmal zu einer schweren gesundheitlichen Krise des mittlerweile uralten Kaisers, und Bismarck mußte sich nun ernsthaft auf einen baldigen Thronwechsel gefaßt machen. Jetzt war es der Kronprinz, der auf Bismarck, trotz aller vorangegangenen Differenzen, nicht mehr verzichten wollte oder konnte: Er berief den Kanzler nach Potsdam und fragte, so Bismarcks späterer Bericht, «ob ich im Falle eines Thronwechsels im Dienst bleiben würde. Ich erklärte mich dazu unter zwei Bedingungen bereit: keine Parlamentsregierung und keine auswärtigen Einflüsse in die Politik. Der Kronprinz erwiderte mit einer entsprechenden Handbewegung: ‹Kein Gedanke daran!›» Jetzt stellte also bereits der Kanzler seinem künftigen kaiserlichen Herrn die Bedingungen und nicht mehr umgekehrt! In genau diesem Sinne war Bismarck auch nicht von vornherein entschlossen, nach einem Thronwechsel *um jeden Preis* im Amt zu bleiben: «Es scheint», bemerkte er im Mai 1885 zu einem seiner Vertrauten, dem Journalisten Moritz Busch, «daß der Kronprinz mich behalten will, aber ich werde mir überlegen, ob ich bleibe... Jetzt bin ich mehr dafür, daß ich gehe und seinen Versuch nicht mitmache. Ich könnte denken wie Götz von Berlichingen, als er sich den Bauern anschloß... Und die Mitregentschaft der Kronprinzessin, die ihn beeinflußt und vollständig beherrscht. Was soll aber werden, wenn ich sie sich selbst überlasse? Die ganze Stellung des Reichs beruht auf dem Vertrauen, das ich mir auswärts erworben habe.... Ich könnte ja gehen und sehen, wie sie's ohne mich trieben, und wenn sie mich dann wieder riefen, nachdem das Experiment mißglückt wäre, den Wagen wieder ins Geleise lenken. Es wäre dann bewiesen, daß es so nicht anzufangen ist. Er wird wohl nur Versuche wagen, weil er mich in Reserve hat.» Im übrigen habe der Kronprinz «geringe Kenntnis von Staatsgeschäften und wenig Interesse dafür, auch fehle es ihm an Mut».

Doch der alte, fast neunzigjährige Kaiser vermochte sich noch einmal zu erholen, obwohl er jetzt immer weniger imstande war, direkten Anteil an den nunmehr allein von Bismarck erledigten Staatsgeschäften zu nehmen. Friedrich blieb immer noch, was er seit einem Vierteljahrhundert war: Regent im Wartestand, der 1887 wohl nur mit gemischten Gefühlen den neunzigsten Geburtstag seines Vaters und das fünfzigjährige Regierungsjubiläum seiner Schwiegermutter Viktoria von England mitfeierte. Doch in diesem Jahr änderte sich sein Leben von Grund auf. Seit längerem schon von gesundheitlichen Störungen geplagt, begann der jetzt im sechsundfünfzigsten Lebensjahr stehende Kronprinz unter anhaltender Heiserkeit zu leiden; im März entfernten seine Ärzte eine kleine Geschwulst am linken Stimmband. Zwei Monate später war die Geschwulst nachgewachsen, und der sofort zu Rate gezogene Spezialist Ernst von Bergmann diagnostizierte Kehlkopfkrebs und riet dringend zu einer sofortigen Operation.

Die Kronprinzessin bestand indes auf einer weiteren Diagnose durch einen englischen Arzt – und dieser, der angesehene Londoner Laryngologe Morell Mackenzie, widersprach Bergmann, indem er feststellte, die Bösartigkeit der Geschwulst sei noch keineswegs bewiesen. Als auch einer der angesehensten deutschen Mediziner dieser Zeit, Rudolf Virchow, nach einer Analyse einiger Gewebeteile aus dem Kehlkopf des Erkrankten zu dem Schluß kam, ein Beweis für eine Krebserkrankung sei nicht zu erbringen, vermochte sich Mackenzie mit seiner Diagnose durchzusetzen: Friedrich wurde – trotz Kritik Bergmanns und der anderen deutschen Ärzte, die den Erkrankten untersucht hatten – vorerst nicht operiert. Auch Bismarck hatte sich übrigens gegen einen radikalen Eingriff ausgesprochen, boten doch Kehlkopfoperationen in dieser Zeit noch kaum Überlebenschancen, während der Kronprinz, wenn sich die Krebsdiagnose bewahrheiten sollte, nach Ansicht Mackenzies immerhin noch ein bis eineinhalb Jahre zu leben hatte.

Es stellte sich noch vor Jahresende 1887 heraus, daß in gewisser Weise beide medizinischen Spezialisten Recht gehabt hatten: Bergmann mit seiner Krebsdiagnose und Mackenzie mit seinem Rat, von einer – mit großer Wahrscheinlichkeit tödlich ausgehenden – Radikaloperation abzusehen. Mit seiner Frau ging der erkrankte Kronprinz nun auf Reisen, um in milderem Klima Linderung seiner immer schmerzhafter werdenden Leiden zu suchen: Von Toblach in Tirol begab man sich Ende September nach Venedig, von dort an den Lago Maggiore und schließlich nach San Remo. In der Heimat hatte sich die tödliche Erkrankung nicht mehr geheimhalten lassen; seit November konnten die Deutschen den Zeitungen die traurige Nachricht entnehmen. Der uralte Kaiser schließlich verfügte in einem Erlaß vom 17. November, daß der Enkel Wilhelm «in Betracht der Wechselfälle Meiner Gesundheit» als sein Vertreter, etwa bei der Leistung drängender Unterschriften, zu fungieren habe. Der erkrankte Kronprinz war hierüber vorher nicht informiert, sondern von Bismarck vor vollendete Tatsachen gestellt worden.

Doch trotz allem sollte die Stunde des bereits vom Tode gezeichneten Friedrich noch kommen, denn am 9. März 1888 starb der alte Kaiser; ein wenig Macht, wenn auch nur für neunundneunzig Tage, wurde seinem unglücklichen Sohn schließlich doch noch vergönnt. Bereits einen Tag später verließ er sein Krankenasyl in San Remo und begab sich in die kalte Heimat zurück, und schon am 11. März traf er auf dem Leipziger Hauptbahnhof mit dem Kanzler zusammen. Ein Zeuge dieser Begegnung erinnerte sich später an den Eindruck, den der neue Kaiser machte: «Mienenspiel, Gesichtsausdruck, Gestikulation waren lebhaft, so daß man in einiger Entfernung gesehen den Eindruck eines lebhaft Sprechenden hatte. Die Gesichtsfarbe erschien bei Gaslicht gut, etwas echauffiert, Haar und Bart unverändert – nicht ergraut –, Figur und Gesicht etwas abgemagert, aber keineswegs abgezehrt oder gar elend. Allein er ist völlig stimmlos und schrieb, was er sagen wollte, auf einen Papierblock, wovon er die einzelnen Blätter abriß.» Der neue Regent, der genau wußte, daß er das Jahr nicht überleben würde, beließ – wie allgemein erwartet – den alten Kanzler in seinem Amt.

Auch die am 12. März im Reichsanzeiger publizierte Proklamation des neuen Herrschers «An mein Volk» ließ keinerlei Änderung oder einen wie auch immer gearteten politischen Kurswechsel erkennen. Er sei bestrebt, so verkündete Kaiser Friedrich III. seinen Untertanen, das Werk seines verewigten Vaters «in dem Sinne fortzuführen, in dem es begründet wurde, Deutschland zu einem Horte des Friedens zu machen und, in Übereinstimmung mit den verbündeten Regierungen sowie mit den verfassungsmäßigen Organen des Reiches wie Preußens, die Wohlfahrt des Deutschen Landes zu pflegen». Er sei überzeugt, hieß es weiter, «daß auf dem Grunde der untrennbaren Verbindung von Fürst und Volk, welche, unabhängig von jeglicher Veränderung im Staatsleben, das unvergängliche Erbe des Hohenzollernstammes bildet, Meine Krone allezeit ebenso sicher ruht, wie das Gedeihen des Landes». Bei diesen überaus vorsichtigen Formulierungen mußte es der todkranke Herrscher belassen; liberale Reformen, gar eine Änderung der Verfassung, standen nicht mehr zur Diskussion, wie die kleine Schar der Liberalen, die auch jetzt noch gewisse Hoffnungen auf Friedrich setzten, zur Kenntnis nehmen mußte.

Die wenigen Wochen, die dem zuerst in Schloß Charlottenburg residierenden Kaiser zum Regieren blieben, vermochte er nicht mehr in dem von ihm eigentlich gewünschten Sinne zu nutzen; die ihm von Bismarck gezogenen Grenzen blieben unüberschreitbar. So verhinderte der Kanzler die Verlobung der zweitältesten Kaisertochter – sie hieß wie Mutter und Großmutter Viktoria – mit Alexander von Battenberg, dem früheren Fürsten von Bulgarien, der zuerst ein Satrap des Zaren gewesen, dann aber mit den Russen aneinandergeraten und abgesetzt worden war. Bismarck befürchtete eine massive Störung der von ihm sorgfältig gehegten deutsch-russischen Beziehungen, und Viktoria hatte das Nachsehen; auch ihre Mutter vermochte in dieser hochpolitisch gewordenen Familienangelegenheit gegen den Willen des Kanzlers nichts auszurichten.

Es war dem kranken Kaiser nicht einmal vergönnt, alle diejenigen auszuzeichnen, die sich hierfür in seinen Augen als würdig erwiesen hatten. Die Verleihung des Schwarzen-Adler-Ordens an die britische Königin konnte Bismarck natürlich nicht verhindern, doch in manchen weniger spektakulären Fällen legte der Kanzler sein Veto ein: So erhielten die Juristen und bedeutenden liberalen Parlamentarier Heinrich von Simson und Rudolf von Gneist den Adel, doch andere, denen Kaiser Friedrich ebenfalls diese Auszeichnung oder die Verleihung hoher Orden zugedacht hatte, wie etwa Theodor Mommsen, blieben undekoriert. Nur eine einzige politische Maßnahme mit einiger Signalwirkung in der Öffentlichkeit war dem todkranken Herrscher vergönnt: die Entlassung des politisch als ausgesprochen reaktionär geltenden preußischen Innenministers Robert von Puttkamer, der am 8. Juni zurücktreten mußte. Und auch dieser Schritt wurde nur dadurch ermöglicht, daß Bismarck an der Erhaltung seines Ministers aus verschiedenen Gründen kein besonderes Interesse hegte. Nicht einmal die Ernennung eines liberalen Nachfolgers konnte der Kaiser durchsetzen.

Dabei verschlechterte sich der Gesundheitszustand des hohen Patienten in zunehmendem Maße: Schon Ende April mußte Dr. von Bergmann eine Kanüle in die Luftröhre des Kaisers einführen und ab Anfang Mai wurde er künstlich ernährt; er magerte schnell ab. Am 1. Juni übersiedelte Friedrich III. angesichts seines nahen Endes an den Ort seiner Geburt, das Potsdamer Neue Palais, das er nun in «Schloß Friedrichskron» umbenannte. An einen seiner Hofprediger hatte er wenige Monate zuvor geschrieben: «Der alleinige Arzt dort droben wird alles nach seinem Willen anordnen, dem ich mich jetzt wie zu allen Zeiten meines Lebens unterordne», doch der todkranke Monarch wünschte – hierin von seiner Frau unterstützt – keinen geistlichen Beistand in den letzten Tagen seines Lebens. Schon am 15. Juni war es so weit: Gegen 11 Uhr 15 folgte Kaiser Friedrich III. seinem nur neunundneunzig Tage zuvor verstorbenen Vater in den Tod nach.

Die ersten Maßnahmen des Sohnes, der nun als Wilhelm II. den Thron bestieg, verhießen nichts Gutes: Er riegelte das Sterbeschloß seines Vaters mit seinen Truppen sofort hermetisch ab, um ein Verschwinden privater Papiere des toten Kaisers zu verhindern – ohne zu wissen, daß vieles davon bereits sicher versteckt oder nach England gebracht worden war. Die Witwe – sie nannte sich nun zum Gedenken an ihren Mann «Kaiserin Friedrich» – verließ Potsdam und Berlin; mit ihrem Sohn söhnte sie sich nie wieder aus. Etwas später ließ sie sich in Kronberg am Taunus nieder, wo sie als ihren persönlichen Alterssitz das Schloß Friedrichshof hatte errichten lassen; sie starb im Sommer 1901. Ihr Sohn nannte sie später im Rückblick «die ärmste, unglücklichste Frau, die jemals eine Krone trug».

Mit dem «Kaiser-Märtyrer», wie sein erster Biograph und Bewunderer Martin Philippson ihn 1893 nannte, verschwand der Repräsentant einer «ganzen geschichtlichen Epoche» – und so wurde es von nicht wenigen Zeitgenossen empfunden. Friedrich III. hatte einer Generation angehört, so Philippson, «die in der Ausbildung gemäßigter konstitutioneller Freiheit, in der Geltendmachung des aufgeklärten, arbeitsamen und besonnenen Bürgertums, in der Hervorhebung persönlicher Unabhängigkeit und Charakterwürde ihr politisches Ideal gesehen hatte», und eben diese Generation blieb durch das frühe und tragische Ende dieses Mannes «in der Entwicklung unseres Staates unvertreten». Diese frühe Diagnose ist auch viel später noch vertreten worden, etwa von Ralf Dahrendorf, der im 19. September 1862, dem Tag des verpaßten Thronwechsels, geradezu den alles entscheidenden «Schicksalstag» der jüngeren deutschen Geschichte sehen zu können meinte.

Doch vieles spricht gegen diese Auffassung. Kaiser Friedrich war ein überaus stolzer, auf die Würde und den politischen Rang seines königlichen und kaiserlichen Amtes größten Wert legender Mann. Wäre er länger am Leben geblieben, dann hätte er – alles deutet darauf hin – vermutlich versucht, seine politische Stellung zuungunsten des Reichskanzlers aufzuwerten und auszubauen, worum sich in ähnlicher Weise später auch sein Sohn (wie man weiß, erfolglos) bemühen sollte. Die in letzter Stunde von Friedrich III. unternommenen Versuche, sein entschiedenes Vetorecht gegenüber Reichstagsbeschlüssen auszuüben, lassen ebenfalls keine Rückschlüsse auf eine eventuelle Einführung liberaler Maßregeln zu. Vielleicht hatte Bismarck doch recht, wenn er später erklärte, daß bei einer längeren Regierung dieses so sehr auf seine Herrscherrechte pochenden Kaisers dessen «liberale Theorien, mit denen er sich bis dahin ohne Gefahr und Verantwortung beschäftigen konnte», dahingeschwunden wären «wie Nebel vor der Sonne».

Und diese Einschätzung wird durch unverdächtige Zeugen bestätigt. Hans Delbrück, selbst ein Liberaler, der den unglücklichen Kronprinzen und Kaiser als Erzieher seiner Kinder persönlich näher kennenlernen konnte, lehnte es in seinem Nachruf auf Friedrich III. ausdrücklich ab, ihn als «liberal» zu bezeichnen: «Man dürfte es eher so ausdrücken, er hatte eine freiere, tolerantere Anschauung von dem Bestehenden, als die Klassen, die einen Prinzen und König zu umgeben pflegen. Seine Grundempfindung war und blieb die eines preußischen Offiziers; Mitglied und später einmal Kriegsherr des preußisch-deutschen Offizierskorps zu sein, war bei ihm ganz wie bei seinem Vater der ausgeprägteste aller Begriffe.» Auch der mit der Geschichte der Hohenzollern besonders eingehend vertraute Historiker Otto Hintze sollte später feststellen, es lasse sich mit Sicherheit behaupten, daß Kaiser Friedrich «weder ein parlamentarisches Parteiregiment beabsichtigt noch daran gedacht hat, den militärischen Charakter des preußischen Staates anzutasten».

Die besondere Tragik dieses Mannes liegt nicht nur in der Geschichte seines durch die Zeitumstände und durch seine tödliche Erkrankung bedingten «Zuspätkommens», sondern auch in seinem Charakter begründet. Die französische Kaiserin Eugenie, eine kluge und scharfsinnige Beobachterin ihrer Zeitgenossen, hatte in den 1850er Jahren dem jungen Hohenzollernprinzen einmal bescheinigt, er erscheine als «ein Germane, wie sie Tacitus beschreibt, von ritterlicher Höflichkeit, mit einem Zug von Hamlet». Sie hatte richtig gesehen: Seine Hamletnatur, seine Unfähigkeit zu konsequentem Handeln und zu klarer Entscheidung, bei steter Abhängigkeit von seiner – ihn zeitlebens dominierenden – Frau, blockierten seine politische Wirksamkeit. Als er im September 1862 die Abdankung des Vaters zu seinen Gunsten verhinderte, anstatt sofort entschlossen nach der Macht zu greifen und wenigstens zu versuchen, seine politischen Ideen in die Wirklichkeit umzusetzen, stellte er sich für immer ins Abseits. Der preußische Hamlet hatte, ohne es zu wissen, die Chance seines Lebens verpaßt.

Wilhelm II.
(1888 – 1918)

von Frank-Lothar Kroll

Von allen Trägern der preußischen Königswürde im 18. und 19. Jahrhundert dürfte Wilhelm II. die schillerndste, unberechenbarste und problematischste Gestalt gewesen sein. Zweifellos gehörte der letzte preußische König und deutsche Kaiser zu den Schlüsselfiguren der europäischen Politik vor 1914. Wie kaum ein anderer zeitgenössischer Monarch hat er die nach ihm als «wilhelminisch» bezeichnete Epoche geprägt und repräsentiert, wenngleich der von ihm selbst erhobene Anspruch, ein «persönliches Regiment» zu führen, d. h. machtpolitisch entscheidenden Einfluß auf den Gang der Regierungsgeschäfte auszuüben, von der neueren historischen Forschung weitgehend als Fiktion entlarvt worden ist. Der Pluralismus gesellschaftlicher Kräfte – jener der öffentlichen Meinung und der Presse, der Parteien und der Verbände – ließ das immer wieder vehement herausgestellte kaiserliche Bekenntnis zum Gottesgnadentum und zur unbeschränkten Herrscherautorität zu einer Illusion werden, dergegenüber ein an den Normen der Reichs- und preußischen Verfassung orientiertes Handeln letztlich vorherrschend blieb. Zudem besaß Wilhelm II. weder Kräfte noch Fähigkeiten genug, um eine verfassungswidrige autokratische Selbstregierung nach krypto-absolutistischer Manier längerfristig durchzustehen. Seine vielfach bezeugte Willensschwäche und Unsicherheit verurteilen jeden Versuch, ihn, personalistisch verengt, zu einer dämonischen oder gar mephistophelischen Erscheinung der deutschen Geschichte zu stilisieren, von vorneherein ebenso zum Scheitern wie jene gegenteiligen Darbietungen aus der Feder höfischer Schönredner, die, orientiert an des Kaisers eigenen, nach 1918 erschienenen Rechtfertigungsschriften, einer kritiklosen Apologie des gestürzten Monarchen das Wort redeten. Eine adäquate Einschätzung Wilhelms II. liegt, wie so häufig, in der Mitte – und dies ist im vorliegenden Fall alles andere als eine leichthin formulierte Platitüde.

Wilhelm II., deutscher Kaiser, König von Preußen
1888–1918

I.

Prinz Friedrich Wilhelm Viktor Albert wurde am 27. Januar 1859 als Sohn des damaligen preußischen Kronprinzen Friedrich Wilhelm, späteren Königs und Kaisers Friedrich III. (1888) und seiner Gattin Victoria, ältester Tochter der britischen Königin Victoria, geboren. Seit dem – wissenschaftlich anfechtbaren – Erfolgsbuch von Emil Ludwig («Der Kaiser», 1925) ist es üblich geworden, aus den unglücklichen Umständen der Geburt des Prinzen Rückschlüsse auf Charakter, Persönlichkeit und Politik des späteren Königs und Kaisers zu ziehen. Tatsächlich kam der Prinz – bedingt durch die Unachtsamkeit der bei der Geburt anwesenden Helfer – mit einer schweren körperlichen Mißbildung zur Welt: Der linke Arm war nahezu aus dem Gelenk gerissen und blieb infolgedessen dauerhaft verkürzt, gelähmt und mißgeformt. Alle Bemühungen, die Behinderung durch schmerzhafte Behandlungen und langwierige Übungen zu beheben, blieben erfolglos. Prinz Wilhelm war so – in der Terminologie der Zeit – ein Krüppel, oder, modern gesprochen, ein Körperbehinderter. In diesem Faktum nun freilich die Paßform zu seiner Persönlichkeitsstruktur zu erblicken und aus der entstellten Physis, naiv psychologisierend, auf eine deformierte Psyche zu schließen, dem Monarchen gar geburtsbedingte Schizophrenie, Megalomanie und latent sadistische Veranlagung zuzusprechen, verkennt doch sehr die Komplexität der Formung und Bildung eines im Milieu der alteuropäischen Adelswelt Heranwachsenden. Den haltungsmäßigen Anforderungen monarchischer Repräsentation wurde er jedenfalls, ungeachtet seiner Mißgestalt, in strikter Selbstdisziplin einschränkungslos gerecht – trotz ständiger Beschwerden und massiver Beeinträchtigungen des körperlichen Gleichgewichts.

Als politisch wesentlich prägender erwiesen sich in der kronprinzlichen Kindheits- und Jugendentwicklung indes zwei andere Bestimmungsfaktoren. Da war vor allem der tiefe Gegensatz Wilhelms zu seinen Eltern, speziell zur britischen Mutter, einer intellektuell regen, jedoch durch menschliche Kühle und übersteigertes Selbstbewußtsein hervortretenden Frau, scharf pointierend in ihren Urteilen, bar jeden Einfühlungsvermögens und von einer sich im Laufe der Jahre geradezu in eine fixe Idee kehrenden Geringschätzung, ja Verachtung des ihr seit der Heirat 1858 zugewiesenen preußischen Lebensumfelds geprägt. Ihre ans Attitüdenhafte grenzende Anglophilie übertrug sich in höchst gebrochener Form auf den ältesten Sohn, insofern Wilhelm II. zeitlebens in einer Art Haßliebe zwischen echter Bewunderung für englische Lebensweise und ebenso echter Abneigung gegen das von beiden Elternteilen bevorzugte britische Modell des liberalen Parlamentarismus oszillierte. Nicht minder maßgeblich für die Entwicklung des Prinzen Wilhelm war daneben die ab 1866 einsetzende Erziehung durch den Hauslehrer Georg Hinzpeter, einen strengen Calvinisten, der seinem Zögling nicht nur eine gediegene, von Wilhelm selbst freilich mit eher gemischten Gefühlen aufgenommene humanistische Bildung vermittelte, sondern auch bestrebt war, dem Prinzen die Tugenden strikten Pflichtempfindens, konsequenter Arbeitsgesinnung, stoischer Selbstbeherrschung und karitativer Einstellung nahezubringen. Trotz der Härte und Nüchternheit des Unterrichts – er dauerte täglich bis zu 12 Stunden – blieb Wilhelm seinem Hauslehrer bis zu dessen Tod 1907 in aufrichtiger Zuneigung verbunden. Mehrfach hat er ihn nach 1890 als Ratgeber vor allem in Fragen der Schulpolitik konsultiert. Nicht zuletzt die sozialpolitischen Auffassungen und Initiativen des jungen Kaisers verdankten den bewußt auf tätige Nächstenliebe gerichteten Erziehungsgrundsätzen Hinzpeters entscheidende Impulse.

Ab 1874 besuchte Wilhelm das Gymnasium in Kassel, wo er 1877 das Abitur ablegte. Dabei bot die Konzentration des Lehrkanons auf die altsprachlichen Fächer dem späteren Kaiser mancherlei Anlaß zur Klage über die Lebensferne deutscher Gymnasialerziehung. Von 1877 bis 1879 studierte Wilhelm an der 1818 gegründeten Rheinischen Friedrich-Wilhelms-Universität in Bonn Rechts- und Staatswissenschaften (unter anderem privat bei Rudolf Gneist) und hörte daneben Vorlesungen über Geschichte, Philosophie, Kunstgeschichte und Naturwissenschaften. 1879 trat er in Potsdam den aktiven Militärdienst an. Später (1882/83 und 1885) wurde er im Verwaltungsdienst und (ab 1886) in den Auswärtigen Angelegenheiten unterwiesen. Man kann mithin sagen, daß der Prinz eine vielseitige und für einen Thronfolger angemessene Ausbildung genoß. Auch wurde rasch ersichtlich, daß Wilhelm in manchen Bereichen überdurchschnittlich begabt war: Ein rasches Auffassungs- und Assoziationsvermögen, gepaart mit einem guten Gedächtnis, Schwung, Elan und Spontaneität im Auftreten, Empfänglichkeit gegenüber sinnlichen – auch ästhetischen – Eindrücken, Wissensdurst, Begeisterungsfähigkeit und weitgespannte Interessen, Rednertalent und Unterhaltungsgabe, Charme und Liebenswürdigkeit, Großzügigkeit und die Vorliebe für einen wiewohl etwas ungeschliffenen Humor – all das waren unbestreitbare, von seiner Umgebung mit Genugtuung vermerkte Aktivposten des künftigen Königs und Kaisers, denen allerdings eine Reihe gleichfalls schon früh sichtbarer Charaktermängel und Persönlichkeitsdefizite zur Seite trat: Sprunghaftigkeit, Unausgeglichenheit und Unbeherrschtheit, Oberflächlichkeit, Konzentrationsschwäche und Neigung zu vorschnellen Urteilen, Ruhelosigkeit, Unrast und übertriebene Forschheit im Auftreten, Mangel an Takt und Augenmaß, ungezügelte Impulsivität, übersteigertes Geltungs- und Mitteilungsbedürfnis sowie eine egozentrisch zur Schau gestellte Selbstgefälligkeit als Kompensation latent vorhandener Unsicherheit, kennzeichneten den preußisch-deutschen Thronfolger schon in jungen Jahren und gaben, vor allem im familiären Umfeld, Anlaß zu vielfältigen Klagen über die Widersprüchlichkeit und spannungsgeladene Unausgeglichenheit der kronprinzlichen Existenz. Walther Rathenau hat diese Spannungsgeladenheit des kaiserlichen Wesens anläßlich eines von ihm 1901 vor Wilhelm II. gehaltenen Vortrags deutlich verspürt und in seiner 1919 veröffentlichten Betrachtung «Der Kaiser» eindrücklich festgehalten. «Da saß» – so Rathenau – «ein jugendlicher Mann in bunter Uniform, ... die weißen Hände voll farbiger Ringe, Armbänder an den Handgelenken; zarte Haut, weiches Haar, kleine weiße Zähne ...; auf den Eindruck bedacht, dauernd mit sich selbst kämpfend, seine Natur bezwingend, um ihr Haltung, Kraft, Beherrschung abzugewinnen. Kaum ein unbewußter Moment; unbewußt nur ... der Kampf mit sich selbst; eine ahnungslos gegen sich selbst gerichtete ... Natur, die den Riß nicht spürt.» Was angesichts einer derart problematischen Konstellation vielleicht als Korrektiv für die noch offene Entwicklungsrichtung des Heranwachsenden hätte dienen können – die Verbindung mit einer den Talenten wie den Schwächen gleichermaßen Rechnung tragenden, klugen, entschiedenen und zugleich ausgleichend wirkenden Partnerin – blieb Wilhelm damals wie später versagt: 1881 heiratete er Auguste Viktoria von Schleswig-Holstein-Sonderburg-Augustenburg, eine Frau ohne jede intellektuelle Neigung, die ihrem Mann zwar sechs Söhne und eine Tochter gebar, ihn ansonsten aber nicht im mindesten geistig zu fordern bzw. zu fördern wußte.

II.

Der am 15. Juni 1888 erfolgende Herrschaftsantritt vollzog sich – bei aller persönlichen Tragik angesichts des düsteren Schicksals des an Kehlkopfkrebs dahingesiechten Vaters und Vorgängers Friedrichs III. – zunächst in ruhigen, die Kontinuität zu den beiden vorangegangenen kaiserlichen Regierungen wahrenden Formen. Der seit 1862 amtierende preußische Ministerpräsident Otto von Bismarck, Reichskanzler seit 1871, verblieb vorerst ebenso in seiner Stellung, wie die meisten anderen Mitglieder der preußischen und der Reichsregierung. Gleichwohl zeichneten sich unterschwellig bereits im «Dreikaiserjahr» jene Auseinandersetzungen zwischen Wilhelm II. und Bismarck ab, die dann 1890 in die Entlassung des Reichskanzlers einmünden sollten.

Wilhelm stand seit 1882 in regem Austausch mit dem damaligen Direktor der Berliner Stadtmission und seit 1874 als Hofprediger in Berlin tätigen Adolf Stoecker. Stoeckers karitative Bemühungen im Geiste christlich-sozialer Fürsorge für die notleidenden Massen der Großstadt fanden des Prinzen entschiedene Unterstützung – nicht zuletzt auch als Gegengewicht zu den immer stärker werdenden Aktivitäten der Sozialdemokratie. Wilhelm, der damals mit der Idee eines «sozialen Kaisertums» sympathisierte, wünschte diesen Aktivitäten mit einer großangelegten Initiative, einem echten sozialpolitischen Neubeginn, zu begegnen, in dessen Mittelpunkt die von Bismarck bewußt dilatorisch behandelte Regelung des Arbeiterschutzes stehen sollte. Zwei eigenhändige kaiserliche Niederschriften vom Januar 1890 («Bemerkungen zur Arbeiterfrage» und «Vorschläge zur Verbesserung der Lage der Arbeiter») faßten die diesbezüglichen Absichten des jungen Monarchen zusammen und skizzierten das Tableau eines großzügigen und fortschrittlichen Sozialprogramms, das ein Verbot der Sonntagsarbeit, den Schutz der Kinder- und Frauenarbeit, die Sicherung von Leben und Gesundheit der Arbeiter, Regelungen zur Einführung von Arbeitervertretungen («Betriebsräte») und von Vermittlungsausschüssen sowie, nicht zuletzt, eine aktive Arbeiterschutzpolitik vorsah – alles dieses in der auch der Bismarckschen Sozialpolitik zugrundeliegenden Erwartung, den Vierten Stand in das politische System des Kaiserreichs zu integrieren.

Dieser Einstellung entsprechend, hatte sich Wilhelm II. bereits 1889 in den damals ausgebrochenen Ruhrarbeiterstreik eingemischt und in dem zur Eskalation treibenden Arbeitskonflikt offen Partei zugunsten der streikenden Bergleute ergriffen. Für die Arbeitgeber, so tönte es damals aus des Kaisers Mund, sei die Jagd nach Profit der einzig maßgebliche Gesichtspunkt, das Wohlergehen ihrer Belegschaften interessiere sie dagegen nicht im mindesten. Es sei Aufgabe der Regierung, Druck auf die Unternehmer auszuüben – bis hin zur staatlichen Schlichtung von Lohnkonflikten und dirigistischer Lenkung des gesamten Kohlebergbaus. Es war nicht zuletzt dieser massiven – und im übrigen verfassungsmäßig nicht gedeckten, weil ohne Zustimmung des verantwortlichen Ministerpräsidenten und Reichskanzlers erfolgten – kaiserlichen Intervention zuzuschreiben, daß die rheinisch-westfälischen Unternehmer damals eingelenkt hatten. Alles dieses war ganz und gar nicht nach Bismarcks Sinn, der seit Ende der 1870er Jahre einen

Kurs verstärkter Konfrontation gegenüber der Arbeiterbewegung einzuschlagen begonnen hatte und den neuen Monarchen zu entsprechenden Konfliktmaßnahmen trieb. Die Spannungen zwischen Kaiser und Kanzler erreichten ihren Höhepunkt, als Bismarck die von Wilhelm II. gewünschte Veröffentlichung zweier auf den bereits skizzierten kaiserlichen Gedankengängen beruhenden sozialpolitischer Erlasse ablehnte, die daraufhin am 4. Februar 1890 ohne ministerielle Gegenzeichnung – und damit verfassungsrechtlich anfechtbar – bekanntgegeben wurden. Daraufhin bat der Kanzler um seine Verabschiedung, welchem Wunsch der Kaiser schließlich am 20. März 1890 entsprach.

Man ist – vor allem nach den Ereignissen von 1914 bzw. 1918 – lange Zeit geneigt gewesen, des Kaisers Schritt zur Entlassung Bismarcks als hybride Aktion eines unreifen Dilettanten zu werten, als übereilte, mutwillig und perspektivlos herbeigeführte Ausschaltung des hochverdienten ersten deutschen Reichskanzlers durch einen unerfahrenen, ja fahrlässig handelnden jungen Selbstherrscher. Gegenüber dieser von der Bismarck-Apologie wie auch vom Altreichskanzler selbst nach 1890 kräftig genährten Sichtweise ist aber doch festzuhalten, daß Bismarcks damals starr zutage tretende sozialpolitische Indolenz und sein strikt anti-sozialistisches Kampfprogramm die Reichspolitik in eine Sackgasse zu führen drohten, während der sozialpolitische Kurs des Monarchen – wäre er denn konsequent fortgesetzt worden – mancherlei Perspektiven zur Aussöhnung der sozialistischen Arbeiterbewegung mit dem preußisch-deutschen Nationalstaat eröffnet hätte. Indes Wilhelms Interesse an seiner Rolle als sozialer Kaiser erlahmte rasch. Zwar sind unter seiner Regierung nach 1890 durchaus entscheidende Schritte zur weiteren Ausgestaltung der reichsweiten Sozialgesetzgebung unternommen worden – so in den Novellen zum Krankenversicherungsgesetz (11. April 1892 bzw. 25. Mai 1903), zum Invalidenversicherungsgesetz (13. Juli 1899) und zum Unfallversicherungsgesetz (30. Juli 1900), sowie durch die Gesetze über die Reichsversicherungsordnung (1. August 1911) und über die Angestelltenversicherung (20. Dezember 1911). Auch verfolgte Wilhelm II. sozialreformerische Bestrebungen, wie jene des Vereins für Sozialpolitik, zeitweise mit großer Aufmerksamkeit. Doch von der Pflege eines bekömmlichen und für einen konstitutionellen Monarchen angemessenen Verhältnisses zur parteipolitischen Vertretung der deutschen Arbeiterschaft entfernte sich der Kaiser mit den Jahren immer mehr, wovon seine zahlreichen rhetorischen Ausfälle und Entgleisungen gegen die Sozialdemokraten («eine Rotte von Menschen, nicht wert, den Namen Deutscher zu tragen») ein beredtes Zeugnis ablegen.

III.

Der nach Bismarcks Abgang 1890 einsetzende «Neue Kurs» verband sich mit einer Reihe einschneidender außenpolitischer Akzentverlagerungen. Für den fundamentalen Entschluß zur Nichterneuerung des Rückversicherungsvertrags mit Rußland 1890 trug der Kaiser allerdings nur bedingt die unmittelbare Verantwortung. Der verhängnisvolle Schritt wurde vor allem auf Veranlassung des neuen Reichskanzlers Leo von Caprivi und des Auswärtigen Amts vollzogen, während Wilhelm II. eine endgültige Entscheidung zunächst zurückzustellen wünschte, sich aber schließlich, wie noch oft im Laufe seiner dreißigjährigen Regierungszeit, den Empfehlungen der verfassungsmäßigen ministeriellen Ratgeber beugte. Dies galt auch für manche andere außenpolitische Aktion der folgenden Jahrzehnte. So ging die «Krüger-Depesche» vom 3. Januar 1896, jenes während des Ersten Burenkrieges an den Burenführer Oom Krüger gerichtete Glückwunschtelegramm, das die deutsch-englischen Beziehungen erheblich belastete, auf einen gemeinschaftlich eingebrachten Vorschlag des Reichskanzlers Chlodwig von Hohenlohe-Schillingsfürst, des Staatssekretärs des Auswärtigen Amts Adolf Marschall von Bieberstein und des Leiters der Kolonialabteilung Paul Kayser zurück, während Wilhelm seiner Besorgnis Ausdruck verliehen hatte, das Telegramm könne in England einen Sturm der Entrüstung hervorrufen. Ähnlich lagen die Dinge, Jahre später, im Falle der kaiserlichen Aktivitäten anläßlich der Marokko-Krisen von 1905 und 1911. Der demonstrativ inszenierte Besuch Wilhelms II. in Tanger (31. März 1905) ging ebenso auf Anregungen aus Kreisen des Auswärtigen Amts, des diplomatischen Dienstes und nicht zuletzt des Reichskanzlers Bernhard von Bülow, zurück – Wilhelm ließ sich erst nach heftigem Widerspruch auf die für ihn auch physisch nicht ungefährliche Aktion ein –, wie die aufsehenerregende Entsendung des Kanonenboots *SMS Panther* nach Agadir zwecks Herausstellung weltmachtpolitischer Ansprüche (1. Juli 1911), zu welcher Unternehmung der Kaiser, der sich noch kurz zuvor ausdrücklich gegen eine derartige Politik des Säbelrasselns ausgesprochen hatte, vor allem vom Staatssekretär des Auswärtigen Amts Alfred von Kiderlen-Waechter überredet worden ist. Alle diese Beispiele kaiserlichen Zurückweichens in politischen Entscheidungssituationen, die eigentlich ein Festhalten an den von Wilhelm als richtig erkannten Positionen im Interesse des Reiches erfordert hätten, offenbarten die Unselbständigkeit und starke Beeinflußbarkeit des Monarchen durch Meinungen und Vorgaben seiner Umgebung, seinen Mangel an

Stehvermögen und Konsequenz – wobei sich die Einwirkungen einer kleinen Gruppe unverantwortlicher persönlicher Freunde und Ratgeber Wilhelms II., allen voran Philipp Graf Eulenburgs, als besonders problematisch erwiesen. Hinter der Fassade des kraftstrotzenden Imperators verbarg sich eine vielfach entscheidungs- und durchsetzungsschwache Existenz, die sich nur allzu oft (und allzu gern) für Ziele und Zwecke vereinnahmen ließ, die dem Ansehen und der Autorität des kaiserlichen Amts in hohem Maße abträglich waren.

Vor diesem Hintergrund gewinnt die bereits angesprochene Problematik des «persönlichen Regiments» ein weitaus stärker machtsymbolisch-repräsentatives als machtpolitisch-reales Gewicht. Seit der Entlassung Bismarcks hat Wilhelm II. – darüber herrscht weitgehend Konsens in der neueren historischen Forschung – kaum eine Regierungshandlung von sachentscheidender Bedeutung ausschlaggebend dominiert oder etwa inauguriert. Wo er Derartiges dennoch versuchte – etwa anläßlich seines Zusammentreffens mit seinem Cousin, Zar Nikolaus II., bei der finnischen Insel Björkö im Juli 1905, und des dort unternommenen Anlaufs, das französisch-russische Einvernehmen zu sprengen – wurden seine Aktivitäten von den verantwortlichen politischen Stellen rasch neutralisiert bzw. konterkariert. Und wo er – wie auf dem Gebiet der 1897 eingeleiteten Flotten- und Seemachtspolitik – starken Einsatz und dauerhaft konsequentes Engagement zeigte, war er doch eben nur erster Repräsentant und Propagandist einer Strömung, die er zwar auf exponierte Weise verkörperte, förderte und mittrug, deren Grundintentionen jedoch auch unabhängig von seiner Person ein hohes Maß an öffentlicher gesellschaftlicher Akzeptanz besaßen; immerhin hatte die Forderung nach einer deutschen Flotte als symbolischer Verkörperung deutscher Einheit, Macht und Größe ihren Ursprung in der revolutionären Nationalbewegung von 1848/49. Jedenfalls hat Wilhelm II. bei der aktiven Gestaltung der deutschen Politik vor 1914 eine weitaus weniger maßgebliche Rolle gespielt, als man dies seitens der zeitgenössischen nationalen und internationalen Öffentlichkeit anzunehmen geneigt war.

Der eigentliche Resonanzraum, den der Kaiser nachhaltig und in einer nun allerdings höchst schrillen Tonlage ausfüllte, erstreckte sich in erster Linie auf das weite Feld höfisch-zeremonieller Repräsentation, monarchischer Selbstdarstellung und effektvoller Drapierung bzw. dekorativer Inszenierung herrscherlichen Machtbewußtseins, das in wortreich-bramabasierenden Redeauftritten, Paraden, Besichtigungsfahrten, Manövern und Reisen seine äußerliche Befriedigung fand. Es war der Schein der Macht, der Wilhelm II. umgab, und mit dem er sich selbst und seiner Umwelt das Bild eines in ungetrübter Souveränität erstrahlenden, glanz- und machtvollen Selbstherrschers vorzeichnete. Mit seinen oftmals theatralisch zur Schau gestellten imperialen Gesten und Attitüden prägte er die Erscheinungsform des Kaisertums entscheidend – dessen Perzeption im In- und Ausland wie dessen in der Regel negativ ausfallende Beurteilung bei der Nachwelt nicht minder. Und er wirkte damit zweifellos stilbildend auf den Habitus zahlreicher seiner Untertanen ein. Das Laute, Taktlos-Anmaßende, vielfach überheblich Wirkende im Auftreten, die nervöse Betriebsamkeit, Hektik und Ungeduld beim Verfolgen auch der kleinsten Ziele, der völlige Mangel an Gelassenheit und an der Fähigkeit, den Gang der Dinge auch einmal abwarten zu können bzw. sich selbst im Interesse der Sache zurückzunehmen, die politisch höchst ungute Neigung zu übereilter Einmischung und zur Erteilung nicht erbetener Ratschläge – alle diese typischen Charakterzüge des Kaisers übertrugen sich in vielfach modifizierten Schattierungen auf Teile der Führungsschicht des Wilhelminischen Reiches und wurden zum fatalen Kennzeichen deutschen politischen Stils in den Jahren nach 1890.

Doch Bild und Gestus des selbstbewußt agierenden Reiches und seines dessen Geschicke mit starker Hand führenden Oberhaupts trogen. Wie die Dinge tatsächlich standen, offenbarte schlaglichtartig die große Krise des Jahres 1908. Es war kein Zufall, daß in ihrem Mittelpunkt die Problematik des fragilen deutsch-englischen Verhältnisses stand, welches sich, vor allem infolge der deutschen Flottenpolitik und der durch sie provozierten britischen Reaktionen seit der Jahrhundertwende im Grunde in einer Dauerkrise befand und zum Schlüsselproblem deutscher Außenpolitik vor 1914 avancierte. Wilhelm II. war sich der Brisanz dieses Problems durchaus bewußt, und so sollte denn auch das von ihm dem *Daily Telegraph* gewährte, am 28. Oktober 1908 dort veröffentlichte Interview mit einem Londoner Journalisten ausdrücklich einen Beitrag zur Verbesserung der deutsch-englischen Beziehungen bieten. Indes ließen die in höchstem Maße unklugen Äußerungen des Kaisers das Interview – es erschien am 29. Oktober 1908 in der «Norddeutschen Allgemeinen Zeitung» – zu einer Katastrophe werden. Die Mehrheit der Deutschen sei – so hatte es der kaiserliche Schwadroneur seinen Interview-Partner wissen lassen – zweifellos antibritisch eingestellt, er selbst der einzige wahre Freund Englands im Reich; habe er doch schon während des Burenkriegs seiner Großmutter, der Königin Victoria, wertvolle Ratschläge übermittelt, wie England diesen Krieg gewinnen könne. London habe diese Ratschläge befolgt und daraufhin prompt gesiegt. Auch die deutsche Flotte könne den Briten einmal nützlich werden, wenn es nämlich zu einer gemeinsamen Abrechnung mit den «Gelben» (Japan und China) komme. Dann werde man an der Themse froh sein, daß es die kaiserliche Seemacht gebe.

Der nach Bekanntwerden dieser Äußerungen vor allem in Deutschland ausbrechende Entrüstungssturm – die Briten reagierten deutlich gelassener – ist im Nachhinein wohl nur noch aus der angespannten Zeitsituation heraus zu verstehen. Wer den Kaiser kannte – und die deutsche politische Öffentlichkeit hatte über 20 Jahre lang Zeit gehabt, ihn kennenzulernen –, der wußte, daß es sich bei den Interview-Äußerungen einmal mehr um leichtfertiges, gleichsam aus dem Mund gefallenes imperiales Wortgeröll handelte – eben als solches wurden sie auf britischer Seite auch eingeschätzt. Zudem hat die geschichtswissenschaftliche Rekonstruktion der gesamten Affäre eindeutig ergeben, daß Wilhelm II. gerade im Falle des brisanten Interviews strikt verfassungskonform und konstitutionell korrekt gehandelt hatte, indem er, dem Prinzip ministerieller Gegenzeichnung und Verantwortlichkeit folgend, den Reichskanzler vor der Veröffentlichung des Textes ausdrücklich um dessen Prüfung, Verbesserung und Autorisation gebeten hatte. Bülow hatte, da mit anderen Dingen beschäftigt, dem Kaiser den Text ungelesen zurückgeschickt, nur versehen mit einigen unmaßgeblichen formalen Korrekturen seitens untergeordneter Beamter des Auswärtigen Amts, und die kaiserlichen Äußerungen damit zur Publikation freigegeben. Allerdings verstand es der Reichskanzler im Laufe der immer höhere Wellen schlagenden Affäre, den gesamten Unmut der öffentlichen Meinung auf den Kaiser zu lenken, indem er ihm in einer geschickt auf die eigene Verteidigung berechneten Reichstagsrede die politische Verantwortung für die Veröffentlichung des fatalen Interview-Textes zuschob und sich der Verpflichtung entzog, den Kaiser gegen die – was den verfassungsrechtlichen Aspekt seines Handelns betraf – ganz offensichtlich ungerechtfertigten Angriffe zu verteidigen. Mit Recht hat Wilhelm II. das Verhalten Bülows als in hohem Maße unredlich empfunden und sich bei der nächstmöglichen Gelegenheit von seinem Kanzler getrennt.

Nun verwies freilich die sich anläßlich der Daily-Telegraph-Affäre geradezu sturzflutartig über den Kaiser entladende Kritik – selbst die konservativen Reichstagsparlamentarier artikulierten vernehmlich ihren Unmut – symptomatisch auf die latent vorhandene Unzufriedenheit vieler Repräsentanten des politischen Establishments mit «ihrem» Kaiser, weit über den unmittelbar gegebenen Anlaß hinaus. Man wird dabei nicht von einer Krise des monarchischen Gedankens, gar von einer grundsätzlichen Opposition gegen das monarchische System überhaupt sprechen dürfen, wie dies manche, mit der politischen Mentalität der wilhelminischen Generation mangelhaft vertraute spätere Interpreten gelegentlich getan haben. Aber zweifellos war der Verdruß über das Gebaren Wilhelms II. damals ebenso weit verbreitet, wie der Wunsch, der König und Kaiser möge sich – gerade auch im Interesse der Wahrung ungeschmälerten Ansehens des kaiserlichen Amts – in Haltung und Auftreten künftig stärker zurücknehmen. Darüber hinausgehende Forderungen sind im Gefolge der Krise von 1908 ernsthaft nicht erhoben worden, zumindest nicht nachdrücklich genug, um beispielsweise die seit langem diskutierte Frage der Parlamentarisierung der Reichsverfassung entschieden in Angriff zu nehmen, was angesichts des Geschehenen die wohl naheliegendste Konsequenz gewesen wäre. Im Reichstag gab es seinerzeit durchaus Stimmung für eine derartige Initiative. Doch die Parteien fanden sich nicht zu einer aufeinander abgestimmten verfassungspolitischen Aktion bereit.

IV.

Der oft vorgetragenen Behauptung, Wilhelm II. habe sich nach der großen Krise des Jahres 1908 in Resignation, Bitternis und Selbstbescheidung vergraben, wird man im Blick auf seine öffentlichen Aktivitäten während der noch verbleibenden sechs Friedensjahre bis zum Ausbruch des Ersten Weltkriegs nicht beipflichten können. Unbestreitbar hat den Kaiser die ihn unerwartet treffende Reaktion der Öffentlichkeit auf seine Interview-Äußerungen erheblich erschüttert. Auf dem Höhepunkt der Krise war er tief deprimiert, dachte an Abdankung und stand am Rande eines physischen Zusammenbruchs. Aber die Unterstellung, daß er seitdem ein «gebrochener Mann», ein an einer «dauernden Narbe» Tragender gewesen sei, gehört ins Reich verklärender Geschichtslegenden. Auch wenn seine rednerischen Entgleisungen und seine demonstrativ zur Schau gestellte Selbstherrlichkeit in der Folgezeit deutlich an Penetranz verloren, so zeigt der Blick auf sein auch nach 1908 vielfach artikuliertes Herrscherbewußtsein die unverminderte Wirkkraft der von ihm gehegten Überzeugung monarchischer Machtvollkommenheit, die – wie einst im Falle seines königlichen Großonkels Friedrich Wilhelms IV. – auf einen mystischen Glauben an eine nur gekrönten Häuptern zugängliche «höhere» Inspiration rekurierte, ein «Königtum von Gottes Gnaden», dessen Betonung an der Schwelle zum Massenzeitalter des 20. Jahrhunderts ein seltsamer Anachronismus war und blieb.

In *einem* Bereich offenbarte sich nun freilich eine deutlich wahrzunehmende kaiserliche Aktivitätssteigerung als Folge und – wenn man so will – Kompensation der Ereignisse des Jahres 1908: jenem der Wissenschafts-, Bildungs- und Kulturpolitik. Wilhelm II. hatte hier – der Weite und Vielseitigkeit seiner geistigen Interessen folgend, die sich allerdings nicht immer durch einen entsprechenden Tiefgang auszeichneten – bereits seit dem Regierungsantritt rege Aktivitäten entfaltet. Schon 1889 hatte der junge Monarch in aufsehenerregender Weise in den damals voll entbrannten preußischen Schulstreit zwischen den Anhängern eines streng humanistischen und den Verfechtern eines stärker realistischen Bildungsprinzips eingegriffen und sich in einem Erlaß (1. Mai 1889) «zur Erkenntnis dessen, was wahr, was wirklich und was in der Welt möglich ist» bekannt – eine deutliche Absage an die «rein» humanistische Bildungsidee des klassischen Gymnasiums, deren Effektivität er – eingedenk der als negativ erlebten eigenen Ausbildung während seiner Kasseler Gymnasialzeit – anläßlich der Eröffnung einer auf seine Initiative hin einberufenen Konferenz zur Reform des höheren Schulwesens (4.–17. Dezember 1890) massiv in Frage stellte. Das höhere Schul- und Unterrichtswesen habe nicht nur elitären Wissensballast anzusammeln, sondern der Bildung des Charakters und den «realen» Bedürfnissen des Lebens zu dienen – mit welcher Forderung der Kaiser freilich auch den Wunsch nach Abwehr der utopisch-sozialrevolutionären Ideen der Arbeiterbewegung unter Betonung der sozialen Errungenschaften des preußisch-deutschen Nationalstaats verband. Die Beschlüsse einer zweiten großen Schulkonferenz (6.–8. Juni 1900) haben dann einzelnen dieser kaiserlichen Gedanken durchaus Resonanz in der späteren Lehrplangestaltung verschafft. In eine vergleichbare Richtung zielten des Kaisers Bemühungen um die Hebung des Ansehens der Technischen Hochschulen gegenüber dem traditionellen Rang der alten Universitäten. 1899 verlieh Wilhelm II. allen preußischen Technischen Hochschulen das Promotionsrecht (Dr. Ing.) und bewirkte damit faktisch deren Gleichstellung mit den Universitäten.

Nach Überwindung der Daily-Telegraph-Krise erfuhr das wissenschaftspolitische Engagement des Kaisers insofern eine Bündelung bzw. Kanalisierung, als ihm – nach längerer Vorbereitungszeit – unter großem persönlichen Einsatz 1911 die Gründung der «Kaiser-Wilhelm-Gesellschaft zur Förderung der Wissenschaften» gelang – einer vor allem durch Mittel der Privatwirtschaft mit Unterstützung des Staates finanzierten Vereinigung zum Betrieb und Unterhalt selbständiger außeruniversitärer, in erster Linie naturwissenschaftlicher Forschungsinstitute, die heute (Auflösung 1946,

Neugründung 1948) unter der Bezeichnung «Max-Planck-Gesellschaft zur Förderung der Wissenschaften» firmiert. Die der kaiserlichen Schöpfung zugrundeliegende Idee einer Zusammenarbeit von Staat, Privatwirtschaft und wissenschaftlicher Forschung folgte ausdrücklich Vorbildern des nordamerikanischen Wissenschaftsbetriebs, die Wilhelm II. im Rahmen des von ihm sehr geförderten Professorenaustauschs zwischen dem Deutschen Reich und den Vereinigten Staaten kennengelernt, und deren Effizienz ihn stark beeindruckt hatte – wie ihn denn überhaupt ein reges Verständnis für die veränderten Bedingungen des Wissenschaftsbetriebs in der sich zusehends technisierenden und dynamisierenden Gesellschaft auszeichnete. Sein Einsatz für «angewandte», «praxisorientierte» Wissenschaften, seine vielfach bezeugte Begeisterung für technisch-industrielle Errungenschaften, die er – auch im Interesse deutscher «Weltgeltung» – aktiv zu fördern bestrebt war – alles dieses markiert spezifische Momente zeittypischer Modernität, die dem Erscheinungsbild des Monarchen einen von vielen damaligen Beobachtern als fortschrittlich empfundenen Zug verliehen. Nimmt man zu alledem noch Wilhelms II. gleichfalls stark im Zeittrend liegende Vorliebe für ethnologische und archäologische Feldforschung (Korfu), sein Interesse an den Kulturen des Alten Orients (Vorsitz der Deutschen Orient-Gesellschaft), seine Kontaktpflege zu führenden Gelehrten aus den unterschiedlichsten Fachdisziplinen (K. Lamprecht, A. von Harnack, W. Dörpfeld), so ergibt sich insgesamt ein durchaus profiliertes und für sich stehendes bildungs-, hochschul- und wissenschaftspolitisches Engagement, dessen Spannweite und Intensität von keinem anderen zeitgenössischen Monarchen gehalten wurde. Auf diesem Gebiet waren die kaiserlichen Impulse effektiv, produktiv und teilweise außerordentlich innovativ – ganz im Gegensatz freilich zu Wilhelms literarischem und künstlerischem Geschmack, der ihn, bei hoher eigener Begabung fürs Zeichnen und Malen, mit seiner totalen Verständnislosigkeit für die ja gerade in der zweiten Hälfte seiner Regierungsära zum Durchbruch gelangende Moderne, als entschieden epigonal hinter seine Epoche zurückfallen ließ.

V.

Aufs Ganze gesehen bot die Regierungszeit Wilhelms II. in den Jahren des Friedens – trotz mancherlei Kritik und, vor allem seit der Krise von 1908, wachsend vorgetragener Kaiserschelte – das Bild weitgehender Übereinstimmung zwischen dem Kaiser und der Majorität seiner Untertanen. Wilhelm II. tat jahrzehntelang das, was die Bevölkerung mehrheitlich von ihm erwartete und war in dieser Hinsicht ein in hohem Maße populärer, die damaligen deutschen Befindlichkeiten plakativ repräsentierender Monarch. Es ist keineswegs zutreffend, daß die Institution der Monarchie und das Kaiseramt als solches 1914 diskreditiert und abgewirtschaftet waren oder sich gar bewußt in das Abenteuer eines Expansionskriegs gestürzt hätten, um innenpolitisch verlorengegangenes Terrain durch ein gewagtes weltpolitisches Vabanque-Spiel zurückzugewinnen, wie dies die marxistische Historiographie, und, in ihrem Gefolge, einige exponierte Vertreter westdeutscher Geschichtsschreibung der 1960er und 1970er Jahre den politischen Führungsschichten des Kaiserreichs glaubten unterstellen zu müssen. Ganz im Gegenteil: die Akzeptanz des Kaisers und des von ihm betriebenen imperialen Schaugepränges reichte – wie neuere Untersuchungen ergeben haben (M. Cattaruzzi) – bis weit ins Milieu der sozialdemokratisch engagierten Arbeiterschaft und zählte zu jenen konstituierenden Merkmalen der Wilhelminischen Ära, deren sich viele postume Interpreten der Kaiserzeit, wie beispielsweise Max Weber, in ihren Stellungnahmen nach 1918 dann allerdings zumeist nur noch im Gestus verschämten Eingestehens einst begangener Jugendsünden erinnern mochten. Walther Rathenau war einer der wenigen, die hier ehrlich und selbstkritisch auf die eigene Vergangenheit zurückblickten, wenn er in seiner bereits zitierten Betrachtung «Der Kaiser» 1919 unumwunden – und im wesentlichen zutreffend – bekannte: «Niemals zuvor hat so vollkommen ein sinnbildlicher Mensch sich in der Epoche, eine Epoche sich im Menschen gespiegelt... Dies Volk in dieser Zeit, bewußt und unbewußt, hat ihn so gewollt, nicht anders gewollt, hat sich selbst in ihm so gewollt... Nicht einen Tag lang hätte in Deutschland regiert werden können wie regiert worden ist, ohne die Zustimmung des Volkes... Die Wilhelminische Epoche hat am Monarchen mehr verschuldet als der Monarch an ihr.»

Das 1913 mit festlichem Aufwand und unter großer Anteilnahme aller Bevölkerungsschichten glanzvoll begangene 25jährige Regierungsjubiläum des Kaisers bot noch einmal Anlaß und Gelegenheit zur Inszenierung höfisch-imperialen Prunks und zur Demonstration monarchischer Loyalität der überwältigenden Mehrheit der Deutschen in der Identifikation mit «ihrem» Kaiser, die starke und tiefe Verankerung der Monarchie eindrucksvoll unter Beweis stellend. Es war die letzte triumphale Selbstdarstellung des kaiserlichen Deutschlands, bevor das Reich, und mit ihm die Institution des preußischen König- und deutschen Kaisertums, in der Katastrophe des Ersten Weltkriegs versanken.

Wir wissen heute, daß Wilhelm II. in den Entscheidungsstunden des Juli/August 1914 zu jenen gehörte, die innerhalb der deutschen Führungsspitze am stärksten vor einem großen Krieg zurückschreckten. Sein entschiedener Wille zur Erhaltung des europäischen Friedens hatte sich während der krisenhaften Zuspitzungen im Gefolge der beiden Balkankriege von 1912/13 deutlich offenbart. Und der chauvinistische Kaiserkritiker Maximilian Harden hatte dem Monarchen bereits 1907 dessen Pazifismus und ständiges Zurückweichen vor einer entschlossenen «weltpolitischen Tat» zum Vorwurf gemacht. So mochte es denn auch durchaus ein Akt der Berechnung sein, daß Reichskanzler und Auswärtiges Amt Wilhelms Vorschlag, seine turnusgemäß anstehende Nordlandreise angesichts der wachsenden politischen Krisensituation nach der Ermordung des österreichisch-ungarischen Thronfolgers Franz Ferdinand in Sarajewo zu verschieben, ablehnten – in der begründeten Annahme, die Abwesenheit des Kaisers, von dem erwartet wurde, daß er sich nur zögernd zu einer rückhaltlosen Unterstützung Österreich-Ungarns bereitfinden werde, zugunsten des Schaffens vollendeter Tatsachen zu nutzen. Einmal mit derart gefallenen Entscheidungen konfrontiert, besaß Wilhelm II. dann in der Tat weder die Kraft noch die Konsequenz, das Steuer des Staatsschiffes – wider bessere Einsicht – herumzuwerfen und seinem eigenen Willen Gehör zu verschaffen. Er erhob weder gegen den deutschen «Blankoscheck» für Österreich-Ungarn noch gegen das – völkerrechtswidrige – deutsche Ultimatum an Belgien Einspruch. Wie vor 1914 schon so oft, unterwarf er sich vielmehr auch jetzt dem Druck seiner verantwortlichen politischen und militärischen Ratgeber – diesmal allerdings mit fatalen, existenzzerstörenden Konsequenzen.

Diese in den kritischen Wochen der Juli-Krise 1914 offen zutage tretende Schwäche des Kaisers offenbarte sich – für die meisten Beobachter vollkommen überraschend – auch in den folgenden Monaten und Jahren des Krieges, in dessen Verlauf Wilhelms II. Führungsmängel eklatant zutage traten. Als Oberstem Befehlshaber von Heer und Marine, die im Kaiserreich – sofern es sich um Kommandoangelegenheiten, und nicht um Verwaltungs- bzw. Finanzfragen handelte – der Kontrolle des Reichstags entzogen waren, oblag dem König und Kaiser die im Kriegsfall entscheidende Aufgabe, strategisch-operative und politisch-diplomatische Aktionen aufeinander abzustimmen, miteinander zu koordinieren und eventuell sich ergebende Interessenkonflikte zwischen militärischen und zivilen Führungsinstanzen zu harmonisieren. Wilhelm II. ist dieser Koordinierungsaufgabe und den sich aus ihr ergebenden erhöhten Anforderungen nicht gerecht geworden. Er trat vielmehr hinter den Entscheidungen der militärischen Führung nahezu völlig zurück und verzichtete faktisch, unter oftmals zur Schau getragenen Mißachtung ziviler Angelegenheiten, auf die Ausübung seiner diesbezüglichen Prärogativen, obschon er – fatalerweise – auch weiterhin für alle entsprechend vollzogenen Handlungen nominell die volle Verantwortung trug. Im alliierten Ausland galt er bald nach 1914 als *die* Verkörperung deutschen Kriegswillens und aggressiven Expansionsstrebens.

Dabei erwies er sich in den meisten anstehenden Grundsatzfragen insgesamt eher als mäßigendes Element. Sein langes Sich-Sträuben gegen die geplanten, von ihm als «unritterlich» empfunden Luftangriffe auf London; sein stetes Zögern, wenn es um Fragen des Einsatzes «seiner» Flotte ging; sein Widerstand gegen die Eröffnung des uneingeschränkten U-Boot-Krieges; seine lebhaft vorgetragene Befürwortung von Friedensverhandlungen seit der zweiten Jahreshälfte 1916 – all das waren klare Anzeichen für eine deutlich auf Kompromiß und Vermittlung eingestellte Haltung, die er jedoch nicht nachhaltig genug zu artikulieren, geschweige denn dort zu realisieren wußte, wo sie im Widerspruch zu den Auffassungen der Obersten Heeresleitung stand. Letztlich beharrte Wilhelm in keinem der genannten Fälle auf der Durchsetzung seiner Meinung, fügte sich vielmehr nach kurzem Auflehnen völlig dem Diktat der Militärs. Nichts bezeichnet sprechender seine diesbezügliche Schwäche, ja sein Versagen, als sein eigenes, mit geradezu entwaffnender Naivität vorgebrachtes Eingeständnis gegenüber dem Prinzen Max von Baden im November 1914: «Der Generalstab sagt mir gar nichts und fragt mich auch nicht... Ich trinke Tee und säge Holz und gehe spazieren und dann erfahre ich von Zeit zu Zeit, das und das ist gemacht, ganz wie es den Herren beliebt. Der einzige, der ein bißchen netter zu mir ist, ist der Chef der Feldeisenbahnabteilung (General Gröner), der erzählt mir alles was er macht.»

Angesichts einer solchen Rollenverteilung sanken Ansehen und Bedeutung Wilhelms II. mit fortschreitender Kampfdauer rapide. Man kann nicht sagen, daß sich der zunehmend als Zuschauer agierende «Schattenkaiser» den verstärkten physischen Belastungen, die der Kriegszustand auch für ihn persönlich brachte, entzogen hätte. Selbstverständlich absolvierte er weniger öffentlich-repräsentative Auftritte, aber bei der Truppe war er durchweg präsent, versuchte die soldatische Moral aufzurichten, verlieh Auszeichnungen und besuchte Tausende von Feldlazaretten und Krankenhäusern. In Berlin freilich weilte er nur von Fall zu Fall, und entfremdete sich infolgedessen nicht nur den im engeren Sinne politischen Kreisen, sondern auch der Bevölkerung der Reichshauptstadt, aus deren Gesichtsfeld er mehr und mehr entschwand, anstatt als allgemeiner Kristallisationspunkt für die gerade in Krieg und Leid auf Identifikationsfiguren angewiesene Nation zu dienen. Diese Funktion übernahm ab 1916 zunehmend Paul von Hindenburg als neuer Hoffnungsträger Deutschlands, während Wilhelms II. Prestige zerfiel.

Die mit alledem sich latent anbahnende «Kaiserfrage» trat bei Bekanntgabe der militärischen Niederlage Deutschlands seitens der Obersten Heeresleitung und deren abrupt vorgetragener Forderung nach unverzüglicher Einleitung von Waffenstillstandsverhandlungen mit den alliierten Feindmächten (29. September 1918) in ihr akutes Stadium. Es wurde nun von verschiedenen Seiten – ab Mitte Oktober erstmals auch öffentlich – der Gedanke eines freiwilligen Thronverzichts des Kaisers und seines nicht übermäßig populären Sohnes, des Kronprinzen Wilhelm, zugunsten eines der vier minderjährigen kronprinzlichen Söhne ventiliert – und zwar durchaus noch im Interesse einer Erhaltung der Monarchie als überparteilicher Staatsform, für die seinerzeit weite Kreise der Bevölkerung, unter Einschluß der Mehrheits-Sozialdemokraten, zu haben gewesen wären. Doch Wilhelm II. zögerte, wie so oft, und entzog sich mit seiner Abreise aus Berlin ins Große Hauptquartier nach Spa am 29. Oktober der Möglichkeit, auf die für das Schicksal der Monarchie entscheidende Entwicklung in der preußisch-deutschen Hauptstadt unmittelbar reagieren und den Empfehlungen seiner zivilen Ratgeber Folge leisten zu können. Unter dem – höchst unguten, weil von egoidem Ressortinteresse diktierten – Einfluß seiner militärischen Umgebung, namentlich Hindenburgs, schob er eine freiwillige Abdankung immer wieder hinaus, und willigte erst in sie ein, als es für eine Rettung der Monarchie zu spät war: Konfrontiert mit der Alternative, entweder einen Bürgerkrieg zwischen dem wachsend republikanischen und dem weiterhin mehrheitlich royalistischen Deutschland zu verschulden, oder abzutreten, wich er ein letztes Mal zurück und überschritt im Morgengrauen des 10. November 1918 die belgisch-niederländische Grenze.

VI.

Wilhelm II. ist aus seinem Exil im Königreich der Niederlande niemals wieder nach Deutschland zurückgekehrt. Seinen 60. Geburtstag verbrachte er in Amerongen, im Frühjahr 1920 übersiedelte er nach Doorn, wo er die ihm immerhin noch verbleibenden 21 Jahre seines Lebens verbrachte. Es verlief nun zumeist in weitgehender

Einförmigkeit, ja Monotonie. Der ehemalige König und Kaiser, in den Kriegsjahren zermürbt, verbraucht und stark gealtert, pflegte dabei die grandseigneurale Existenz eines Gutsherrn. Jetzt hatte er Zeit, seinen intellektuellen, vor allem kulturgeschichtlichen Interessen nachzugehen. Es entstanden – neben den beiden Memoirenbänden «Ereignisse und Gestalten» (1922) und «Aus meinem Leben» (1927) – zahlreiche Bücher aus seiner Feder, so «Erinnerungen an Korfu» (1924), «Meine Vorfahren» (1929), «Das Wesen der Kultur» (1931), «Die chinesische Monade» (1934), «Studien zur Gorgo» (1936), «Das Königtum im alten Mesopotamien» (1938), «Ursprung und Anwendung des Baldachins» (1939) und anderes mehr. Einen gewissen institutionellen Rahmen für derartige Unternehmungen bildete die von Wilhelm gegründete «Doorner Arbeitsgemeinschaft», die zwischen 1927 und 1938 in Form von Jahrestagungen religionshistorische, ethnologische und allgemein kulturwissenschaftliche Problemstellungen von teilweise allerdings etwas verschrobener Thematik diskutierte. Immerhin zählten zu den regelmäßigen Teilnehmern durchwegs anerkannte Repräsentanten ihrer Fächer, etwa die Ethnologen Leo Frobenius und Adolf Ellegard Jensen, der Islamist Friedrich Sarre oder die Altphilologen Karl Reinhardt und Walter F. Otto.

Von der politischen Entwicklung in Deutschland war Wilhelm II. im Exil weitgehend abgeschnitten. Zwar hat er seine Restaurations- und Rückkehrhoffnungen bis zuletzt nicht aufgegeben, kurzzeitig auch eine partielle Kooperation mit Repräsentanten des «Dritten Reiches» im Interesse derartiger Ziele für möglich gehalten. Aus dieser verhängnisvollen Fehlspekulation jedoch auf das Vorhandensein weitgehender ideologischer Übereinstimmungen mit den Absichten Hitlers zu schließen, wie dies vor allem SED-Historiker (W. Gutsche) und fachferne Dilettanten, z. B. Musikologen (H. Zelinsky) getan haben, verkennt doch sehr die fundamentalen Qualitätsunterschiede zwischen der – erst nach seinem Sturz tendenziell aufkeimenden – Judenfeindschaft des Ex-Kaisers einerseits und dem kollektiven Rassen- und Vernichtungsantisemitismus des Nationalsozialismus andererseits. Wilhelms II. zweite Ehefrau Hermine, Prinzessin von Schönaich-Carolath, geborene Reuß, die er ein Jahr nach dem Tod seiner 1921 verstorbenen Gattin Auguste Victoria geheiratet hatte, hat, ebenso wie sein Sohn August Wilhelm, die unglückliche Liaison mit der Hitler-Bewegung denn auch wesentlich ernsthafter betrieben als er selbst. In seinen letzten Lebensjahren fehlte es nicht an Äußerungen und Zeugnissen eindeutiger Distanz zum Regime Hitlers, die ihn beispielsweise die Novemberpogrome von 1938 als «Schande» empfinden ließ, angesichts derer er sich «zum ersten Mal schäme, ein

Deutscher zu sein». Darüber hinausgehende Kontakte zur innerdeutschen Opposition hat er – anders als zeitweilig sein Sohn, Kronprinz Wilhelm, und vor allem sein Enkel, Prinz Louis Ferdinand – freilich nicht gepflegt. Wie hätte er auch Einsicht haben sollen in die tatsächliche Situation im Reich, angesichts seiner langjährigen Isoliertheit im niederländischen Exil. Und diese Isoliertheit wurde nach dem Einmarsch deutscher Truppen in die Niederlande Anfang Mai 1940 noch verstärkt: Ausdrücklich war es den Soldaten und Offizieren der kämpfenden Truppe untersagt, vom Ex-Kaiser in Doorn Notiz zu nehmen oder gar in näheren Kontakt mit ihm zu treten. Die zum «Schutz» des Kaisers postierten deutschen Wehrmachtsoldaten wurden im Herbst 1940 von Angehörigen der SS abgelöst. Diese waren auch im Doorner Park zugegen, als Wilhelm II. am 4. Juni 1941, vormittags 12.30 Uhr, mit den Worten «ich versinke, ich versinke!» erlosch.

Die historische Bewertung des letzten preußischen Königs und deutschen Kaisers schwankt zwischen den – gleichermaßen fragwürdigen – Extrempositionen hymnischer Apologetik (D. Chamier, H. Helfritz, N. Sombart) und ressentimenterfüllter Perhorreszierung (E. Eyck, F. Fischer, J. Röhl), letztere nicht selten in uneingestandener Nachfolge von Bismarcks subtiler Verdammung des Monarchen im «Prinz Wilhelm»-Kapitel seiner «Gedanken und Erinnerungen». Zu einer fairen, gelassenen und sorgfältig differenzierenden Sichtweise sind bisher nur wenige Biographen vorgedrungen (M. Balfour, L. Cecil, Chr. Graf von Krockow). Und tatsächlich fällt eine abschließende Einschätzung noch heute, mehr als achtzig Jahre nach seinem Sturz und sechzig Jahre nach seinem Tod, nicht leicht. Zu schillernd und komplex treten Persönlichkeit und Erscheinungsbild dem nachlebenden Betrachter entgegen, als daß sie mit eindimensionalen Urteilsformeln adäquat erfaßt werden könnten. Sicherlich war Wilhelm II. in einer geradezu seismographischen Weise der Exponent deutscher Befindlichkeit im «Zeitalter der Nervosität» (J. Radkau), Ausdruck und Verkörperung einer der zentralsten Epochen moderner deutscher Nationalgeschichte, mit all ihren Aufgeregtheiten und ihrem übersteigerten Aktionismus, ihren Brüchen und inneren Widersprüchen, ihren Möglichkeiten und ihren Grenzen. In diesem Sinne ist Wilhelm II. ein zeitgemäßer Monarch gewesen, ein Herrscher auf der Höhe seiner Ära, der, mit etwas mehr Fortune und etwas weniger Aplomb, das preußische Königtum durchaus zu neuen, zukunftweisenden Formen zeitgenössischer Akzeptanz hätte führen können. Daß ihm dies in seiner dreißigjährigen Regierungszeit nicht nur nicht gelungen ist, sondern daß die Königsherrschaft in Preußen mit seinem Namen – wohl für immer – verschwand, gehört zum Schicksal eines zeitlebens Überforderten, dessen persönliche Tragik vielleicht niemand besser erkannt hat als ein prominenter Besucher des gestürzten Monarchen im Doorner Exil: der Schriftsteller Reinhold Schneider, im April 1935 auf kaiserliche Einladung das Gespräch mit Wilhelm II. suchend, hat, Jahrzehnte später, über die Begegnung berichtet: «Er spielte, anders als Shakespeares Könige, die Rolle fort, während der Vorhang längst gefallen war... Aus der echten Repräsentanz... war Wilhelm II. im Suchen nach dem Effekt in das Leere geglitten... Da er keine Ruhe hatte, konnte er nicht reif werden. Es machte ihn zum Vorläufer des Zerstörers, der seine Karikatur wurde... Heute (1954) erscheint er mir wie eine viel zu kleine Gestalt in einem riesenhaften Raum... Und niemand vermag zu sagen, welche Verhängnisse, welche vernichtungsartigen Umwandlungen der hinter ihm düsternde Himmel unserer Weltzeit noch birgt. Denn eben dieser gelähmte Mächtige ritt uns voraus.»

ANHANG

Kommentierte Bibliographie

Stufen und Wandlungen der
Fürstenherrschaft in Brandenburg-Preußen
(Frank-Lothar Kroll)

Gesamtdarstellungen zur Geschichte Brandenburg-Preußens: *Leopold von Ranke,* Zwölf Bücher preußischer Geschichte (Gesamt-Ausgabe der Deutschen Akademie Leopold von Ranke's Werke, historisch-kritisch hrsg. von Paul Joachimsen), 3 Bde., München 1930; *Otto Hintze,* Die Hohenzollern und ihr Werk. Fünfhundert Jahre vaterländischer Geschichte, Berlin 1915; *Richard Dietrich,* Kleine Geschichte Preußens, Berlin 1966; *Hans-Joachim Schoeps,* Preußen. Geschichte eines Staates, Berlin 1966; *Walther Hubatsch,* Grundlinien preußischer Geschichte. Königtum und Staatsgestaltung 1701–1871, Darmstadt 1983; *Gerd Heinrich,* Geschichte Preußens. Staat und Dynastie, 2. Aufl., Berlin, Frankfurt am Main 1984; *Wolfgang Neugebauer,* Die Hohenzollern, Bd. 1: Anfänge, Landesstaat und monarchische Autokratie bis 1740, Stuttgart, Berlin, Köln 1996; *ders.*, Die Hohenzollern, Bd. 2: Dynastie im säkularen Wandel. Von 1740 bis in das 20. Jahrhundert, Stuttgart 2003; *ders.*, Geschichte Preußens, Hildesheim 2004; *Eberhard Straub,* Eine kleine Geschichte Preußens, Berlin 2004. – Dynastiegeschichtliche Darstellungen: *Walther Hubatsch,* Hohenzollern in der Geschichte, 2. Aufl., Frankfurt am Main 1971; *Friedrich Wilhelm Prinz von Preußen* (Hrsg.), Preußens Könige, Gütersloh, Wien 1971; *Wolfgang Stribrny,* Der Weg der Hohenzollern, Limburg a. d. Lahn 1981; *Peter Mast,* Die Hohenzollern in Lebensbildern, Graz 1988; *Thomas Stamm-Kuhlmann,* Die Hohenzollern, Berlin 1995; *Heinz Ohff,* Preußens Könige, München 1999. – Aufsatzsammlungen zur preußischen Geschichte: *Harald von Koenigswald/Hans-Joachim von Merkatz* (Hrsg.), Besinnung auf Preußen, Oldenburg, Hamburg 1964; *Richard Dietrich* (Hrsg.), Preußen. Epochen und Probleme seiner Geschichte, Berlin 1964; *Hans-Joachim Netzer* (Hrsg.), Preußen. Porträt einer politischen Kultur, München 1968; *Dirk Blasius* (Hrsg.), Preußen in der deutschen Geschichte, Königstein/Ts. 1980; *Hans-Jürgen Puhle/Hans-Ulrich Wehler* (Hrsg.), Preußen im Rückblick, Göttingen 1980; *Manfred Schlenke* (Hrsg.), Preußen. Beiträge zu einer politischen Kultur, Reinbek bei Hamburg 1981; *Otto Büsch/Wolfgang Neugebauer* (Hrsg.), Moderne preußische Geschichte 1648–1947. Eine Anthologie, 3 Bde., Berlin, New York 1981; *Otto Büsch* (Hrsg.), Das Preußenbild in der Geschichte, Berlin, New York 1981; *Karl Dietrich Erdmann,* u. a., Preußen. Seine Wirkung auf die deutsche Geschichte, Stuttgart 1985; *Patrick Bahners/Gerd Roellecke* (Hrsg.), Preußische Stile. Ein Staat als Kunststück, Stuttgart 2001; *Bärbel Holtz/Hartwin Spenkuch* (Hrsg.), Preußens Weg in die politische Moderne. Verfassung – Verwaltung – politische Kultur zwischen Reform und Reformblockade, Berlin 2001; *Frank-Lothar Kroll* (Hrsg.), Ostpreußen. Facetten einer literarischen Landschaft, Berlin 2001; *Sönke Neitzel* (Hrsg.), Preußen und Europa, Remscheid 2001; *Wolf-*

gang Neugebauer (Hrsg.), Handbuch der preußischen Geschichte, Bd. III: Vom Kaiserreich zum 20. Jahrhundert, Berlin, New York 2001; *Julius H. Schoeps* (Hrsg.), Preußen. Geschichte eines Mythos, Berlin 2001; *Bernd Heidenreich/Frank-Lothar Kroll* (Hrsg.), Macht- oder Kulturstaat? Preußen ohne Legende, Berlin 2002; *Bert Becker/Vinzenz Czech/Jürgen Luh* (Hrsg.), Preußen, Deutschland und Europa 1701–2001, Groningen 2003; *Christiane Liermann/Gustavo Corni/Frank-Lothar Kroll* (Hrsg.), Italien und Preußen. Dialog der Historiographien, Tübingen 2005. – Sammelbände: *Friedrich Meinecke,* Preußen und Deutschland im 19. und 20. Jahrhundert. Historische und politische Aufsätze, München, Berlin 1918; *ders.*, Brandenburg – Preußen – Deutschland. Kleine Schriften zur Geschichte und Politik, Stuttgart 1979; *Reinhold Koser,* Zur preußischen und deutschen Geschichte. Aufsätze und Vorträge, Stuttgart, Berlin 1921; *Paul Bailleu,* Preußischer Wille. Gesammelte Aufsätze, Berlin 1924; *Otto Hintze,* Staat und Verfassung. Gesammelte Abhandlungen zur allgemeinen Verfassungsgeschichte, 3. Aufl., Göttingen 1970; *ders.*, Soziologie und Geschichte. Gesammelte Abhandlungen zur Soziologie, Politik und Theorie der Geschichte, 2. Aufl., Göttingen 1964; *ders.*, Regierung und Verwaltung. Gesammelte Abhandlungen zur Staats-, Rechts- und Sozialgeschichte Preußens, 2. Aufl., Göttingen 1967 (Gesammelte Abhandlungen, hrsg. von Gerhard Oestreich, 3 Bde.); *Fritz Hartung,* Volk und Staat in der deutschen Geschichte, Leipzig 1940; *ders.*, Staatsbildende Kräfte der Neuzeit. Gesammelte Aufsätze, Berlin 1961; *Carl Hinrichs,* Preußen als historisches Problem. Gesammelte Abhandlungen, Berlin 1964; *Hans-Joachim Schoeps,* Ein weites Feld. Gesammelte Aufsätze, Berlin 1980; *Frank-Lothar Kroll,* Das geistige Preußen. Zur Ideengeschichte eines Staates, Paderborn, München, Wien, Zürich 2001. – Deutungen: *Reinhold Schneider,* Die Hohenzollern. Tragik und Königtum, Leipzig 1933; *Hans-Joachim Schoeps,* Die Ehre Preußens, Stuttgart 1951; *ders.*, Preußen – Gestern und Morgen, Stuttgart 1963; *ders.*, Üb' immer Treu und Redlichkeit. Preußen in Geschichte und Gegenwart, Düsseldorf 1978; *W. Wolfram von Wolmar,* Ein Requiem für Preußen, Göttingen 1957; *Edgar J. Feuchtwanger,* Preußen. Mythos und Realität, München 1978; *Sebastian Haffner,* Preußen ohne Legende, 2. Aufl., Hamburg 1979; *Rudolf von Thadden,* Fragen an Preußen. Zur Geschichte eines aufgehobenen Staates, München 1981; *Martin Greiffenhagen,* Die Aktualität Preußens. Fragen an die Bundesrepublik, Frankfurt am Main 1981; *Marion Gräfin Dönhoff,* Preußen – Maß und Maßlosigkeit, Berlin 1987; *Christian Graf von Krockow,* Warnung vor Preußen, Berlin 1981; *ders.*, Preußen. Eine Bilanz, Stuttgart 1992; *Karl-Heinz Weißmann*, Die preußische Dimension. Ein Essay, München 2001. *Frank-Lothar Kroll*, Preußische Facetten, Remscheid 2002; – Einzeldarstellungen in chronologischer Herrscherfolge: *Friedrich Kallenberg,* «Vom Fels zum Meer». Die Politisierung der dynastischen Beziehungen der schwäbischen zu den brandenburgisch-preußischen Hohenzollern, in: Ernst Schulin (Hrsg.), Gedenkschrift Martin Göring, Wiesbaden 1968, S. 200–213; *Rolf Bothe,* Burg Hohenzollern. Von der mittelalterlichen Burg zum nationaldynastischen Denkmal im 19. Jahrhundert, Berlin 1979; *Reinhold Koser,* Geschichte der brandenburgischen Politik bis zum Westfälischen Frieden von 1648, Stuttgart 1913; *Gustav Schmoller,* Preußische Verfassungs-, Verwaltungs- und Finanzgeschichte, Berlin 1921; *Johannes Schultze,* Die Mark Brandenburg, Bde. 1–5, Berlin 1961–1969; *Francis L. Carsten,* Die

Entstehung Preußens, Köln 1968; *Frank Göse* (Hrsg.), Im Schatten der Krone. Die Mark Brandenburg um 1700. Potsdam 2002; *Georg Küntzel*, Die drei großen Hohenzollern und der Aufstieg Preußens im 17. und 18. Jahrhundert, Stuttgart, Berlin 1922; *Gerd Heinrich*, Der Adel in Brandenburg-Preußen, in: Hellmuth Rössler (Hrsg.), Deutscher Adel 1555–1740, Darmstadt 1965, S. 259–314; *Peter Baumgart* (Hrsg.), Ständetum und Staatsbildung in Brandenburg-Preußen, Berlin, New York 1983; *ders.* (Hrsg.), Expansion und Integration. Zur Eingliederung neugewonnener Gebiete in den preußischen Staat, Köln, Wien 1984; *ders.*, Zur Geschichte der kurmärkischen Stände im 17. und 18. Jahrhundert, in: Dietrich Gerhard (Hrsg.), Ständische Vertretungen in Europa im 17. und 18. Jahrhundert, 2. Aufl., Göttingen 1974, S. 131–161; *Heinrich Otto Meisner*, Die monarchische Regierungsform in Brandenburg-Preußen, in: Forschungen zu Staat und Verfassung. Festgabe für Fritz Hartung, Berlin 1958, S. 219–245; *Wolfgang Neugebauer*, Monarchisches Kabinett und Geheimer Rat, in: Der Staat 33 (1994), S. 511 ff.; *ders.*, Zur Staatsbildung Brandenburg-Preußens. Thesen zu einem historischen Typus, in: Jahrbuch für Brandenburgische Landesgeschichte 49 (1998), S. 183–194; *ders.*, Das alte Preußen. Aspekte der neuesten Forschung, in: Historisches Jahrbuch 122 (2002), S. 463–482; *Ludwig Tümpel*, Die Entstehung des brandenburgisch-preußischen Einheitsstaates im Zeitalter des Absolutismus (1609–1806), Breslau 1915; *Kurt Horst Reuter*, Vom Ordensstaat zum Fürstentum. Geistige und politische Wandlungen im Deutschordensstaate Preußen unter den Hochmeistern Friedrich und Albrecht 1498–1525, Kitzingen 1951; *Walther Hubatsch*, Eckpfeiler Europas. Probleme des Preußenlandes in geschichtlicher Sicht, Heidelberg 1953; *ders.*, Wege und Wirkungen ostpreußischer Geschichte, Leer 1956; *ders.*, Das Problem der Staatsraison bei Friedrich dem Großen, Göttingen, Frankfurt am Main 1956; *ders.*, Der preußische Staat. Probleme seiner Entwicklung vom 16. bis zum beginnenden 19. Jahrhundert, in: Jahrbuch der Albertus-Universität Königsberg 12 (1962), S. 107–148; *ders.*, Preußen und das Reich, in: Oswald Hauser (Hrsg.), Zur Problematik «Preußen und das Reich», Köln, Wien 1984, S. 1–11; *Gerhard Oestreich*, Der brandenburgisch-preußische Geheime Rat vom Regierungsantritt des Großen Kurfürsten bis zu der Neuordnung im Jahre 1651. Eine behördengeschichtliche Studie, Würzburg-Aumühle 1937; *ders.*, Calvinismus, Neustoizismus und Preußentum, in: Jahrbuch für die Geschichte Mittel- und Ostdeutschlands 5 (1956), S. 157–181; *ders.*, Fundamente preußischer Geistesgeschichte. Religion und Weltanschauung in Brandenburg im 17. Jahrhundert, in: Jahrbuch Preußischer Kulturbesitz 7 (1969), S. 20–45; *Max Braubach*, Der Aufstieg Brandenburg-Preußens 1640–1815, Freiburg i. Br. 1933; *Peter Baumgart*, Die preußische Königskrönung von 1701, das Reich und die europäische Politik, in: Oswald Hauser (Hrsg.), Preußen, Europa und das Reich, Köln, Wien 1987, S. 65–86; *Heinz Duchhardt*, Die preußische Königskrönung von 1701. Ein europäisches Modell?, in: Ders. (Hrsg.), Herrscherweihe und Königskrönung im frühneuzeitlichen Europa, Wiesbaden 1983, S. 82–95; *Theodor Schieder*, Die preußische Königskrönung von 1701 in der politischen Ideengeschichte, in: Ders., Begegnungen mit der Geschichte, Göttingen 1962, S. 183–209, 287–294; *Bruno Preisendörfer*, Staatsbildung als Königskunst. Ästhetik und Herrschaft im preußischen Absolutismus, Berlin 2000; *Wolfgang Neugebauer*, Zentralprovinz im Absolutismus.

Brandenburg im 17. und 18. Jahrhundert, Berlin 2001; *Ulrich Scheuner,* Der Staatsgedanke Preußens, Köln, Graz 1965; *Carl Hinrichs,* Preußentum und Pietismus. Der Pietismus in Brandenburg-Preußen als religiös-soziale Reformbewegung, Göttingen 1971; *Richard Dietrich,* Die Anfänge des preußischen Staatsgedankens in den politischen Testamenten der Hohenzollern, in: Friedrich Benninghoven und Cécile Lowenthal-Hensel (Hrsg.), Neue Forschungen zur Brandenburg-Preußischen Geschichte 1, Köln, Wien 1979, S. 1–60; *Melle Klinkenborg,* Die Stellung des Königlichen Kabinetts in der preußischen Behördenorganisation, in: Hohenzollern-Jahrbuch 19 (1915), S. 47–51; *Wolfgang Neugebauer,* Staatsverfassung und Heeresverfassung in Preußen während des 18. Jahrhunderts, in: Forschungen zur Brandenburgischen und Preußischen Geschichte N.F. 13 (2003), S. 83–102; *ders.,* Zur Geschichte des preußischen Untertanen – besonders im 18. Jahrhundert, in: ebd., S. 141–161; *Henri Brunschwig,* Gesellschaft und Romantik in Preußen im 18. Jahrhundert. Die Krise des preußischen Staates am Ende des 18. Jahrhunderts und die Entstehung der romantischen Mentalität (1947), dt. Ausg. Frankfurt am Main, Berlin, Wien 1975; *Frank-Lothar Kroll,* Herrschaftslegitimierung durch Traditionsschöpfung. Der Beitrag der Hohenzollern zur Mittelalter-Rezeption im 19. Jahrhundert, in: Historische Zeitschrift 274 (2002), S. 61–85; *Conrad Bornhak,* Die Entstehung der preußischen Ministerien, in: Forschungen zur Brandenburgischen und Preußischen Geschichte 52 (1940), S. 52–65; *Walther Hubatsch,* Die Stein-Hardenbergschen Reformen, Darmstadt 1977; *ders.,* Stein-Studien. Die preußischen Reformen des Reichsfreiherrn Karl vom Stein zwischen Revolution und Restauration, Köln, Berlin 1975; *Paul Haake,* Der preußische Verfassungskampf vor hundert Jahren, München, Berlin 1921; *Herbert Obenaus,* Anfänge des Parlamentarismus in Preußen bis 1848, Düsseldorf 1984; *Frank-Lothar Kroll,* Verfassungsidee und Verfassungswirklichkeit im Zeitalter der Stein-Hardenbergschen Reformen, in: Helmut Neuhaus (Hrsg.), Verfassung und Verwaltung. Festschrift für Kurt G. A. Jeserich zum 90. Geburtstag, Köln, Weimar, Wien 1994, S. 159–182; *Hans Schneider,* Der Preußische Staatsrat 1817–1918. Ein Beitrag zur Verfassungs- und Rechtsgeschichte Preußens, München, Berlin 1952; *Reinhart Koselleck,* Staat und Gesellschaft in Preußen 1815–1848, in: Staat und Gesellschaft im deutschen Vormärz 1815–1848, hrsg. von Werner Conze, Stuttgart 1962, S. 79–112; *ders.,* Preußen zwischen Reform und Revolution. Allgemeines Landrecht, Verwaltung und soziale Bewegung von 1791–1848, 3. Aufl., Stuttgart 1981; *Ernst Klein,* Funktion und Bedeutung des preußischen Staatsministeriums, in: Jahrbuch für die Geschichte Mittel- und Ostdeutschlands 9/10 (1961/62), S. 195–261; *Frank-Lothar Kroll,* Monarchie und Gottesgnadentum in Preußen 1840–1861, in: Hartwig Schultz (Hrsg.), «Die echte Politik muß Erfinderin sein». Beiträge eines Wiepersdorfer Kolloquiums zu Bettina von Arnim, Berlin 1999, S. 131–162; *Friedrich Frahm,* Entstehungs- und Entwicklungsgeschichte der preußischen Verfassung (vom März 1848 bis zum Januar 1850), in: Forschungen zur Brandenburgischen und Preußischen Geschichte 41 (1928), S. 248–301; *Günther Grünthal,* Das preußische Dreiklassenwahlrecht. Ein Beitrag zur Genesis und Funktion des Wahlrechtsoktrois vom Mai 1849, in: Historische Zeitschrift 226 (1978), S. 17–66; *ders.,* Parlamentarismus in Preußen 1848/49 bis 1857/58. Preußischer Konstitutionalismus – Parlament und Regierung in der Reaktionsära, Düsseldorf 1982; *ders.*, Zwischen König, Kabinett und Kamarilla. Der Verfassungsoktroi in Preußen vom 5. Dezember 1848, in: Jahrbuch für die Geschichte Mittel- und Ostdeutschlands 32 (1983), S. 119–174; *ders.*, Verfassung und Verfassungswandel. Ausgewählte Abhandlungen, Berlin 2003; *Werner Frauendienst*, Das preußische Staatsministerium in konstitutioneller Zeit, in: Zeitschrift für die gesamte Staatswissenschaft 116 (1960), S. 104ff.; *Fritz Hartung*, Verantwortliche Regierung, Kabinette und Nebenregierungen im konstitutionellen Preußen 1848–1918, in: Forschungen zur Brandenburgischen und Preußischen Geschichte 44 (1932), S. 1–45, 302–337; *Heinrich Otto Meisner*, Zur neueren Geschichte des preußischen Kabinetts, in: Forschungen zur Brandenburgischen und Preußischen Geschichte 36 (1924), S. 39–66, 180–209; *Hans-Joachim Schoeps*, Das andere Preußen. Konservative Gestalten und Probleme im Zeitalter Friedrich Wilhelms IV., 5. Aufl., Berlin 1981; *Walther Hubatsch*, Das preußische Staatsministerium von Bismarck bis zum Ende der Monarchie. Ein Überblick, in: Oswald Hauser (Hrsg.), Zur Problematik «Preußen und das Reich», Köln, Wien 1984, S. 165–179; *Wolfgang J. Mommsen*, Preußisches Staatsbewußtsein und deutsche Reichsidee. Preußen und das Deutsche Reich in der jüngeren deutschen Geschichte, in: Ders., Der autoritäre Nationalstaat. Verfassung, Gesellschaft und Kultur des deutschen Kaiserreiches, Frankfurt am Main 1990, S. 66–85.

Die ersten Hohenzollern in der Mark
(Dieter J. Weiß)

Grundlegend für die Beschäftigung mit den ersten Hohenzollern in der Mark Brandenburg ist noch immer die sorgfältig abwägende Darstellung von *O. Hintze*, Die Hohenzollern und ihr Werk. Fünfhundert Jahre vaterländischer Geschichte (^{4}1915). Handbuchcharakter kann das umfassende, die Quelleneditionen und die umfangreiche Literatur rezipierende Werk von *J. Schultze*, Die Mark Brandenburg, hier: Bd. 3, Die Mark unter der Herrschaft der Hohenzollern (1415–1535) (1963), beanspruchen. Zur inneren Geschichte der Mark Brandenburg im Untersuchungszeitraum: *H. Böcker*, Die Festigung der Landesherrschaft durch die hohenzollernschen Kurfürsten und der Ausbau der Mark zum fürstlichen Territorialstaat während des 15. Jahrhunderts, in: Brandenburgische Geschichte, hrsg. von I. Materna und W. Ribbe, Berlin 1995, S. 169–230. Sehr instruktiv und den aktuellen Forschungsstand widerspiegelnd ist die Überblicksdarstellung von *W. Neugebauer*, Die Hohenzollern, Band 1, Anfänge, Landesstaat und monarchische Autokratie bis 1740 (1996). – Die erste Gesamtdarstellung der Ansbacher Markgrafen, die auch das Bildmaterial zusammenstellt, stammt von *G. Schuhmann*, Die Markgrafen von Brandenburg-Ansbach. Eine Bilddokumentation zur Geschichte der Hohenzollern in Franken (Jahrbuch des Historischen Vereins von Mittelfranken 90) (1980). Vom Blickwinkel der fränkischen Geschichte werden die ersten Hohenzollern in der Mark behandelt im von *A. Kraus* herausgegebenen und von *M. Spindler* begründeten Handbuch der bayerischen Geschichte, hier: Bd. III/1, Geschichte Frankens (^{3}1997), besonders in den Kapiteln «Franken im Ringen der Häuser Luxemburg und Wittelsbach. Der Aufstieg der Zollern» und «Franken am Ausgang des späten Mittelalters», S. 413–450. Ebenfalls mit dieser Thematik befaßt sich *R. Seyboth*, Die Hohenzollern in Franken und in Brandenburg an der Wende zur Neuzeit, in: R. Schmidt (Hrsg.), Bayreuth und die Hohenzollern vom ausgehenden Mittelalter bis zum Ende des Alten Reiches (Jahrestagung des Wissenschaftlichen Arbeitskreises für Mitteldeutschland 1989 in Bayreuth) (1992), S. 9–31. Außerdem ist das grundlegende Werk heranzuziehen: *R. Seyboth*, Die Markgraftümer Ansbach und Kulmbach unter der Regierung Markgraf Friedrichs des Älteren (1486–1515) (Schriftenreihe der Historischen Kommission bei der Bayerischen Akademie der Wissenschaften 24) (1985). – Die Jugendgeschichte der ersten Kurfürsten behandeln: *G. Schuster, F. Wagner*, Die Jugend und Erziehung der Kurfürsten von Brandenburg, Bd. 1 (mehr nicht erschienen). Die Kurfürsten Friedrich I. und II., Albrecht, Johann, Joachim I. und II. (Monumenta Germaniae Paedagogica 34) (1906). – Die zentrale Frage der Residenzenbildung in der Mark untersucht: *K.-H. Ahrens*, Residenz und Herrschaft. Studien zu Herrschaftsorganisation, Herrschaftspraxis und Residenzbildung der Markgrafen von Brandenburg im späten Mittelalter (Europäische Hochschulschriften III/427) (1990). Für die fränkischen Fürstentümer liegt der instruktive Beitrag vor: *R. Seyboth*, Nürnberg, Cadolzburg und Ansbach als spätmittelalterliche Residenzen der Hohenzollern, in: Jahrbuch für fränkische Landesforschung 49 (1989), S. 1–25. – Die Grablegen der ersten Hohenzollern werden vorgestellt von: *G. Schuhmann*, Die Hohenzollern-Grablegen in Heilsbronn und Ansbach (1989); *D. Brozat*, Der Berliner Dom und die Hohenzollern-Gruft, hrsg. und bearb. von W. Schulz (1985). – Die Quellen zur Frühgeschichte der Hohenzollern bis 1417 sind herausgegeben von *R. Frhr. v. Stillfried* und *T. Maerker* in den Monumenta Zollerana, Urkundenbuch des Hauses Hohenzollern, Bde. 1–7 und Register (1852–1861), Bd. 8, hrsg. von J. Grossmann, M. Scheins (1890). Die Quellen zur Geschichte der Mark Brandenburg und ihrer Regenten edierte *A. F. Riedel*, Codex diplomaticus Brandenburgensis, 4 Hauptteile mit 36 Bänden und 5 Registerbänden (1838–1869). – Moderne Biographien der behandelten Kurfürsten fehlen. Als ältere Arbeit ist zu nennen: *J. von Minutoli*, Friedrich I., Kurfürst von Brandenburg und Memorabilia aus dem Leben des Markgrafen von Brandenburg (1850). – Der Belehnungsszene Friedrichs I. mit Brandenburg liegt zugrunde: *U. Richental*, Das Konzil zu Konstanz, Bd. 1, Faksimileausgabe, Bd. 2, Kommentar und Text, bearb. von O. Feger (1964). Das Testament Friedrichs I. vom 7. Juni 1437 und die Dispositio Achilleia sind herausgegeben von *H. von Caemmerer*, Die Testamente der Kurfürsten von Brandenburg und der beiden ersten Könige von Preußen (Veröffentlichungen des Vereins für Geschichte der Mark Brandenburg 21) (1915), Nr. 1, 2, 5. – Zum Schwanenorden vgl. *R. Graf von Stillfried, S. Haenle*, Das Buch vom Schwanenorden (1881); *J. Meyer*, Die Schwanenordens-Ritterkapelle bei St. Gumbertus in Ansbach (1900). – Die zentralen Quellen zu Kurfürst Albrecht Achilles sind ediert: Die politische Correspondenz des Kurfürsten Albrecht Achilles, 3 Bde. (Publikationen aus den K. Preußischen Staatsarchiven 59, 67, 71), hrsg. von F. Priebatsch (1894–1898); Das kaiserliche Buch des Markgrafen Albrecht Achilles, Vorkurfürstliche Periode von 1440–1470, hrsg. von C. Höfler (1850); Das kaiserliche Buch des Markgrafen Albrecht Achilles, Kurfürstliche Periode von 1470–1486, hrsg. von J. von Minutoli (1850) (vgl. dazu *F. Wagner*, Berichtigungen und Nachtrag, in: Zeitschrift für Preußische Geschichte und Landeskunde 18, 1881, S. 309–350); Das funfft Merckisch buech des Churfürsten Albrecht Achilles 1471–1473, hrsg. von C. A. H. Burkhardt (Quellensammlung zur Geschichte des Hauses Hohenzollern 1) (1857); *C. Höfler*, Correkturen und Zusätze zu Quellenschriften für hohenzollersche Geschichte I: Das kaiserliche Buch des Markgrafen Albrecht Achilles (1861); Ritter Ludwig's von Eyb Denkwürdigkeiten brandenburgischer (hohenzollerischer) Fürsten, hrsg. von C. Höfler (1849). – Die Pilgerfahrt von Johann und Albrecht Achilles zum Heiligen Grab nach Jerusalem behandelt F. Geisheim, der auch den Reisebericht des begleitenden Arztes Dr. Hans Lochner ediert: *F. Geisheim*, Die Hohenzollern am heiligen Grabe zu Jerusalem, insbesondere die Pilgerfahrt der Markgrafen Johann und Albrecht von Brandenburg im Jahre 1435 (1858). – Von der umfassend und breit angelegten Biographie ist nur der erste Band erschienen: *E. W. Kanter*, Markgraf Albrecht Achilles von Brandenburg, Burggraf von Nürnberg. Ein Zeit- und Lebensbild, Bd. 1 (1911). Eine umfassende knappe Würdigung bietet *E. Schubert*, Albrecht Achilles, Markgraf und Kurfürst von Brandenburg (1414–1486), in: Fränkische Lebensbilder 4 (Veröffentlichungen der Gesellschaft für fränkische Geschichte VIIa) (1971), S. 130–172. – Zum Markgrafenkrieg: *H. Quirin*, Markgraf Albrecht Achilles von Brandenburg-Ansbach als Politiker. Ein Beitrag zur Vorgeschichte des Süddeutschen Städtekriegs, in: Jahrbuch für fränkische Landesforschung 31 (1971), S. 261–308; *R. Kölbel*, Der Erste Markgrafenkrieg 1449–1453, in: Mitteilungen des Vereins für Geschichte der Stadt Nürnberg 65 (1978), S. 91–123. – Über einen seiner wichtigsten Mitarbeiter liegt eine Biographie vor: *A. Werminghoff*, Ludwig von Eyb der Ältere (1417–1502). Ein Beitrag zur fränkischen und deutschen Geschichte im 15. Jahrhundert (1919). – Kritisch mit dem Beinamen von Kurfürst Johann Cicero befaßt sich: *F. Wagner*, Kurfürst Johann von Brandenburg kein Cicero, in: Forschungen zur Brandenburgischen und Preußischen Geschichte 14 (1901), S. 45–68. Vgl. zu ihm außerdem: *R. Wolff*, Politik des Hauses Brandenburg im ausgehenden fünfzehnten Jahrhundert (1486–1499) (Veröffentlichungen des Vereins für Geschichte der Mark Brandenburg) (1919).

Die brandenburgischen Kurfürsten im Jahrhundert der Reformation

(Helmut Neuhaus)

Die drei Kurfürsten Joachim I., Joachim II. und Johann Georg sind noch nie Gegenstände umfassender Biographien gewesen. In seinen «Mémoires pour servir l'histoire de la maison de Brandenbourg» («Denkwürdigkeiten zur Geschichte des Hauses Brandenburg») widmete Friedrich der Große seinen Vorgängern Joachim I. und Johann Georg jeweils nur wenige Zeilen, Joachim II. nur ganz wenige Seiten. Breitere Berücksichtigung haben sie mit unterschiedlichen Akzentuierungen in Gesamtdarstellungen zur brandenburgisch-preußischen Geschichte gefunden, ferner in zahlreichen kleineren Studien zu einzelnen Abschnitten ihres Lebens und besonderen Aspekten ihrer Regierungszeit. Hier können nur wenige Titel genannt werden. – Quellen: Corpus

Constitutionum Marchicarum, Oder Königl. Preuß. und Churfürstl. Brandenburgische in der Chur- und Marck Brandenburg, auch incorporirten Landen publicirte und ergangene Ordnungen, Edicta, Mandata, Rescripta etc. Von Zeiten Friederichs I. (1415–1440) Churfürstens zu Brandenburg etc. biß ietzo ..., hrsg. von *Christian Otto Mylius*, 6 Teile, Berlin, Halle 1737–1750; *Hermann von Caemmerer* (Hrsg.), Die Testamente der Kurfürsten von Brandenburg und der beiden ersten Könige von Preußen, München, Leipzig 1915; *Walter Friedensburg* (Hrsg.), Kurmärkische Ständeakten aus der Regierungszeit Kurfürst Joachims II., 2 Bde., München, Leipzig 1913, 1916; *Martin Hass*, Die Hofordnung Kurfürst Joachims II. von Brandenburg. Neu hrsg. und durch Untersuchungen über Hofhalt und Verwaltung unter Joachim II. erlaeutert (= Historische Studien, Bd. 87), Berlin 1910 (Reprint: Vaduz 1965). – Gesamtdarstellungen: *Reinhold Koser*, Geschichte der brandenburgischen Politik bis zum Westfälischen Frieden von 1648, Stuttgart 1913; *Otto Hintze*, Die Hohenzollern und ihr Werk. Fünfhundert Jahre vaterländischer Geschichte, Berlin 1915, S. 106–147; *Johannes Schultze*, Die Mark Brandenburg, Bd. 3: Die Mark unter Herrschaft der Hohenzollern (1415–1535), Berlin 1963, S. 173–230, Bd. 4: Von der Reformation bis zum Westfälischen Frieden (1535–1648), Berlin 1964, S. 9–100, 127–152; *Gerd Heinrich*, Geschichte Preußens. Staat und Dynastie, Frankfurt am Main, Berlin, Wien 1981, S. 51–58; *Wolfgang Neugebauer*, Die Hohenzollern, Bd. 1: Anfänge, Landesstaat und monarchische Autokratie bis 1740, Stuttgart, Berlin, Köln 1996, S. 73–101. – Einzelstudien: *Helmuth Croon*, Die kurmärkischen Landstände 1571–1616, Berlin 1938; *Walter Delius*, Anfänge reformatorischer Bestrebungen in der Mark Brandenburg, in: Jahrbuch für Berlin-Brandenburgische Kirchengeschichte 40 (1965), S. 9–23; *Walter Delius*, Die Kirchenpolitik Joachims I., in: Jahrbuch für Berlin-Brandenburgische Kirchengeschichte 49 (1974), S. 7–41; *Walter Delius*, Die Kirchenpolitik des Kurfürsten Joachim II. von Brandenburg in den Jahren 1535–1541, in: Jahrbuch für Berlin-Brandenburgische Kirchengeschichte 40 (1965), S. 86–123; *Iselin Gundermann*, Kurfürst Joachim II. von Brandenburg und Herzog Albrecht von Preußen, in: Dona brandenburgica. Festschrift Werner Vogel zum 60. Geburtstag, hrsg. von Eckart Henning, Berlin 1990, S. 141–164; *H. Grimm*, Dietrich von Bülow, Bischof von Lebus, in seinem Leben und Wirken, in: Wichmann Jahrbuch 11/12 (1957/58), S. 5–98; *Peter-Michael Hahn*, Landesstaat und Ständetum im Kurfürstentum Brandenburg während des 16. und 17. Jahrhunderts, in: Ständetum und Staatsbildung in Brandenburg-Preußen, hrsg. von Peter Baumgart (= Veröffentlichungen der Historischen Kommission zu Berlin, Bd. 55), Berlin, New York 1983, S. 41–79; *Martin Hass*, Die landständische Verfassung und Verwaltung in der Kurmark Brandenburg während der Regierung des Kurfürsten Johann Georg (1571–1598), Halle/Saale 1905; *Gerd Heinrich*, Frankfurt und Wittenberg. Zwei Universitätsgründungen im Vorfeld der Reformation, in: Beiträge zu Problemen deutscher Universitätsgründungen der frühen Neuzeit, hrsg. von Peter Baumgart und Notker Hammerstein (= Wolfenbütteler Forschungen, Bd. 4), Nendeln/Liechtenstein 1978, S. 111–129; *Gerd Heinrich*, Neue Kirchenordnung und «stille» Reformation, in: Jahrbuch für Berlin-Brandenburgische Kirchengeschichte 57 (1989), S. 65–98; *Gerd Heinrich*, Neue Kirchenordnung und «stille» Reformation. Die Residenz Berlin-

Cölln, der Landesfürst und die «Luthersache», in: Wichmann Jahrbuch NF 1 (1990), S. 49–68; *Gerd Heinrich*, Kurfürst Joachim von Hohenzollern, Markgraf von Brandenburg, in: Der Reichstag zu Worms von 1521. Reichspolitik und Luthersache, hrsg. von Fritz Reuter, Worms 1971, S. 336–351; *Siegfried Isaacsohn*, Geschichte des Preußischen Beamtenthums vom Anfang des 15. Jahrhunderts bis auf die Gegenwart, Bd. 1: Das Beamtenthum in der Mark Brandenburg 1415–1604, Berlin 1874 (Nachdruck: Aalen 1962); *Albrecht Pius Luttenberger*, Glaubenseinheit und Reichsfriede. Konzeptionen und Wege konfessionsneutraler Reichspolitik 1530–1552 (Kurpfalz, Jülich, Kurbrandenburg) (= Schriftenreihe der Historischen Kommission bei der Bayerischen Akademie der Wissenschaften, Bd. 20), Göttingen 1982; *Heinrich Otto Meisner*, Die monarchische Regierungsform in Brandenburg-Preußen, in: Forschungen zu Staat und Verfassung. Festgabe für Fritz Hartung, hrsg. von Richard Dietrich, Berlin 1958, S. 219–245; *Günter Mühlpfordt*, Die Oder-Universität 1506–1811, in: Die Oder-Universität Frankfurt. Beiträge zu ihrer Geschichte, hrsg. von Günther Haase, Weimar 1983, S. 19–72; *Manfred Rudersdorf, Anton Schindling*, Kurbrandenburg, in: Die Territorien des Reichs im Zeitalter der Reformation und Konfessionalisierung. Land und Konfession 1500–1650, Bd. 2: Der Nordosten (= Katholisches Leben und Kirchenreform im Zeitalter der Glaubensspaltung, Heft 50), Münster 1990, S. 34–66; *Walther Schotte*, Das rechtlich-politische Verhältnis von Fürstentum und Ständen in der Mark Brandenburg unter der Regierung Joachims I., Berlin 1910; *Georg Schuster, Friedrich Wagner*, Die Jugend und Erziehung der Kurfürsten von Brandenburg und Könige von Preußen, Bd. 1: Die Kurfürsten Friedrich I. und II., Albrecht, Johann, Joachim I. und II. (= Monumenta Germaniae Paedagogica, Bd. 34), Berlin 1906, S. 243–322, 467–495; *Emil Sehling* (Hrsg.), Die evangelischen Kirchenordnungen des XVI. Jahrhunderts, Leipzig 1909; *Paul Steinmüller*, Einführung der Reformation in die Kurmark Brandenburg durch Joachim II. (= Schriften des Vereins für Reformationsgeschichte, Bd. 76), Halle 1903; *Hermann Traut*, Kurfürst Joachim II. von Brandenburg und der Türkenfeldzug vom Jahre 1542, Gummersbach 1892; *Eike Wolgast*, Formen landesfürstlicher Reformation in Deutschland. Kursachsen, Württemberg, Brandenburg, Kurpfalz, in: Die dänische Reformation vor ihrem internationalen Hintergrund, hrsg. von Leif Grane, Göttingen 1990, S. 57–90.

Zwischen Luthertum und Calvinismus
(Axel Gotthard)

Eine einigermaßen kontinuierliche Beschäftigung der Geschichtswissenschaft mit der Lebensleistung Joachim Friedrichs hat es nie gegeben, weshalb auch keine Forschungskontroversen zu erörtern sind, ja, noch nicht einmal ein eigentlicher Forschungsstand ausgebreitet werden kann. Über einzelne innen- und wirtschaftspolitische Maßnahmen informieren ältere, heimatgeschichtlich interessierte Monographien und Aufsätze; so über die Havel-Oder-Wasserstraße *Rudolf Schmidt*, Der Finowkanal. Zur Geschichte seiner Entwicklung (= Mitteilungen des Vereins für Heimatkunde zu Eberswalde 11), Eberswalde 1938, und über die Bruchkolonisation *Berthold Schulze*, Wandlungen im neueren Siedlungsbilde der Mark Brandenburg, in: Forschungen zur Brandenburgischen und Preußischen Geschichte 45 (1933), S. 124ff. Dagegen sind Persönlichkeit wie Außen- und Reichspolitik kaum untersucht – bei wenigen Hohenzollernfürsten ist die Forschungslage so trostlos. Knappe Lebensbilder bieten die älteren Gesamtdarstellungen der Geschichte des Hauses Hohenzollern von *Reinhold Koser*, Geschichte der brandenburgischen Politik, Bd. 1, Stuttgart, Berlin 1913, S. 325–347; *Otto Hintze*, Die Hohenzollern und ihr Werk. Fünfhundert Jahre vaterländischer Geschichte, 3. Aufl. Berlin 1915, S. 150–157; darauf basierend *Johannes Schultze*, Die Mark Brandenburg, Bd. 4, Berlin 1964, S. 153–174. Über den Außen- und Reichspolitiker muß man sich vielfach noch immer informieren bei: *Moriz Ritter*, Deutsche Geschichte im Zeitalter der Gegenreformation und des Dreißigjährigen Krieges (1555–1648), Bd. 2, Stuttgart 1895. – Von den Gesamtwürdigungen der Politik Johann Sigismunds in den bekannten Hohenzollerngeschichten ist erste Wahl *Reinhold Koser*, Geschichte der brandenburgischen Politik, Bd. 1, Stuttgart, Berlin 1913, S. 348–386. Sonst sind nur noch erwähnenswert: *Otto Hintze*, Die Hohenzollern und ihr Werk. Fünfhundert Jahre vaterländischer Geschichte, 3. Aufl. Berlin 1915, S. 157–165; sowie *Johannes Schultze*, Die Mark Brandenburg, Bd. 4, Berlin 1964, S. 175–201. Die Reichspolitik Johann Sigismunds ist nur wenig besser aufgearbeitet als die des Vorgängers Joachim Friedrich, also ganz unzulänglich – ein gewichtiges Forschungsdesiderat; vorläufig und punktuell *Axel Gotthard*, Säulen des Reiches. Die Kurfürsten im frühneuzeitlichen Reichsverband, 2 Bde. (= Historische Studien 457.1/2), Husum 1999, S. 86ff., 276ff., 705f. Überblick über die Geschichte der Union von Auhausen: *Axel Gotthard*, Protestantische «Union» und katholische «Liga» – subsidiäre Strukturelemente oder Alternativentwürfe?, in: Volker Press, Dieter Stievermann (Hrsg.), Alternativen zur Reichsverfassung in der Frühen Neuzeit? (= Schriften des Historischen Kollegs. Kolloquien 23), München 1995, S. 81–112. Über die Rolle Brandenburgs im Bündnis von Auhausen informiert genauer *Axel Gotthard*, Konfession und Staatsräson. Die Außenpolitik Württembergs unter Herzog Johann Friedrich 1608–1628, Stuttgart 1992, S. 218ff. Überlegungen zum calvinistischen Politikstil demnächst bei *Axel Gotthard*, «Bey der Union ain directorium». Benjamin Bouwinghausen und die protestantische «Aktionspartei», in: *Winfried Schulze* (Hrsg.), Dimensionen der europäischen Außenpolitik im Konfessionellen Zeitalter (im Druck). Zur Nebenpolitik Annas vorläufig (sehr unbefriedigend, ganz apologetisch) *Toni Saring*, Kurfürstin Anna (von Preußen), in: Forschungen zur Brandenburgischen und Preußischen Geschichte 53 (1941), S. 248–295. Besser untersucht als die Reichspolitik ist die innere, insbesondere die Konversion und ihre Folgen sind recht gut ausgeleuchtet, z. B. von *Otto Hintze*, Calvinismus und Staatsräson in Brandenburg zu Beginn des 17. Jahrhunderts, in: ders., Regierung und Verwaltung. Gesammelte Abhandlungen zur Staats-, Rechts- und Sozialgeschichte Preußens, hrsg. von Gerhard Oestreich, 2. Aufl. Göttingen 1967, S. 255–312; *R. Kniebe*, Der Schriftenstreit über die Reformation des Kurfürsten Johann Sigismund von Brandenburg seit 1613 (= Hallesche Abhandlungen zur neueren Geschichte 41), Halle 1902; *Anton Chroust*, Aktenstücke zur brandenburgischen

Geschichte unter Kurfürst Johann Sigismund, in: Forschungen zur Brandenburgischen und Preußischen Geschichte 9 (1896), S. 1–21. – Die Außen- und Reichspolitik Georg Wilhelms ist so wenig monographisch untersucht wie die der beiden Vorgänger. Immerhin existieren recht ausführliche Lebensbilder, allerdings sind sie ausnahmslos geringschätzig, zumeist polemisch, nicht selten gehässig. Trotz ihrer Einseitigkeit lesenswert die breite Gesamtwürdigung bei *Reinhold Koser*, Geschichte der brandenburgischen Politik, Bd. 1, Stuttgart, Berlin 1913, S. 387–474. Weitere Literatur nennt sehr komplett *Johannes Schultze*, Die Mark Brandenburg, Bd. 4, Berlin 1964, S. 202–280; er hat sie auch ausgewertet, doch ist diese jüngste ausführliche Darstellung besonders einseitig, noch mehr als gegen Georg Wilhelm ist Schultze gegen dessen wichtigsten Berater, den Fürsten von Schwarzenberg, voreingenommen. Neueste, knappe Würdigung bei *Wolfgang Neugebauer*, Die Hohenzollern, Bd. 1, Stuttgart, Berlin, Köln 1996, S. 139–146. Über die Rolle Brandenburgs an den glanzvollen Kurfürstentagen dieser reichstagslosen Zeit informiert *Axel Gotthard*, Säulen des Reiches. Die Kurfürsten im frühneuzeitlichen Reichsverband. Teilbd. 1: Der Kurverein; Kurfürstentage und Reichspolitik (= Historische Studien 457.1), Husum 1999, S. 105 ff., 356 ff., 379 ff. Manches interessante Detail, zumal aus der Zeit des Schwedischen Krieges bietet als aufmerksamer Zeitgenosse *Bogislaff Philipp von Chemnitz*, Königlichen Schwedischen in Teutschland geführten Kriegs Erster/Ander Theil ..., Alten-Stettin 1645, Stockholm 1653. Auch ältere Spezialuntersuchungen zur brandenburgischen Haltung den Kriegsparteien gegenüber nehmen immer wieder den Schwedischen Krieg, das Verhältnis Georg Wilhelms zu Gustav Adolf und Axel Oxenstierna, ins Visier; weil die borussische Historiographie des 19. Jahrhunderts forciert protestantisch, da kleindeutsch, war, neigte sie dazu, die klug abwägende, also zögernde Haltung Georg Wilhelms an anachronistischen «nationalen» Maßstäben, gar solchen des «Kulturkampfs», zu messen. Wenigstens aus den Quellen gearbeitet und als Materialsammlungen brauchbar sind: *Johann Julius Günther*, Die Politik der Kurfürsten von Sachsen und Brandenburg nach dem Tode Gustav Adolf's und der Heilbronner Bund, Diss. Dresden 1877; *(Johann) Gustav Droysen*, Die evangelischen Kurfürsten und der Reichskanzler Oxenstiern nach Gustaf Adolfs Tod, in: Zeitschrift für Preußische Geschichte und Landeskunde 16 (1879), S. 607–673. Zu den Problemen «neutraler» Politik im Dreißigjährigen Krieg *Axel Gotthard*, «Grobe narren» und «wetterwendische leut». Akzeptanzprobleme der Neutralität im Dreißigjährigen Krieg (im Druck).

Friedrich Wilhelm, der Große Kurfürst
(Heinz Duchhardt)

Die folgende kurze Übersicht konzentriert sich auf das Schrifttum der letzten dreißig Jahre, mit dessen Hilfe die ältere Literatur ohne Mühe ermittelt werden kann. Zeitgleich erschienen – übrigens in einem und demselben Verlag – die zweibändige Bonner Habilitationsschrift von *Ernst Opgenoorth*, Friedrich Wilhelm, der Große Kurfürst von Brandenburg, Göttingen u. a. 1971–1978, und die gedrängte Studie von *Gerhard Oestreich*, Friedrich Wilhelm, der Große Kurfürst, Göttingen u. a. 1971. Einen deutlichen Fortschritt in der Forschung erbrachte der Tagungsband von *Gerd Heinrich* (Hrsg.): «Ein sonderbares Licht in Teutschland». Beiträge zur Geschichte des Großen Kurfürsten von Brandenburg (1640–1688), Berlin 1990. Weiterführend überdies die Beiträge von *Johannes Arndt*, Der Große Kurfürst, ein Herrscher des Absolutismus? Über die Möglichkeiten und Grenzen monokratischer Herrschaft im 17. Jahrhundert, in: Ronald G. Asch/ Heinz Duchhardt (Hrsg.), Der Absolutismus – ein Mythos? Strukturwandel monarchischer Herrschaft, Köln, Weimar, Wien 1996, S. 249–273, und *Axel Gotthard*, Der «Große Kurfürst» und das Kurkolleg, in: Forschungen zur Brandenburgischen und Preußischen Geschichte N. F. 6 (1996), S. 1–54. – Zur Integration der «neuen» Territorien vgl. den Sammelband von *Peter Baumgart* (Hrsg.), Expansion und Integration. Zur Eingliederung neu gewonnener Gebiete in den preußischen Staat, Köln 1984. – Zum Ständewesen *Christoph Fürbringer*, Necessitas und Libertas. Staatsbildung und Landstände im 17. Jahrhundert in Brandenburg, Frankfurt u. a. 1985. – Zur Kolonialpolitik des Großen Kurfürsten muß vorerst noch auf das Buch von *Hans Georg Steltzer*, «Mit herrlichen Häfen versehen». Brandenburgisch-preußische Seefahrt vor dreihundert Jahren, Frankfurt u. a. 1981, zurückgegriffen werden. – Einen innen- und außenpolitisch wichtigen Einzelaspekt behandeln neuestens *Heinz Duchhardt/Bogdan Wachowiak*, Um die Souveränität des Herzogtums Preußen. Der Vertrag von Wehlau 1657, Hannover 1998. – Als prosopographische Basis für Brandenburg-Preußen in der zweiten Hälfte des 17. Jahrhunderts dient *Peter Bahl*, Der Hof des Großen Kurfürsten. Studien zur höheren Amtsträgerschaft Brandenburg-Preußens, Köln, Weimar, Wien 2000.

Friedrich III./I.

(Wolfgang Neugebauer)

Herangezogene Archivbestände: Geheimes Staatsarchiv Stiftung Preußischer Kulturbesitz, I. Hauptabteilung, Rep. 9: Allgemeine Verwaltung; Rep. 36: Hof- und Güterverwaltung; Rep. 132: Dignitätsakten; Brandenburg-Preußisches Hausarchiv, Rep. 45; Brandenburgisches Landeshauptarchiv Potsdam, Rep. 23 A: Kurmärkische Stände; Rep. 23 B: Neumärkische Stände. – Quelleneditionen: *Hermann von Caemmerer* (Hrsg.), Die Testamente der Kurfürsten von Brandenburg und der beiden ersten Könige von Preußen, München, Leipzig 1915; *Richard Dietrich* (Hrsg.), Die politischen Testamente der Hohenzollern, Köln, Wien 1986; *Georg Küntzel/Martin Hass* (Hrsg.), Die politischen Testamente der Hohenzollern nebst ergänzenden Aktenstücken, Bd. 1, 2., erw. Aufl., Leipzig, Berlin 1919; *Christian Otto Mylius* (Hrsg.), Corpus Constitutionum Marchicarum, 6 Teile, Berlin, Halle 1737–1751; Ceremonial-Buch für den Königlich Preußischen Hof. X. Hof-Rang-Reglement, Berlin 1871; *Hermann Schulze* (Hrsg.), Die Hausgesetze der regierenden deutschen Fürstenhäuser, Bd. 3, Jena 1883; *Kurt Breysig/Otto Hoetzsch / Friedrich Wolters*, Urkunden und Aktenstücke ..., 3 Bde., Leipzig 1895–1915; Die Behördenorganisation und die allgemeine Staatsverwaltung Preußens im 18. Jahrhundert, Bd. 1: Akten von 1701 bis Ende Juni 1714, bearb. von *G. Schmoller* und *O. Krauske* (= Acta Borussica. Denkmäler der Preußischen Staatsverwaltung im 18. Jahrhundert),

Neudruck Frankfurt am Main 1986/87; *Ludwig von Baczko*, Geschichte Preußens, Bd. 6, Königsberg 1800; *Theodor von Moerner* (Hrsg.), Kurbrandenburgs Staatsverträge von 1601 bis 1700, Neudruck Berlin 1965; *Victor Loewe* (Hrsg.), Preußens Staatsverträge aus der Regierungszeit König Friedrichs I., Leipzig 1923; *Paul Stettiner*, Zur Geschichte des preussischen Königstitels und der Königsberger Krönung, Königsberg 1900; *Johann Christian Lünig*, Grundfeste Europäischer Potenzen Gerechtsame..., 2 Teile, Leipzig 1716; ders., Theatrum Ceremoniale ..., 1. Teil, Leipzig 1719; *Johann von Besser*, Preußische Krönungs-Geschichte/Oder Verlauf der Ceremonien..., Cölln an der Spree 1702; Des *Herrn von Bessers* Schrifften, Beydes In gebundener und ungebundener Rede, 1. Teil, Leipzig 1732; *Ernst Berner* (Hrsg.), Aus dem Briefwechsel König Friedrichs I. von Preußen und seiner Familie, Berlin 1901; *Hans Droysen*, Vom Hofe König Friedrichs I. aus den Jahren 1709–1711, in: Hohenzollern-Jahrbuch 19 (1915), S. 52–80; *Georg Schnath* (Hrsg.), Briefwechsel der Kurfürstin Sophie von Hannover mit dem Preußischen Königshause, Berlin, Leipzig 1927; *Richard Doebner* (Hrsg.), Briefe der Königin Sophie Charlotte von Preußen und der Kurfürstin Sophie von Hannover an hannoversche Diplomaten, Leipzig 1905. – Gesamtdarstellungen und Aufsatzsammlungen: *Otto Hintze*, Die Hohenzollern und ihr Werk. Fünfhundert Jahre vaterländischer Geschichte, Berlin 1915; *ders.*, Regierung und Verwaltung. Gesammelte Abhandlungen zur Staats-, Rechts- und Sozialgeschichte Preußens, 2. Aufl., Göttingen 1967; *Carl Hinrichs*, Preußen als historisches Problem. Gesammelte Abhandlungen, Berlin 1964; *Carl Hinrichs*, Friedrich Wilhelm I. König in Preußen. Eine Biographie. Jugend und Aufstieg. 2. Aufl. Hamburg 1943; *Peter Baumgart*, Die Epochen der preußischen Monarchie im 18. Jahrhundert, in: Otto Büsch (Hrsg.): Das Preußenbild in der Geschichte, Berlin, New York 1981, S. 65–96; *Gerd Heinrich*, Geschichte Preußens. Staat und Dynastie, 2. Aufl. Frankfurt am Main, Berlin, Wien 1984; *Wolfgang Neugebauer*, Die Hohenzollern, Bd. 1: Anfänge, Landesstaat und monarchische Autokratie bis 1740, Stuttgart, Berlin, Köln 1996 (weitere Literatur dort, S. 229–240); *ders.*, Residenz-Verwaltung-Repräsentation. Das Berliner Schloß und seine historischen Funktionen vom 15. bis 20. Jahrhundert, Potsdam 1999; *ders.*, Staatliche Einheit und politischer Regionalismus. Das Problem der Integration in der brandenburg-preußischen Geschichte bis zum Jahre 1740, in: Wilhelm Brauneder (Hrsg.), Staatliche Vereinigung. Fördernde und hemmende Elemente in der deutschen Geschichte, Berlin 1998; Sophie Charlotte und ihr Schloß. Ein Musenhof des Barock in Brandenburg-Preußen. München, London, New York 1999. – Biographische Darstellungen: *Christian Heinrich Güther*, Leben und Thaten Herrn Friederichs des Ersten, Königes in Preußen, Markgrafen zu Brandenburg... Breslau 1750; *Anton Balthasar König*, Versuch einer Historischen Schilderung der Hauptveränderungen... der Residenzstadt Berlin seit den ältesten Zeiten, bis zum Jahre 1786, 3. Teil, Berlin 1795; *Carl Ludwig Freiherr von Pöllnitz*, Memorien zur Lebens- und Regierungsgeschichte der vier letzten Regenten des Preußischen Staats..., Bd. 1, Berlin 1791; *Franz Horn*, Friedrich der Dritte, Kurfürst von Brandenburg, Erster König in Preußen, Berlin 1816; *Johann Gustav Droysen*, Friedrich I., König in Preußen, 2. Aufl., Leipzig 1872; *Karl Freiherr von Ledebur*, König Friedrich I. von Preußen, Leipzig 1878; *Werner Schmidt*, Friedrich I., Kurfürst von Brandenburg, König in Preußen, München 1996; *Linda Frey /*

Marsha Frey, Frederick I: The Man and His Times, Boulder, New York 1984; *Karl August Varnhagen von Ense*, Leben der Königin von Preußen Sophie Charlotte, Berlin 1837. – Spezialstudien: *Ernst Opgenoorth*, Friedrich Wilhelm, der Große Kurfürst von Brandenburg. Eine politische Biographie, 2 Bde., Göttingen u.a. 1971; *Hans Prutz*, Aus des Grossen Kurfürsten letzten Jahren, Berlin 1897; *Johannes Großmann*, Jugendgeschichte Friedrichs I., ersten Königs in Preußen, in: Hohenzollern-Jahrbuch 4 (1900), S. 10–59; *Bernhard Erdmannsdörffer*, Das Testament des grossen Kurfürsten, in: Preußische Jahrbücher 18 (1867), S. 429–441; *Hans Prutz*, Zur Geschichte des Konfliktes zwischen dem Großen Kurfürsten und dem Kurprinzen Friedrich, in: Forschungen zur Brandenburgischen und Preußischen Geschichte 11 (1898), S. 530–543; *Gerhard Oestreich*, Friedrich Wilhelm I. Preußischer Absolutismus, Merkantilismus, Militarismus, Göttingen u.a. 1977; *Ernst Berner*, Die Hausverfassung der Hohenzollern, in: Historische Zeitschrift 52 (1884), S. 78–121; *Ludwig Tümpel*, Die Entstehung des brandenburgisch-preußischen Einheitsstaates im Zeitalter des Absolutismus (1609–1806), Breslau 1915; *Max Hein*, Otto von Schwerin. Der Oberpräsident des Großen Kurfürsten, Königsberg 1929; *Walter Koch*, Hof- und Regierungsverfassung König Friedrichs I. von Preußen, Neudruck Aalen 1991; *Ferdinand Hirsch*, Die Erziehung der älteren Söhne des Großen Kurfürsten, in: Forschungen zur Brandenburgischen und Preußischen Geschichte 7 (1894), S. 141–171; *Curt Breysig*, Der Prozess gegen Eberhard Danckelman, Leipzig 1889; *Victor Loewe*, Ein Diplomat und Gelehrter. Ezechiel Spanheim (1629–1710), Berlin 1924; *Johannes Schultze*, Eberhard Danckelman, in: Ders., Forschungen zur Brandenburgischen und Preußischen Geschichte. Ausgewählte Aufsätze, Berlin 1964, S. 214–230; *Wilhelm Michaelis*, Die Staatskrise Preußens in den Jahren 1709/10, in: Geschichte in Wissenschaft und Unterricht 24 (1973), S. 156–168; *Heinrich Otto Meisner*, Die monarchische Regierungsform in Brandenburg-Preußen, in: Forschungen zu Staat und Verfassung. Festgabe für Fritz Hartung, Berlin 1958, S. 219–245; *Arnold Berney*, König Friedrich I. und das Haus Habsburg (1701–1707), München, Berlin 1927; *Peter Baumgart*, Die preußische Königskrönung von 1701, das Reich und die europäische Politik, in: Neue Forschungen zur Brandenburg-Preußischen Geschichte, Bd. 7, Köln, Wien 1987, S. 65–86; *Heide Barmeyer* (Hrsg.), Die preußische Rangerhöhung und Königskrönung 1701 in deutscher und europäischer Sicht, Frankfurt am Main, Berlin, Bern, Brüssel, New York, Oxford, Wien, 2002; *Johannes Kunisch* (Hrsg.), Dreihundert Jahre Preußische Königskrönung. Eine Tagungsdokumentation, Berlin 2002; *Kurt Breysig*, Der brandenburgische Staatshaushalt in der zweiten Hälfte des 17. Jahrhunderts, in: Jahrbuch für Gesetzgebung, Verwaltung und Volkswirthschaft im Deutschen Reiche 16 (1892), S. 1–42, 449–526; *Heinz Duchhardt*, Anspruch und Architektur: Das Beispiel Berlin, in: Forschungen zur Brandenburgischen und Preußischen Geschichte N. F. 1 (1991), S. 31–52; *Albert Geyer*, Geschichte des Schlosses zu Berlin, Bd. 1, Berlin 1936, Bd. 2, Berlin 1993; *Goerd Peschken*, Das königliche Schoß zu Berlin, Bde. 1, 2, München 1992–1998 (bis 1706); *Peter Baumgart*, Der deutsche Hof der Barockzeit als politische Institution, in: August Buck, Georg Kauffmann, Blake Lee Spahr, Conrad Wiedemann (Hrsg.), Europäische Hofkultur im 16. und 17. Jahrhundert, Bd. 1, Hamburg 1981, S. 25–43; *Barbara Stollberg-Rilinger*, Höfische Öffentlichkeit. Zur zeremoniellen

Selbstdarstellung des brandenburgischen Hofes vor dem europäischen Publikum, in: Forschungen zur Brandenburgischen und Preußischen Geschichte N.F. 7 (1997), S. 145–176; *Hellmut Lorenz*, Tradition oder «Moderne»? Überlegungen zur barocken Residenzlandschaft Berlin-Brandenburg, in: Ebd., 8 (1998), S. 1–23; *Heinz Ladendorf*, Der Bildhauer und Baumeister Andreas Schlüter, Berlin 1935; *Axel Gotthard*, Der «Große Kurfürst» und das Kurkolleg, in: Forschungen zur Brandenburgischen und Preußischen Geschichte N. F. 6 (1996), S. 1–54; *Sieglinde C. Othmer*, Berlin und die Verbreitung des Naturrechts in Europa, Berlin 1970; *Eduard Winter*, Frühaufklärung, Berlin 1966; *Carl Hinrichs*, Preußentum und Pietismus, Göttingen 1971; *Johannes Kunisch*, Funktion und Ausbau der kurfürstlich-königlichen Residenzen in Brandenburg-Preußen im Zeitalter des Absolutismus, in: Forschungen zur Brandenburgischen und Preußischen Geschichte N. F. 3 (1993), S. 167–192; *Albert F. Pribam*, Oestreich und Brandenburg 1688–1700, Prag/Leipzig 1885; *Albert Waddington*, L'Acquisition de la Couronne Royale de Prusse par les Hohenzollern, Paris 1888; *Heinz Duchhardt*, Das preußische Königtum von 1701 und der Kaiser, in: Ders./Manfred Schlenke (Hrsg.), Festschrift für Eberhard Kessel zum 75. Geburtstag, München 1982, S. 89–101; *ders.*, Die preußische Königskrönung von 1701. Ein europäisches Modell?, in: ders. (Hrsg.), Herrscherweihe und Königskrönung im frühneuzeitlichen Europa, Wiesbaden 1983, S. 82–95; *Theodor Schieder*, Die preußische Königskrönung von 1701 in der politischen Ideengeschichte, in: Ders., Begegnungen mit der Geschichte, Göttingen 1962, S. 183–209, 287–294; *Ulrich Naujokat*, England und Preußen im spanischen Erbfolgekrieg, Bonn 1999. *Anton Schindling*, Die Anfänge des Immerwährenden Reichstags zu Regensburg, Mainz 1991. – Wirkungen des Hofes um 1700: *Theodor Schieder*, Friedrich der Große. Ein Königtum der Widersprüche, Frankfurt u.a. 1983; *Peter-Michael Hahn*, Calvinismus und Staatsbildung: Brandenburg-Preußen im 17. Jahrhundert, in: Meinrad Schaab (Hrsg.): Territorialstaat und Calvinismus, Stuttgart 1993, S. 239–269; *Wolfgang Neugebauer*, Potsdam-Berlin. Zur Behördentopographie des preußischen Absolutismus, in: Bernhard R. Kroener/ Heiger Ostertag (Hrsg.), Potsdam. Staat, Armee, Residenz in der preußisch-deutschen Militärgeschichte. Frankfurt u.a. 1993, S. 273–296; *ders.*, Die Berliner Spree-Insel im preußischen Residenzengefüge. Das 18. Jahrhundert, in: Helmut Engel / Jörg Haspel / Wolfgang Ribbe (Hrsg.), Geschichtswerkstatt Spree-Insel. Historische Topographie-Stadtarchäologie-Stadtentwicklung, Potsdam 1998, S. 99–114; *ders.*, Staatsverwaltung, Manufaktur und Garnison. Die polyfunktionale Residenzlandschaft von Berlin-Potsdam-Wusterhausen zur Zeit Friedrich Wilhelms I., in: Forschungen zur Brandenburgischen und Preußischen Geschichte N. F. 7 (1997), S. 233–257; *Klaus Deppermann*, Der Hallesche Pietismus und der preußische Staat unter Friedrich III. (I.), Göttingen 1961; *Erich Hassinger*, Brandenburg-Preußen, Schweden und Rußland 1700–1713, München 1953; *Heinrich Schnee*, Die Hoffinanz und der moderne Staat, Bd. 1, Berlin 1953.

Friedrich Wilhelm I.

(Peter Baumgart)

Amtliche Quellen zur Regierungszeit des Königs finden sich vor allem in den Serien der Acta Borussica: *Gustav Schmoller/Otto Krauske* u. a. (Hrsg.), Die Behördenorganisation und die allgemeine Staatsverwaltung Preußens im 18. Jahrhundert, Bde. 1–5 (1894 ff., Neudruck 1986 f.); *Gustav Schmoller/Wilhelm Naudé* (Hrsg.), Die Getreidehandelspolitik und Kriegsmagazinverwaltung Brandenburg-Preußens bis 1740, Bd. 2 (1901); *Carl Hinrichs*, Die Wollindustrie in Preußen unter Friedrich Wilhelm I. (1933) (Monographie mit Aktenanhang); für die Persönlichkeit aufschlußreich der Ergänzungsband: *Otto Krauske* (Hrsg.), Die Briefe König Friedrich Wilhelms I. an den Fürsten Leopold von Anhalt-Dessau (1905, Neudruck 1986 f.); Das politische Testament des Königs von 1722 jetzt in: *Richard Dietrich* (Hrsg.), Die politischen Testamente der Hohenzollern (1986), S. 221 ff.; als Stimmungsbild des Berliner Hofes wichtig, wenngleich unzuverlässig: Mémoires de *Frédérique Sophie Wilhelmine Margrave de Baireuth* depuis l'année 1706 jusqu'à 1742, 2 Bde. (1810, letzte Übersetzung 1981); ferner: *Victor Loewe* (Hrsg.), Preussens Staatsverträge aus der Regierungszeit König Friedrich Wilhelms I. (1913). – Eine moderne wissenschaftliche Biographie fehlt bisher; vgl. zuletzt den Sammelband von *Friedrich Beck/Julius H. Schoeps* (Hrsg.), Der Soldatenkönig. Friedrich Wilhelm I. in seiner Zeit, Potsdam 2003. Torso blieb *Carl Hinrichs*, Friedrich Wilhelm I., König in Preußen, Bd. 1: Jugend und Aufstieg (1941 u. ö.); knappe Skizzen: *Ders.*, Friedrich Wilhelm I. (1938), jetzt in: Ders., Preußen als historisches Problem. Gesammelte Abhandlungen (1964), S. 40 ff., dort weitere einschlägige Abhandlungen; ferner: *Fritz Hartung*, König Friedrich Wilhelm I. von Preußen (1942), jetzt in: Ders., Staatsbildende Kräfte der Neuzeit. Gesammelte Aufsätze (1961), S. 123 ff.; *Fritz Wagner*, Friedrich Wilhelm I. Tradition und Persönlichkeit, in: Historische Zeitschrift 181 (1956), S. 79 ff.; *Gerhard Oestreich*, Friedrich Wilhelm I. Preußischer Absolutismus, Merkantilismus, Militarismus (1977); *ders.*, Friedrich Wilhelm I., in: Neue Deutsche Biographie 5 (1961), S. 540 ff.; *Helmut Neuhaus*, Friedrich Wilhelm I., in: Kurt G. A. Jeserich/Helmut Neuhaus (Hrsg.), Persönlichkeiten der Verwaltung. Biographien zur deutschen Verwaltungsgeschichte 1648–1945 (1991), S. 24 ff.; nach wie vor heranzuziehen wegen der reichen Quellen: *Friedrich Forster*, Friedrich Wilhelm I. König von Preussen, 2 Bde. (1834/1835); auch die erste Vita von *David Fassmann*, Leben und Thaten des... Königs von Preußen Friderici Wilhelmi (1735); eindrucksvolle romanhafte Darstellung bei *Jochen Klepper*, Der Vater. Roman eines Königs (1937 u. ö.). – Aus der neueren Spezialliteratur und zu Einzelaspekten: Zur Politik-, Verfassungs- und Verwaltungsgeschichte übergreifend *Hans Haussherr*, Verwaltungseinheit und Ressorttrennung vom Ende des 17. bis zum Beginn des 19. Jahrhunderts (1953); *Peter Baumgart*, Epochen der preußischen Monarchie im 18. Jahrhundert, in: Zeitschrift für Historische Forschung 6 (1979), S. 287 ff.; *ders.*, Zur Gründungsgeschichte des Auswärtigen Amtes in Preussen (1713–1728), in: Jahrbuch für die Geschichte Mittel- und Ostdeutschlands 7 (1958), S. 229 ff.; *ders.*, Der Adel Brandenburg-Preussens im Urteil der Hohenzollern des 18. Jahrhunderts, in: Rudolf Endres (Hrsg.), Adel in der Frühneuzeit (1991), S. 141 ff.; *Reinhart A. Dorwart*, The Administrative Reforms of Frederick William I of Prussia (2. Aufl. 1971); *Fritz Terveen*, Gesamtstaat und Retablissement. Der Wiederaufbau des nördlichen Ostpreußen unter Friedrich Wilhelm I. 1714–1740 (1954); *Wolfgang Neugebauer*, Zur neueren Deutung der preußischen Verwaltung im 17. und 18. Jahrhundert, in: Otto Büsch/Wolfgang Neugebauer (Hrsg.), Moderne Preußische Geschichte 1648–1947 (1981), S. 541 ff.; *ders.*, Monarchisches Kabinett und Geheimer Rat, in: Der Staat 33 (1994), S. 511 ff.; *Victor Loewe*, Die Allodifikation der Lehen unter Friedrich Wilhelm I., in: Forschungen zur Brandenburgischen und Preußischen Geschichte 11 (1898), S. 341 ff.; Pietismus und Religiosität: *Carl Hinrichs*, Preußentum und Pietismus. Der Pietismus in Brandenburg-Preußen als religiös-soziale Reformbewegung (1971); *Jochen Klepper*, Der Soldatenkönig und die Stillen im Lande (1938); *Wolfgang Gericke*, Glaubenszeugnisse und Konfessionspolitik der brandenburgischen Herrscher bis zur Preußischen Union (1977), S. 36 ff.; *Gerd Heinrich*, Religionstoleranz in Brandenburg-Preußen. Idee und Wirklichkeit, in: Manfred Schlenke (Hrsg.), Preußen. Beiträge zu einer politischen Kultur (1981), S. 61 ff.; Militärwesen: *Curt Jany*, Geschichte der Preußischen Armee, Bd. 1 (zuerst 1928, Neudruck 1967) nach wie vor im Detail am zuverlässigsten; daneben *Max Lehmann*, Werbung, Wehrpflicht und Beurlaubung im Heere Friedrich Wilhelms I., in: Historische Zeitschrift 67 (1891), S. 254 ff.; *Otto Büsch*, Militärsystem und Sozialleben im Alten Preussen 1713–1807 (1962) (teils revisionsbedürftig); Wirtschaft: *Hugo Rachel*, Der Merkantilismus in Brandenburg-Preußen, in: Forschungen zur Brandenburgischen und Preußischen Geschichte 40 (1927), S. 221 ff.; Geistesleben: *Günther Birtsch*, Friedrich Wilhelm I. und die Anfänge der Aufklärung in Brandenburg-Preußen, in: Oswald Hauser (Hrsg.), Preußen, Europa und das Reich (1987), S. 87 ff.; zum Verhältnis des Königs zum Nachfolger: *Carl Hinrichs*, Der Kronprinzenprozeß. Friedrich und Katte (1936) (Teilaktenedition); *Peter Baumgart*, Kronprinzenopposition. Friedrich und Friedrich Wilhelm I., in: Oswald Hauser (Hrsg.), Friedrich der Große in seiner Zeit (1987), S. 1 ff.

Friedrich II., der Große

(Johannes Kunisch)

Kurz nach dem Tode Friedrichs des Großen erschien die erste Gesamtausgabe seiner Schriften, die allerdings nur Bruchstücke dessen enthielt, was er tatsächlich an Texten und Korrespondenzen hinterlassen hat (*Oeuvres de Frédéric II*, 15 Bde., Berlin 1788). Es folgten auf diese Ausgabe dann zahlreiche Nachdrucke und Übersetzungen (vor allem *Friedrich II. Königs von Preußen hinterlassene Werke*, 15 Bde., o. O. 1788–1789), bevor in den Jahren 1846 bis 1857 von Johann David Erdmann Preuß die erste kritische Gesamtausgabe der Werke in 30 Bänden *(Oeuvres de Frédéric le Grand)* vorgelegt wurde. Auf der Grundlage dieser Texte erschien dann eine opulent ausgestattete Werkausgabe in deutscher Übersetzung (*Die Werke Friedrichs des Großen*, hrsg. von Gustav Berthold Volz, 10 Bde., Berlin

1912–1914), die neben der Ausgabe von Preuß bis heute maßgeblich geblieben ist. Daneben sind in meist vaterländischer Absicht zahlreiche Werkanthologien und Ausgaben der Einzelschriften vorgelegt worden, die allerdings in den letzten Jahrzehnten in ihrem Umfang und vor allem in ihrem editorischen Ertrag erheblich zurückgegangen sind. Eine deutschsprachige Friedrichforschung ist praktisch zum Erliegen gekommen. Veröffentlichungen von wissenschaftlichem Gewicht wurden in den letzten Jahren nur noch im Ausland vorgelegt, so die erste kritische Ausgabe des *Antimachiavell*, ed. par Werner Bahner et Helga Bergmann, Oxford 1996, oder *Correspondance de Frédéric II avec Louise-Dorothéa de Saxe-Gotha* (1740–1767), ed. par Marie-Hélène Cotoni, Oxford 1999. – Es hat den Anschein, als wenn das Erstaunen des englischen Historikers Edward Gibbon (1737–1794), eines Zeitgenossen Friedrichs, immer noch berechtigt ist, der angesichts der Unzulänglichkeiten der ersten Gesamtausgabe des Philosophen von Sanssouci bemerkte: «Hätte je ein britischer König solche und so viele Schriften hinterlassen, gewiß würde das Parlament eine angemessene Summe ausgesetzt haben, um eine mit allem literarischen Apparat versehene, durch größte Correktheit und typographische Pracht glänzende Ausgabe zu veranstalten». Immerhin sind in der zweiten Hälfte des 19. und zu Beginn des 20. Jahrhunderts unter Federführung des Geheimen Staatsarchivs und seiner Mitarbeiter mehrere Briefwechsel des Königs in vorbildlichen, aber inzwischen schon wieder veralteten Editionen vorgelegt worden (*Grumbkow, Maupertuis, Wilhelmine von Bayreuth, Voltaire* usw.). Hierzu tritt ferner das ursprünglich groß angelegte, schließlich aber unvollendet gebliebene Editionsunternehmen der *Politischen Correspondenz Friedrichs des Großen*, hrsg. von Johann Gustav Droysen, Max Duncker, Reinhold Koser u. a., die bisher 46 Bände – sie reicht bis zum Jahre 1782 – (Berlin 1879 bis 1939) samt einem Ergänzungsband mit den Politischen Testamenten des Königs umfaßt. Alle diese Quellenpublikationen sind erschlossen in zwei bibliographischen Nachschlagewerken, deren letzteres zugleich auch die Sekundärliteratur systematisch erfaßt: *Gustav Leithäuser*, Verzeichnis sämtlicher Ausgaben und Übersetzungen der Werke Friedrichs des Großen, Königs von Preußen, in: Miscellaneen zur Geschichte König Friedrichs des Großen, hrsg. von der Königlichen Preußischen Archiv-Verwaltung, Berlin 1878, S. 1–101; *Herzeleide* und *Eckart Henning*, Bibliographie Friedrichs des Großen 1786–1986. Das Schrifttum des deutschen Sprachraums und der Übersetzungen aus Fremdsprachen, Berlin, New York 1988. – Aus der älteren Literatur, die das Bild des Königs geprägt hat, ragt nach wie vor heraus: *Reinhold Koser*, Geschichte Friedrichs des Großen, 4 Bde., Nachdruck der 6. und 7. Auflage, Darmstadt 1963. Sie ist in der Kenntnis der Quellen bis heute unübertroffen und stellt auch als literarisches Dokument eine Leistung von überragender Bedeutung dar. Gedankenreich und problemorientiert: *Arnold Berney*, Friedrich der Große. Entwicklungsgeschichte eines Staatsmanns (bis 1755), Tübingen 1934. Unter den neueren, wissenschaftlich fundierten Biographien ist hervorzuheben: *Theodor Schieder*, Friedrich der Große. Ein Königtum der Widersprüche, Frankfurt u. a. 1983. Sie macht den Versuch, das Kontinuum der Lebensgeschichte mit systematischen Aspekten zu verbinden; ferner: *Frank-Lothar Kroll*, Friedrich der Große, in: Etienne François/Hagen Schulze (Hrsg.), Deutsche Erinnerungsorte, München 2001, S. 620–635; zuletzt die Biographie von *Johannes Kunisch*, Friedrich der Große – Der König und seine Zeit, München 2004. – Zum Komplex der literarischen Tätigkeit des Königs ist nach wie vor die Bestandsaufnahme von *Johann David Erdmann Preuß*, Friedrich der Große als Schriftsteller, Nachdruck der Ausgabe von 1837/38, Osnabrück 1983, unverzichtbar. Geistvoll und subtil darüber hinaus *Eduard Spranger*, Der Philosoph von Sanssouci, 2., erweiterte Auflage, Heidelberg 1962. Außerordentlich fundiert und weiterführend ferner *Christiane Mervaud*, Voltaire et Frédéric II: une dramaturgie des lumières 1736–1778, Oxford 1985. – Zur Bautätigkeit des Königs liegt jetzt mit *Hans-Joachim Giersberg*, Friedrich als Bauherr. Studien zur Architektur des 18. Jahrhunderts in Berlin und Potsdam, Berlin 1986, eine umfassende Darstellung (mit Hinweisen auf die ältere Literatur) vor. Vgl. ferner *Hans Joachim Kadatz*, Georg Wenzeslaus von Knobelsdorff, Baumeister Friedrichs II., Leipzig, München 1983. Umfassend auch der Ausstellungskatalog: Friedrich der Große. Sammler und Mäzen, hrsg. von *Johann Georg Prinz von Hohenzollern*, München 1992 (mit kommentierenden und bilanzierenden Beiträgen). – Zu den kriegsgeschichtlichen Aspekten Friedrichs des Großen informiert umfassend und quellenbezogen der englische Militärhistoriker *Christopher Duffy*, Friedrich der Große. Ein Soldatenleben, Zürich, Köln 1986 (mit ausführlichem Überblick über die ältere Forschung). Zu diesem für die Biographie des Königs entscheidenden Komplex bietet das vielbändige, aber unvollendet gebliebene Generalstabswerk: *Die Kriege Friedrichs des Großen*, Berlin 1890–1914 (insgesamt 19 Bände) eine solide, auch wissenschaftlich durchaus tragfähige Grundlage. Prinzipielle Probleme des frühneuzeitlichen Bellizismus kommen zur Sprache bei: *Johannes Kunisch*, Fürst – Gesellschaft – Krieg. Studien zur bellizistischen Disposition des absoluten Fürstenstaates, Köln, Weimar, Wien 1992; ferner *Michael Salewski*, «Meine Wiege war von Waffen umgeben». Friedrich der Große und der Krieg, in: Zeitschrift für Religions- und Geistesgeschichte 56 (2004), S. 1–17. – Zur Außenwahrnehmung des friderizianischen Preußen gibt es einige bedeutende Untersuchungen: *Stephan Skalweit*, Frankreich und Friedrich der Große. Der Aufstieg Preußens in der öffentlichen Meinung des „ancien régime", Bonn 1952; *Walther Mediger*, Moskaus Weg nach Europa. Der Aufstieg Rußlands zum europäischen Machtstaat im Zeitalter Friedrichs des Großen, Braunschweig 1952; *Manfred Schlenke*, England und das friderizianische Preußen 1740–1763. Ein Beitrag zum Verhältnis von Politik und öffentlicher Meinung im England des 18. Jahrhunderts, Freiburg, München 1963. Ferner liegen als Einzeldarstellungen vor: *Frank-Lothar Kroll*, Das Problem der Toleranz bei Friedrich dem Großen, in: Forschungen zur Brandenburgischen und Preußischen Geschichte N.F. 11 (2001), S. 53–75; *Frank-Lothar Kroll*, Friedrich der Große als Gestalt der europäischen Geschichtskultur, in: Brunhilde Wehinger (Hrsg.), Geist und Macht. Friedrich der Große im Kontext der europäischen Kulturgeschichte, Berlin 2005, S. 185–198. – Sammelbände zum neuesten Forschungsstand (in chronologischer Reihenfolge): Preußens großer König. Leben und Werk Friedrichs des Großen, hrsg. von *Wilhelm Treue*, Freiburg, Würzburg 1986; Friedrich der Große in seiner Zeit, hrsg. von *Oswald Hauser*, Köln, Wien 1987; Persönlichkeiten im Umkreis Friedrichs des Großen, hrsg. von *Johannes Kunisch*, Köln, Wien 1988; Europa im Zeitalter Friedrichs des Großen. Wirtschaft – Gesellschaft – Kriege, hrsg. von *Bernhard R. Kroener*, München 1989; Friedrich II. und die europäische Aufklärung, hrsg. von *Martin Fontius*, Berlin 1999.

Friedrich Wilhelm II.

(David E. Barclay)

Der ungedruckte Nachlaß Friedrich Wilhelms II. befindet sich in den Beständen des Geheimen Staatsarchivs Preußischer Kulturbesitz Berlin, Brandenburg-Preußisches Hausarchiv, Rep. 48: Nachlaß König Friedrich Wilhelm II. – Biographien des Königs existieren aus der Feder von *Wilhelm Moritz Freiherr von Bissing*, Friedrich Wilhelm II., König von Preußen, Berlin 1967; *Gustav Sichelschmidt*, Friedrich Wilhelm II. Der «Vielgeliebte» und seine galante Zeit. Eine Biographie, Berg am See 1993; *Hans-Joachim Neumann*, Friedrich Wilhelm II. Preußen unter den Rosenkreuzern, Berlin 1997. – Für den Zusammenhang wichtig ferner die Darstellungen und Kataloge: *T. C. W. Blanning*, The French Revolutionary Wars, 1787–1802, London 1996; *Horst Möller*, Fürstenstaat oder Bürgernation. Deutschland 1763–1815, Berlin 1989; *Wolfgang Neugebauer*, Zur Staatsbildung Brandenburg-Preußens. Thesen zu einem historischen Typus, in: Jahrbuch für Brandenburgische Landesgeschichte 49 (1998), S. 183–194; Friedrich Wilhelm II. und die Künste. Preußens Weg zum Klassizismus, hrsg. von der Stiftung Preußische Schlösser und Gärten Berlin-Brandenburg, Potsdam 1997; Die Gotische Bibliothek im Neuen Garten zu Potsdam, hrsg. von der Stiftung Preußische Schlösser und Gärten Berlin-Brandenburg, Potsdam 1998.

Friedrich Wilhelm III.

(Thomas Stamm-Kuhlmann)

Quelleneditionen: *Paul Bailleu* (Hrsg.), Preußen und Frankreich von 1795 bis 1807. Diplomatische Correspondenzen, 2 Bde., Leipzig 1881–1887; *Walther Hubatsch* (Hrsg.), Freiherr vom Stein. Briefe und amtliche Schriften, 10 Bde., Stuttgart 1957–1974; *Thomas Stamm-Kuhlmann* (Hrsg.), Karl August von Hardenberg 1750–1822. Tagebücher und autobiographische Aufzeichnungen, München 2000. – Der König war nicht nur zu seinen Lebzeiten, sondern auch als Thema der Forschung durch seine Minister gleichsam umstellt. Sie haben eher wissenschaftliche Biographien erhalten als er. Als erstes veröffentlichte *Max Lehmann*, Scharnhorst, 2 Bde., Leipzig 1886–1887; später *ders.*, Stein, 3 Bde., Leipzig 1902–1905; *Friedrich Meinecke*, Das Leben des Generalfeldmarschalls Herman von Boyen, 2 Bde., Stuttgart 1896–1899. Eine weitere Steinbiographie veröffentlichte *Gerhard Ritter*, Stein. Eine politische Biographie, 2 Bde., Stuttgart 1931, 3. Aufl. Stuttgart 1981. Zu Hardenberg gibt es den Torso einer Biographie von *Hans Haussherr*, Hardenberg. Eine politische Biographie, Bd. 1, hrsg. von Karl Erich Born, Köln, Graz 1963; Bd. 3: Die Stunde Hardenbergs, Köln, Graz 1965. Selbst die Königin Luise verfügt schon lange über eine aus den Quellen geschöpfte Lebensbeschreibung von dem hochverdienten Archivar *Paul Bailleu*, Königin Luise. Ein Lebensbild, Berlin, Leipzig 1908. Die unzähligen seitdem veröffentlichten, mal schlechteren und mal besseren Bücher über die Königin Luise bringen gegenüber Bailleu keinen Erkenntnisfortschritt. – Friedrich Wilhelm III. erhielt kurz nach seinem Tod mehrere, zum Teil mehrbändige Biographien, darunter: *Friedrich Heinrich Freiherr de la Motte Fouqué*, Denkschrift über Friedrich Wilhelm den Dritten, König von Preußen. Eine biographische Mittheilung..., Nordhausen 1842, 2. Aufl. Leipzig 1846. Das erfolgreichste dieser der Heldenverehrung und der Propaganda für die Monarchie gewidmeten Werke stammt von Hofprediger Bischof *Rulemann Friedrich Eylert*, Charakter-Züge und historische Fragmente aus dem Leben des Königs von Preußen Friedrich Wilhelm III. Gesammelt nach eigenen Beobachtungen und selbst gemachten Erfahrungen, 3 Bde., Magdeburg 1842–1846. Die Bestände des Geheimen Staatsarchivs/Brandenburg-Preußischen Hausarchivs sind erstmals verwertet von: *Thomas Stamm-Kuhlmann*, König in Preußens großer Zeit. Friedrich Wilhelm III., der Melancholiker auf dem Thron, Berlin 1992. – Die wichtigsten Epochendarstellungen schrieben *Martin Philippson*, Geschichte des preußischen Staatswesens vom Tode Friedrichs des Großen bis zu den Freiheitskriegen, 2 Bde, Leipzig 1880–1882; *Reinhart Koselleck*, Preußen zwischen Reform und Revolution. Allgemeines Landrecht, Verwaltung und soziale Bewegung von 1791–1848, Stuttgart 1967, 3. Aufl. München 1989, unentbehrlich auch für das Verständnis der Übergangszeit, in der sich das Leben Friedrich Wilhelms III. abgespielt hat. – Das Phänomen des Machtübergangs vom Monarchen auf die Bürokratie beschrieb als erster *Hans Rosenberg*, Bureaucracy, Autocracy and Aristocracy. The Prussian Experience, Cambridge 1958. – Probleme des absolutistischen Staates und der Reformzeit sind zusammenfassend behandelt von *Walter Demel*, Vom aufgeklärten Reformstaat zum bürokratischen Staatsabsolutismus, München 1993, und diskutiert in: *T. C. W. Blanning/Peter Wende* (Hrsg.), Reform in Great Britain and Germany 1750–1850, Oxford 1999. – Zur Außenpolitik vor 1807 zuletzt *Brendan Simms*, The Impact of Napoleon. Prussian high politics, foreign policy and the crisis of the executive, 1797–1806, Cambridge 1997. – Zur Kirchenpolitik zuletzt *Christopher Clark*, Confessional policy and the limits of state action: Frederick William III and the Prussian church union 1817–1840, in: The Historical Journal 39 (1996), S. 985–1004. – Die Einschätzung Friedrich Wilhelms III. als «melancholisches Temperament» stützt sich auf das Werk des Psychiaters *Hubertus Tellenbach*, Melancholie: Problemgeschichte, Endogenität, Typologie, Pathogenese, Klinik. Mit einem Exkurs in die manisch-melancholische Region, 2. erw. Aufl. Berlin, Heidelberg, New York, Tokyo 1974, 4. erw. Aufl. 1983; hierzu außerdem *Thomas Stamm-Kuhlmann*, Tätiges Leben und Melancholie im preußischen Königshaus. Durch Charaktertypologie zum Epochenverständnis, in: Hedwig Röckelein (Hrsg.), Biographie als Geschichte, Stuttgart 1993, S. 280–294.

Friedrich Wilhelm IV.

(Winfried Baumgart)

Es gibt keine irgendwie geschlossene Edition der Korrespondenz Friedrich Wilhelms IV. mit Vertrauten und Zeitgenossen, aber eine Zahl von Einzelveröffentlichungen. Eine systematische Publikation aus den reichen Beständen des Hausarchivs in Berlin wäre wünschenswert. Wichtigste Einzeleditionen: Prinzenbriefe aus den Freiheitskriegen 1813–1815. Briefwechsel des Kronprinzen *Friedrich Wilhelm* und des Prinzen Wilhelm von Preußen mit dem Prinzen

Friedrich von Oranien, hrsg. von Herman Granier, Stuttgart, Berlin 1922; *Friedrich Wilhelm IV.*, Die Königin von Borneo. Ein Roman, hrsg. von Frank-Lothar Kroll, Berlin 1997; *Leopold von Ranke*, Aus dem Briefwechsel Friedrich Wilhelms IV. mit Bunsen, Leipzig 1874 (Wiederabdruck in: *Leopold von Ranke*, Sämmtliche Werke, Bde. 49/50, Leipzig 1887, S. 341–584); Briefwechsel zwischen König *Johann von Sachsen* und den Königen Friedrich Wilhelm IV. und Wilhelm I. von Preußen 1825–1873, hrsg. von Johann Georg zu Sachsen. Unter Mitwirkung von Hubert Ermisch, Leipzig 1911; Revolutionsbriefe 1848. Ungedrucktes aus dem Nachlaß König *Friedrich Wilhelms IV.* von Preußen, hrsg. von Karl Haenchen, Leipzig 1930; (*Friedrich Wilhelms IV.*) Briefwechsel mit Ludolf von Camphausen, hrsg. und erläutert von Erich Brandenburg, Berlin 1906; *Peter Rassow*, Der Konflikt König Friedrich Wilhelms IV. mit dem Prinzen von Preußen im Jahre 1854. Eine preußische Staatskrise, Mainz 1961; Akten zur Geschichte des Krimkriegs, hrsg. von Winfried Baumgart, Bde. 1–2, 1853–1856, München 1990/91; *Peter Betthausen* (Hrsg.), Friedrich Wilhelm IV. von Preußen. Briefe aus Italien 1828, Berlin, München 2001. – Von den Quellen, die von Vertrauten und Mitarbeitern des Königs stammen, sind die wichtigsten Editionen: Die Jugend des Königs Friedrich Wilhelm von Preußen und des Kaisers und Königs Wilhelm I. Tagebuchblätter ihres Erziehers *Friedrich Delbrück* (1800–1809), Bde. 1–3, Berlin 1907; *Caroline von Rochow/Marie de la Motte-Fouqué*, Vom Leben am preußischen Hofe 1815–1852. Aufzeichnungen, bearbeitet von Luise von der Marwitz, Berlin 1908; *Josef von Radowitz*, Nachgelassene Briefe und Aufzeichnungen zur Geschichte der Jahre 1848–1853, hrsg. von Walter Möring, Stuttgart, Berlin 1922 (Neudruck Osnabrück 1967); Denkwürdigkeiten aus dem Leben *Leopold von Gerlachs*, Generals der Infanterie und General-Adjutanten König Friedrich Wilhelms IV., nach seinen Aufzeichnungen hrsg. von seiner Tochter, Bde. 1–2, Berlin 1891/92; Preußens auswärtige Politik 1850 bis 1858. Unveröffentlichte Dokumente aus dem Nachlasse des Ministerpräsidenten *Otto Freiherrn von Manteuffel*, hrsg. von Heinrich von Poschinger, Bde. 1–3, Berlin 1902; Unter Friedrich Wilhelm IV. Denkwürdigkeiten des Ministerpräsidenten *Otto Freiherrn von Manteuffel*, hrsg. von Heinrich von Poschinger, Bde. 1–3, Berlin 1901. – Die wichtigsten Biographien, biographischen und Spezial-Studien sind: *Leopold von Ranke*, Friedrich Wilhelm IV., König von Preußen, in: Allgemeine Deutsche Biographie, Bd. 7, Leipzig 1878, S. 729–776; *Herman von Petersdorff*, König Friedrich Wilhelm der Vierte, Stuttgart 1900; *Ernst Lewalter*, Friedrich Wilhelm IV. Das Schicksal eines Geistes, Hamburg 1938; *Walter Bußmann*, Zwischen Preußen und Deutschland. Friedrich Wilhelm IV. Eine Biographie, Berlin 1990; *Malve Gräfin Rothkirch*, Der «Romantiker» auf dem Preußenthron. Porträt König Friedrich Wilhelms IV., Düsseldorf 1990; *Dirk Blasius*, Friedrich Wilhelm IV. 1795–1861. Psychopathologie und Geschichte, Göttingen 1992; *David E. Barclay*, Frederick William IV and the Prussian Monarchy 1840–1861, Oxford 1995 (deutsche Übersetzung unter dem Titel: Anarchie und guter Wille. Friedrich Wilhelm IV. und die preußische Monarchie, Berlin 1995); *Paul Haake*, Johann Peter Friedrich Ancillon und Kronprinz Friedrich Wilhelm IV. von Preußen, München, Berlin 1920; *Ludwig Dehio*, Friedrich Wilhelm IV. von Preußen. Ein Baukünstler der Romantik, München 1961; *Frank-Lothar Kroll*, Friedrich Wilhelm IV. und das Staatsdenken der deutschen Romantik, Berlin 1990; *ders.*, Herrschaftsverständnis und Regierungspraxis Friedrich Wilhelms IV. von Preußen (1840–1861), in: König Johann von Sachsen 1801/1854–1873. Ein Blick auf Deutschland (= Saxonia. Schriftenreihe des Vereins für sächsische Landesgeschichte e.V., Bd. 7), Dresden 2000, S. 132–141; *Bärbel Holtz*, Der vormärzliche Regierungsstil von Friedrich Wilhelm IV., in: Forschungen zur Brandenburgischen und Preußischen Geschichte N.F. 12 (2002), S. 75–112; *Frank-Lothar Kroll*, Bismarck und Friedrich Wilhelm IV., in: Bernd Heidenreich/Hans-Christof Kraus/Frank-Lothar Kroll (Hrsg.), Bismarck und die Deutschen, Berlin 2005, S. 105–118; *Ewald Schaper*, Die geistespolitischen Voraussetzungen der Kirchenpolitik Friedrich Wilhelms IV. von Preußen, Stuttgart 1938; *Hans-Joachim Schoeps*, Das andere Preußen. Konservative Gestalten und Probleme im Zeitalter Friedrich Wilhelms IV. (1952), 4. Aufl. Berlin 1974; *Kurt Schmidt-Clausen*, Vorweggenommene Einheit. Die Gründung des Bistums Jerusalem im Jahre 1841, Berlin, Hamburg 1965; *Jürgen Krüger*, Rom und Jerusalem. Kirchenbauvorstellungen der Hohenzollern im 19. Jahrhundert, Berlin 1995; *Herbert Obenaus*, Anfänge des Parlamentarismus in Preußen bis 1848, Düsseldorf 1984; *Rüdiger Hachtmann*, Berlin 1848. Eine Politik- und Gesellschaftsgeschichte der Revolution, Berlin 1997; *Günther Grünthal*, Parlamentarismus in Preußen 1848/49–1857/58. Preußischer Konstitutionalismus – Parlament und Regierung in der Reaktionsära, Düsseldorf 1982; *Kurt Borries*, Preußen im Krimkrieg (1853–1856), Stuttgart 1930; *Edgar Bonjour*, Vorgeschichte des Neuenburger Konflikts 1848–56, Bern, Leipzig 1932; *Edgar Bonjour*, Der Neuenburger Konflikt 1856/57. Untersuchungen und Dokumente, Basel u. a. 1957. – Vortrags- und Aufsatzsammlungen über Friedrich Wilhelm IV.: *Otto Büsch* (Hrsg.), Friedrich Wilhelm IV. in seiner Zeit. Beiträge eines Colloquiums, Berlin 1987; Friedrich Wilhelm IV. Künstler und König. Zum 200. Geburtstag. Ausstellung vom 8. Juli bis 3. September 1995. Neue Orangerie im Park von Sanssouci, hrsg. von der Stiftung Preußische Schlösser und Gärten Berlin-Brandenburg, Frankfurt am Main 1995; *Peter Krüger/Julius H. Schoeps* (Hrsg.), Der verkannte Monarch. Friedrich Wilhelm IV. in seiner Zeit, Potsdam 1997.

Wilhelm I.

(Jürgen Angelow)

Gedruckte Quellen, Briefe und Tagebücher: Die Jugend des Königs Friedrich Wilhelm IV. von Preußen und des Kaisers und Königs Wilhelm I. Tagebuchblätter ihres Erziehers *Friedrich Delbrück* (1800–1809), mitgeteilt von Georg Schuster, 3 Bde., Berlin 1907; Hinterlassene Aufzeichnungen Seiner Majestät des Kaisers *Wilhelm I.*, hrsg. und eingeleitet von Bernhard Rogge, Leipzig 1890; Prinzenbriefe aus den Freiheitskriegen 1813–1815, hrsg. von Herman Granier, Stuttgart, Berlin 1923; Kaiser *Wilhelms des Großen* Briefe, Reden und Schriften, eingeleitet und erläutert von Ernst Berner, 2 Bde., Berlin 1906; *Wilhelm I.* und Otto von Bismarck in ihrem Briefwechsel, ausgewählt und eingeleitet von Eduard von der Hellen, Stuttgart 1917; Erich Brandenburg, Briefe Kaiser *Wilhelms I.*, Berlin 1911; Briefe an Luise Radziwill, hrsg. von Kurt Jagow, 1929; Aus dem Tagebuche Kaiser *Wilhelms I.*, Berlin 1897; *Wilhelms I.* Briefe an seinen Vater König Friedrich Wilhelm III. (1827–1839), hrsg. von Paul Alfred

Merbach, Berlin 1922; Die Briefe Kaiser *Wilhelms I.*, hrsg. vom Kaiser-Wilhelm-Institut für deutsche Geschichte, Stuttgart, Berlin, Leipzig 1924; *Wilhelm I.*, Briefe aus den Kriegsjahren 1870/1871, Leipzig 1915. – Darstellungen, Biographien und Charakterskizzen: *Karl Heinz Börner*, Wilhelm I. 1797 bis 1888. Deutscher Kaiser und König von Preußen. Eine Biographie, Berlin (Ost) 1984; *Franz Herre*, Kaiser Wilhelm I. Der letzte Preuße, Köln 1980; *Paul Wiegler*, Wilhelm der Erste. Sein Leben und seine Zeit, Hellerau 1927; *Günter Richter*, Kaiser Wilhelm I., in: Drei deutsche Kaiser. Wilhelm I. – Friedrich III. – Wilhelm II. Ihr Leben und ihre Zeit 1858–1918, hrsg. von Wilhelm Treue, Freiburg, Würzburg 1987, S. 14–75; *Heinrich von Sybel*, Die Begründung des Deutschen Reiches durch Wilhelm I., München, Berlin 1901; *Albert Pfister*, Kaiser Wilhelm I. und seine Zeit, Bielefeld 1906. *Walter Rohdich*, Das Dreikaiserjahr 1888. Wilhelm I., Friedrich III., Wilhelm II., Friedberg 1987; *Kurt Jagow* (Hrsg.), Der alte Kaiser erzählt. Anekdoten aus dem Leben Kaiser Wilhelms I., Berlin 1939; *ders.*, Jugendbekenntnisse des alten Kaisers, Leipzig 1939. – Zeitgenössische Literatur und Gedenkschriften: *Erich Marcks*, Kaiser Wilhelm I., München, Leipzig 1897, 9. Aufl. 1943; *Bernhard Kugler*, Kaiser Wilhelm der Große und seine Zeit, Leipzig 1897; *Hermann Ruete*, Kaiser Wilhelm der Große als Christ, Mensch, Soldat und Herrscher. Ein Charakterbild, Leipzig 1897; *Bernhard Rogge*, Kaiser Wilhelm I. 22. März 1797–22. März 1897. Illustriertes Gedenkbüchlein, Dresden-Blasewitz 1897; *Bernhard Rogge*, Kaiserbuch (Wilhelm I.), neu bearbeitet von Heinrich Reuss, Berlin 1908; *C. Roennberg*, Wilhelm I. Kaiser von Deutschland. Eine biographische Darstellung des Lebens Seiner Majestät des Kaisers und Königs, Berlin 1897; *Arthur Boehthingk*, Wilhelm der Glorreiche. Rede zur hundertjährigen Gedächtnisfeier, Heidelberg 1897; *Max Blum*, Unser Heldenkaiser Wilhelm der Große, der Siegreiche, Berlin 1897; *Friedrich Ohnesorge*, Wilhelm der Große, Berlin 1897; *Paul Ludwig*, Warum wollen und sollen wir Kaiser Wilhelm I. den Großen nennen? Karlsruhe 1897; *M. Lewis*, Kaiser Wilhelm I., Greifswald 1888; *Heinrich von Treitschke*, Rede. Gehalten zur Feier der fünfundzwanzigjährigen Regierung Seiner Majestät des Kaisers und Königs Wilhelm I., Berlin 1886; *Friedrich Wilhelm Johannes Thoemes* (Hrsg.), Kaiser Wilhelm I. der Große, der Siegreiche, der Einzige. Ein vaterländisches Gedenkbuch, Rueckweier 1897; *Johannes Kessler*, Kaiser Wilhelm der Große, der siegreiche Kriegsherr, Berlin 1897; *Wilhelm Pfeifer*, Kaiser Wilhelm I., Berlin 1896; *Justus Scheibert*, Kaiser Wilhelm I. und seine Zeit, 2 Bde., Berlin 1898; *A. H. Brandrupp*, Wilhelm I. Preußens Heldenkönig in Wort und Bild. Ein Gedenkbuch für's preußische Volk, 2 Bde., Berlin 1870; *Hermann Jahnke*, Wilhelm-Gedenkbuch. Zum Andenken an den 100jährigen Geburtstag Kaiser Wilhelms des Großen (22. März 1897), Berlin 1897; *Christlieb Gotthold Hottinger*, Kaiser Wilhelm I., Berlin 1897; *Ferdinand Heinke*, Unser Soldatenkaiser Wilhelm I., Berlin 1897.

Friedrich III.

(Hans-Christof Kraus)

Quelleneditionen: Die offiziellen Äußerungen des Kronprinzen und Kaisers enthält die Sammlung von *G. Schuster* (Hrsg.), Briefe, Reden und Erlasse des Kaisers und Königs Friedrich III., Berlin 1907; unverzichtbar zum politischen

Denken und Handeln des Kronprinzen sind seine lebenslang geführten Tagebücher, von denen bisher nur Teileditionen vorliegen: *Heinrich Otto Meisner* (Hrsg.), Kaiser Friedrich III. Das Kriegstagebuch von 1870/71, Berlin, Leipzig 1926; *Heinrich Otto Meisner* (Hrsg.), Kaiser Friedrich III. Tagebücher von 1848–1866, Leipzig 1929; *Hans Rothfels* (Hrsg.), Tagebuch meiner Reise nach dem Morgenlande 1869. Bericht des preußischen Kronprinzen über seine Reise zur Einweihung des Suez-Kanals, Berlin 1971. Zur Krankengeschichte: *Morell Makkenzie*, The Fatal Illness of Frederick the Noble, London 1888; Die Krankheit Kaiser Friedrichs III., dargestellt nach amtlichen Quellen und den im königlichen Hausministerium niedergelegten Berichten der Ärzte, Berlin 1888; zentrales Material enthält der Briefwechsel der Kronprinzessin mit ihrer Mutter. Die problematische ältere Ausgabe von *Sir Frederick Ponsonby* (Hrsg.), Briefe der Kaiserin Friedrich, Berlin 1929, wird überholt durch die noch unvollendete Edition von *Roger Fulford* (Hrsg.), Letters between Queen Victoria and the Crown Princess of Prussia, bisher Bde. I–V (1858–1885), London 1964–1981; äußerst wichtige Quellen enthält der Anhang von *Heinrich Otto Meisner*, Der preußische Kronprinz im Verfassungskampf 1863, Berlin 1931; aussagekräftige Erinnerungen von Zeitgenossen und Weggefährten sind: *Hans Delbrück*, Persönliche Erinnerungen an Kaiser Friedrich und sein Haus, in: Preußische Jahrbücher 62 (1888); *Gustav Freytag*, Der Kronprinz und die deutsche Kaiserkrone, Leipzig 1889; *Ernst II. von Sachsen-Coburg-Gotha*, Aus meinem Leben und aus meiner Zeit, Bde. I–III, Berlin 1889; *Prinz Kraft zu Hohenlohe-Ingelfingen*, Eine Kriegserinnerung an den Kaiser Friedrich, in: Preußische Jahrbücher 64 (1889); *Karl Schellbach*, Erinnerungen an den Kronprinzen Friedrich Wilhelm von Preußen, Breslau 1890; *Robert Dohme*, Erinnerungen an Kaiser Friedrich, in: Deutsche Revue 157 (1922); bedeutendes Material zur politischen Rolle des Kronprinzen in den 1860er Jahren ist auch enthalten in der Briefsammlung seines zeitweilig einflußreichsten Beraters: *Johannes Schulze* (Hrsg.), Max Duncker. Politischer Briefwechsel aus seinem Nachlaß, Stuttgart, Berlin 1923; zwei reichhaltige Quellensammlungen zum Liberalismus der Reichsgründungs- und Bismarckzeit mit mannigfachen Hinweisen auf den Kronprinzen Friedrich sind: *Julius Heyderhoff/Paul Wentzcke* (Hrsg.), Deutscher Liberalismus im Zeitalter Bismarcks. Eine politische Briefsammlung, Bde. I–II, Leipzig 1925–1926; *Julius Heyderhoff* (Hrsg.), Im Ring der Gegner Bismarcks. Denkschriften und politischer Briefwechsel Franz von Roggenbachs mit Kaiserin Augusta und Albrecht von Stosch 1865–1896, Leipzig 1943. – Darstellungen: Wichtigste der frühen Lebensdarstellungen aus der Feder eines Bewunderers: *Martin Philippson*, Friedrich III. als Kronprinz und Kaiser, Berlin 1893; *ders.*, Das Leben Friedrichs III., Wiesbaden 1900; neue Quellen bei: *Margarethe von Poschinger*, Kaiser Friedrich. In neuer quellenmäßiger Darstellung, Bde. I–III, Berlin 1899–1900; aus der Perspektive der Zeit nach dem Ersten Weltkrieg: *Eugen Wolbe*, Kaiser Friedrich. Die Tragödie des Übergangenen, Hellerau 1931; die bismarckkritische Perspektive (eines aus Deutschland vertriebenen Emigranten) dominiert auch bei *Werner Richter*, Friedrich III., Erlenbach-Zürich 1938, neu hrsg. von Rüdiger vom Bruch, München 1981; die neueren und neuesten Darstellungen sind: *Franz Herre*, Kaiser Friedrich III. Deutschlands liberale Hoffnung, Stuttgart 1987; *Wilhelm Treue*, Kaiser Friedrich III., in: *Wilhelm Treue* (Hrsg.), Drei deutsche Kaiser: Wilhelm I. – Friedrich III. – Wilhelm II. Ihr Leben und ihre Zeit 1858–1918, Freiburg, Würzburg 1987, S. 76–132, sowie die Skizze von *Hellmut Seier,* Friedrich III. deutscher Kaiser 1888, in: *Anton Schindling/Walter Ziegler* (Hrsg.), Die Kaiser der Neuzeit 1519–1918. Heiliges Römisches Reich, Österreich, Deutschland, München 1990, S. 410–418; die «liberale» Komponente im Denken und Handeln des Monarchen ist in der neuesten Biographie wieder stark herausgearbeitet worden von *Patricia Kollander,* Frederick III – Germany's Liberal Emperor, Westport/Connecticut, London 1995; eine umfassende, vor allem den Gesamtbestand der Tagebücher und der ungedruckten Teile des Briefwechsels auswertende Lebensdarstellung bleibt weiterhin ein Desiderat. Spezielleren Fragestellungen sind gewidmet die älteren und neueren Einzelstudien von: *Gisbert Beyerhaus,* Die Krise des deutschen Liberalismus und das Problem der 99 Tage, in: Preußische Jahrbücher 239 (1935); *Andreas Dorpalen,* Emperor Frederick III. and the German Liberal Movement, in: American Historical Review 54 (1948/49); die Verbindung Friedrichs zum Hof der Schwiegermutter beleuchtet *Charlotte Niederhommert,* Queen Viktoria und der deutsche Kronprinz Friedrich Wilhelm, phil. Diss., Münster 1934; die tragische Spätzeit des Monarchen wird u. a. dargestellt von *Hans-Joachim Wolf,* Die Krankheit Friedrichs III. und ihre Wirkung auf die englische und deutsche Öffentlichkeit, Berlin 1958; *Michael Freund,* Das Drama der 99 Tage. Krankheit und Tod Friedrichs III., Köln 1966; *J. Alden Nichols,* The Year of the Three Kaisers: Bismarck and the German Succession, 1887–1888, Champaign/Illinois 1987; neues Material zum Thronfolgeproblem um die Mitte der 1880er Jahre und zur damit zusammenhängenden Motivation der Bismarckschen Kolonialpolitik bringt die umfassende Studie von *Axel T. G. Riehl,* Der «Tanz um den Äquator». Bismarcks antienglische Kolonialpolitik und die Erwartung des Thronwechsels in Deutschland 1883 bis 1885, Berlin 1993; auch das Leben der Kronprinzessin Victoria und «Kaiserin Friedrich» ist mehrfach dargestellt worden: Nach zwei knappen älteren Detailstudien von *Marie Luise Aufermann,* Der persönliche Anteil der Kaiserin Friedrich an der deutschen Politik, phil. Diss., Münster 1932, und *Johannes Friese,* Die politische Haltung der Kronprinzessin Viktoria bis zum Jahre 1871, Berlin 1933, erschien die erste bedeutende, auf wichtigen unveröffentlichten Quellen beruhende Biographie erst nach dem Zweiten Weltkrieg: *Egon Caesar Conte Corti,* Wenn... Sendung und Schicksal einer Kaiserin, Graz 1954; sodann sind zu nennen: *Richard Barkeley,* The Empress Frederick, London 1956; *Daphne Bennet,* Vicky. Princess Royal of England and German Empress, New York 1971; *Andrew Sinclair,* Victoria. Kaiserin für 99 Tage, Frankfurt am Main 1983.

Wilhelm II.

(Frank-Lothar Kroll)

Quellen: Neue wissenschaftliche Editionen der Reden, Briefe und Aufzeichnungen Wilhelms II. fehlen. Von den älteren Ausgaben sind benutzbar: Die Reden Kaiser Wilhelms II. (1888 bis Ende 1912), 4 Bde., gesammelt und hrsg. von Johannes Pentzler (Bde. 1–3) und Bogdan Krieger (Bd. 4), Leipzig o. J.; Briefe Wilhelms II. an den Zaren 1894–1914, hrsg. und eingeleitet von Walter Goetz, Berlin o. J.; Briefwechsel mit Houston Stewart Chamberlain, in: Ders., Briefe 1882–1924, Bd. 2, hrsg. von P. Pretzsch, München 1928; R. A. Kann, Emperor

William II and Archduke Francis Ferdinand in Their correspondence, in: American Historical Review 57 (1951/52); Ernst Johann (Hrsg.), Die Reden Wilhelms II. Ansprachen, Reden und Trinksprüche, München 1966; Wilhelm II., Die Briefe meiner Mutter, der Kaiserin Friedrich, in: Sir Frederick Ponsonby (Hrsg.), Briefe der Kaiserin Friedrich, Berlin 1929, S. IX–XIX; ders., Ereignisse und Gestalten aus den Jahren 1878–1918, Leipzig, Berlin 1922; ders., Erinnerungen an Korfu, Berlin 1924; ders., Aus meinem Leben 1859–1888, Berlin, Leipzig 1927; ders., Meine Vorfahren, Berlin 1929; ders., Die chinesische Monade. Ihre Geschichte und ihre Deutung, Leipzig 1934; ders., Studien zur Gorgo, Leipzig 1936; ders., Vergleichende Zeittafeln der Vor- und Frühgeschichte Vorderasiens, Ägyptens und der Mittelmeerländer, Leipzig 1936; ders., Das Königtum im alten Mesopotamien, Berlin 1938; ders., Ursprung und Anwendung des Baldachins, Amsterdam 1939. – Forschungsberichte: *Walter Goetz*, Kaiser Wilhelm II. und die deutsche Geschichtsschreibung, in: Historische Zeitschrift 179 (1955), S. 21 ff.; *Frank-Lothar Kroll*, Zur Beurteilung Wilhelms II., in: Das Historisch-Politische Buch 40 (1992), S. 355–358. – Biographien: *Emil Ludwig*, Wilhelm II., Berlin 1926; *Edgar von Schmidt-Pauli*, Der Kaiser. Das wahre Gesicht Wilhelms II., Berlin 1928; *Daniel Chamier*, Wilhelm II. der deutsche Kaiser (1937), Neuausgabe München, Berlin 1989; *Hans Helfritz*, Wilhelm II. als Kaiser und König. Eine historische Studie, Berlin, Zürich, Wien 1954 (unhaltbar apologetisch); *Michael Balfour*, Der Kaiser. Wilhelm II. und seine Zeit, Berlin 1967; *Lamar Cecil*, William II., 2 Bde., Chapel Hill, London 1989–1996; *John C. G. Röhl*, Wilhelm II. Die Jugend des Kaisers 1859–1888, München 1993 (einseitig aburteilend); *Christian Graf von Krockow*, Kaiser Wilhelm II. und seine Zeit. Biographie einer Epoche, Berlin 1999. – Würdigungen: *Walther Rathenau*, Der Kaiser. Eine Betrachtung, Berlin 1919; *Walther Hubatsch*, Kaiser Wilhelm II. Persönlichkeit und Geschichtsbild, historisch-kritisch betrachtet, in: Ders., Hohenzollern in der Geschichte, Frankfurt am Main, Bonn 1961, S. 78–114; *Hans-Joachim Schoeps*, Zur Würdigung Kaiser Wilhelms II., in: Ders., Preußen und Deutschland. Wandlungen seit 1763, Berlin 1970, S. 102–114; *Nicolaus Sombart*, Wilhelm II. Sündenbock und Herr der Mitte, Berlin 1996 (überzeichnender Versuch einer «Ehrenrettung»). – Erinnerungsberichte von Zeitzeugen: *Otto von Bismarck*, Erinnerung und Gedanke. Kritische Neuausgabe auf Grund des gesamten schriftlichen Nachlasses, in: Ders., Die gesammelten Werke, Bd. 15, hrsg. von Gerhard Ritter und Rudolf Stadelmann, Berlin 1932, S. 455–471, 541–561; *Kronprinz Wilhelm*, Erinnerungen. Aus den Aufzeichnungen, Dokumenten, Tagebüchern und Gesprächen, hrsg. von Karl Rosner, Stuttgart, Berlin 1922; *Robert Graf von Zedlitz-Trützschler*, Zwölf Jahre am deutschen Kaiserhof. Aufzeichnungen, Stuttgart, Berlin, Leipzig 1923; Aus 50 Jahren. Erinnerungen, Tagebücher und Briefe aus dem Nachlaß des *Fürsten Philipp zu Eulenburg-Hertefeld*, hrsg. von Johannes Haller, Berlin 1923; *Alfred Niemann*, Wanderungen mit Kaiser Wilhelm II., Leipzig 1924; *Max Weber*, Gesammelte politische Schriften, hrsg. von Johannes Winkelmann, 2. Aufl., Tübingen 1958; *Georg Alexander von Müller*, Regierte der Kaiser? Tagebücher, Aufzeichnungen und Briefe des Chefs des Marine-Kabinetts, Admiral G. A. von Müller 1914–1918, hrsg. von Walter Görlitz, Göttingen, Berlin, Frankfurt am Main 1959; *Percy Ernst Schramm*, Notizen über einen Besuch in Doorn (1930), in: Spiegel der Geschichte. Festgabe für Max Braubach zum 10. April 1964, hrsg. von Konrad Repgen und Stephan Skalweit, Münster 1964, S. 942ff.; Das Tagebuch der *Baronin Spitzemberg*. Aufzeichnungen aus der Hofgesellschaft des Hohenzollernreiches, hrsg. von Rudolf Vierhaus, 4. Aufl., Göttingen 1976; *Sigurd von Ilsemann*, Der Kaiser in Holland. Aufzeichnungen des letzten Flügeladjutanten Kaiser Wilhelms II., hrsg. von Harald von Koenigswald, 2 Bde., München 1967/68; *Reinhold Schneider*, Die ewige Krone, Olten 1954, S. 25–30; *ders.*, Verhüllter Tag, Köln/Olten 1954, S. 91–110; *ders.*, Tagebuch 1930–1935, Frankfurt am Main 1983, S. 879–889. – Einzelaspekte: *Egmont Zechlin*, Staatsstreichpläne Bismarcks und Wilhelms II. 1890–1894, Stuttgart, Berlin 1929; *Adolf Stützenberger*, Die Abdankung Kaiser Wilhelms II. Die Entstehung und Entwicklung der Kaiserfrage und die Haltung der Presse, Berlin 1937; *Erich Eyck*, Das persönliche Regiment Wilhelms II. Politische Geschichte des deutschen Kaiserreiches von 1890–1914, Erlenbach, Zürich 1948; *Ernst Rudolf Huber*, Das persönliche Regiment Wilhelms II. (1951), wiederabgedruckt in: Ders., Nationalstaat und Verfassungsstaat, Stuttgart 1965, S. 224–248; *Fritz Hartung*, Das persönliche Regiment Wilhelms II. (1952), wiederabgedruckt in: Ders., Staatsbildende Kräfte der Neuzeit. Gesammelte Aufsätze, Berlin 1961, S. 393–413; *Kuno Graf von Westarp*, Das Ende der Monarchie am 9. November 1918, hrsg. von Werner Conze, Stollhamm, Berlin 1952, S. 168–178; *Wilhelm Schüssler*, Die Daily-Telegraph-Affäre. Fürst Bülow, Kaiser Wilhelm und die Krise des Zweiten Reiches 1908, Göttingen 1952; *Peter Gerrit Thielen*, Die Marginalien Kaiser Wilhelms II., in: Die Welt als Geschichte 20 (1960), S. 249–259; *Oswald von Gschliesser*, Das wissenschaftliche Oeuvre des ehemaligen Kaisers Wilhelm II., in: Archiv für Kulturgeschichte 54 (1972), S. 385–392; *Lamar Cecil*, Wilhelm II. und die Juden, in: W. E. Mosse (Hrsg.), Juden im Wilhelminischen Deutschland, Tübingen 1976; *Wolfgang Stribrny*, Bismarck und die deutsche Politik nach seiner Entlassung (1890–1898), Paderborn 1977; *Isabell V. Hull*, The Entourage of Kaiser Wilhelm II, New York 1981; *John C. G. Röhl, Nicolaus Sombart*, Kaiser Wilhelm II. New Interpretations, Cambridge 1982; *Friedrich Wilhelm Prinz von Preußen*, Das Haus Hohenzollern 1918–1945, München, Wien 1985; *John C. G. Röhl*, Kaiser, Hof und Staat. Wilhelm II. und die deutsche Politik, München 1987; *Hans Wilderotter, Klaus-D. Pohl* (Hrsg.), Der letzte Kaiser. Wilhelm II. im Exil, Gütersloh, München 1991; *Birgit Marschall*, Reisen und Regieren. Die Nordlandfahrten Kaiser Wilhelms II., Hamburg, Bremerhaven 1991; *Willibald Gutsche*, Ein Kaiser im Exil. Der letzte deutsche Kaiser Wilhelm II. in Holland. Eine kritische Biographie, Marburg 1991 (einseitig verzeichnend); *Marina Cattaruzza*, Das Kaiserbild in der Arbeiterschaft am Beispiel der Werftarbeiter in Hamburg und Stettin, in: John C. G. Röhl (Hrsg.), Der Ort Kaiser Wilhelms II. in der deutschen Geschichte, München 1991, S. 131–144; *Fritz Fischer*, Kaiser Wilhelm II. und die Gestaltung der deutschen Politik vor 1914, in: Ebd., S. 259–284; *Hartmut Zelinsky*, Kaiser Wilhelm II., die Werk-Idee Richard Wagners und der «Weltkampf», in: Ebd., S. 297–356 (unhaltbar denunziatorisch); *Jost Rebentisch*, Die vielen Gesichter des Kaisers. Wilhelm II. in der deutschen und britischen Karikatur (1888–1918), Berlin 2000; *Reiner Mann*, Der Kaiser in England. Wilhelm II. und sein Bild in der britischen Öffentlichkeit, Paderborn, München, Wien, Zürich 2001; *John C. G. Röhl*, Wilhelm II. Der Aufbau der persönlichen Monarchie, 1888–1900, München 2001; *Stefan Samerski*

(Hrsg.), Wilhelm II. und die Religion. Facetten einer Persönlichkeit und ihres Umfelds, Berlin 2001; *Wolfgang J. Mommsen*, War der Kaiser an allem schuld? Wilhelm II. und die preußisch-deutschen Machteliten, Berlin 2002; *John C. G. Röhl*, Kaiser, Hof und Staat. Wilhelm II. und die deutsche Politik, München 2002 [engl. 1996]; *Peter Winzen*, Das Kaiserreich am Abgrund. Die Daily-Telegraph-Affäre und das Hale-Interview von 1908. Darstellung und Dokumentation, Stuttgart 2002; *Susanne Peters*, Ansichten eines Kaisers – Wilhelm II. in der deutschen Karikatur, St. Katharinen 2003; *Martin Kohlrausch*, Der Monarch im Skandal. Die Logik der Massenmedien und die Transformation der wilhelminischen Monarchie, Berlin 2005. – Epochenprobleme: *Walther Hubatsch*, Die Ära Tirpitz. Studien zur deutschen Marinepolitik 1890–1918, Göttingen, Berlin, Frankfurt 1955; *Karl Erich Born*, Staat und Sozialpolitik seit Bismarcks Sturz. Ein Beitrag zur Geschichte der innenpolitischen Entwicklung des deutschen Reiches 1890–1914, Wiesbaden 1957; *Peter Gilg*, Die Erneuerung des demokratischen Denkens im Wilhelminischen Deutschland. Eine ideengeschichtliche Studie zur Wende vom 19. zum 20. Jahrhundert, Wiesbaden 1965; *Otto Graf zu Stolberg-Wernigerode*, Die unentschiedene Generation. Deutschlands konservative Führungsschichten am Vorabend des Ersten Weltkrieges, München, Wien 1968; *Elisabeth Fehrenbach*, Wandlungen des deutschen Kaisergedankens 1871–1918, München, Wien 1969, S. 89 ff.; *Dieter Grosser*, Vom monarchischen Konstitutionalismus zur parlamentarischen Demokratie. Die Verfassungspolitik der deutschen Parteien im letzten Jahrzehnt des Kaiserreichs, Den Haag 1970; *Lothar Burchardt*, Wissenschaftspolitik im Wilhelminischen Deutschland. Vorgeschichte, Gründung und Aufbau der Kaiser-Wilhelm-Gesellschaft zur Förderung der Wissenschaften, Göttingen 1975; *Hans-Ulrich Wehler*, Das deutsche Kaiserreich 1871–1918, 4. Aufl., Göttingen 1980; *Joachim Radkau*, Das Zeitalter der Nervosität. Deutschland zwischen Reichsgründung und Nationalsozialismus, München 1998.

Zeittafel zur Geschichte Preussens

1134 Der Askanier Albrecht (der Bär) wird mit der Nordmark (zwischen Altmark und Oder) belehnt

1226 Auf Ersuchen Herzog Konrads von Masowien und mit Ermächtigung Kaiser Friedrichs II. beginnt der *Deutsche Orden* mit der Unterwerfung der heidnischen *Pruzzen*

1319 Nach dem Aussterben der Askanier fällt die Markgrafschaft Brandenburg als erledigtes Reichslehen an das Haus Wittelsbach, das sich ab 1323 (bis 1373) in der Mark behauptet

1373–1411 Die Luxemburger regieren die Mark

1415/17 Friedrich VI., Burggraf von Nürnberg aus dem Haus Hohenzollern, wird als Friedrich I. Markgraf bzw. Kurfürst von Brandenburg (bis 1440)

1440–1470 Kurfürst Friedrich II.

1470–1486 Kurfürst Albrecht Achilles

1486–1499 Kurfürst Johann Cicero

1499–1535 Kurfürst Joachim I.

1506 Gründung der Universität Frankfurt an der Oder

1511 Albrecht von Brandenburg-Ansbach wird Hochmeister des *Deutschen Ordens* in Preußen

1525 Der Ordensstaat Preußen wird nach Einführung der Reformation in ein weltliches Herzogtum umgewandelt

1535–1571 Kurfürst Joachim II.

1539 Einführung der Reformation in Brandenburg

1544 Gründung der Universität Königsberg

1571–1598 Kurfürst Johann Georg

1598–1608 Kurfürst Joachim Friedrich

1604 Gründung des *Geheimen Rats* als oberster Zentralbehörde

1608–1619 Kurfürst Johann Sigismund

1609 Nach dem Tod des letzten Herzogs von Jülich fallen Kleve, Mark und Ravensberg an Brandenburg

1613 Kurfürst Johann Sigismund und ein Teil des Hofes treten zum reformierten Bekenntnis über

1618 Auf dem Weg der Erbfolge gelangt das Herzogtum Preußen als polnisches Lehen an das Haus Brandenburg

1619–1640 Kurfürst Georg Wilhelm

1640–1688 Friedrich Wilhelm, der Große Kurfürst

1648 Im Westfälischen Frieden vergrößert sich der Herrschaftsbereich Brandenburg-Preußens um Hinterpommern, Halberstadt und Minden, sowie um die Anwartschaft auf das Herzogtum Magdeburg (realisiert 1680)

1660 Im Frieden von Oliva gelingt es Brandenburg, sich der polnischen Lehenshoheit über das Herzogtum Preußen zu entledigen

1685 Im *Edikt von Potsdam* wird den französischen Hugenotten (Réfugiés) eine neue Heimat angeboten. Ihnen wird relative Autonomie (Kirchen-, Schul- und Gerichtswesen) zugestanden
1688–1713 Kurfürst (und seit 1701 König) Friedrich III./I.
1694 Stiftung der Universität Halle. Die Universität wird zum Zentrum der Frühaufklärung in Nord- und Mitteldeutschland
1700 Auf Anregung von Leibniz wird in Berlin die *Akademie der Wissenschaften* gegründet
1701 Kurfürst Friedrich III. krönt sich in Königsberg zum König in Preußen
1713–1740 König Friedrich Wilhelm I.
1720 Im Frieden von Stockholm erhält Preußen Teile von Vorpommern mit Stettin, Usedom und Wollin
1723 Gründung des *Generaldirektoriums* als oberster Verwaltungsinstanz
1740–1786 König Friedrich II., der Große
1740 Ausbruch des Österreichischen Erbfolgekrieges (bis 1748) und des Ersten Schlesischen Krieges (bis 1742)
1744 Ostfriesland gelangt durch Erbfolge an Preußen
Ausbruch des Zweiten Schlesischen Krieges (bis 1745)
1745 Im Frieden von Dresden bestätigt Österreich Preußen den Besitz Schlesiens
1756 Ausbruch des Siebenjährigen Krieges (bis 1763). Preußen kämpft gegen die Große Koalition aus Österreich, Frankreich, Rußland, Schweden, Sachsen und dem Heiligen Römischen Reich
1763 Im Frieden von Hubertusburg wird Preußen der Besitz Schlesiens definitiv bestätigt
1772 Erste Teilung Polens: Preußen erhält Westpreußen (ohne Danzig und Thorn), das Ermland und den Netzedistrikt
1785 Konstituierung des *Deutschen Fürstenbundes* durch Friedrich den Großen
1786–1797 König Friedrich Wilhelm II.
1791 Durch Kauf gelangen die Fürstentümer Ansbach und Bayreuth der fränkischen Hohenzollern in den Besitz der preußischen Hauptlinie
1793 Zweite Teilung Polens: Preußen erhält Posen, Gnesen und Kalisch (= «Südpreußen»), Danzig und Thorn
1794 Einführung des *Allgemeinen Landrechts*
1795 Dritte Teilung Polens: Preußen erhält Masowien, Warschau (= «Neuostpreußen») und das Gebiet zwischen Weichsel, Bug und Njemen
1797–1840 König Friedrich Wilhelm III.
1803 Als Entschädigung für Gebietsverluste im Westen werden Preußen die Bistümer Hildesheim und Paderborn, Teile der Bistümer Münster und Mainz sowie kleinere Reichsstände zugewiesen
1805 Preußen muß unter dem Druck Napoleons I. die Fürstentümer Ansbach und Bayreuth an Bayern abtreten
1806 Krieg Preußens gegen Frankreich
1807 Im Frieden von Tilsit verliert das nach den Schlachten von Jena und Auerstedt zusammengebrochene Preußen die westlich der Elbe ge-

legenen Staatsterritorien und damit etwa die Hälfte seines Gebietes und seiner Bevölkerung
Beginn einer umfassenden Reformtätigkeit auf fast allen Gebieten des öffentlichen staatlichen Lebens (Agrarreform, Behördenreorganisation, Heeresreform, Kommunalreform, Städteordnung, Wirtschaftsreform)

1810 Gründung der Universitäten Berlin und Breslau

1812 In der Konvention von Tauroggen schließt General Yorck von Wartenburg eigenmächtig ein Neutralitätsabkommen mit den bisher gegnerischen Russen
Beginn der Befreiungskriege (bis 1814)

1814 Einführung der *Allgemeinen Wehrpflicht*

1815 Preußen erhält Danzig, Thorn, das Kulmerland, Posen und den Netzedistrikt, außerdem Schwedisch-Vorpommern mit Rügen, den nördlichen Teil Sachsens einschließlich der Niederlausitz (Görlitz, Wittenberg, Torgau, Merseburg), sowie Teile Westfalens und des Rheinlandes bis an Mosel und Saar

1817 Einrichtung des *Preußischen Staatsrates*
Etablierung der *Preußischen Union* als Kultusgemeinschaft zwischen Lutheranern und Reformierten

1818 Das *Zollgesetz* verfügt die Abschaffung aller Binnenzölle
Gründung der Universität Bonn

1819 Die *Karlsbader Beschlüsse* werden auch in Preußen als Gesetz übernommen. Sie enthalten Bestimmungen über Pressezensur, Verbot der Burschenschaften und Beaufsichtigung der Universitäten

1820 Das *Staatsschuldengesetz* erneuert das Verfassungsversprechen von 1815

1823 Einrichtung der *Provinzialstände* als regionale Vertretungskörperschaften der einzelnen preußischen Landesteile

1837 Beginn des Mischehenstreites *(Kölner Wirren)* zwischen katholischer Kirche und preußischem Staat (beigelegt 1842)

1840–1861 König Friedrich Wilhelm IV.

1847 Einberufung des *Vereinigten Landtags*

1848 Märzrevolution
Straßenkämpfe in Berlin
Unruhe in den Provinzen

1849 Ablehnung der Kaiserkrone durch Friedrich Wilhelm IV.
Erlaß einer Verfassung mit Zensus *(Dreiklassenwahlrecht)* und Zweikammersystem *(Abgeordnetenhaus* und *Herrenhaus)*
Gründung der *Deutschen Union* (Union deutscher Staaten) durch Preußen
Anfall des Landes Hohenzollern an Preußen

1850 Auflösung der *Deutschen Union* und Wiederherstellung des *Deutschen Bundes* im Vertrag von Olmütz. Behauptung der österreichischen Vormachtstellung in Deutschland

1861–1888 König (und seit 1871 Kaiser) Wilhelm I.

1862 Höhepunkt des Heeres- und Verfassungskonfliktes

1864 Preußisch-Österreichischer Krieg gegen Dänemark

1866 Krieg Preußens gegen Österreich um die Vormachtstellung in Deutschland
Hannover, Kurhessen, Nassau, Frankfurt am Main und Schleswig-Holstein werden Preußen einverleibt
1867 Gründung des *Norddeutschen Bundes*
1870 Beginn des Krieges des Norddeutschen Bundes und der süddeutschen Staaten gegen Frankreich (bis 1871)
1871 Gründung des *Deutschen Reiches*
1872 Beginn des *Kulturkampfes* gegen die katholische Kirche und ihre politische Vertretung, die Zentrumspartei
Einführung der staatlichen Schulaufsicht
1878 Erlaß des *Sozialistengesetzes* zur Unterdrückung der politischen Arbeiterbewegung
1883 Beginn der Sozialgesetzgebung
1888 König (und Kaiser) Friedrich III.
1888–1918 König (und Kaiser) Wilhelm II.
1890 Entlassung Bismarcks
1897 Beginn des Aufbaus der deutschen Kriegsflotte
1905 Erste Marokko-Krise
1908 *Daily-Telegraph*-Interview
1911 Zweite Marokko-Krise
1914–1918 Erster Weltkrieg
1918 Reichskanzler Prinz Max von Baden verkündet eigenmächtig die Abdankung Wilhelms II.
1932 Reichsexekution gegen Preußen. Absetzung der letzten verfassungsmäßigen preußischen Regierung
1935 Preußen wird durch das nationalsozialistische Reichsstatthaltergesetz gleichgeschaltet
1947 *Alliierter Kontrollratsbeschluß* über die Auflösung Preußens

Stammtafeln der Hohenzollern

Burchard † 1061

Graf Friedrich I. † um 1122

Friedrich II. † um 1150 — Burchard (Linie *Hohenberg*)

Friedrich III. † 1200 als *Burggraf von Nürnberg* Friedrich I.

Konrad I. † um 1220 *(Fränkische Linie)* — Friedrich II. † um 1250 *(Schwäbische Linie)* siehe unten

Friedrich III. † 1297

Friedrich IV. † 1332

Johann II. † 1357

Friedrich V. † 1398

Johann III. † 1420 — Friedrich VI. † 1440 als Kurfürst von *Brandenburg* Friedrich I.

Friedrich II. † 1471 — Albrecht Achilles † 1486 — 1486

Johann Cicero † 1499 *(Brandenburg)* — Friedrich d. Ä. † 1536 *(Ansbach)* — Sigmund † 1495 *(Bayreuth)*

Joachim I. † 1535 — Albrecht von Mainz † 1545 — Kasimir † 1527 *(Bayreuth-Kulmbach)* — Georg der Fromme † 1543 *(Ansbach)* — Albrecht † 1568 Hochmeister, Herzog *(Preußen)*

Joachim II. † 1571 — Hans von Küstrin (Johann I.) † 1571 — Albrecht Alkibiades † 1557 *(Kulmbach)* — Georg Friedrich † 1603 — Albrecht Friedrich † 1618

Johann Georg † 1598

Joachim Friedrich † 1608 *(Brandenburg)* — Joachim Ernst † 1625 *(Ansbach)* — Christian † 1655 *(Bayreuth)*

Johann Sigismund † 1619 — Johann Georg † 1624 *(Jägerndorf)* — Friedrich † 1634 — Albrecht † 1667 — Erdmann † 1651 — Georg Albrecht † 1666

Johann Friedrich † 1686 — Christian Ernst † 1712 — Christian Heinrich † 1708

Georg Wilhelm † 1640

Christian Albrecht † 1692 — Georg Friedrich † 1703 — Wilhelm Friedrich † 1723 — Georg Wilhelm † 1726

Friedrich Wilhelm, der Große Kurfürst † 1688

Karl † 1757

Georg Friedrich Karl † 1735 — Friedrich Christian † 1769

Friedrich III. † 1713 als König in *Preußen* Friedrich I. — Philipp † 1711 *(Schwedt)*

Karl Alexander † 1806 (Abdankung

Friedrich Wilhelm I. — Heinrich Fried-

Friedrich II., der Große † 1786 — August Wilhelm † 1758 — Heinrich † 1802 — Ferdinand † 1813 — Wilhelmine † 1758 ∞ Friedrich † 1763

August Wilhelm † 1758
Friedrich Wilhelm II. † 1797
Friedrich Wilhelm III. † 1840

Ferdinand † 1813
Louis Ferdinand † 1806

Friedrich Wilhelm III. † 1840:
Friedrich Wilhelm IV. † 1861 — Wilhelm I. † 1888 — Charlotte † 1860 (∞ Nikolaus I.) — Karl † 1883 — Albrecht † 1872

Wilhelm I. † 1888:
Friedrich III. † 1888 — Louise † 1923 (∞ Friedrich von Baden)

Karl † 1883
Friedrich Karl † 1885

Friedrich III. † 1888:
Wilhelm II. † 1941 — Charlotte † 1919 (∞ Bernhard von Sachsen-Meiningen) — Heinrich † 1929 — Viktoria † 1929 (∞ 1. Adolf zu Schaumburg-Lippe 2. Alexander Zoubkoff — Sophie † 1932 (∞ Konstantin I. von Griechenland) — Margarete † 1940 (∞ Friedrich Karl von Hessen

Wilhelm II. † 1941:
Wilhelm † 1951 — Eitel Friedrich † 1942 — Adalbert † 1948 — August Wilhelm † 1949 — Oskar † 1958 — Joachim † 1920 — Viktoria Luise † 1980 (∞ Ernst August von Braunschweig)

Wilhelm † 1951:
Wilhelm † 1940 — Louis Ferdinand † 1994 — Hubertus † 1950 — Friedrich † 1966 — Alexandrine † 1980 — Cecilie † 1975

Schwäbische Linie

Karl I. † 1576

Hechingen → Friedrich Wilhelm † 1869 — *Sigmaringen* → Karl Anton † 1885 — *Haigerloch* → 1634

Karl Anton † 1885:
Leopold † 1905 (Spanischer Thronkandidat) — Stefanie † 1859 (∞ Pedro V. von Portugal) — Karl (Carol I. von Rumänien) † 1914

Ferdinand † 1927 (König von Rumänien)
Carol II. † 1953 (König von Rumänien)
Michael I. * 1921 (König von Rumänien Abdankung 1947)

Abbildungsnachweis

Friedrich I., Kurfürst von Brandenburg (1415–1440)
Auszug aus einem Altargemälde der Pfarrkirche Cadolzburg, Fürth in Bayern. Foto: Ullstein Bilderdienst, Berlin, *Seite* 29

Friedrich II., Kurfürst von Brandenburg (1440–1471)
Kupferstichradierung, Katalog der graphischen Porträts in der Herzog August Bibliothek Wolfenbüttel, A 2067, Herzog August Bibliothek, Wolfenbüttel, *Seite* 35

Albrecht Achilles, Kurfürst von Brandenburg (1471–1486)
Holzstich, nach zeitgenössischem Original. Foto: Archiv für Kunst und Geschichte, Berlin, *Seite* 40

Johann Cicero, Kurfürst von Brandenburg (1486–1499)
Farbdruck. 1890, nach einem Aquarell von Woldemar Friedrich. Foto: Archiv für Kunst und Geschichte, Berlin, *Seite* 51

Joachim I. Nestor, Kurfürst von Brandenburg (1499–1535)
Holzstichfaksimile (19. Jh.) nach Kupferstich eines Gemäldes von Lucas Cranach d. Ä. Foto: Archiv für Kunst und Geschichte, Berlin, *Seite* 54

Joachim II. Hektor, Kurfürst von Brandenburg (1535–1571)
Gemälde von Lucas Cranach d. J., um 1551. Jagdschloß Grunewald, Berlin. Foto: Archiv für Kunst und Geschichte, Berlin, *Seite* 63

Johann Georg, Kurfürst von Brandenburg (1571–1598)
Kupferstich von Willem Passe. Foto: Archiv für Kunst und Geschichte, Berlin, *Seite* 69

Joachim Friedrich, Kurfürst von Brandenburg (1598–1608)
Holzstichfaksimile (19. Jh.) nach zeitgenössischem Kupferstich von Franz Friedrich. Foto: Archiv für Kunst und Geschichte, Berlin, *Seite* 76

Johann Sigismund, Kurfürst von Brandenburg (1608–1619)
Kupferstich von Crispin de Passe d. Ä. Foto: Archiv für Kunst und Geschichte, Berlin, *Seite* 80

Georg Wilhelm, Kurfürst von Brandenburg (1619–1640)
Holzstich von Richard Brend'amour nach zeitgenössischem Bildnis. Foto: Archiv für Kunst und Geschichte, Berlin, *Seite* 89

Friedrich Wilhelm, der Große Kurfürst, Kurfürst von Brandenburg (1640 bis 1688)

Auszug aus: Doppelbildnis Friedrich Wilhelm und Kurfürst Johann Georg II. von Sachsen. Gemälde, zeitgenössisch, unbekannter Meister. Schloß Moritzburg bei Dresden. Foto: Archiv für Kunst und Geschichte, Berlin, *Seite* 96

Friedrich III./I., Kurfürst von Brandenburg, König von Preußen (1688/1701–1713)
Gemälde von Samuel Theodor Gericke, nach 1701. Märkisches Museum, Berlin. Foto: Archiv für Kunst und Geschichte, Berlin, *Seite* 115

Friedrich Wilhelm I., König von Preußen (1713–1740)
Gemälde von Antoine Pesne, um 1733. Schloß Charlottenburg, Berlin. Foto: Archiv für Kunst und Geschichte, Berlin, *Seite* 136

Friedrich II., der Große, König von Preußen (1740–1786)
Gemälde von Anton Graff, 1781. Schloß Sanssouci, Potsdam. Foto: Archiv für Kunst und Geschichte, Berlin, *Seite* 161

Friedrich Wilhelm II., König von Preußen (1786–1797)
Ganzfiguriges Porträt, Stich von Domenico Cunego nach dem Gemälde von Edmund Francis Cunningham. Foto: Archiv für Kunst und Geschichte, Berlin, *Seite* 181

Friedrich Wilhelm III., König von Preußen (1797–1840)
Gemälde von Franz Krüger. Jagdschloß Grunewald, Berlin. Stiftung Preußische Schlösser und Gärten. Foto: Fotothek Schloß Charlottenburg, *Seite* 199

Friedrich Wilhelm IV., König von Preußen (1840–1861)
Porträtaufnahme von Hermann Biow, 1847. Foto: Archiv für Kunst und Geschichte, Berlin, *Seite* 221

Wilhelm I., deutscher Kaiser, König von Preußen (1861/71–1888)
Gemälde von Franz von Lenbach. Bayerische Staatsgemäldesammlungen, München. Foto: Archiv für Kunst und Geschichte, Berlin, *Seite* 243

Friedrich III., deutscher Kaiser, König von Preußen (12. März 1888–18. Juni 1888)
Porträt als Kronprinz. Foto Schaarwaechter, Berlin. Foto: Archiv für Kunst und Geschichte, Berlin, *Seite* 267

Wilhelm II., deutscher Kaiser, König von Preußen (1888–1918)
Gemälde von Max Koner, 1891. Foto: Archiv für Kunst und Geschichte, Berlin, *Seite* 291

Verlag und Herausgeber danken den Institutionen und Archiven für die Erlaubnis zum Abdruck der Abbildungen in diesem Band

Autorenverzeichnis

Angelow, Jürgen, geb. 1961, apl. Professor für Neuere Geschichte an der Universität Potsdam

Barclay, David E., geb. 1948, Professor für Geschichte am Kalamazoo College in Kalamazoo/Michigan

Baumgart, Peter, geb. 1931, em. Professor für Neuere Geschichte an der Universität Würzburg

Baumgart, Winfried, geb. 1938, em. Professor für Neueste Geschichte an der Johannes Gutenberg-Universität Mainz

Duchhardt, Heinz, geb. 1943, Direktor des Instituts für Europäische Geschichte, Abteilung Universalgeschichte, Mainz

Gotthard, Axel, geb. 1959, Privatdozent für Neuere Geschichte an der Friedrich-Alexander-Universität Erlangen

Kraus, Hans-Christof, geb. 1958, Privatdozent für Neuere und Neueste Geschichte an der Ludwig-Maximilians-Universität München

Kroll, Frank-Lothar, geb. 1959, Professor für Europäische Geschichte des 19. und 20. Jahrhunderts an der Technischen Universität Chemnitz

Kunisch, Johannes, geb. 1937, em. Professor für Mittlere und Neuere Geschichte an der Universität Köln

Neugebauer, Wolfgang, geb. 1953, Professor für Neuere Geschichte an der Universität Würzburg

Neuhaus, Helmut, geb. 1944, Professor für Neuere Geschichte an der Friedrich-Alexander-Universität Erlangen

Stamm-Kuhlmann, Thomas, geb. 1953, Professor für Allgemeine Geschichte der Neuesten Zeit an der Ernst Moritz Arndt-Universität Greifswald

Weiß, Dieter J., geb. 1959, Professor für Bayerische Landesgeschichte an der Universität Bayreuth

Personenregister

Eingeklammerte Jahreszahlen sind Herrschaftsdaten regierender Fürsten.

Aus dem Verlagsprogramm

EPOCHENÜBERGREIFENDE DARSTELLUNGEN

Etienne François/Hagen Schulze
Deutsche Erinnerungsorte
Eine Auswahl
2005. 549 Seiten mit 58 Abbildungen. Gebunden

Pierre Nora
Erinnerungsorte Frankreichs
Aus dem Französischen von Michael Bayer, Enrico Heinemann, Elsbeth Ranke, Ursel Schäfer, Hans Thill und Reinhard Tiffert
2005. 668 Seiten mit 38 Abbildungen. Leinen

Bernhard Jussen
Die Macht des Königs
Herrschaft in Europa vom Frühmittelalter bis in die Neuzeit
2005. 478 Seiten mit 22 Abbildungen. Leinen

Wolfgang Reinhard
Lebensformen Europas
Eine historische Kulturanthropologie
2004. 718 Seiten mit 39 Abbildungen. Leinen

Frank-Lothar Kroll
Die Herrscher Sachsens
Markgrafen, Kurfürsten, Könige 1089–1918
2004. 377 Seiten mit 27 Abbildungen. Leinen

Norman Davies
Im Herzen Europas
Geschichte Polens
Aus dem Englischen von Friedrich Griese
Mit einem Geleitwort von Bronislaw Geremek.
3. Auflage. 2002. XVIII, 505 Seiten mit 30 Abbildungen auf Tafeln, 12 Karten und 4 Diagrammen im Text. Leinen

Verlag C. H. Beck München

BIOGRAPHIEN
UND LEBENSZEUGNISSE